DER KÄSE-ATLAS

DER KÄSE-ATLAS

Geschichte & Produktion
Sorten & Herkunftsregionen
Aromen & Verkostung

DAS STANDARDWERK

Tristan Sicard
Illustrationen von Yannis Varoutsikos

DK

Inhalt

1

Geschichte und Herstellung

KLEINE GESCHICHTE DER KÄSEREI

Käse ist ein jahrtausendealtes Produkt, das zeigt, wie die Menschheit von der Natur lernt. Eine Frage war etwa: Wie wird eine Flüssigkeit (Milch) fest (Käse)? Der Mensch hat sich diese Frage von dem Tag an gestellt, an dem er dieses Phänomen zufällig beobachtete. Im Lauf der Jahrhunderte beherrschte und verbesserte er die Technik. Hier einige Meilensteine …

5000 v. Chr.

3000 v. Chr.

ANTIKE

MITTELALTER

1135

1273

5000 v. Chr.

Zahlreiche archäologische Funde belegen, dass es Käse schon vor sehr langer Zeit gab: Mosaike aus Mesopotamien (5000 v. Chr.) und sumerische Dokumente (3000 v. Chr.) zeigen, dass es in diesen Epochen um die 20 Käsesorten gab. In Ägypten wurden Scherben von Gerätschaften (2000 v. Chr.) entdeckt, die eindeutig der Käseherstellung zuzuordnen sind. Angesichts des trockenen und heißen Klimas nehmen Archäologen an, dass die damals hergestellten Käse eher salzig und sauer waren.

3000 v. Chr.

In Griechenland und auf Sizilien fand man Käsesiebe, die aus der Zeit um 3000 v. Chr. stammen.

ANTIKE

In der Antike verzehrten die Griechen und auch die Römer Käse, sowohl zu festlichen Anlässen als auch als Proviant während der Feldzüge. Römische Soldaten erhielten etwa 30 g täglich. Um 150 v. Chr. veröffentlichte Cato der Ältere sein Werk *De agri cultura.* In diesem führt er zahlreiche Rezepte auf, in denen Käse verwendet wird. Im 1. Jahrhundert unserer Zeitrechnung erklärt der Agronom Columella in seinem Buch *De re rustica,* wie Käse hergestellt wird, und führt dabei die wesentlichen Schritte auf: Dicklegen der Milch, Pressen, Salzen, Reifen. Er unterstreicht dabei die Bedeutung des Salzes sowohl für den Geschmack als auch für die Haltbarkeit des Käses. Ein anderer Autor, Plinius der Ältere, beschreibt in seinem Werk *De diversitate caseorum* Käse, die die Römer im Land der Gabalier (dem heutigen Lozère) oder im Gévaudan genossen und die stark an den Roquefort und den Cantal unserer Zeit erinnern.

MITTELALTER

Mit der Invasion der Germanen, Mongolen und Sarazenen verschwanden viele der römischen Käse. Einige Rezepte und Herstellungsweisen jedoch wurden in Klöstern oder isolierten Tälern bewahrt. Es ist der Arbeit der Möche zu verdanken, dass Käse wie Maroilles, Époisses, Coulommiers, Bleu de Gex, Pont-l'Évêque oder Abondance überlebt haben.

1135

In Schriften taucht zum ersten Mal das Wort *formaticus* auf, das dann über *fourmage* (14. Jahrhundert) und *fromaige* (15. Jahrhundert) zum heutigen französischen Wort für Käse wurde: *fromage.* Übrigens: Das deutsche Wort Käse – wie auch die Wörter *cheese* (englisch) und *kaas* (niederländisch) – entwickelte sich aus dem lateinischen *caseus.*

1273

In Frankreich wird in Déservillers (Doubs) die erste Käserei-Genossenschaft der Welt gegründet. Sie wurde ins Leben gerufen, um den Bauern neue Einkommensquellen zu erschließen, indem sie die Milch ihrer Tiere vergemeinschafteten. Aus diesen Genossenschaften wurden die *fruitières* (vom lateinischen *fructus,* »Ertrag«), jene Orte, an denen man im Jura und in den Alpen Käse herstellte und/oder affinierte. Doch es dauerte bis zum 16. Jahrhundert, ehe man erleben konnte, wie – vor allem in der Region Franche-Comté – Geschäfte eröffneten, in denen ausschließlich Käse verkauft wurde.

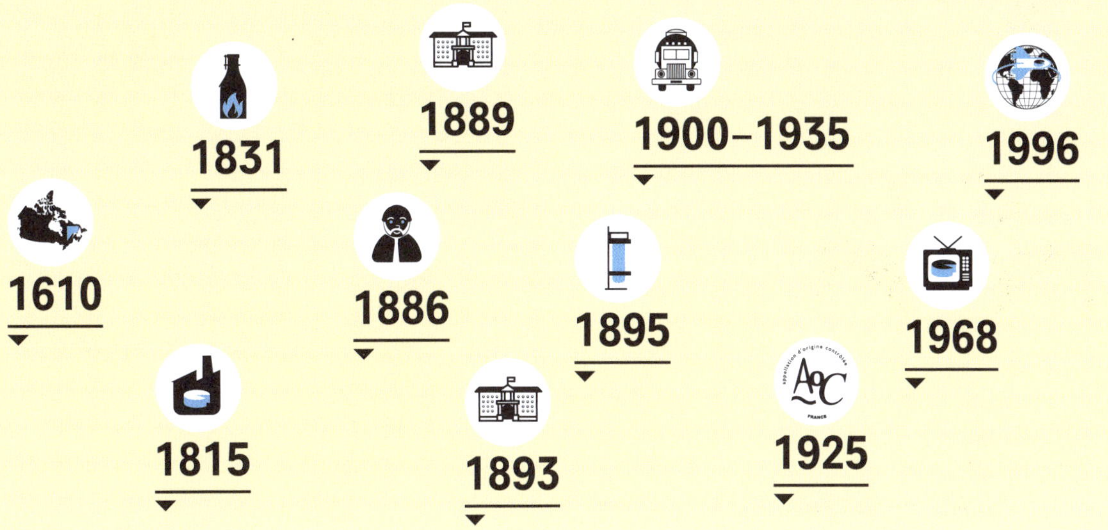

1610

Beginn der Käseherstellung auf dem amerikanischen Kontinent, nachdem Samuel de Champlain (ein französischer Forschungsreisender und Kolonisator) und seine Rinder in Québec (Kanada) angekommen waren.

1815

Das 19. Jahrhundert bedeutet große Umbrüche in der Käserei, weil Wissenschaft und Industrialisierung der Produktion große Fortschritte machen. Im Jahr 1815 erblickt die erste industrielle Käserei im Schweizer Kanton Bern das Licht der Welt.

1831

Der französische Erfinder Nicolas Appert entdeckt, dass Milch sich länger hält, wenn man sie in einem hermetisch abgeschlossenen Behälter erwärmt. Dieses Verfahren, die sogenannte Appertisierung, ist ein Vorgänger der Pasteurisierung.

1886

Der deutsche Agrikulturchemiker Franz von Soxhlet war es, der tatsächlich das Verfahren der Pasteurisierung entwickelte. Er wendete das von Louis Pasteur entwickelte Verfahren, Wein und Essig haltbar zu machen, auch auf die Milch an.

1889

In Frankreich Gründung der ersten nationalen Hochschule für Milchwirtschaft in Poligny (Franche-Comté).

1893

Im kanadischen Québec wird in Saint-Hyacinthe Nordamerikas erste Fachschule für Milchwirtschaft gegründet.

1895

Émile Duclaux (ein Schüler von Louis Pasteur) führt die Pasteurisierung in den Ablauf der Käseherstellung ein.

1900–1935

Die für das Einsammeln von Milch verwendeten Kannen werden durch isotherme Tankwagen ersetzt, die Anzahl der Melkmaschinen in den Betrieben vervielfacht sich und die Kühlung der Milch wird selbstverständlich – all dies bringt die industrielle Produktion von Käsen aus pasteurisierter Milch voran.

1925

Der Roquefort ist der erste Käse, der das französische AOC-Siegel verliehen bekommt (AOC = Appellation d'Origine Côntrolée; auf Deutsch kontrollierte Ursprungsbezeichnung). Später wird daraus europaweit AOP (geschützte Ursprungsbezeichnung, g.U.), ergänzt durch die g.g.A.- und g.t.S.-Gütesiegel (s. S. 39).

1968

Die erste Fernsehwerbung für einen Käse, den Boursin®, läuft an.

1996

Der Picodon ist der erste Käse im Weltall: Der französische Astronaut Jean-Jacques Favier nimmt 14 dieser kleinen Ziegenkäse für seinen Flug mit der amerikanischen Raumfähre Columbia mit an Bord.

DIE MILCHRASSEN

Aller Wahrscheinlichkeit nach ist das Schaf das erste Tier, das vom Menschen als Milchlieferant domestiziert wurde – was sicher auch an der Gutmütgkeit dieses Tiers liegt. Schafe sind in Tälern und Mittelgebirgen gegenwärtig. Sie geben die nährstoffreichste und zur Käseherstellung am besten geeignete Milch. Hier ein Überblick über die wichtigsten Milchschafrassen Frankreichs.

BASCO-BÉARNAISER: SPIRALFÖMIGE HÖRNER

Ein Schaf mit schmalem Kopf und stark gewölbter Nase. Die beiden großen Hörner sind spiralförmig um die Ohren gedreht, die Wolle ist weiß und gelockt. Das Durchschnittsgewicht eines weiblichen Schafs (einer Aue) beträgt 60 kg.

Milchleistung
Dieses Schaf gibt bei einer Laktationsperiode von 145 Tagen etwa 180 l Milch pro Jahr. Wie die anderer Schafrassen auch, hat seine Milch eine hohe Labfähigkeit* (Eiweißgehalt 5,4 %; Fettgehalt* 7,4 %).

Wo findet man es?
Wie der Name schon sagt, weidet das Basco-Béarnaise-Schaf in den Tälern des Béarn und des Baskenlands im Südwesten Frankreichs, am Fuß der Pyrenäen.

Käse
Ossau-Iraty, Tomme des Pyrénées

* siehe Glossar, S. 262–263

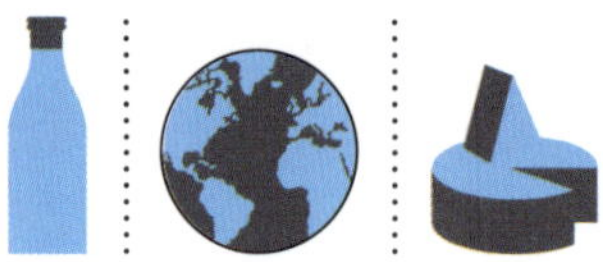

LACAUNE: HÄUFIGSTES FRANZÖSISCHES MILCHSCHAF

Es hat einen langen Kopf, das Gesicht ist mit silbrig glänzendem Haar bedeckt. Die langen, von feinem weißem Flaum bedeckten Ohren stehen waagerecht ab. Die spärliche Wolle bedeckt nur den oberen Teil des Tiers, das Genick ist allerdings unbewollt. Das weibliche Lacaune-Schaf bringt etwa 70 kg auf die Waage.

Milchleistung
Der Spitzenreiter unter den französischen Milchschafen. Ein Lacaune-Schaf gibt etwa 260 l Milch pro Jahr bei einer Laktationsperiode von 167 Tagen (Eiweißgehalt 5,4 %; Fettgehalt 7,2 %).

Wo findet man es?
Diese Schafrasse trifft man im Süden des französischen Zentralmassivs (Aveyron, Tarn), im Languedoc-Roussillon und auf Korsika an.

Käse
Natürlich der Roquefort – aber auch andere Käse wie Bleu de Séverac, Pitchounet, Recuite de l'Aveyron oder Pérail des Cabasses

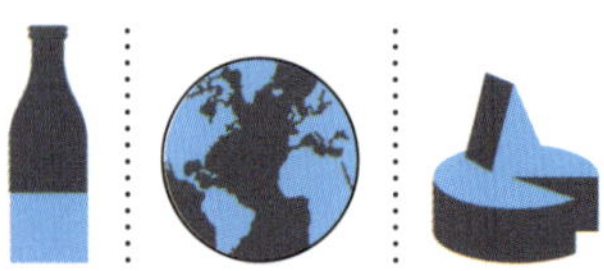

MANECH TÊTE NOIRE: PRÄMIERTES BERGSCHAF

Ein Schaf mit schwarzem Kopf; eine Aue wiegt 55–60 kg. Die Wolle hat graue, schwarze und weiße Reflexe, die Haare können bis zu 30 cm lang werden. Das Gesicht ist schmal, die Hörner sind gedreht, und die Ohren hängen. Die im Verhältnis zur Höhe des Tiers langen Beine sind unbewollt.

Milchleistung
Bei einer Laktationsperiode von 133 Tagen gibt ein Schaf dieser Rasse jährlich 110 l Milch (Eiweißgehalt 5,5 %; Fettgehalt 7,5 %).

Wo findet man es?
Im Hochgebirge. Man begegnet ihm im baskischen Teil der Pyrenäen, auf schroffen Felsen wie denen des Vallée des Aldudes oder des Walds von Iraty.

Käse
Ossau-Iraty, Itxassou

MANECH TÊTE ROUSSE: SEHR GEHALTVOLLE MILCH

Der Kopf ist rot, die Beine zeigen die gleiche Farbe. Das weiße Haarkleid ist lang und recht zottelig. Der hornlose Kopf weist ein schmales Gesicht und lange Hängeohren auf.

Milchleistung
Ein Schaf dieser Rasse gibt 150 l Milch pro Jahr, bei einer Laktationsperiode von 167 Tagen (Eiweißgehalt 5,6 %; Fettgehalt 7,6 %).

Wo findet man es?
Es bevölkert die baskischen Täler und Hänge, beispielsweise in Nieder-Navarra oder in der Region Basse-Soule.

Käse
Ossau-Iraty, Cupidon

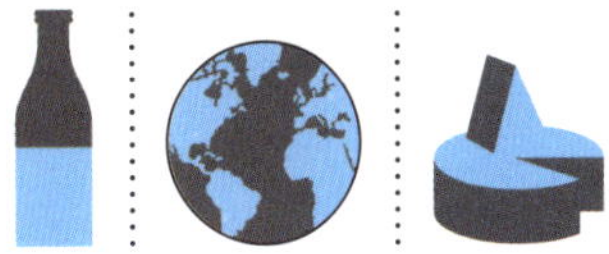

Genau wie Schafe sind Ziegen Wiederkäuer von geringer Größe. Sie geben weniger Milch als Kühe, doch Ziegenmilch ist reicher an Mineralstoffen und Vitaminen und leichter verdaulich als Kuhmilch. Hier sind die fünf wichtigsten Ziegenrassen, die auf dem französischen Festland für die Käseproduktion gezüchtet werden.

GÄMSFARBIGE GEBIRGSZIEGE: DIE ZAHLREICHSTE FRANKREICHS

Die mittelgroße Ziege, die Alpine chamoisée, (Widerristhöhe 80 cm bei einem Gewicht von 60 kg) ist kurzhaarig und reh- bis kastanienbraun. Über den Rücken zieht sich längs ein schwarzer Aalstrich. Die Brust ist hoch, das Becken breit. Das Euter ist voluminös, was das Melken – ob von Hand oder maschinell – erleichtert.

Milchleistung
Sie gibt im Jahr durchschnittlich 800 l Milch pro Laktationsperiode (Eiweißgehalt 3,2 %; Fettgehalt 3,7 %).

Wo findet man sie?
Nicht nur im Gebirge! Man begegnet ihr vor allem an der Westküste Frankreichs (Loire, Poitou, Touraine, Limousin, Corrèze), kann sie aber auch im Rhonetal oder im Aveyron antreffen.

Käse
Sainte-Maure de Touraine, Pouligny-Saint-Pierre, Picodon de la Drôme

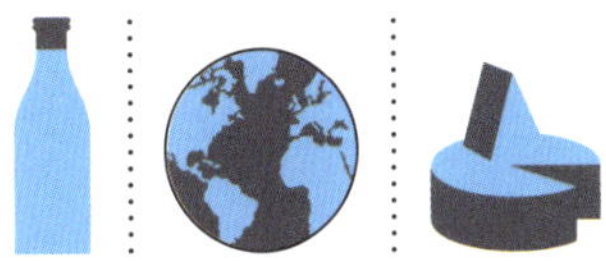

POITEVINE: BEMERKENSWERTES HAARKLEID

Sie ist von mittlerer Größe: 70 cm Widerristhöhe bei 60 kg Gewicht. Der Bauch sowie Schwanz- und Beininnenseiten sind weiß. Der Hals ist lang und biegsam. Man kann sie vor allem anhand des Haarkleids von ihren Artgenossen unterscheiden: Die langen Haare sind schwarz oder braun.

Milchleistung
Eine Poitevine-Ziege gibt jährlich, bei 239 Tagen Laktationszeit, 538 l Milch (Eiweißgehalt 3,1 %; Fettgehalt 3,6 %).

Wo findet man sie?
Sie ist im Poitou vorzufinden, aber man sieht sie auch in der Touraine, der südlichen Bretagne und in den Gegenden um Lyon und Saint-Étienne.

Käse
Chabichou du Poitou, Mothais-sur-Feuille, Selles-sur-Cher

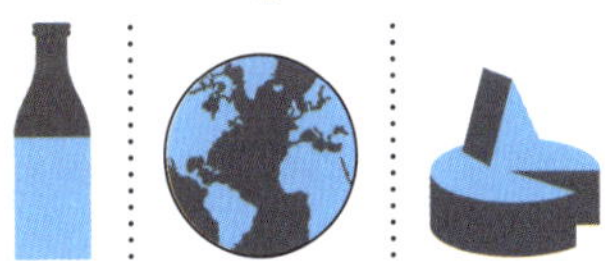

PYRENÄENZIEGE: DER REGION VERHAFTET

Diese eher große Ziege, die Chèvre pyrénéenne, (Widerristhöhe 75 cm, durchschnittlich 75 kg) hat nach hinten gebogene Hörner, Haarbüschel auf der Stirn und Bart. Die Haare sind hart, lang oder halblang. Die Farbpalette reicht von Weiß über rotbraune, braune oder gämsfarbene Töne bis hin zu Schwarz.

Milchleistung
Im Vergleich zu ihren Cousinen liefert sie wenig Milch (durchschnittlich 315 l pro Jahr, bei einer Laktationsperiode von 228 Tagen), doch die Milch weist interessante Eiweiß- und Fettwerte auf: 3 % bzw. 3,9 %.

Wo findet man sie?
Im Gegensatz zu Gebirgsziege und Poitevine-Ziege, die ihren Regionen »untreu« sind, findet man sie praktisch nur in den Pyrenäen.

Käse
Tomme des Pyrénées, Crottin des Pyrénées, Tomme d'Aspe

ROVEZIEGE: SCHÜTZENSWERTE RARITÄT

Sie ist selten und vom Aussterben bedroht, denn sie gibt wenig Milch. Roveziegen sind groß (Widerristhöhe 75 cm), wiegen aber im Durchschnitt nur 50 kg. Die langen Hörner können gedreht sein, die schmalen, langen Ohren sind nach vorn gebogen. Das Haarkleid ist rot mit beigen, schwarzen oder weißen Nuancen. Die Roveziege hat eher kurze Beine, ist aber ansonsten kräftig gebaut.

Milchleistung
Sie gibt wenig Milch (im Schnitt 250 l pro Jahr), doch deren Labfähigkeit ist nicht zu leugnen: Eiweißgehalt 3,4 %; Fettgehalt 4,8 %.

Wo findet man sie?
Im gesamten südöstlichen Viertel Frankreichs, mit einer großen Vorliebe für die Gebirge in der Region Provence-Alpes-Côte d'Azur

Käse
Banon, Pélardon, Rovethym, Brousse du Rove

SAANENZIEGE: IN DER GANZEN WELT ZU HAUSE

Dies ist die meistverbreitete Milchziegenrasse der Welt (in Frankreich steht sie an zweiter Stelle), denn sie ist gutmütig und daher leicht zu züchten. Man erkennt sie auf Anhieb an ihrer weißen Farbe und dem kurzen Haar. Ursprünglich stammt die Saanenziege aus dem Saanenland im Schweizer Kanton Bern. Stirn und Maul dieser Ziege sind gerade, der Brustkorb ist gewölbt. Das runde Euter ist in der Breite voluminöser als in der Länge.

Milchleistung
Diese Hochleistungsziege gibt jährlich im Schnitt 800 l Milch (Laktationsperiode 280 Tage). Ein Minuspunkt: Eiweiß- und Fettgehalt sind niedrig, 2,9 % bzw. 3,2 %.

Wo findet man sie?
Im Südosten, in der Mitte und im Westen Frankreichs. Man kann ihr auch in der Region Hauts-de-France begegnen.

Käse
Valençay, Selles-sur-Cher, Gour Noir

Eine Kuh, die auf einer Weide grast – das ist eine typische Szene in den ländlichen Gegenden des französischen Festlands. Und aus gutem Grund sind Kühe – anders als Schafe und Ziegen – im ganzen Land anzutreffen. Ein Überblick über elf Spezies der verbreitetsten Rinderrassen, deren Kühe Milch produzieren, die hervorragend für die Herstellung von Käse geeignet ist.

ABONDANCE: UNGLAUBLICH WIDERSTANDSFÄHIG

Dadurch, dass sie große Temperaturschwankungen (von -10 °C am Morgen bis 35 °C am Abend, auf der Alm) erträgt, ist sie gut an Gebirgsregionen angepasst. Bemerkenswert ist das um die Augen und an den Ohren mahagonifarbene Fell, das die Reflexion verringert und das Auge vor Krankheiten schützt. Die Widerristhöhe beträgt im Schnitt 145 cm bei einem Gewicht von 550–800 kg.

Milchleistung
Der Großteil (80 %) ihrer Milch wird für die Herstellung von g. U.- und g.g.A.-Käse verwendet. In 305 Tagen gibt sie 5500 l Milch (Eiweißgehalt 3,3 %; Fettgehalt 3,7 %).

Wo findet man sie?
In der Region Rhône-Alpes und im Zentralmassiv, aber auch in den Schweizer und den italienischen Alpen, in Ägypten und Algerien und sogar im Jemen, im Iran oder in Vietnam

Käse
Emmental de Savoie, Tome des Bauges, Beaufort, Reblochon, Abondance

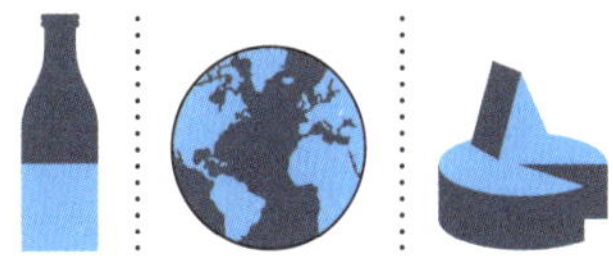

BRAUNVIEH/BRUNE: EINE INTERNATIONALE RASSE

Sie ist das Ergebnis einer Kreuzung von Rindern aus der Ostschweiz. Die mittelgroße Kuh (Widerristhöhe 150 cm, Gewicht 700 kg) hat eine breite Stirn, spitze, nach oben gerichtete Hörner und kräftige Fesseln.

Milchleistung
Bei einer Laktationsperiode von 305 Tagen kann sie etwas mehr als 7000 l Milch pro Jahr geben (Eiweißgehalt 3,4 %; Fettgehalt 4,1 %).

Wo findet man sie?
In Frankreich, aber auch praktisch auf der ganzen Welt (Spanien, Italien, Schweiz, Deutschland, England, Österreich, Slowenien, Kanada, USA, Kolumbien, Australien)

Käse
Époisses, Langres, Cantal, Brie de Meaux

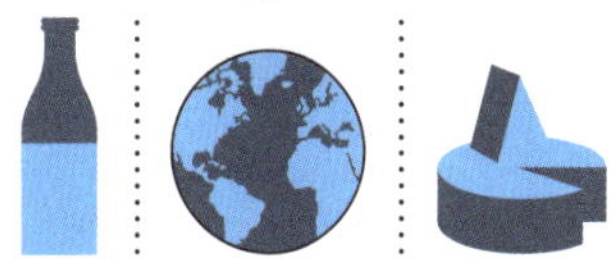

JERSEY: GERINGE GRÖSSE, TOLLE LEISTUNG

Diese zierliche Kuh (128 cm Widerristhöhe bei durchschnittlich 430 kg Gewicht) stammt ursprünglich von der Insel Jersey. Ihr Fell ist gelblich bis hellbraun, der Kopf ist dunkler als der Körper und weist dunkle Schleimhäute auf. Die Augen sind groß und braun, das Flotzmaul ist hell gesäumt, der Hals gerade.

Milchleistung
Sie gibt pro Laktationsperiode (324 Tage) 5100 l Milch im Jahr. Protein- und Fettgehalt sind unschlagbar: 5,5 % bzw. 3,8 %!

Wo findet man sie?
Vor allem in der Bretagne und in der Normandie, aber auch in den Gegenden entlang der Loire, im Zentralmassiv und hier und dort, von Kanada bis nach Neuseeland

Käse
Comté, Morbier, Mont d'Or, Saint-Nectaire

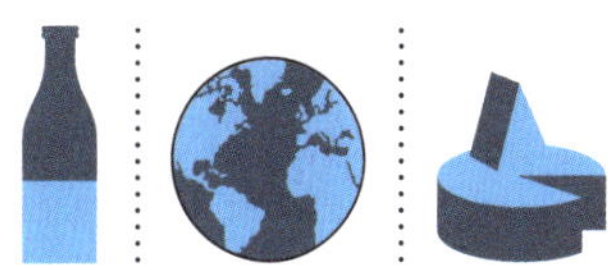

MONTBÉLIARD: AUF ALLEN FÜNF KONTINENTEN VERTRETEN

Was den Ertrag angeht, ist dies die zweitstärkste französische Rinderrasse. Ihre Wiege stand im Franche-Comté, doch inzwischen ist sie auf dem gesamten französischen Festland anzutreffen. Das recht große Tier (145 cm Widerristhöhe bei 750 kg) ist rotbunt, Bauch und Beininnenseiten sind überwiegend weiß.

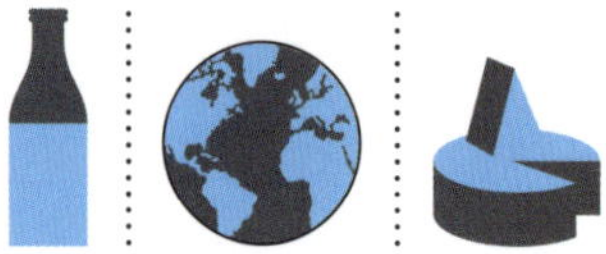

Milchleistung
Bei einer Laktationsperiode von 305 Tagen gibt sie jährlich durchschnittlich 7800 l Milch von großer Käsereitauglichkeit (Eiweißgehalt 3,3 %; Fettgehalt 3,8 %).

Wo findet man sie?
In ganz Frankreich – aber auch in Belgien, den Niederlanden, der Schweiz, Polen, Rumänien, Russland, Marokko, Kolumbien, Mexiko und sogar Australien

Käse
Comté, Morbier, Mont d'Or, Saint-Nectaire

NORMANNE: KUH MIT »SONNENBRILLE«

Diese Rasse steht symbolisch für die Region, die ihr ihren Namen gab, die Normandie. Man erkennt sie an der typischen »Sonnenbrille« und dem weißen Fell mit runden braunen oder schwarzen Flecken. Die Tiere sind sanft, die Kühe dieser Rasse kalben leicht. Normanne-Kühe sind groß (145 cm Widerristhöhe, Durchschnittsgewicht 800 kg), mit langen und voluminösen Körpern.

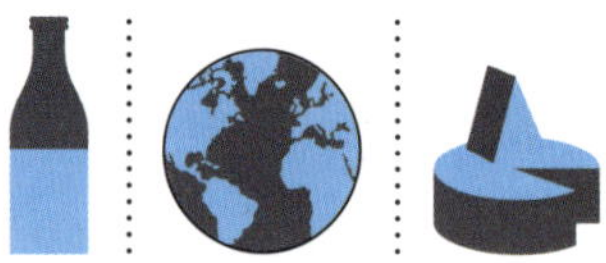

Milchleistung
Bei einer Laktationsperiode von 322 Tagen gibt sie im Schnitt 6500 l sehr reichhaltige Milch (Eiweißgehalt 3,5 %; Fettgehalt 4,3 %).

Wo findet man sie?
Natürlich in der Normandie, aber auch anderenorts in Frankreich (Nord, Bretagne, Ardennen, Westküste, Zentralmassiv) und auf der Welt (Nord- und Südamerika, Westafrika, Madagaskar, Skandinavien, China, Japan, Mongolei, Australien)

Käse
Camembert de Normandie, Pont-l'Évêque, Livarot, Cœur de Neufchâtel

PIE ROUGE: ZAHLENMÄSSIG IN EUROPA AN ZWEITER STELLE

An ihrem rotbraun-weiß gefleckten Fell erkennt man sie gleich. Diese Kuh ist kleiner als ihre Artgenossinnen (147 cm Widerristhöhe), aber häufig schwerer (durchschnittlich 750 kg). Der Körper ist lang, das Becken breit, der Kopf zeigt ein großes Flotzmaul. Was den Bestand angeht, so steht diese Milchviehrasse auf dem alten Kontinent an zweiter Stelle.

Milchleistung
Sie gibt durchschnittlich 7800 l Milch im Jahr, bei einer Laktationsperiode von 305 Tagen (Fettgehalt 3,3 %; Fettgehalt 4,2 %).

Wo findet man sie?
In der Bretagne, der Normandie, der Region Centre und im Zentralmassiv, darüber hinaus in Deutschland, den Niederlanden und der Schweiz

Käse
Port-Salut, Timadeuc

PRIM'HOLSTEIN: HOCHLEISTUNGSKUH

In Sachen Leistung ist dies die Milchviehrasse schlechthin: 80 % der französischen Milchproduktion stammt von ihr. Man erkennt sie an dem schwarz-weiß gefleckten Fell. Die durchschnittliche Widerristhöhe beträgt 145 cm, das Gewicht liegt bei 600–700 kg. Das Euter dieser Kühe ist ideal sowohl für das Melken mit Maschinen als auch für das Melken von Hand.

Milchleistung
In einer Laktationsperiode von 348 Tagen gibt sie im Schnitt 9350 l Milch mit einem Eiweißgehalt von 3,2 % und einem Milchfettanteil von 3,9 %.

Wo findet man sie?
Fast überall in Frankreich, außer in der Provence und auf Korsika. Außerdem begegnet man ihr in Polen, Deutschland, Großbritannien, den USA oder Neuseeland.

Käse
Mimolette, Gouda, Cheddar

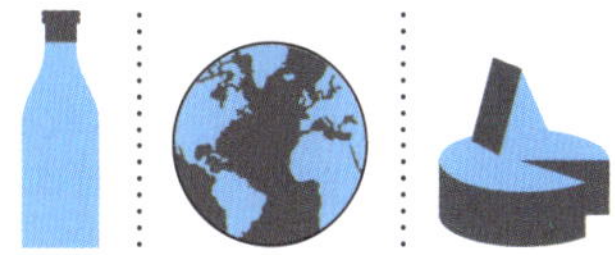

ROTES FLÄMISCHES RIND: EINE ALTE RASSE

Dies ist eine der ältesten Milchviehrassen Frankreichs. Ihr Fell ist gleichmäßig tiefmahagonifarben, die Hörner – so sie welche hat – bilden eine nach vorn gerichtete Krone. Hier handelt es sich um eine recht große und eher voluminöse Kuh: Widerristhöhe 145 cm bei einem Durchschnittsgewicht von 700 kg.

Milchleistung
Durchschnittlich gibt sie, bei einer Laktationsperiode von 305 Tagen, 5700 l Milch mit einem Eiweißgehalt von 3,2 % und einem Fettgehalt von 4 %.

Wo findet man sie?
Sie wird in ganz Nordfrankreich (Hauts-de-France, Normandie, Ardennen) gezüchtet. Jenseits der Grenzen trifft man sie in Belgien, Brasilien, Australien oder China an.

Käse
Maroilles, Mimolette, Mont des Cats, Bergues

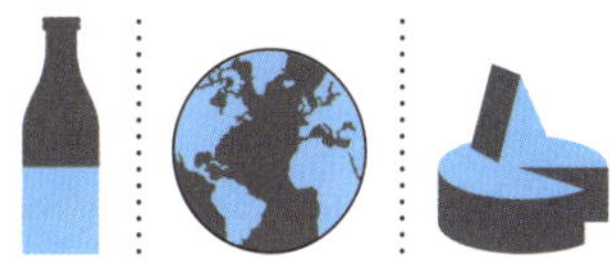

FLECKVIEH: EINE INTERNATIONALE RASSE

Fleckvieh, auch Simmentaler genannt, gehört zu den raren Rinderrassen, die auf allen fünf Kontinenten vertreten sind. Das Fell ist »rotbunt«, also weiß mit rotbraunen (hier manchmal auch milchkaffeebraunen) Flecken. Das Becken der Fleckviehkuh ist breit. Bei einer Widerristhöhe von 150 cm wiegt sie im Schnitt 800 kg.

Milchleistung
Während der Laktationsperiode von 305 Tagen gibt sie pro Jahr 6300 l Milch (Durchschnitt). Die Milch ist zum Verkäsen bestens geeignet: Eiweißgehalt 3,4 %, Fettgehalt 4 %.

Wo findet man sie?
In Frankreich wird Fleckvieh in der Bretagne, im Zentralmassiv und in fast allen Küstenregionen gehalten. Auf der ganzen Welt, auf allen fünf Kontinenten, leben etwa 40 Millionen dieser Rinder!

Käse
Laguiole, Époisses, Soumaintrain

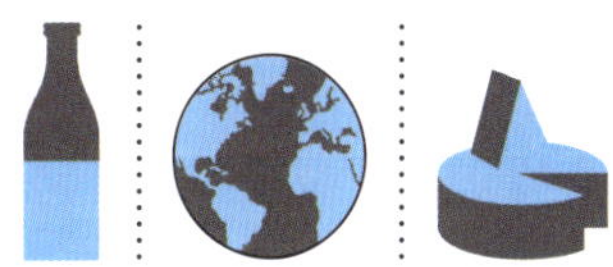

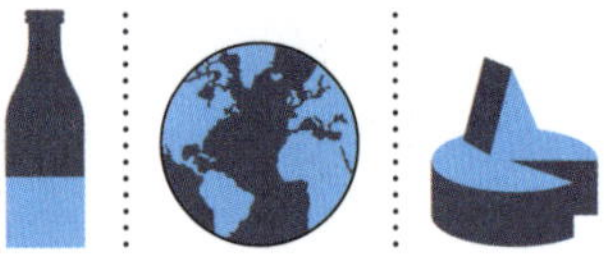

TARENTESER: BESTENS ZU FUSS

Man erkennt sie am fahlgelben Fell. Die Kühe gehören, mit einer Widerristhöhe von 135 cm und einem Gewicht von etwa 550 kg, zu den kleinsten Milchkühen. Weil sie zierlich und ihre schwarzen Klauen recht hart sind, können sie gut lange Strecken zurücklegen. Der Kopf ist kurz, das Profil gerade. Die geschwungenen Hörner (falls vorhanden) bilden eine »Lyra« und haben schwarze Spitzen.

Milchleistung
Sie gibt 4500 l Milch im Jahr (Laktationsperiode 305 Tage). Die Werte (Eiweißgehalt 3,2 %, Fettgehalt 3,6 %) sind keine Spitzenwerte, aber die Milch wird für vier g.U.- und zwei g.g.A.-Käse verwendet.

Wo findet man sie?
In Frankreich überwiegend im Zentralmassiv und in den Alpen. Weltweit kann man sie in Kanada, den USA, Albanien, Ägypten, im Irak, in Vietnam und sogar auf den Ausläufern des Himalayas antreffen.

Käse
Beaufort, Tome des Bauges, Reblochon, Abondance, Tomme de Savoie, Emmental de Savoie

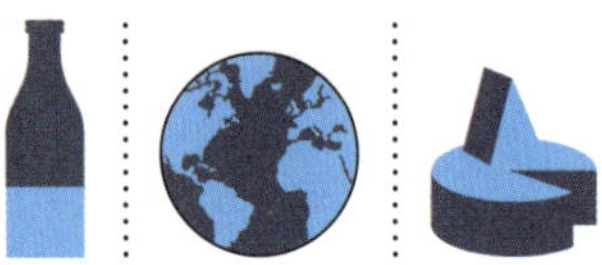

VOGESENRIND: SCHLICHT, ABER WERTVOLL

Eine Vogesenkuh ist nicht sehr groß (Widerristhöhe 140 cm), aber imposant (650 kg). Das Flotzmaul ist schwarz umrandet, die Muskulatur trotz der kurzen Beine massig. Das schwarzweiße Fell zeigt seitlich je einen breiten schwarzen Streifen, der vom Kopf bis zu den Hinterbeinen reicht. Rücken und Bauch sind von einem mehr oder weniger regelmäßigen weißen Band überzogen.

Milchleistung
Pro Jahr gibt sie durchschnittlich 4300 l Milch, bei einer Laktationsperiode von 305 Tagen. Der Eiweißgehalt der Milch beträgt 3,2 %, der Fettgehalt 3,7 %.

Wo findet man sie?
In Lothringen, im Elsass, im Franche-Comté, im Burgund, im Jura, in den Alpen und im Zentralmassiv. Auch in den Gegenden an der Loire trifft man sie an. Kaum, wenn nicht gar nicht, begegnet man ihr außerhalb des französischen Festlands.

Käse
Munster, Petit Grès

WEITERE MILCHVIEHRASSEN IN FRANKREICH

Bleue du Nord
Diese Rasse ist ausschließlich im Norden des französischen Festlands anzutreffen. Aus ihrer Milch wird derzeit nur ein Käse gemacht, der Pavé Bleu.

Bordelaise
Sie stammt aus dem Weinbaugebiet Bordeaux (frz. Bordelaise). Aus ihrer Milch gewonnene Sahne und Butter werden meist ab Hof verkauft.

Bretonne pie noir
Sie grast auf kargen und granithaltigen Böden. Die Milch wird für die Herstellung von Sahne, Butter und *lait ribot* (bretonische Buttermilch) verwendet.

Ferrandaise
Ihr Ursprung liegt im Zentralmassiv. Sie liefert die Milch für g.U.-Käse wie Saint-Nectaire oder Fourme d'Ambert.

Froment du Léon
Sie kommt aus der nördlichen Bretagne. Aus ihrer carotinreichen Milch entsteht fast orangefarbene Butter mit ausgeprägtem Geschmack.

Villard-de-Lans
Aus der Milch von den Kühen dieser letzten Blondviehrasse Frankreichs wird ein g.U.-Käse, der Bleu du Vercors-Sassenage, hergestellt.

Schafe, Ziegen und Rinder sind nicht die einzigen Wiederkäuer, aus deren Milch man Käse herstellen kann. Auch am Wasserbüffel kommt man nicht vorbei, gibt es doch andere Milchrassen, die gerade mal 1 % zur weltweit produzierten Milchmenge beisteuern. Wohlgemerkt: Die ganze Milch wird nicht unbedingt zu Käse verarbeitet!

WASSERBÜFFEL: ZWEITBESTER MILCHLIEFERANT DER WELT

An der Gesamtmenge der weltweit produzierten Milch stellt Büffelmilch mit 13 % nach Kuhmilch (83 %) den zweitgrößten Anteil; es folgen Ziegen- (2 %) und Schafmilch (1 %). Das fehlende Prozent steuern andere Milchrassen bei. In Europa hält man Büffel überwiegend, um aus der Milch Pasta-Filata-Käse herzustellen. Ansonsten wird Büffelmilch überwiegend in Indien, Pakistan und China konsumiert. Die Büffelkuh hat eine Widerristhöhe von etwa 140 cm, eine Körperlänge von 250 cm und ein Gewicht von durchschnittlich 500 kg. Mit dem schwarzen Fell, den großen, nach hinten gebogenen Hörnern und dem schwarzen Flotzmaul sind die Tiere unverwechselbar.

Milchleistung
Bei einer Laktationsperiode von 9 Monaten gibt eine Büffelkuh im Durchschnitt 2700 l Milch. Der Eiweißgehalt liegt bei 4,8 %, der Fettgehalt bei 8,5 %.

Wo findet man ihn?
Wasserbüffel sind in Sumpfgebieten zu Hause. Man hält sie auch in Süditalien, aber ebenso in Ägypten, Pakistan, Indien, Nepal und China.

Käse
Mozzarella di Bufala Campana, Burrata, Caciocavallo

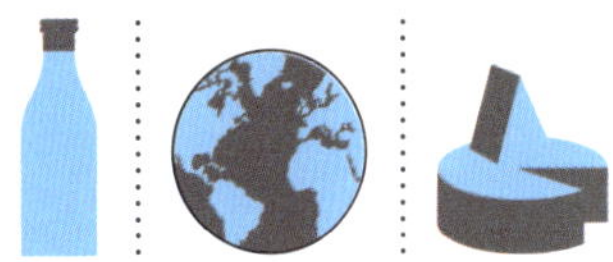

ANDERE MILCHRASSEN DER WELT

Zusätzlich zu den wichtigsten Milchrassen – Schafe, Ziegen, Rinder und Wasserbüffel – gibt es noch andere Tiere, die man züchten kann, um aus ihrer Milch Käse (wenn auch in geringen Mengen) zu machen.

Esel
Bis zum Beginn des 20. Jahrhunderts wurde Eselsmilch als Ersatz für Muttermilch verwendet, weil ihr Nährstoffprofil fast identisch ist. Eine Eselin gibt etwa 5 l Milch am Tag, die mehr Milchzucker und weniger Fett enthält als Kuhmilch. Eselsmilch wird auch für Kinder mit Kuhmilchallergie empfohlen. Eselsmilch kommt überwiegend im Kosmetik-Kosmos zum Einsatz. Weil sie arm an Kasein und Fett ist, lässt sich aus ihr nur schwer Käse herstellen. Wenn es gelingt, ist es der teuerste Käse der Welt – 1000 € pro Kilogramm. Eine Eselsfarm in Serbien stellt ihn her, er heißt Pule.

Kamel
Eine Kamelstute gibt durchschnittlich 20 l Milch pro Tag. Diese ist besonders eiweißreich, aber im Vergleich zu Kuhmilch fettarm. Dagegen ist der Gehalt an Mineralstoffen und Vitaminen beachtlich, was sie ideal für Babys macht, die unterernährt sind. Kamelmilch wird überweigend in Afrika, auf der Arabischen Halbinsel und in Asien (Afghanistan, Mongolei) produziert.

Yak
Yaks sind gut an die asiatischen Hochebenen angepasst. Yak-Kühe geben wenig Milch (etwa 300 l pro Jahr bei einer Laktationsperiode von 200 Tagen), doch daraus kann die Bevölkerung, die häufig unter ärmlichsten Bedingungen lebt, Butter und Käse herstellen. Daher findet man in Tibet und im chinesischen Teil des Himalayas Produkte aus Yakmilch, zum Beispiel Aaruul (getrockneter Quark), Eezgii (»gebratene« Milch) oder Tarag (eine Art Joghurt).

DIE FÜTTERUNG DER TIERE

Wie abwechslungs- und nährstoffreich das Futter ist, das die Milchrassen bekommen, hat direkten Einfluss auf die Qualität der Milch und damit letztlich auch auf die des Käses.

SCHAFE: SALZ NACH GESCHMACK

Schafe ernähren sich von Grünfutter, also von Gras und Kräutern. Sie fressen aber auch Heu, Stroh, Gras- und Maissilage sowie Getreide. Die Züchter bieten den Schafen außerdem Salz – das in Grün- und Trockenfutter nicht enthalten ist – an, von dem sie so viel nehmen dürfen, wie sie wollen. Salz regt Appetit und Speichelfluss an und lässt die Tiere mehr trinken, was die Verdauung erleichtert. Schafe trinken viel Wasser.

ZIEGEN: DAS GLÜCK LIEGT AUF DER WEIDE

Von Frühling bis Herbst finden Ziegen den Großteil ihres Futters auf der Weide. Im Winter bekommen sie Heu, getrocknete Luzerne sowie Getreide wie Mais, Weizen oder Gerste. Genau wie Schafen stellt man auch Ziegen einen Salzstein zur Verfügung, an dem sie sich nach Herzenslust bedienen dürfen – besonders, wenn es sehr heiß ist.

Nahrung: *etwa 2 kg täglich*
Wasser: *5–10 l täglich*

Nahrung: *etwa 2 kg Heu oder 12 kg Grünfutter täglich*

HEU

Heu ist das Gras, das im Sommer gemäht wird. Das Gras trocknet auf den Wiesen in der Sonne, bis es zu Heu geworden ist, danach presst man es zu 7-kg-Ballen. Diese werden eingelagert und dienen den Tieren im Winter als Nahrung.

GRASSILAGE

Dafür wird frisches Gras zerkleinert. Anschließend wird es in das Silo gebracht und verdichtet, das Silo wird luftdicht verschlossen (kleine Grasmengen können auch in Kunststofffolie siliert werden). Nun findet eine Milchsäuregärung statt, die es erlaubt, das Gras bis zum Frühling aufzubewahren und die Tiere den Winter über damit zu füttern. Häufig wird von der Verfütterung von Silage abgeraten, weil sie hygienische Risiken birgt: Saturnismus, Botulismus, Listeriose …

Nahrung: *etwa 70 kg täglich*
Wasser: *etwa 90 l täglich*

RINDER: 200 LITER SPEICHEL PRO TAG

Rinder sind, wie Ziegen und Schafe, Pflanzenfresser und Wiederkäuer. Das heißt, sie fressen Gras, Blumen, Kräuter, Getreide, Rüben, Blätter (von Gehölzen) … Sie können am Tag 8 Stunden grasen und dann 10 Stunden wiederkäuen. Sie trinken auch viel Wasser und fressen große Mengen, wobei es ihnen hilft, dass sie täglich 200 l Speichel produzieren. Ihre Nahrung besteht größtenteils aus Grünfutter (Gras, Luzerne, Raps), insbesondere in der schönen Jahreszeit. Im Sommer werden einige Kühe auf die Almen gebracht, andere auf in Tälern gelegene Wiesen. Im Winter bekommen die Rinder dann vor allem Trockenfutter, Hülsenfrüchte, Getreidekörner und sogar Silage – obwohl vor Letzterer oft gewarnt wird (s.o.).

DAS WIEDERKÄUEN

Die meisten Tiere, die labfähige Milch geben – Schafe, Ziegen, Rinder, Wasserbüffel und Yaks – sind Wiederkäuer. Nach dem Weiden kauen sie das Gras mehrere Male und sehr lange, damit es breiig und besser verdaulich wird. Tatsächlich wandert das Gras dabei mehrmals zwischen Pansen und Maul hin und her, bis es ausreichend zerkleinert ist. Damit das funktioniert, ist der Magen der Wiederkäuer in vier Kammern gegliedert.

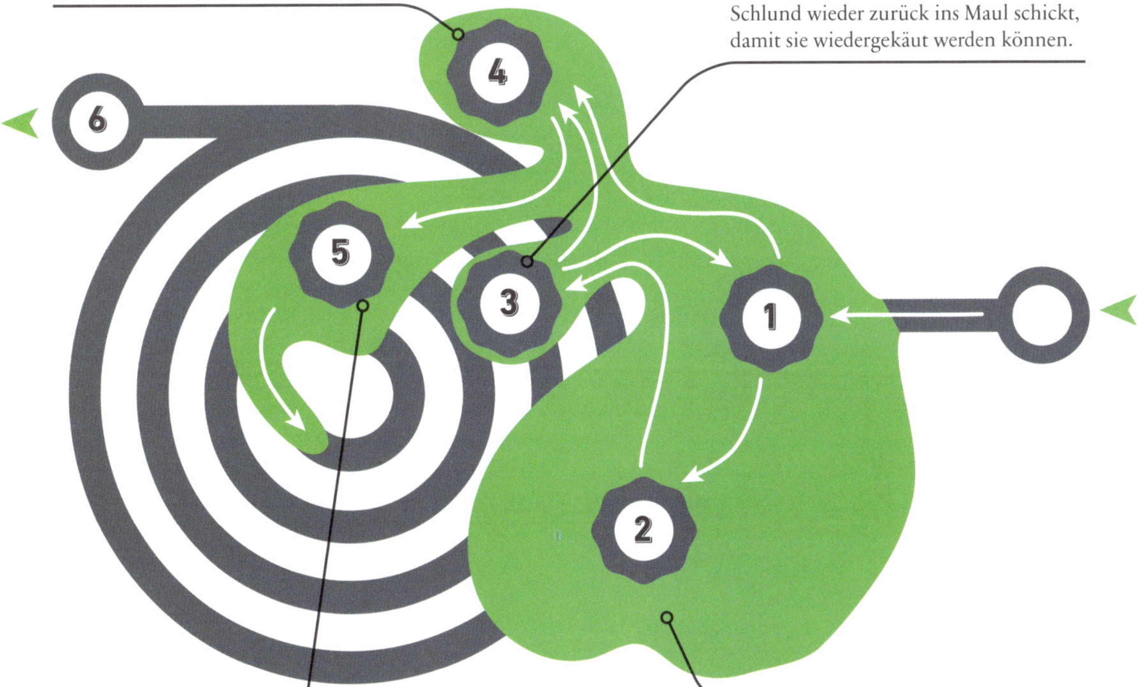

BLÄTTERMAGEN
Hier kommt der Speisebrei nach dem Wiederkäuen an. Er entwässert das wiedergekäute Gras und gibt es danach an den Labmagen ab.

NETZMAGEN
Er ist eine Art Filter, der kleine Grasanteile an den Blättermagen weitergibt und die größeren portionsweise über den Schlund wieder zurück ins Maul schickt, damit sie wiedergekäut werden können.

PANSEN
Der Pansen oder Rumen ist der größte der drei Vormägen. Hier kommt dass zerkaute Gras an und wird dank Milliarden von Mikroorganismen fermentiert. Danach wandert es in den Netzmagen.

LABMAGEN
Hier werden Flüssigkeit und entwässertes Gras durch Salzsäure und proteinspaltende Enzyme weiterverdaut. Im Anschluss tritt das Gras seinen Weg in und durch den Darm an.

1 SCHLUND
2 PANSEN
3 NETZMAGEN
4 BLÄTTERMAGEN
5 LABMAGEN
6 DARM

MILCH, DAS WICHTIGSTE GRUNDPRODUKT

Milch ist unerlässlich für die Käserei: Ohne Milch kein Käse! Die beiden Produkte sind dermaßen eng miteinander verbunden, dass sie seit 1988 in Frankreich per Erlass und seit 2007 in der EU durch eine Verordnung geschützt sind. Aber was ist Milch eigentlich genau?

SO ENTSTEHT DIE MILCH

Milch wird von Wiederkäuern wie Schaf, Ziege, Rind oder Wasserbüffel produziert. Aber wie schaffen diese Tiere es, das Gras, das sie zerkauen, in Milch zu verwandeln?

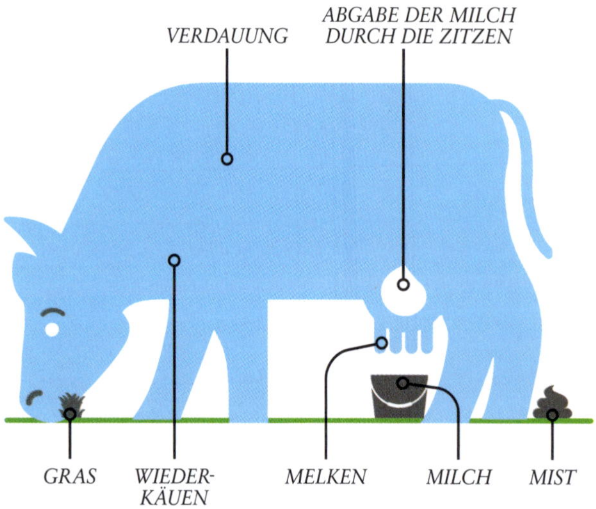

Die Milch wird in zahllosen kleinen Hohlräumen, den Alveolen, in den Milchdrüsen gebildet – Kühe und Büffelkühe haben vier, Schafe und Ziegen zwei Milchdrüsen. Feine Adern transportieren das Blut zu den Alveolen, in denen aus mit dem Blut gelieferten Nährstoffen (Zucker, Fett, Mineralstoffe, Vitamine und Wasser) Milch produziert und gelagert wird. Die Milch läuft durch Milchkanäle in Hohlräume über den Zitzen, die Euterzisternen, und von dort in Hohlräume in den Zitzen, die Zitzenzisternen. Werden nun die Zitzen stimuliert – von Jungtier oder Melker –, schießt die Milch ein und kann durch den Strichkanal in der Zitze von Hand oder maschinell ausgemolken werden.

GESETZ IST GESETZ

Laut der deutschen Käseverordnung sind Käse »frische oder in verschiedenen Graden der Reife befindliche Erzeugnisse, die aus dickgelegter Käsereimilch hergestellt sind«. In der EU ist Käse so definiert: »… ein ausschließlich aus Milch hergestelltes Erzeugnis, auch unter Zusatz anderer Stoffe, sofern diese nicht verwendet werden, um einen Milchbestandteil völlig oder teilweise zu ersetzen.« Produkte wie Analogkäse oder Ersatz-Käse, die als vegane Lebensmittel im Handel sind oder in der Industrie für Fertiggerichte verwendet werden, dürfen demnach nicht als »Käse« bezeichnet werden.

MILCHINHALTSSTOFFE

Direkt nach dem Melken hat Milch diese Zusammensetzung:

87 %
Wasser

13 %
Trockenmasse,
die wiederum so zusammengesetzt ist:

5 %
Laktose
(Milchzucker)

4 %
Fett

3 %
Eiweiß
(unverzichtbar für die Verwandlung von Milch in Käse)

1 %
Mineralstoffe und Vitamine

Man sieht: Wer Käse kauft, kauft überwiegend Wasser! Doch je länger die Reifung dauert, desto geringer wird der Wasseranteil im Käse.

SCHON GEWUSST?
Um 1 l Milch zu produzieren, muss das Euter einer Kuh 400–500 l Milch filtern.

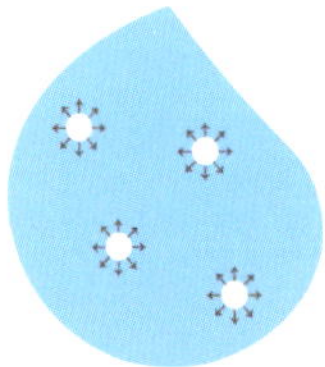

WARUM IST MILCH WEISS?

Bei Milch handelt es sich im Prinzip um eine Emulsion von viel Wasser mit einem geringen Anteil an Feststoffen (Fett, Milchzucker, Eiweiß, Mineralstoffe). Diese Stoffe sind nicht gelöst, sondern schwimmen als kleine, unsichtbare Festpartikel in der Flüssigkeit. Durchdringt ein Lichtstrahl die Milch, reflektieren diese Partikel das Licht in alle Richtungen: Sie streuen es. Und weil die Partikel keine Farbe aus dem Spektrum des Lichts aufnehmen, erscheint das Licht, das zu uns zurückkommt, weiß. Deshalb ist Milch weiß. Und deshalb unterscheiden sich Voll-, Halbfett- und Magermilch farblich voneinander: Sie haben nicht den gleichen Fettgehalt. Magermilch, die kein Fett enthält, ist fast bläulich. Aus all dem kann man den Schluss ziehen: Je fettreicher eine Milch ist, desto weißer ist sie auch.

DIE WÄRMEBEHANDLUNG DER MILCH

ROHMILCH

Diese Milch wird nie höher als 40 °C erhitzt. So bleiben die Mikroorganismen, die für den Geschmack verantwortlich sind, erhalten. Rohmilchkäse ist daher deutlich aromatischer als andere Käsearten.

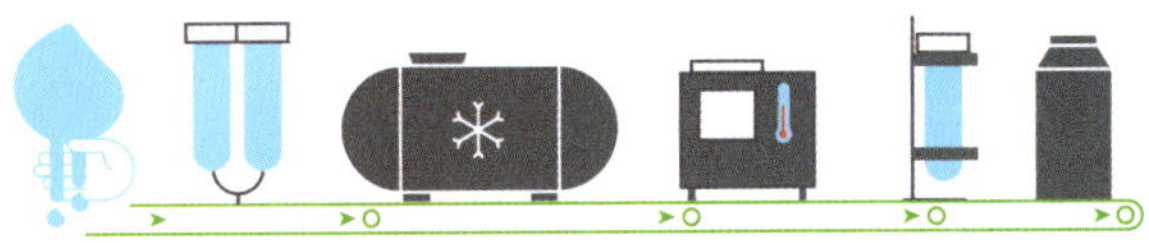

MIKROFILTRIERTE MILCH

Die Milch wird durch feine Siebe gefiltert, Keime und Sporen werden entfernt. Sie ist länger haltbar als Rohmilch und schmeckt ausgeprägter als pasteurisierte Milch. Das Verfahren ist teuer und wird überwiegend von Großkäsereien verwendet.

THERMISIERTE MILCH

Die Milch wird 15 Sekunden auf 55–68 °C erhitzt. Damit werden pathogene Keime vernichtet, die organoleptischen Eigenschaften der Milch jedoch erhalten. Das Verfahren ist schonender als Pasteurisieren, wird aber nur von Käsereien angewendet. Geschmacklich liegen solche Käse zwischen Käsen aus Rohmilch und Käsen aus pasteurisierter Milch.

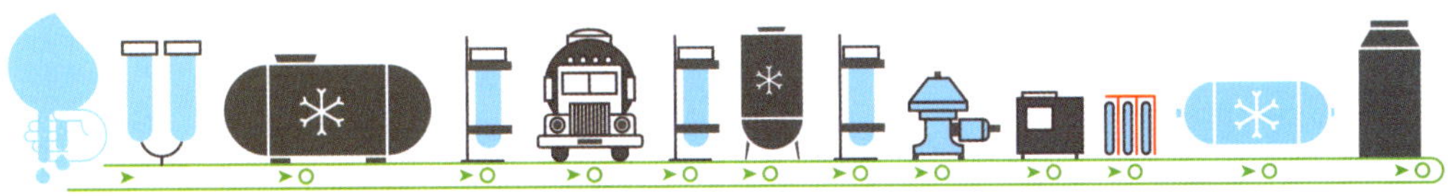

FRISCHMILCH ODER PASTEURISIERTE MILCH

Hier wird die Milch 15–30 Sekunden auf 72–75 °C erhitzt. Dabei wird ein Großteil der für Geschmack und Konsistenz verantwortlichen Mikroorganismen abgetötet – mehr als 90 % der ursprünglichen Flora werden zerstört. Käse aus dieser Milch ist haltbarer, was den Geschmack angeht, aber eher neutral und beliebig und weniger vom Terroir geprägt.

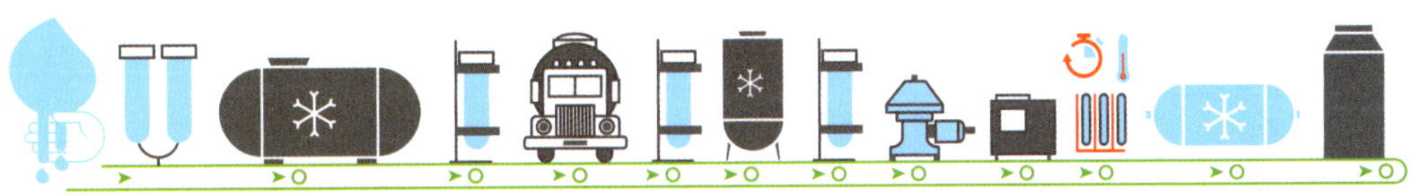

H-MILCH (ULTRAHOCHERHITZT)

Die Milch wird 1–4 Sekunden auf 135–150 °C erhitzt. Weil dabei alle Mikroorganismen abgetötet werden, ist es schwierig, wenn nicht unmöglich, aus dieser Milch noch Käse zu machen. Danach kann sie auch noch sterilisiert werden.

DIE KÄSEHERSTELLUNG

Vom Transport der Milch zum Herstellungsort des Käses bis zu seiner Reifung: Hier lernen Sie die sechs Schritte kennen, die für die Herstellung der meisten Käse unerlässlich sind.

1 MELKEN UND MILCHTRANSPORT

Für diesen Schritt gibt es zwei Möglichkeiten.

• Das Melken findet von Hand oder mit einer Maschine statt. Danach geht die Milch ohne Umwege zur Käserei.

• Die Kühe werden maschinell gemolken. Die Milch wird in einen Milchsammelwagen geleitet, in dessen Tank eine Temperatur von 3–4 °C herrscht, und zur Molkerei gebracht.

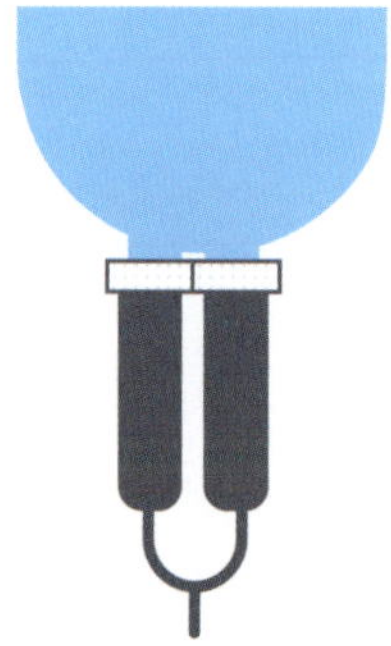

2 DICKLEGEN

Milch ist flüssig, Käse fest. Um Milch vom flüssigen in den festen Zustand zu überführen, muss sie erst gerinnen und zur Gallerte werden. Für fast alle Käsesorten wird die Gallerte geschnitten, es entsteht der Bruch. Es gibt drei Arten des Dicklegens.

FLÜSSIGKEIT ➤ *GALLERTE/BRUCH* ➤ *KÄSE*

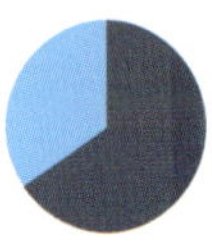

8–36 STUNDEN

MIT MILCHSÄUREBAKTERIEN

Man mischt mehr Milchsäurebakterien als Lab unter die Milch. Bis sie dickgelegt ist, dauert es 8–36 Stunden. Die Gallerte schmeckt eher sauer.

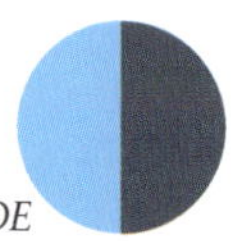

45 MINUTEN BIS 1 STUNDE

MIT MILCHSÄUREBAKTERIEN + LAB

Man gibt 1:1 Milchsäurebakterien und Lab zur Milch. Die Gallerte ist nach 45 Minuten bis 4 Stunden fertig und schmeckt ausgewogen säuerlich-süßlich.

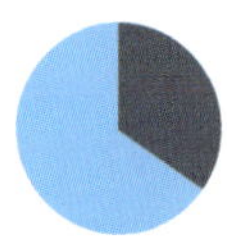

20–45 MINUTEN

MIT LABFERMENT

Man fügt mehr Lab als Milchsäurebakterien hinzu. Die Milch gerinnt schnell (in 20–45 Minuten). Die Gallerte schmeckt eher süßlich.

Was ist Lab?

Lab ist ein Ferment aus dem Labmagen junger Wiederkäuer, die noch nicht abgestillt wurden. Es enthält ein Enzym (Chymosin), das das Milcheiweiß (Kasein) gerinnen lässt, die Milch also vom flüssigen in den festen Zustand überführt (dicklegt). Das Kasein verklumpt und trennt sich von der wässrigen Molke.

3 FORMEN

Mit diesem Schritt beginnt der Käse, seine sortentypische Gestalt anzunehmen. Die Molke des Käsebruchs tropft in den Formen ab, der Bruch verdichtet sich. Es gibt unterschiedliche Verfahren, Bruch in die Formen zu bringen.

MIT KÄSETUCH UND HOLZREIFEN

Diese Methode wird überwiegend bei der traditionellen Herstellung von Käsen mit gepresstem oder mit gebranntem und gepresstem Teig, wie Comté, Beaufort und Abondance, eingesetzt. Der Bruch ist eher feinkörnig.

MIT KELLE

Der Bruch wird händisch mit einer Kelle – oder von Maschinen mit vielen Kellen – in die Form(en) geschöpft. Ein Verfahren, dass bei einigen Käsen mit Außenschimmel, z.B. beim Camembert, zur Anwendung kommt.

MIT EINZELNEN FORMEN

In diesem Fall entnimmt man den Bruch mithilfe einer Form direkt aus dem Kessel oder der Käsungswanne. Bei dieser Methode muss der Bruch recht fest sein, damit die Körner nicht zerbrechen.

MIT ABFÜLLBLECH UND FORMEN NEBENEINANDER

Über einzelnen Formen, die nebeneinanderstehen, sitzt ein mit Öffnungen versehenes Blech als Verteiler. Der Bruch wird hineingegeben und fließt dann in die Formen darunter.

MIT ABFÜLLBLECH UND FORMEN NEBEN- UND ÜBEREINANDER

Das Prinzip ist das Gleiche wie bei der links beschriebenen Methode, nur dass die Formen diesmal nicht nur nebeneinander-, sondern auch übereinanderstehen.

MIT WENDEFORM

In die in einer Wanne befindliche Gallerte werden Formen ohne Boden gesetzt, darauf stellt man ein Abtropfblech. Das Ganze – Wanne, Formen, Blech – wird zusammengehalten und gewendet.

4 ABTROPFEN

Beim Abtropfen wird die Molke vom Bruch getrennt. Ein wichtiger Schritt, denn er bestimmt den Flüssigkeitsgehalt des Käses und die folgenden Produktionsschritte. Das Abtropfen kann auf zweierlei Weise erfolgen: durch die Schwerkraft (das Eigengewicht) oder durch gezieltes Pressen mit mehr oder weniger starkem Druck. Welches Verfahren eingesetzt wird, hängt von der Art des Käses und der gewünschten Konsistenz ab.

FRISCHKÄSE, QUARK

Das Abtropfen erfolgt von selbst durch die Schwerkraft. Die Molke tropft relativ langsam ab, der Käse enthält noch viel Feuchtigkeit.

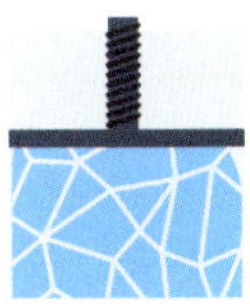

KÄSE MIT GEPRESSTEM TEIG (Z.B. COMTÉ)

Diese Käse werden stark gepresst, um das Wasser aus dem Bruch herauszudrängen.

WEICHKÄSE (Z.B. CAMEMBERT)

Der sehr grobkörnige Bruch wird in perforierte Becher gegeben und tropft praktisch von allein ab.

KÄSE MIT AUSSENSCHIMMEL

Diese Käse tropfen tagelang langsam ab. Dabei werden sie oft gedreht, damit die Molke leichter abläuft.

5 SALZEN

Sobald der Käse ausreichend abgetropft ist, wird er aus der Form genommen. Doch bevor er in den Reifungskeller kommt, muss er unbedingt gesalzen werden – kein Salz, kein Käse! Die Verweildauer im Salzbad reicht von 1–2 Stunden bis zu 4–5 Tagen. Doch warum wird Käse gesalzen? Nun, Salz hat viele Eigenschaften …

INNERHALB VON 24 STUNDEN NACH DER ENTNAHME KANN KÄSE AUF ZWEIERLEI ART GESALZEN WERDEN

• Trocken: Der Käselaib wird mit einer Oberfläche und dem Rand in Salz gerollt, das Salz wird eingerieben; oder das Salz wird aufgestreut und durch Reiben auf Oberfläche und Rand verteilt. Am nächsten Tag wird die Prozedur wiederholt, wobei die andere Oberfläche erstmals und der Rand erneut behandelt werden. Diese Art des Salzens entzieht dem Käse Feuchtigkeit. Je nach Käseart wird der Prozess mehr oder weniger oft wiederholt: Bei kleinen Käsen nur wenige Male, bei Hartkäsen wegen der langen Reifungszeit öfter.

• Nass: Der Käse wird in gesalzenes Wasser, ein »Solebad«, gegeben. Der Salzgehalt der Lake beträgt 16–22 %. Es scheint vielleicht widersprüchlich, einen Käse in eine Flüssigkeit zu geben, damit er Flüssigkeit verliert, doch im Lauf dieses Prozesses nimmt der Käse einen Teil des Salzes auf, und der Feuchtigkeitsgehalt nimmt ab. Dieses Phänomen nennt man Osmose: Das Salz zieht Wasser (hier die Molke) aus dem Käse heraus, der Käse nimmt dafür das Salz aus dem Solebad auf, d.h. er absorbiert es.

Das Salzen des Bruchs

Bei einigen Käsesorten, darunter Fourme de Montbrison, Feta und West Country Farmhouse, wird bereits der Teig oder, genauer gesagt, der Bruch gesalzen. Dadurch geht beim Formen und Abtropfen nicht so viel Molke verloren, was Konsistenz und Geschmack durchaus positiv beeinflusst.

6 DIE REIFUNG (AFFINATION)

Diese Phase vollendet den Käse, indem sie ihm Farbe, Rinde, Konsistenz, Aromen und Geschmack verleiht. Dabei wird der Käse – regelmäßig kontrolliert von einem Affineur – in belüfteter Umgebung von Mikroorganismen (Bakterien, Hefen, Schimmel) umgewandelt. Die jeweilige Kombination von Temperatur und Luftfeuchtigkeit hängt davon ab, um was für einen Käse es sich handelt (mit Ausnahme von Frisch- und Molkenkäsen, die nicht reifen). Diese Reifung, die Affinage, gibt dem Produkt seine Charakteristik.

FARBE • RINDE • KONSISTENZ • AROMEN • GESCHMACK

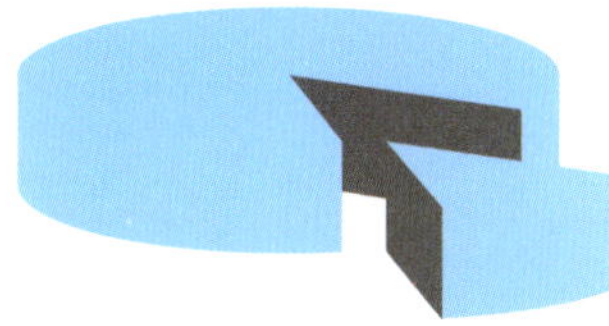

WAS IST EIN AFFINEUR?

Das ist die Person, die sich um den Käse kümmert, damit er optimal reift. Der Affineur muss drei Dinge überwachen: Luft, Temperatur und Feuchtigkeit. Er verwöhnt seine Käse jeden Tag, bei jedem Wetter, sie werden von ihm gebürstet, gewaschen, gewendet … Bei dieser Arbeit geht es um Genauigkeit, Erfahrung, Geduld und Leidenschaft.

MENSCHEN UND MILIEUS

Um die exakte Käsereifung zu erzielen, verfügt der Affineur über drei bis fünf Keller; jeder hat eine bestimmte Luftfeuchtigkeit, Temperatur und Belüftung. Unterstützt wird der Affineur von Personal, das die Käse händisch oder (speziell bei großen Käsen) maschinell versorgt. Hier wird nicht improvisiert!

HOLZ, DAS PERFEKTE MATERIAL

Weil Holz porös ist, bildet sich auf Holzbrettern, auf denen Käse gelagert wird, mit der Zeit ein dünner Biofilm aus Bakterien, Schimmel und Hefen. Dieser überzieht auch den Käse und schützt ihn so vor unerwünschten Mikroorganismen. Wissenschaftliche Studien lassen den Schluss zu, dass Holz die Zahl von Listerien verringern und andere pathogene Keime abtöten kann. Es wirkt beim Käse also wie eine Art Desinfektionsmittel.

WAS WIRD GEBRAUCHT?

Neben seinen Sinnen verfügt ein Affineur noch über einige Utensilien, mit denen er die diversen Käse behandelt.

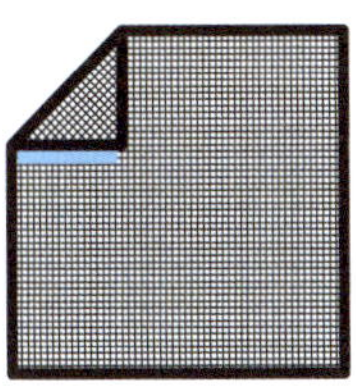

KÄSETUCH (aus Rosshaar, Seide oder Draht)

BÜRSTE

PINSEL

WASCHWASSER (Wasser + Salz + Alkohol)

SCHMIERWASSER (Wasser + Salz + Rotschmierkulturen + evtl. Essig)

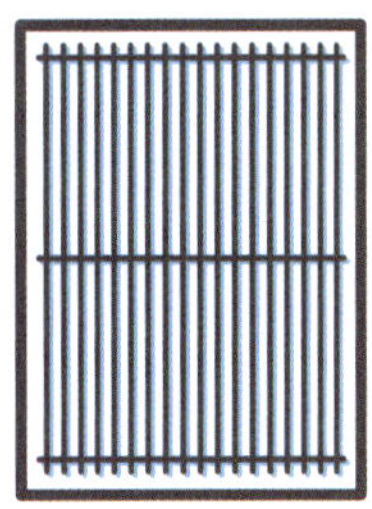

HOLZBRETTER UND GITTER (auf die die Käse gelegt werden)

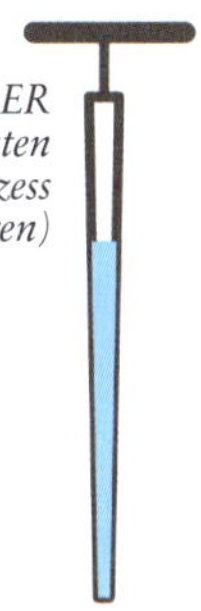

KÄSEBOHRER (um den Käse zu kosten und den Reifungsprozess zu kontrollieren)

Zwei Arten der Reifung: Innenreifung und Oberflächenreifung

Die Innenreifung beginnt und endet im Inneren des Käses. Das geschieht insbesondere bei Käsen mit Innenschimmel (z.B. Roquefort, Bleu de Gex, Crozier Blue®) und Käsen, die mit Wachs überzogen sind wie die niederländischen Goudas. Die Oberflächenreifung beginnt außen und setzt sich ganz langsam nach innen fort. Das ist bei den meisten Käsen mit Naturrinde der Fall (z.B. Comté, L'Étivaz). Um die Reifung in Gang zu bringen, werden manchen Sorten auch Mikroorganismen zugesetzt (etwa bei Camembert oder Époisses).

DIE ELF KÄSEFAMILIEN

Ein Besuch in einem Käseladen ist eine Reise für die Sinne. Farben, Gerüche, Konsistenzen und sogar Geräusche (man muss nur mal die Ohren spitzen, wenn ein Käse angeschnitten wird). Alle fünf Sinne werden angesprochen. Tritt man einen Schritt zurück, erkennt man unterschiedliche Farbbereiche, die sich den einzelnen Familien zuordnen lassen. Das Farbspektrum reicht von makellosem Weiß bis hin zu Graugrün, dazwischen liegen Nuancen von Gelb, Braun, Rot, Orange oder Beige. Hier sind die Käse entsprechend ihrer Herstellungsart nach Familien sortiert – die deutsche Käseverordnung unterteilt beispielsweise nach dem Wassergehalt und nach dem Fettgehalt.

01

FRISCHKÄSE

Z. B. FETA, BROUSSE DU ROVE, ROVE DES GARRIGUES

S. 27 und 42–51

02

MOLKEN- UND SAUERMILCHKÄSE

Z. B. BROCCIU, SÉRAC, RICOTTA ROMANA

S. 28 und 52–55

03

WEICHKÄSE MIT NATURRINDE

Z. B. SAINTE-MAURE DE TOURAINE, CHABICHOU DU POITOU, VALENÇAY

S. 29 und 56–69

04

WEICHKÄSE MIT AUSSENSCHIMMEL

Z. B. CAMEMBERT DE NORMANDIE, BRIE DE MEAUX, CHAOURCE

S. 30 und 70–79

05

WEICHKÄSE MIT GEWASCHENER RINDE

Z. B. LIVAROT, ÉPOISSES, MUNSTER

S. 31 und 80–97

06

KÄSE MIT GEPRESSTEM TEIG

Z. B. TOME DES BAUGES, SALERS, MORBIER

S. 32 und 98–151

07

KÄSE MIT GEBRANNTEM UND GEPRESSTEM TEIG

Z. B. COMTÉ, BEAUFORT, GRUYÈRE SUISSE

S. 33 und 152–165

08

KÄSE MIT INNENSCHIMMEL

Z. B. ROQUEFORT, BLEU D'AUVERGNE, FOURME D'AMBERT

S. 34 und 166–183

09

PASTA-FILATA-KÄSE

Z. B. MOZZARELLA DI BUFALA CAMPANA, PROVOLONE DEL MONACO, BURRATA DI ANDRIA

S. 35 und 184–187

10

SCHMELZKÄSE

Z. B. CANCOILLOTTE, FORT DE BÉTHUNE, PÔT CORSE

S. 36 und 188–189

11

KÄSEZUBEREITUNGEN

Z. B. GAPERON D'AUVERGNE, BOULETTE D'AVESNES, CERVELLE DE CANUT

S. 37 und 190–191

01

FRISCHKÄSE

Diese meist rein weißen Käse bieten im Mund unvergleichliche Frische. Zur Familie der Frischkäse gehören die wohl ältesten Käsesorten der Welt – schließlich entstehen sie dadurch, dass Milch auf natürliche Weise gerinnt; es ist nicht erforderlich, bei der Herstellung noch irgendetwas hinzuzufügen. Worauf es ankommt, ist einzig und allein das Ausgangsprodukt – richtig gute Milch. Daraus entstehen Käse, die man ohne Reifung verzehren kann.

EINIGE BEKANNTE VERTRETER
Feta, Brousse du Rove, Rove des Garrigues, Jonchée, Saveurs du Maquis

FARBE
Diese rindenlosen Käse sind elfenbeinweiß.

SCHNEIDEN UND VERKAUFEN
Loser Frischkäse wird im Geschäft üblicherweise mithilfe einer Kelle mit Ausgusstülle oder einem Spatel abgefüllt.

KONSISTENZ
Glatt und cremig. Dies ist oft der erste Käse, der Kindern schmeckt. Auch Quark gehört zu dieser Käsefamilie!

Der Gervais ist – ein Normanne!

Dieser Frischkäse, ein typischer französischer Doppelrahmfrischkäse, wurde in der Normandie geboren. Es heißt, dass ein Schweizer Angestellter einer Molkerei in Villers-sur-Auchy (Oise) seiner Chefin, Madame Hérould, vorgeschlagen habe, die Milch, die für Bondons de Neufchâtel gedacht war, mit Sahne anzureichern. Madame hörte auf ihn, verpackte diese kleinen Käse in ein spezielles Papier und taufte ihre Kreation zu Ehren ihres Angestellten »Petit-Suisse«. Als die Nachfrage stieg, beschloss Madame Hérould, den Käse in den Markthallen von Paris zu verkaufen, über einen Mittelsmann namens – Charles Gervais!

02

MOLKEN- UND SAUERMILCHKÄSE

Der Teig eines perfekt gereiften Sauermilchkäses – der aus Magerquark hergestellt wird – lässt Licht hindurch. Molkenkäse jedoch reflektieren das Licht – dank ihres hohen Feuchtigkeitsgehalts (82 %) glänzen sie. Man nennt Molkenkäse wegen der besonderen Herstellungsweise auch »falsche Käse«: Sie werden aus der Molke gemacht, die bei der Herstellung eines anderen Käses abgetropft ist. Zum Trocknen gibt man Molkenkäse oft in kleine Körbe.

EINIGE BEKANNTE VERTRETER
Brocciu, Manouri, Sérac, Ricotta Romana, Hessischer Handkäse, Olmützer Quargel

SCHNEIDEN UND VERKAUFEN
Molkenkäse werden mit Drahtkäseschneider oder perforiertem Löffel zerteilt. Sauermilchkäse werden in der Originalverpackung verkauft.

FARBE
Schneeweiß oder gebrochen weiß

KONSISTENZ
Molkenkäse sind körnig und zartschmelzend, Sauermilchkäse je nach Reifestufe fest bis fließend.

Molkenkäse hat viele Namen

Diese Käse stammen aus Gebirgsregionen oder einsamen Gegenden, in denen es wichtig (sogar lebenswichtig) war, nichts zu verschwenden, womit man die Familie ernähren konnte. Jede Region kennt ihn unter einem anderen Namen, doch das Produkt ist immer das Gleiche – nur die verwendete Milch kann variieren. Im Baskenland findet man den Greuilh (Schafmilch), im Aveyron den gleichen Käse als Recuite (Schaf); im Franche-Comté spricht man vom Sérac oder Serra (Kuhmilch), auf Korsika vom Brocciu (Schaf- oder Ziegenmilch); in Kanada mag man den Neige de Brebis und in Griechenland den Manouri (Schaf- oder Ziegenmilch).

03

WEICHKÄSE MIT NATURRINDE

Zu dieser Familie gehören viele Ziegenkäse, die weder außen noch innen Schimmel aufweisen. Eine Ausnahme sind geaschte Käse, bei denen sich auf natürliche Weise eine Rinde bildet. Diese kleinen Käse, die es in den unterschiedlichsten Formaten gibt, werden fast ausschließlich im Ganzen verkauft. Man sollte sie bald verzehren, denn sobald sie auch nur ein wenig austrocknen, kann der Geschmack zu intensiv werden.

EINIGE BEKANNTE VERTRETER
Sainte-Maure de Touraine, Chabichou du Poitou, Valençay, Pérail des Cabasses, Bijou

SCHNEIDEN UND VERKAUFEN
Kleine Käse werden im Ganzen verkauft. Zum Schneiden verwendet man einen kleinen Drahtschneider, damit der Teig nicht beschädigt wird.

FARBE
Creme- bis alabasterweiß, gelegentlich mit einigen sehr hellen Beigetönen. Geaschte Käse bieten hellgraue und stahlblaue Töne.

KONSISTENZ
Abhängig von der Reifungsdauer kann die Konsistenz weich, cremig, halbtrocken oder, bei sehr alten Käsen, (sehr) trocken sein.

Formenvielfalt

Sainte-Maure de Touraine, Selles-sur-Cher oder Valençay erkennt man an ihrer mit Holzkohle geaschten Rinde. Der Pouligny-Saint-Pierre oder der Cornebique du Québec sind weiß mit einer runzeligen Rinde, die Rillen und Furchen aufweist – diese Käsefamilie erlaubt sich, was die Formen angeht, so einiges. Besonders bei kleineren Formaten versuchen die Produzenten einander in Sachen Einfallsreichtum zu übertreffen und bringen unter anderem zylindrische, pyramiden- oder quaderförmige, längliche oder ringförmige Weichkäse mit Naturrinde auf den Markt. Der Fantasie sind wirklich keine Grenzen gesetzt!

04

WEICHKÄSE MIT AUSSENSCHIMMEL

Zu dieser Familie gehören einige der berühmtesten Käse der Welt. Sie zeichnen sich durch beflaumte, samtige oder seidige Rinde aus, hervorgerufen durch einen Pilz, mit dem der Bruch geimpft wird: *Penicillium candidum.*

Die Weichkäse mit Außenschimmel werden nicht nur auf dem französischen Festland hergestellt. In Irland produziert eine Farm den Gortnamona, in Australien trifft man auf den Horizon und in Neuseeland auf den Volcano.

EINIGE BEKANNTE VERTRETER
Camembert de Normandie, Brie, Chaource, Bonchester Cheese, Altenburger Ziegenkäse

SCHNEIDEN UND VERKAUFEN
Die Käse werden im Ganzen oder portionsweise (geschnitten mit einem Briemesser oder einem Käsemesser mit perforierter Klinge) verkauft.

FARBE
Diese Weichkäse bieten eine umfangreiche Palette an Weißnuancen: gebrochenes Weiß, Cremeweiß, Flachsweiß, Alabasterweiß …

KONSISTENZ
Gereift sind diese Käse meist weich und cremig. Bei jüngeren Käsen erkennt man in der Mitte oft den für diese Familie typischen »kreidigen« Kern.

Einst grün, nun weiß

Die Hüllen der Weichkäse mit Außenschimmel waren nicht immer weiß. Ursprünglich präsentierten sich Camembert de Normandie, Cœur de Neufchâtel, Chaource und andere mit einer Rinde, deren Farbe zwischen Blaugrau und Graugrün schwankte und stellenweise bräunliche und/oder rötliche Flecken aufwies. Erst im Verlauf des 20. Jahrhunderts begannen diese Käse, sich mit Weißnuancen zu schmücken, der Entwicklung des Pilzes *Penicillium candidum* (oder *Geotrichum candidum*) sei Dank.

05

WEICHKÄSE MIT GEWASCHENER RINDE

Die Familie mit dem stärksten »Duft«. Und das aus gutem Grund: Die Käse werden gewaschen, und das begünstigt intensive Ausdünstungen. Doch der oft intensive Geruch verdeckt delikaten, frischen und manchmal kräftigen Geschmack. Riechen Sie mal an Langres, Maroilles, Sire de Créquy à la Bière oder dem kanadischen Pied-de-Vent! Harbison und Bossa (USA) haben mit den anderen Käsen dieser Gruppe nur die Farbe, nicht den Geruch gemein.

EINIGE BERÜHMTE VERTRETER
Allgäuer Weißlacker, Livarot, Époisses, Munster, Langres, Odenwälder Frühstückskäse, Pied-de-Vent

SCHNEIDEN UND VERKAUFEN
Sie werden im Ganzen oder portionsweise (je nach Reife mit perforiertem Käsemesser, Käsedraht oder Butterschneider zerteilt) verkauft.

FARBE
Diese Familie erkennt man an einer ganzen Palette von Orange-, Braun-, Bronze- oder Rottönen.

KONSISTENZ
Die Konsistenz der Käse dieser Familie ist überwiegend weich, cremig und sogar fließend.

Warum sind sie außen rot?

Die ganz besondere Färbung dieser Käsefamilie wird durch ein Bakterium, *Brevibacterium linens* (auch Rotschmierbakterium genannt), verursacht. Die Kultur wird dem Wasser, mit dem die Käse während des Reifens regelmäßig gewaschen (geschmiert) werden, zugesetzt. Die Käse reifen von außen nach innen – tatsächlich befindet sich die Rotschmiere nur auf der Oberfläche der Käse, der Teig ist sehr viel heller. Eine Rotfärbung kann übrigens auch das Ergebnis einer Behandlung mit Annatto sein. Die Samen des Annattostrauchs enthalten natürliche Pflanzenfarbstoffe (z.B. orange oder gelbe Carotinoide, bekannt als E 160b).

06

KÄSE MIT GEPRESSTEM TEIG

Die Käsefamilie mit der größten Sortenvielfalt. Oft handelt es sich um mittelgroße Laibe (1–5 kg), doch einige können 15 oder sogar 20 kg wiegen. Diese Käse werden im Lauf des Herstellungsprozesses gepresst, der Bruch wird vorher aber auf höchstens 50 °C erhitzt. Im Gegensatz zu Frisch-, Weich- und Molkenkäsen werden sie sowohl im Gebirge als auch im Flachland produziert – daher die große Bandbreite an Größen und Konsistenzen.

EINGE BEKANNTE VERTRETER
Edam, Esrom, Gouda Holland, Morbier, Manchego, Pecorino, Raclette, Glarner Alpkäse, Holsteiner Tilsiter, Appenzeller, Taleggio, Reblochon

FARBE
Diese große Familie bietet eine breite Farbpalette mit Tönen von Hellbeige bis Aschgrau, dazwischen orange, ockergelbe oder rotbraune Nuancen.

SCHNEIDEN UND VERKAUFEN
Für das Öffnen größerer Laibe verwendet man einen Käsedraht, danach – für einen sauberen Schnitt – ein Messer mit rechteckiger Klinge.

KONSISTENZ
Man könnte vermuten, der Teig dieser Käse sei fest, doch unter harter Rinde kann sich geschmeidiger, fester, trockener oder cremiger Teig verbergen.

Kaseinmarken

Laut EU-Verordnung muss die gesamte Herstellungs- und Lieferkette eines Lebensmittels vom Rohstoff bis zum fertigen Produkt lückenlos nachvollziehbar sein. Für diese sogenannte Chargenrückverfolgung bieten sich beim Käse – je nach Größe und Beschaffenheit – verschiedene Methoden an. Hartkäse tragen deshalb oft eine Kaseinmarke auf der Rinde, die die laufende Nummerierung und evtl. das Logo der Käserei zeigt. Der Käser legt sie nach dem Abfüllen und vor dem ersten Wenden auf den Rohkäse auf und presst sie fest in die Rinde. Da Kasein eine natürliche Eiweißsubstanz ist, kann sie bedenkenlos mitverzehrt werden.

07

KÄSE MIT GEBRANNTEM UND GEPRESSTEM TEIG

Die gigantischen Käse können bis zu 110 kg wiegen! Die meisten davon sind Bergkäse mit langer Haltbarkeit. Bei sehr lange gereiften erscheinen im Teig weiße Punkte, die oft für grobes Salz gehalten werden. In Wahrheit aber handelt es sich dabei um Aminosäure-Kristalle, sogenannte Tyrosin-Kristalle; sie entstehen, wenn das Käseeiweiß abgebaut wird. Die Käseräder fallen auf: wegen ihrer Größe, ihres Dufts, ihres Schmelzes und ihrer Köstlichkeit.

EINIGE BEKANNTE VERTRETER
Comté, Beaufort, Gruyère Suisse, Emmentaler, Bergkäse, Grana Padano, Parmigiano Reggiano

SCHNEIDEN UND VERKAUFEN
Mit Käsedraht werden die Laibe halbiert, geviertelt und geachtelt, danach verwendet man ein Messer mit zwei Griffen zum weiteren Portionieren.

FARBE
Die Farbe der Rinde spielt zwischen Ocker, Beige und Rotbraun. Der Teig kann hell- bis goldgelb und cremefarben sein.

KONSISTENZ
Die Konsistenz der Käse ist fest und zartschmelzend. Unter ihnen gibt es welche mit Lochbildung, manchmal mehr, manchmal weniger stark.

Warum sind sie so groß?

Diese Käse entstanden im Gebirge, wo die abgeschiedene Lage der Weiden und Almen die Senner dazu zwang, große Mengen von Milch zu verarbeiten, damit möglichst wenig von diesem Ausgangsmaterial verloren ging. Familien, die jeweils nur kleine Herden hatten, taten sich zusammen, damit alle besonders im Winter ihr Auskommen hatten. Die Senner nahmen die gemeinsam erzeugte Milch und fertigten daraus in großer Höhe große Käselaibe, die sich beim Almabtrieb von Menschen praktisch auf dem Rücken ins Tal tragen ließen. Dort wurde die Produktion dann unter den Familien aufgeteilt.

08

KÄSE MIT INNENSCHIMMEL

Diese Käsefamilie schreckt ab – weil man die Schimmelkulturen gut sieht und (häufig fälschlich) davon überzeugt ist, dass die Käse kräftig und scharf schmecken. Der Schimmel entsteht, wenn der Bruch vor, bei oder nach dem Formen mit den Bakterien *Penicillium roqueforti* oder *Penicillium glaucum* geimpft wird. Es gibt auch Käse mit Innenschimmel, die nicht geimpft werden. Bei ihnen entwickelt sich der Schimmel auf natürliche Weise.

EINIGE BEKANNTE VERTRETER
Roquefort,
Bleu d'Auvergne,
Fourme d'Ambert, Stilton,
Gorgonzola Dolce

SCHNEIDEN UND VERKAUFEN
Zum Zerteilen verwendet man Drahtkäseschneider verschiedener Größen oder die Roquefortaise, die den Teig sauber und präzise schneidet.

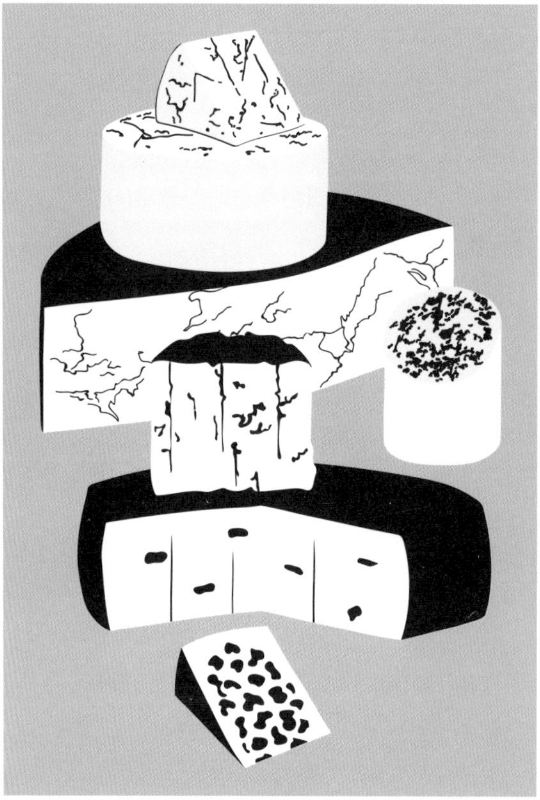

FARBE
Der weiße bis elfenbeinfarbene Teig weist blaue, schwarze oder grüne Adern oder Flecken auf.

KONSISTENZ
Meist sind diese Käse schmelzend, körnig oder fließend.

Das Pikieren der Käse mit Innenschimmel

Mitte des 19. Jahrhunderts kam Antoine Roussel, Sohn eines Bauern und Enkel eines Produzenten von Roquefort, nach diversen Experimenten zu dem Schluss, dass das Impfen des Bruchs mit *Penicillium roqueforti* für eine gleichmäßigere Verteilung des Schimmels im Käse sorgt. Außerdem stellte er fest, dass die Schimmelkulturen bei Kontakt mit Sauerstoff besser gedeihen. Um die Entwicklung des Myzels zu fördern, ersann er daraufhin eine Maschine, die Piqueuse. Diese locht jeden Käse von oben mit zahlreichen stricknadeldicken Stäbchen, was eine homogene Schimmelbildung zur Folge hat.

09

PASTA-FILATA-KÄSE

In Frankreich sind Pasta-Filata-Käse aus historischen Gründen eher unbekannt. Doch sie gehören zu den meistverkauften Käsen der Welt, weil sie von der Lebensmittelindustrie für Fertiggerichte verwendet werden.

Star dieser Familie ist sicherlich der Mozzarella di Bufala Campana, oft (schlecht) kopiert. Die historische Wiege der Pasta-Filata-Käse ist Italien, doch inzwischen werden sie in vielen Ländern der Erde produziert.

EINIGE BEKANNTE VERTRETER
Mozzarella di Bufala Campana, Caciocavallo Silano, Provolone del Monaco, Burrata di Andria, Queso Tetilla

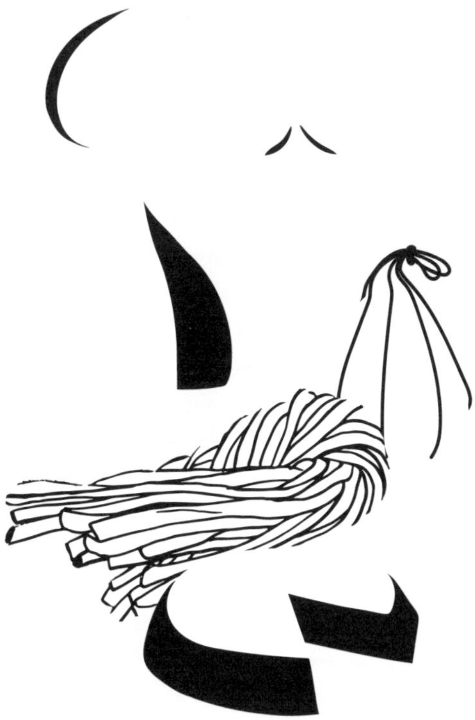

FARBE
Überwiegend sind diese Käse weiß, elfenbein-, bis cremefarben. Wurden sie geräuchert, sind sie außen goldgelb bis -braun.

SCHNEIDEN UND VERKAUFEN
Diese Käse werden fast immer im Ganzen verkauft. Größere Exemplare schneidet der Händler mit einem Messer mit spitzer Klinge.

KONSISTENZ
Im Idealfall ist der Teig faserig (ein bisschen wie gekochte Hähnchenbrust) und nicht elastisch.

Ein glücklicher Zufall

Einer Legende nach entstand der Mozzarella, als ein Käserlehrling einmal Käsebruch in heißes Wasser fallen ließ. Als er ihn wieder herausholte, stellte er fest, dass man den Bruch nun ziehen konnte, ohne dass er riss. Der Mozzarella und seine Filata-Verwandten waren geboren. Dokumente aus dem 12. Jahrhundert belegen, dass die Mönche des Klosters San Lorenzo in Capua Pilgern Käse namens Mozza mit einem Stück Brot anboten. 1570 taucht der Begriff »Mozzarella« erstmals in einem Rezeptbuch des päpstlichen Hofes auf. Heute wird der Mozzarella außer in Kampanien auch in Apulien, der Basilikata und im Latium produziert.

10

SCHMELZKÄSE

Diese Käsefamilie kommt besonders bei Kindern gut an. In den Auslagen der klassischen Käsehandlungen findet man sie kaum, doch sie füllen die Kühlregale der Supermärkte. Im Prinzip geht es hier darum, diverse Käse zu schmelzen, damit ein neuer Käse entsteht. Überwiegend handelt es sich dabei um Industrieprodukte, doch hinter diesen versteckt sich manche handwerklich gefertigte Köstlichkeit. Schmelzkäse können, wie Molkenkäse, aus der Flüssigkeit hergestellt werden, die bei der Verarbeitung von Milch anfällt.

EINIGE BEKANNTE VERTRETER
Cancoillotte, Fort de Béthune, Pôt Corse, Mégin, Kochkäse

SCHNEIDEN UND VERKAUFEN
Sind diese Käse klein, werden sie im Ganzen verkauft. Andere Sorten werden in Bechern angeboten.

FARBE
Die meisten Schmelzkäse zeigen weißliche, grünliche oder gelbliche Reflexe.

KONSISTENZ
Wie der Name schon sagt, haben diese Käse eine schmelzende, mehr oder weniger dichte Konsistenz. Einige Schmelzkäse sind am Gaumen körnig.

Der Ursprung der Lachenden Kuh – La Vache qui rit®

Während des Ersten Weltkriegs wird ein gewisser Léon Bel dem Regiment »Frischfleischbeschaffung« zugeteilt. Weil die Lastwagen des Regiments noch kein eigenes Erkennungszeichen haben, schreibt der Generalstab einen Malwettbewerb aus. Sieger ist Benjamin Rabier mit seiner Illustration einer lachenden Kuh, einer »vache qui rit«. Schnell bekommt diese den Spitznamen »Wachkyrie«, eine spöttische Anspielung auf die Walküren, die auf den Emblemen der deutschen Militär-LKWs zu sehen sind. Im Jahr 1921 erfindet Léon Bel einen Schmelzkäse und nennt ihn, als Erinnerung an diese berühmte Illustration, »La Vache qui rit«.

11

KÄSEZUBEREITUNGEN

Historisch gesehen ähneln die Mitglieder dieser Familie den »falschen Käsen«. Diese wurden in armen Regionen von Familien erfunden, die es sich nicht leisten konnten, Lebensmittel wegzuwerfen oder verderben zu lassen. Also bewahrten sie auf, was sich wiederverwerten ließ, und verwandelten es in etwas, von dem man sich ernähren konnte. Dementsprechend war jede Kreation aus Käseresten einzigartig.

EINIGE BEKANNTE VERTRETER
Gaperon d'Auvergne, Boulette d'Avesnes, Cervelle de Canut, Afuega'l Pitu, Jāņu Siers

FARBE
Die Vertreter dieser Käsefamilie sind bunt, weil die Rezepte mit vielen Zutaten verändert werden können. Sie sind also – unbeschreiblich.

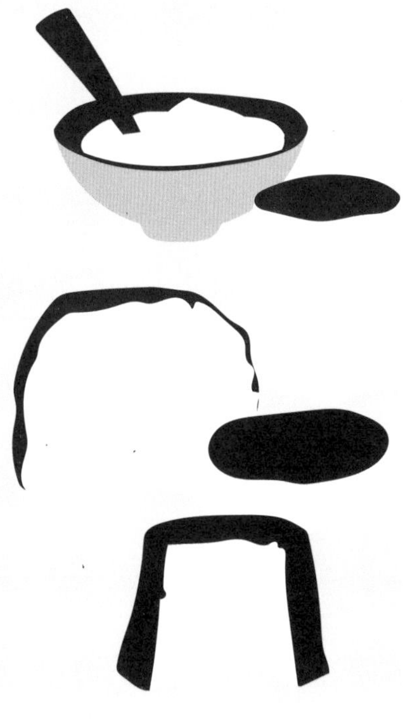

SCHNEIDEN UND VERKAUFEN
Je nach Sorte können diese Käse im Ganzen verkauft oder in Becher geschöpft werden.

KONSISTENZ
Käsezubereitungen können fest, brüchig oder zartschmelzend sein, manche sind geradezu sahnig.

Große Vielfalt

Der Gaperon d'Auvergne (mit Knoblauch und Pfeffer aromatisiert) wird aus Buttermilch gemacht, also der Flüssigkeit, die bei der Herstellung von Butter anfällt. Den Boulette d'Avesnes stellt man u.a. aus Resten von Maroilles, Frischkäse, Pfeffer und Estragon her. Und dann gibt es noch *fromage fort,* eine Paste aus Quark und Käseresten, der je nach Region noch Weißwein, Salz, Gewürze, Pfeffer und das eine oder andere mehr hinzugefügt werden. Wer auch immer Lust dazu hat, kann also sein eigenes Rezept entwickeln – man braucht nur Käsereste mit Sahne, Buttermilch oder einfach nur Milch zu vermengen.

DAS FRANZÖSISCHE KÄSEETIKETT

In Frankreich tragen Käse ein informatives Etikett, damit kann man in aller Ruhe auswählen. Es gibt Kennzeichnungs- und Hygieneregeln, an die sich jeder Käsehändler halten muss. Tut er das nicht, sollten Sie das Geschäft wechseln.

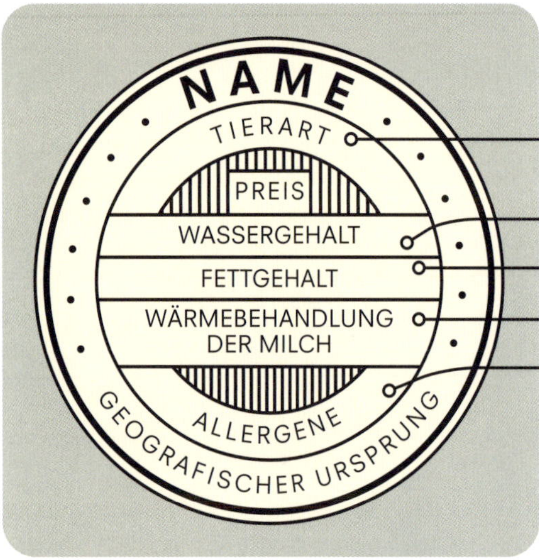

PFLICHTANGABEN

Wird nicht angegeben, von welcher Tierart die Milch stammt, kann man davon ausgehen, dass es sich um Kuhmilch handelt.

Gilt nur in Frankreich für *fromage blanc* (eine Art Quark).

Fettgehalt: Die Angabe gilt für das fertige Produkt.

Roh, thermisiert, pasteurisiert, sterilisiert …

EU-weit müssen die 14 wichtigsten Allergene aufgeführt werden. Bei loser Ware muss die Liste beim Verkäufer einsehbar sein.

SONDERFÄLLE

Bei g.U.- oder g.g.A.-Käsen sind nur die Angabe von Name, Wärmebehandlung der Milch, Art des Siegels und Preis Pflicht. Außerdem muss das Siegel (g.U., g.g.A., g.t.S.) aufgeklebt sein.

FREIWILLIGE ANGABEN

Das Gesetz verlangt keine Angabe darüber, ob es sich um Fermier-, Artisanal-, Laitier-, Fruitière- oder Industrie-Käse handelt.

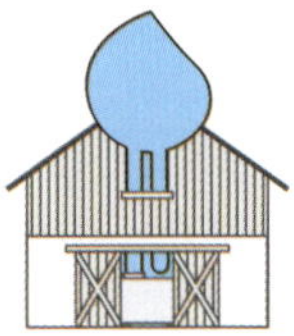

FERMIER-KÄSE

Er wird aus der Milch eines einzigen Hofs auf traditionelle Weise hergestellt. Der Käse muss an dem Ort hergestellt werden, von dem die Milch stammt. Die Reifung kann vor Ort geschehen oder extern bei einem Affineur. Im Allgemeinen werden diese Käse in geringen Mengen produziert, Typizität und Terroir stehen im Vordergrund.

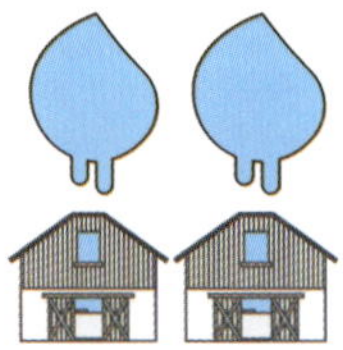

ARTISANAL-KÄSE

Er wird von einem handwerklichen Betrieb, der in das Gewerberegister eingetragen ist und sich an die Regeln der traditionellen Fertigung hält, produziert. Der Hersteller wählt die Milch von Höfen in der Nähe des Herstellungsorts aus. Im Vergleich zu Fermier-Käsen ist bei Artisanalkäsen die Typizität weniger ausgeprägt.

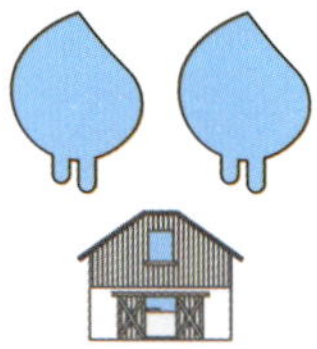

LAITIER-KÄSE

Er wird von einer Molkerei oder einer Genossenschaft hergestellt, und zwar aus der Milch verschiedener Herden von unterschiedlichen Höfen. Diese Art von Käse gibt es nur bei einigen g.U.-Käsen unter Berücksichtigung der Angaben im Pflichtenheft (z.B. Abondance, Saint-Nectaire, Reblochon). Verglichen mit Fermier- oder Artisanal-Käsen, sind Laitier-Käse geschmacklich weniger typisch.

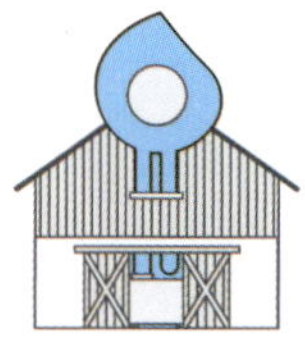

FRUITIÈRE-KÄSE

Er wird auf traditionelle Weise hergestellt. Die Rohmilch muss vor Ort gewonnen werden und darf nur aus zwei aufeinanderfolgenden Melkgängen stammen. Diese Milch wird mit einem Abstand von höchstens 12 Stunden zur letzten Melkung dickgelegt. Fruitière-Käse findet man am häufigsten in der Familie der Käse mit gebranntem und gepresstem Teig, der großen Käseräder.

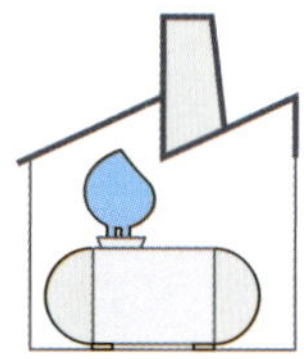

INDUSTRIE-KÄSE

Er stammt von industriell arbeitenden Molkereibetrieben und wird zum größten Teil aus pasteurisierter Milch hergestellt, die, vom bakteriologischen Aspekt gesehen, stabiler ist. Der Geschmack ist oft eher uninteressant. Diese Käse findet man im traditionellen Käsefachhandel kaum (oder gar nicht).

DIE GÜTESIEGEL

Fast alle Käsesorten tragen Siegel, die Informationen über die Qualität und Herstellung liefern. Die drei EU-Gütesiegel gewährleisten die Qualität hochwertiger landwirtschaftlicher Erzeugnisse und sorgen für den Schutz der Produktnamen.

GESCHÜTZTE URSPRUNGSBEZEICHNUNG (g. U.)

Dieses Siegel schützt u.a. Käsesorten europaweit und soll Nachahmungen verhindern. Ein g. U.-Produkt darf nur in einer genau festgelegten geografischen Zone erzeugt, verarbeitet und hergestellt werden, und zwar nach Methoden, die historisch belegt sind. In Frankreich ist das g. U.-Siegel (dort AOP-Siegel) eine Anpassung der französischen Appellation d'Origine Contrôlée (AOC; kontrollierte Ursprungsbezeichnung) an das EU-Niveau. Beispielsweise kann nur ein AOC-Käse auch ein g. U.-Siegel bekommen. Allerdings können sich g.U.-Käse entsprechend dem Pflichtenheft qualitativ durchaus voneinander unterscheiden. In der Schweiz existieren die gleichen Gütesiegel.

GESCHÜTZTE GEOGRAFISCHE ANGABE (g. g. A.)

Dieses Siegel bezeichnet landwirtschaftliche Produkte, deren Eigenschaften eng mit jener geografischen Region verbunden sind, in der die Herstellung und/oder die Verarbeitung stattfinden. Mindestens eine Herstellungsstufe muss in dem Gebiet erfolgen, die verwendeten Rohstoffe können aus einem anderen Gebiet stammen. Das Pflichtenheft für ein g. g. A.-Siegel ist weniger streng als das für die Auszeichnung g. U. Es sollen die gute Handwerkskunst und das überlieferte Wissen geschützt werden.

GARANTIERT TRADITIONELLE SPEZIALITÄT (g. t. S.)

Dieses Siegel bezeichnet die traditionelle Zusammensetzung oder Herstellungsmethode eines Produkts. Hierbei sind grundsätzlich die Herkunft der Rohstoffe und die Herstellung an kein Gebiet gebunden. Entscheidend ist, dass dem traditionellen Rezept oder Herstellungsverfahren gefolgt wird – wie zum Beispiel beim Mozzarella. Die Einschränkungen sind somit nochmals weniger streng als die bei einem g. g. A.-Produkt.

LABEL ROUGE

Das Label Rouge ist eine amtliches französisches Gütesiegel für Lebensmittel von außerordentlicher Qualität – sowohl was die organoleptischen Eigenschaften als auch was Herstellungsbedingungen oder Herstellungsweise betrifft. Das Label Rouge ist nicht an eine bestimmte Region gebunden.

EU-BIO-LOGO

Seit dem 1. Juli 2012 tragen alle vorverpackten Bio-Lebensmittel, die in einem EU-Mitgliedstaat hergestellt worden sind, verpflichtend das EU-Bio-Logo. Unverpackte Bio-Produkte, die aus der EU stammen oder importiert werden, können auf freiwilliger Basis mit einem nationalen Bio-Logo und den Zeichen der privaten Verbände gekennzeichnet werden. Das EU-Bio-Siegel garantiert die Qualität von Bio-Lebensmitteln, die nach den strengen Richtlinien der EU-Bio-Verordnung produziert wurden. Demnach sind die Verwendung von synthetischen Düngemitteln und gentechnisch veränderten Organismen von der Tierhaltung bis zur Käseherstellung untersagt.

2

Käse aus aller Welt

01 FRISCHKÄSE

Diese Käsefamilie besticht durch Frische und Cremigkeit. Die meisten Frischkäse schmecken leicht säuerlich – ideal, um sie mit allerlei würzenden Zutaten zu kombinieren, wie zum Beispiel mit Salz, Pfeffer, frischen Kräutern, Konfitüre oder Honig. Man sollte diese Käsesorten vorzugsweise im Frühling und im Sommer genießen.

ANEVATO (**Griechenland,** Westmazedonien)

g. U.
seit
1996

Milch | Schaf- und/oder Ziegenrohmilch

Fettgehalt | 5 %

Karte S. 226–227

Dieser cremige Käse mit leicht körnigem Teig wird in einer Gebirgsregion in kontinentalem Klima produziert. Am Gaumen bietet er Säure, Salzigkeit und ein ausgeprägtes Aroma. Das Besondere an diesem Käse ist, dass er 2 Monate reift, bevor er verkostet werden darf. Die Aufgabe des Affineurs besteht darin, dafür zu sorgen, dass sich keine Rinde bildet. Die für diesen Käse benötigte Milch stammt von Schafen und Ziegen der Rasse *Gréveniotika*, die anderenorts so gut wie gar nicht anzutreffen sind.

BATZOS (**Griechenland,** Thessalien, West- und Zentralmazedonien)

g. U.
seit
1996

Milch | Schaf- oder Ziegenmilch, roh oder pasteurisiert

Größe | Länge 20 cm; Höhe 10 cm

Gewicht | 1 kg

Fettgehalt | 6 %

Karte S. 226–227

Ein trockener, bröckeliger Käse. Dank der verwendeten Milch (Schafmilch, Ziegenmilch oder beides) präsentiert er sich am Gaumen fein säuerlich. Der salzige Geschmack ist auf die mindestens 3-monatige Reifung in Salzlake zurückzuführen. Diese Käsesorte wird bereits seit einigen Jahrhunderten produziert. Früher diente sie Nomaden während ihrer Wanderungen mit den Herden als Proviant: Weil der Batzos fest ist, lässt er sich gut transportieren. Damals aß man ihn naturbelassen oder gegrillt.

BLODER-SAUERKÄSE (**Österreich,** Vorarlberg; **Schweiz,** Kanton Sankt Gallen; **Fürstentum Liechtenstein**)

g. U.
seit
2010

Milch | Kuhmilch, roh oder thermisiert
Gewicht | Von 100 g bis 8 kg
Fettgehalt | 8–18 %

Karte S. 222–223

Tatsächlich handelt es sich um zwei Käsesorten: Der Bloderkäse ist ein Frischkäse, der Sauerkäse reift mindestens 2 Monate. Ersterer ist elfenbeinfarben, rindenlos und fest, gibt allerdings auf Fingerdruck nach. Beim Anschneiden offenbart sich seine grob-bröckelige Konsistenz. Am Gaumen sind milchige, säuerliche Noten, im Abgang ist ein eher animalischer Geschmack wahrnehmbar. Der zweitgenannte Käse hat eine dünne Rinde, sein Aroma ist kräftiger als das seines Kollegen.

BROUSSE DU ROVE (**Frankreich,** Provence-Alpes-Côte d'Azur)

g. U.
seit
2020

Milch | Ziegenrohmilch
Größe | Durchmesser 3–4 cm; Länge 9–12 cm
Gewicht | 40–50 g
Fettgehalt | 5 %

Karte S. 200–201

Für diesen Käse wird der Milch nach dem Erhitzen mit Wasser verdünnter Weißweinessig zugesetzt, damit sie ausflockt. Bei der Roveziege handelt es sich um eine Fleischziegenrasse, die nur wenig Milch gibt, was den Brousse du Rove zu einer Seltenheit macht. Der Teig ist makellos und strahlend weiß. Der Käse fühlt sich weich und etwas körnig an, ist feucht am Gaumen und offenbart feine, für einen Frischkäse lang anhaltende, erfrischende ziegige Noten.

BRYNDZA PODHALAŃSKA (**Polen,** Kleinpolen)

g. U.
seit
2007

Milch | Schafrohmilch und Kuhrohmilch (höchstens 40 %)
Fettgehalt | 6 %

Karte S. 224–225

Produziert wird dieser Käse von Mai bis September. Sein Teig ist weiß mit gelblichen Reflexen. Am Gaumen bietet er ausgeprägte Aromen, Salzigkeit und leichte Säure. Die Schafmilch stammt von einer polnischen Langhaarrasse, dem *Polska owca górska* (wörtlich: Polnisches Bergschaf).

CASATELLA TREVIGIANA (**Italien,** Venetien)

g.U. seit 2008

Milch | Kuhrohmilch
Größe | Klein: Durchmesser 5–12 cm, Höhe 4–6 cm; groß: Durchmesser 18–22 cm, Höhe 5–8 cm
Gewicht | Klein 200–700 g; groß 1,8–2,2 kg
Fettgehalt | 6 %

Karte S. 210–211

Der Teig dieses Käses ist weich, schmelzend und sahnig, sein Geschmack angenehm buttrig und milchig. Er kann einige Bruchlöcher aufweisen, was sein Aroma aber nicht beeinträchtigt. Im Jahr 2012 wurde von der EU das Verzeichnis der für die Produktion dieses Käses zugelassenen Rinderrassen um die Rasse *Burlina* ergänzt, eine in der Provinz Venetien autochthone Milchrinderrasse. Sie wurde im vorangegangenen Verzeichnis irrtümlicherweise ausgelassen – dabei war das *Burlina*-Rind ursprünglich der Hauptmilchlieferant für die Erzeugung des Casatella Trevigiana!

CHEESE BARN COTTAGE CHEESE (**Neuseeland,** Waikato)

Milch | Pasteurisierte Kuhmilch
Gewicht | Becher mit 220 g und 380 g Inhalt
Fettgehalt | 3 %

Karte S. 233

Diesen körnigen Frischkäse (bzw. Hüttenkäse) produziert das Ehepaar Haigh, das biologische Landwirtschaft betreibt und dessen Produkte in Neuseeland vielfach ausgezeichnet wurden. Der Cheese Barn Cottage Cheese wird mit pflanzlichen Gerinnungsenzymen hergestellt. Er ist ausgesprochen fettarm und präsentiert sich am Gaumen mit frischer Säure.

CŒUR DE FIGUE (**Frankreich,** Nouvelle-Aquitaine)

Milch | Pasteuris. Ziegenmilch
Größe | Durchmesser 5 cm; Höhe 1,5–2 cm
Gewicht | 80 g
Fettgehalt | 12 %

Karte S. 204–205

Klein, weich, frisch und feucht – dieser Käse bietet eine perfekte Balance zwischen Frische, Säure und der feinen Süße der Feigenkonfitüre, die sich in seinem Herzen verbirgt. Dieses Produkt aus dem Périgord wird auch Cœur Gourmand genannt und kann statt mit Feigenkonfitüre ebenso mit Trockenpflaumen oder Maronencreme gefüllt sein.

FETA (**Griechenland,** Epirus, Mazedonien, Thrakien, Thessalien, griechisches Festland, Peloponnes, Präfektur Lesbos)

g. U. seit 2002

Milch | Schafmilch, roh oder pasteurisiert (gelegentlich zusammen mit Ziegenmilch)
Fettgehalt | 21 %

Karte S. 226–227

Vor der Zuerkennung der geschützten Ursprungsbezeichnung wurde dieser Salzlakenkäse kopiert und gefälscht. Eine Weile war einer der größten Fetaproduzenten – Dänemark! Auch wenn dieser Käse ein griechischer ist, so geht das Wort Feta (das aus dem 17. Jahrhundert stammt) auf das lateinische Wort *fette* zurück, das den Vorgang beschreibt, wie der Käse in Scheiben geschnitten und anschließend in Holzfässer gegeben wird. Feta ist fest, aber bröckelig und am Gaumen frisch und salzig mit leicht grasiger Note.

In Griechenland liegt der durchschnittliche Pro-Kopf-Verbrauch von Feta über 12 kg pro Jahr!

GALOTYRI (**Griechenland,** Epirus, Thessalien)

g. U. seit 1996

Milch | Pasteurisierte Schaf- und/oder Ziegenmilch
Fettgehalt | 10 %

Karte S. 226–227

In Griechenland gilt der Galotyri als eine der ältesten Käsesorten des Landes. In Texten der Antike findet man Beschreibungen, die an den aktuellen Galotyri denken lassen. Der streichfähige Frischkäse schmeckt salzig-säuerlich.

HALLOUMI (**Zypern,** Nikosia, Limassol, Larnaka, Famagusta, Paphos, Kyrenia)

Milch | Pasteurisierte Schaf- und/oder Ziegen- und/oder Kuhmilch
Größe | Länge 9–15 cm; Höhe 5–7 cm
Gewicht | 150–350 g
Fettgehalt | 5 %

Karte S. 226–227

Dieser nicht schmelzende Käse riecht intensiv nach Milch und Molke. Der Geschmack kann minzige Noten aufweisen, ausgeprägt und salzig sein. Gelegentlich lässt man den Halloumi reifen; dafür wird er gekocht, dann um ein Minzeblatt gefaltet und mindestens 40 Tage in Salzlake gegeben. Der gereifte Käse ist am Gaumen deutlich kräftiger und pikanter als sein frischer Verwandter.

Seit 2021 hat die EU den Halloumi aus beiden Landesteilen Zyperns (Nord und Süd) als geschützte Ursprungsbezeichnung eingetragen.

JONCHÉE (**Frankreich,** Nouvelle-Aquitaine)

Milch | Kuhmilch, roh oder pasteurisiert
Größe | Länge 20 cm; Höhe 3–4 cm
Gewicht | 120–130 g
Fettgehalt | 8 %

Karte S. 204–205

Der längliche, in ein Blatt (echt oder aus Plastik) gehüllte Jonchée muss innerhalb von 24 Stunden nach der Herstellung gegessen werden. Heutzutage gibt es nur noch sehr wenige Produzenten, die diesen Käse herstellen. Sie alle befinden sich in einem von den Städten Rochefort, Royan und La Rochelle gebildeten Dreieck. Die Milch gerinnt innerhalb von 20 Minuten und ergibt einen äußerst milden, cremigen, milchigen Frischkäse. Einige Exemplare werden mit Bittermandel aromatisiert.

KALATHAKI LIMNOU (**Griechenland,** Insel Lemnos)

g. U. seit 1996

Milch | Schafrohmilch (gelegentlich zusammen mit Ziegenrohmilch)
Größe | Durchmesser 8–12 cm; Höhe 5–18 cm
Gewicht | Von 700 g bis 1,3 kg
Fettgehalt | 6 %

Karte S. 226–227

Dieser geschmeidige, feste Käse beschert dem Gaumen kräuterige, milchige Frische. Die leichte Säure verdankt er der verwendeten Schafmilch, die Salzigkeit einem Bad in Salzlake. Man lässt ihn in kleinen Körben, den *kalathakia*, abtropfen, die seiner Rinde das charakteristische Muster verleihen.

KATIKI DOMOKOU (**Griechenland,** Thessalien)

g. U. seit 1996

Milch | pasteurisierte Ziegen- und Schafmilch (höchstens 30 %)
Fettgehalt | 8 %

Karte S. 226–227

Ein cremiger Käse, der sich gut auf Brot streichen oder mit dem Löffel essen lässt. Er bietet würzige, salzige und, dank der verwendeten Ziegen- und Schafmilch, säuerliche Noten. Meist wird er als Beilage gereicht. Form und Gewicht sind nicht festgelegt: Der Bruch wird in Stoffbeutel abgefüllt, deren Formen sich von Hof zu Hof unterscheiden.

LIETUVIŠKAS VARŠKĖS SŪRIS (**Litauen**)

g. g. A. seit 2013

Milch | Pasteurisierte Kuhmilch
Gewicht | Von 100 g bis 5 kg
Fettgehalt | 7 %

Karte S. 220–221

Der Bruch für diesen Käse wird von Hand in dreieckige Stoffbeutel geschöpft. Anschließend kann der Frischkäse noch gebacken oder geräuchert werden. Die Farbpalette reicht von Weiß über Gelblich bis hin zu Gelbbraun. Je nach Herstellung ist der Teig samtig und krümelig oder eher schnittfest. Der Frischkäse schmeckt säuerlich, der gebackene Käse leicht würzig und der geräucherte Käse deutlich nach Rauch.

LIL' MOO (**USA,** Georgia)

Milch | Pasteurisierte Kuhmilch
Gewicht | Becher mit 230 g Inhalt
Fettgehalt | 4 %

Karte S. 228–229

Auf der Farm, auf der dieser Käse gekäst wird, können die Kühe dank der idealen Wetterbedingungen im Süden Georgias ganzjährig auf der Weide sein. Der Käse ist zartgelb, die Konsistenz schmelzend-körnig. Am Gaumen präsentiert sich der Lil' Moo mit grasigen, säuerlichen Noten – ein Käse, der Ähnlichkeit mit streichfähigem Joghurt aufweist.

MOHANT (**Slowenien,** Oberkrain, Görz)

g. U. seit 2013

Milch | Kuhrohmilch
Fettgehalt | 11 %

Karte S. 222–223

Auf dem Etikett dieses Käses muss unbedingt vermerkt sein: »Samo eden je Mohant Bohinj« *(»Es gibt nur einen Mohant Bohinj«).*

Der Teig dieses Käses kann hellgelb, beige oder elfenbeinfarben sein, die Konsistenz ist glatt und halbelastisch. Am Gaumen zeigt sich der Käse kräftig, scharf, geradezu aggressiv. Um dies zu erzielen, lässt man den Mohant in großen Holzbottichen unter anaeroben Bedingungen, also unter Luftabschluss, reifen. Die während der Reifung freigesetzten Gase verursachen Löcher im Teig und sorgen für den typischen Geschmack.

OVČÍ HRUDKOVÝ SYR – SALAŠNÍCKY (**Slowakei**)

g.t.S.
seit
2010

Milch | Schafrohmilch
Gewicht | Bis zu 5 kg
Fettgehalt | 10 %

Karte S. 224–225

Dieser Almkäse (*salašnícky* bedeutet Sennerei) wird nur im Frühling und im Sommer hergestellt und hat eine typische Kugel- oder Klumpenform. Die dünne Rinde ist trocken und glatt, der Teig kann kleinere Risse und Löcher aufweisen. Außen ist dieser Käse weiß bis gelblich, innen weiß mit vereinzelten gelben Reflexen. Am Gaumen präsentiert sich der feste, elastische Käse säuerlich mit leicht strohiger Note.

PICHTOGALO CHANION (**Griechenland,** Kreta)

g.U.
seit
1996

Milch | Ziegen- und/oder Schafrohmilch
Fettgehalt | 8 %

Karte S. 226–227

Ein weicher, cremiger Käse, der frische, grasige Aromen, unterstrichen von einer leicht salzigen Note, zu bieten hat. Er wird seit vielen Generationen im Westen der Insel Kreta in der Region Chania produziert. Dort verwendet man ihn für die Herstellung eines regionalen Gebäcks, der *bougatsa chanion*.

(PURE) GOAT CURD (**Australien,** Victoria)

Milch | Pasteurisierte Ziegenmilch
Gewicht | 500 g
Fettgehalt | 8 %

Karte S. 232–233

Tamara, die Herstellerin dieses Käses, hat ihre Käserei Anfang des 21. Jahrhunderts gegründet. Auslöser war eine Reise in die Provence, wo sie sich in die dortigen Ziegenkäse verliebte. Der Goat Curd, früher als Pure Goat Curd erhältlich, zeichnet sich durch große, glänzende Körner aus und wird nach Art der französischen Ziegenfrischkäse hergestellt. Am Gaumen präsentiert er sich frisch, mit deutlichen Kräuternoten und feiner Säure.

QUARTIROLO LOMBARDO (**Italien,** Lombardei)

g. U.
seit
1996

Milch | Kuhrohmilch
Größe | Quadrat mit 25 cm Seitenlänge; Höhe 6 cm
Gewicht | 2,5 kg
Fettgehalt | 9 %

Karte S. 210–211

Sein Teig ist von klumpiger Konsistenz, sein Geschmack mild und leicht säuerlich, was sich mit zunehmender Reife verstärkt. Der Name Quartirolo stammt vom italienischen *erba quartirola*, was den Grasschnitt nach der offiziell letzten Mahd des Sommers bezeichnet. Früher wurde dieser Käse nur Ende September produziert, inzwischen wird er das ganze Jahr über hergestellt.

ROVE DES GARRIGUES (**Frankreich,** Provence-Alpes-Côte d'Azur)

Milch | Ziegenmilch, roh oder pasteurisiert
Größe | Durchmesser 4,5 cm; Höhe 3 cm
Gewicht | 80 g
Fettgehalt | 10 %

Karte S. 200–201

Der Teig dieser makellosen, glatten weißen Frischkäsekugel ist fest und schmelzend. Am Gaumen überwiegen grasige und blumige Noten. Gelegentlich lässt sich auch eine Zitronennote wahrnehmen, weil einige Produzenten Zitronenessenz beifügen. Der Geschmack hat also nichts damit zu tun, dass die Milchziegen sich möglicherweise an Zitronen laben …

SANTA MARIA (**Kanada,** Ontario)

Milch | Pasteurisierte Ziegenmilch
Gewicht | Becher mit 350 g Inhalt
Fettgehalt | 1 %

Karte S. 230–231

Die Produzenten dieses Käses sind Portugiesen, die ursprünglich von den Azoren stammen. Mit Sitz in Toronto produzieren sie Käse mit lusitanischem Anklang. Dieser hier hat eine feste, schmelzende Konsistenz und entfaltet am Gaumen die ganze Süße frischer Ziegenmilch. Der Käse ist ideal für Vegetarier, denn er wird mit pflanzlichen Gerinnungsenzymen hergestellt.

SAVEURS DU MAQUIS (**Frankreich,** Korsika)

Milch | Pasteurisierte Schafmilch

Größe | Quadrat mit 10–12 cm Seitenlänge; Höhe 6 cm

Gewicht | 600–700 g

Fettgehalt | 15 %

Karte S. 200–201

Dieser Käse wird auch Fleurs du Maquis oder Brin d'Amour genannt. Der schmelzende, weiche Teig ist umhüllt von einem Mantel mit den Aromen der »Insel der Schönheit«: Thymian, Bohnenkraut, Oregano, Majoran, Wacholderbeeren und Vogelaugenchilis. Sie sorgen im Mund für eine wahre Geschmacksexplosion.

SILK (**Australien,** Victoria)

Milch | Ziegenrohmilch

Größe | Durchmesser 5 cm; Höhe 4 cm

Gewicht | 140 g

Fettgehalt | 14,5 %

Karte S. 232–233

Im Jahr 1999 übernahmen Ann-Marie und Carla die Farm, auf der heute der Silk produziert wird. Ihr Vorsatz war, aus der Milch von Saanen- und Gebirgsziegen Bio-Käse herzustellen. Dieser kleine, trommelförmige Käse ist makellos weiß, was erkennen lässt, dass er aus Ziegenmilch gekäst wurde. Am Gaumen offenbart sich eine ungeheure Lebendigkeit mit säuerlichen und grasigen Noten. Die Form des Silks erinnert an den französischen Rove des Garrigues (s. S. 49).

SLOVENSKÁ BRYNDZA (**Slowakei**)

g. g. A. seit 2008

Milch | Schafrohmilch oder Schaf- und Kuhrohmilch

Gewicht | Becher mit 125 g bis 5 kg Inhalt

Fettgehalt | 5 %

Karte S. 224–225

Bevor man begann, diesen Käse industriell in Becher (die bis zu 5 kg enthalten können) abzufüllen, gab man ihn in *gelety* (Holzbottiche, die für die Aufbewahrung von Milch oder Milchprodukten bestimmt waren) mit einem Fassungsvermögen von 5–10 kg. Aus diesen heraus verkauften die Händler den Käse in den von den Kunden gewünschten Mengen. Der Slovenská Bryndza ist ein quarkartiger, streichfähiger Käse von leicht körniger Konsistenz und mit (dank der verwendeten Schafmilch) frischem, säuerlichem Geschmack mit Anklängen an Gras und Kräuter.

SQUACQUERONE DI ROMAGNA (**Italien,** Emilia-Romagna)

g. U.
seit
2012

Milch | Kuhrohmilch
Größe | Durchmesser 6–25 cm; Höhe 2–5 cm
Gewicht | Von 100 g bis 2 kg
Fettgehalt | 8 %

Karte S. 210–211

Der Käse ist dank seiner cremigen, sahnigen, ja geradezu flüssigen Konsistenz ungemein streichfähig. Am Gaumen präsentiert er sich zunächst mit dezenter Salzigkeit, im Abgang werden grasige, frische Noten wahrnehmbar. Nach den EU-Vorschriften darf der Squacquerone di Romagna DOP nur in den Provinzen Ravenna, Forli-Cesena, Rimini und Bologna sowie in einem Teil der Provinz Ferrara hergestellt werden.

TELEMEA DE IBĂNEŞTI (**Rumänien,** Transsilvanien)

g. U.
seit
2016

Milch | Kuhmilch, roh oder pasteurisiert
Gewicht | Von 300 g bis 1 kg
Fettgehalt | 6 %

Karte S. 224–225

Dieser cremig-weiche Käse bietet dem Auge Farbnuancen von Reinweiß bis Elfenbein. Am Gaumen präsentiert er sich mit süßsauren, leicht salzigen Noten. Am besten isst man ihn innerhalb von 24 Stunden nach seiner Herstellung – die übrigens ausschließlich im Gurghiu-Tal erfolgen darf. Von diesem Käse gibt es auch eine gereifte Variante; dafür reift der Käse nach seiner Fertigstellung mindestens 20 Tage.

Dieser Käse ist das allererste rumänische Produkt mit geschützter Ursprungsbezeichnung (g. U.).

XYGALO SITEIAS (**Griechenland,** Kreta)

g. U.
seit
2011

Milch | Ziegen- und/oder Schafmilch, roh oder pasteurisiert
Fettgehalt | 4 %

Karte S. 226–227

Ein weißlicher Käse, der im Mittelgebirge (auf einer Höhe von 300–1500 m) hergestellt wird. Er kann, abhängig vom Herstellungsverfahren, cremig, körnig oder beides sein. Frische, Säure und Salzigkeit sind gut ausbalanciert. Die Milch für den Xygalo Siteias stammt von Milchschafen und -ziegen indigener Rassen wie *Siteia, Psiloriti* und *Sfakia*.

02 MOLKEN- UND SAUERMILCHKÄSE

Man verzehrt sie, genau wie die Frischkäse, pur oder mit Beigaben wie Obst, Konfitüre, Honig oder frischen Kräutern – vorzugsweise im Frühling und im Sommer. Eine kleine Warnung: Auch wenn ein Käse aus nahezu fettfreier Molke hergestellt wird, kann er durchaus gehaltvoll sein!

BROCCIU (**Frankreich,** Korsika)

AOC seit 1983

g.U. seit 1996

Milch | Schaf- und/oder Ziegenrohmilch

Größe | Durchmesser unten 9–20 cm, je nach Gewicht des Laibs (250 g, 500 g, 1 kg oder 3 kg); Durchmesser oben 7,5–14,5 cm; Höhe 6,5–12 cm

Gewicht | Von 250 g bis 3 kg

Fettgehalt | 35 %

Karte S. 200–201

Der Brocciu ist der einzige französische Molkenkäse mit geschützter Ursprungsbezeichnung. Seine Herstellung beginnt damit, dass die heiße, mit Vollmilch angereicherte Molke kräftig gerührt wird. Auf dem Festland ist der Käse kaum zu bekommen, weil es sich um ein saisonales Produkt handelt. Sein Geschmack ist säuerlich, die Konsistenz bröckelig-weich. Lässt man ihn mindestens 21 Tage reifen, heißt er Brocciu Passu, wird er gesalzen, Brocciu Salitu. Der Brocciu Secu ist ein über 4 Monate gereifter und daher recht harter Brocciu.

BROUSSE DE LA VÉSUBIE (**Frankreich,** Provence-Alpes-Côte d'Azur)

Milch | Pasteurisierte Ziegen- oder Schafmilch

Fettgehalt | 18 %

Karte S. 200–201

Ein weißer Molkenkäse mit perlmuttartigen Reflexen und krümelig-cremiger Konsistenz. Seine Form verdankt er dem Körbchen, in das er zum Formen gegeben wurde. Am Gaumen dominieren grasige und säuerliche Aromen. Hergestellt wird dieser Brousse, der mit Gewürzen, frischen Kräutern, Oliven, Pfeffer oder Honig verfeinert werden darf, im Hinterland von Nizza.

GREUILH (**Frankreich,** Nouvelle-Aquitaine)

Milch | Schafrohmilch

Fettgehalt | 33 %

Karte S. 202–203

Dieser Fermier-Käse mit leichtem, sandigem Teig ist dank seiner Säure erfrischend. Er wird im Béarn hergestellt. Sein Name rührt vom mundartlichen Wort *grulh* her, das »Krümel« bedeutet. Im Sommer ist es in seiner Herkunftsregion üblich, diesen Molkenkäse mit stark gezuckertem Kaffee oder mit Armagnac zu genießen. Im Baskenland hingegen, wo er Zenbera genannt wird, isst man ihn gern mit Kirschkonfitüre.

HESSISCHER HANDKÄSE (**Deutschland,** Hessen)

g.g.A.
seit
2010

Milch | Pasteurisierte Kuhmilch
Gewicht | 20–125 g
Fettgehalt | Unter 1 %

Karte S. 218–219

Seinen Namen verdankt dieser Sauermilchkäse der Tatsache, dass die kleinen Laibe einst von Hand geformt wurden. Der Teig eines frischen Hessischen Handkäses ist innen krümelig und weiß; mit zunehmender Reife wird der kreidige Kern kleiner, beim ausgereiften Käse ist der Teig gleichmäßig dunkelgelb. Der Käse schmeckt, je nach Alter, mild säuerlich (jung) bis kräftig würzig (ausgereift). Je älter der Käse wird, desto stärker riecht er. Es gibt diesen Käse mit Rotkultur und mit Edelschimmel.

MANOURI (**Griechenland,** Thessalien, Mazedonien)

g.U.
seit
1996

Milch | Pasteurisierte Schaf- und/oder Ziegenmilch
Größe | Durchmesser 10–12 cm; Länge 20–30 cm
Gewicht | Von 800 g bis 1,1 kg
Fettgehalt | 36 %

Karte S. 226–227

Für diesen Käse wird die Molke mit Schaf- und/oder Ziegenmilch sowie oft auch mit Sahne von Schaf- und/oder Ziegenmilch angereichert. Der Manouri ist fest, aber cremig, und zergeht auf der Zunge. Sein Geschmack ist milchig mit wenig Säure. Bei der Herstellung dürfen weder Farb- noch Konservierungsstoffe oder Antibiotika verwendet werden.

NEIGE DE BREBIS (**Kanada,** Québec)

Milch | Pasteurisierte Schafmilch
Gewicht | 250 g
Fettgehalt | 33 %

Karte S. 230–231

Die Farm, auf der dieser Molkenkäse produziert wird (La Moutonnière in Sainte-Hélène-de-Chester in der Region Centre-du-Québec), hat ein eigenes Logo entwickelt, das die Qualität der Erzeugnisse und die artgerechte Haltung der Schafe garantieren soll. Besonderes Augenmerk wird auf die Käseherstellung gelegt. Der Neige de Brebis schmeckt mild und säuerlich, der cremige Teig ist von kleinen Bruchlöchern durchzogen.

NIEHEIMER KÄSE (**Deutschland,** Nordrhein-Westfalen)

g.g.A. seit 2010

Milch | Pasteurisierte Kuhmilch
Größe | Durchmesser 4–4,5 cm; Höhe 2–2,5 cm
Gewicht | 32–37 g
Fettgehalt | Unter 1 %

Karte S. 218–219

Der Sauermilchkäse hat eine glatte, gelbliche bis graugrüne Oberfläche, die mit Hopfenblättern belegt sein kann, der Teig darf Kümmel enthalten. Er schmeckt kräftig und scharf und hat eine schnittfeste bis harte Konsistenz. G.g.A. bedeutet übrigens nicht, dass die verwendete Milch aus der Gegend stammt: Nur Herstellung und Verpackung müssen in der Gemeinde Nieheim erfolgen.

OLOMOUCKÉ TVARŮŽKY (**Tschechien,** Olmütz)

g.g.A. seit 2010

Milch | Pasteurisierte Kuhmilch
Gewicht | 20–30 g
Fettgehalt | Höchstens 1 %

Karte S. 224–225

Der kleine Laib des Olmützer Quargels, der als Scheibe, Stange oder Ring daherkommen kann, ist von einer wachsigen, goldgelben geschmierten Rinde umhüllt. Darunter kann der Teig sich langsam von kreidig über weich mit kreidigem Kern bis zu durchgehend weich entwickeln. Je nach Reifegrad ist der Käse mild-quarkig-säuerlich bis scharf.

RECUITE (**Frankreich,** Okzitanien)

Milch | Schafrohmilch
Gewicht | 400 g
Fettgehalt | 12 %

Karte S. 202–203

Der Recuite ist auch unter dem Namen Recuècha oder Recuòcha bekannt. Diese beiden Begriffe gehen auf das Wort *rouergat* aus dem Dialekt des Languedocs zurück. Die Oberfläche dieses makellos weißen Käses aus dem Département Aveyron ist feucht, der Teig fest, schmelzend und glatt. Am Gaumen zeigt sich ein frisches Bukett aus milchigen und säuerlichen Noten.

RICOTTA DI BUFALA CAMPANA (**Italien,** Apulien, Kampanien, Latium, Molise)

g.U. seit 2010

Milch | Büffelmilch, roh, thermisiert oder pasteurisiert
Gewicht | Höchstens 2 kg
Fettgehalt | 12 %

Karte S. 212–215

Davon gibt es zwei Versionen: *fresca* (»frisch«) oder *fresca omogeneizzata* (»frisch homogenisiert«). Für Letztere wird der Ricotta leicht erhitzt und hält sich dann maximal 21 Tage. Frischer Ricotta ist höchstens 7 Tage haltbar. Der Käse ist porzellanweiß mit glänzenden Reflexen, sein Teig weich und leicht körnig. Der Geschmack ist frisch, sahnig und kaum säuerlich.

RICOTTA ROMANA (**Italien,** Latium)

g. U. seit 2005

Milch | Schafmilch, roh oder pasteurisiert
Gewicht | Höchstens 2 kg
Fettgehalt | 12 %

Karte S. 212–213

Dass es diesen Molkenkäse im Latium schon seit alten Zeiten gibt, ist sicher; doch erstaunlicherweise datiert die erste schriftliche Erwähnung des Ricotta Romana von 1920: Der Handel mit Ricotta wird in einer von der CCIAA (Handels-, Gewerbe, Landwirtschafts- und Handwerkskammer) herausgegebenen Sammlung beschrieben. Der Teig ist weich und feinkrümelig, am Gaumen entfaltet sich der charakteristische milchig-süßliche

Geschmack, der den Ricotta Romana von anderen Ricottas unterscheidet.

SÉRAC (**Frankreich,** Bourgogne-Franche-Comté)

Milch | Pasteurisierte Kuh-, Ziegen- oder Schafmilch
Fettgehalt | 15 %

Karte S. 198–199

Traditionell wir dieser Käse aus der Molke gemacht, die bei der Herstellung von zwei regionalen

Käsen mit gepresstem Teig anfällt, dem Comté und dem Gruyère. Die Molke wird gelegentlich mit entrahmter Milch oder Buttermilch versetzt. Der Sérac ist ein kompakter, schmelzender Käse mit frischem Geschmack. Er kann auch geräuchert werden; dadurch erhält er mehr Charakter und bewahrt eine schöne Säure.

Der Sérac stammt aus Moûtiers in Savoyen, wird aber auch auf der anderen Seite der Grenze, in der Schweiz, produziert. Dort heißt er Ziger.

XYNOMYZITHRA KRITIS (**Griechenland,** Kreta)

g. U. seit 1996

Milch | Pasteurisierte Schaf- und/oder Ziegenmilch
Fettgehalt | 35 %

Karte S. 226–227

Dieser Käse wird aus der Molke hergestellt, die bei der Erzeugung der Käsesorte Graviera Kritis (g. U.) oder Kefalotýri Kritis, denen Schaf- oder Ziegenmilch oder eine Mischung aus beiden beigefügt wird, anfällt. Der Teig ist weich und bietet eine feine Säure. Die Schafe, aus deren Milch dieser Käse gemacht wird, sind *Sfakia*-Schafe – eine Rasse, die man nur auf Kreta antrifft.

03 WEICHKÄSE MIT NATURRINDE

Dies ist eine sehr ziegenmilchlastige Käsefamilie! Typisch für die Mitglieder dieser Familie – bis auf den Banon – ist die feine Säure, die sie am Gaumen entfalten. Damit der Genuss perfekt wird, sollte man sie zwischen März und Oktober verzehren, auch wenn sie heutzutage das ganze Jahr über produziert werden.

AGATE (**Kanada,** Québec)

Milch | Pasteurisierte Ziegenmilch

Größe | Durchmesser 4–5 cm; Höhe 3–4 cm

Gewicht | 60 g

Fettgehalt | 22 %

Karte S. 230–231

Dieser Käse wird von einer Belgierin, Aagje Denys, produziert, die 2004 nach Québec gezogen ist. Sie betreibt ökologische Landwirtschaft und stellt nach deren Richtlinien auch ihre Käsesorten her. Der Agate ist ein Fermier-Käse mit homogenem, schmelzendem Teig. Die Rinde ist dünn und glatt und kann einige kleine blaue Flecken aufweisen. Am Gaumen dominieren ziegige, aber nicht aufdringliche, insgesamt schön ausgewogene Noten.

BANON (**Frankreich,** Provence-Alpes-Côte d'Azur)

AOC seit 2003 | g. U. seit 2007

Milch | Ziegenrohmilch

Größe | Durchmesser 7,5–8,5 cm; Höhe 2–3 cm

Gewicht | 90–110 g

Fettgehalt | 21 %

Karte S. 200–201

Ein für die Provence symbolträchtiger Käse. Schriftliche Erwähnung fand der Banon erstmals im Jahr 1270 in einem Schiedsspruch, der die Dörfer Banon und Saint-Christol betraf. Je nach Reifegrad ist er beige bis bräunlich, auf der Oberfläche kann sich unter dem Blatt auch Schimmel befinden; der strohgelbe Teig ist cremig bis fließend. In der Nase dominieren Anklänge an Ziege und Waldboden, am Gaumen treffen die Tannine des Kastanienblatts auf die für Ziegenmilch charakteristische Säure. Bevor man den Laib in das Kastanienblatt wickelt, wird er häufig noch in Traubentrester oder Branntwein getaucht.

Bevor der Käse eingewickelt wird, weicht man die getrockneten Kastanienblätter ein, damit sie sich besser falten lassen: entweder in kochend heißem Wasser oder in 5 %-igem Essigwasser, das kalt oder kochend heiß sein kann.

BIJOU (**USA,** Vermont)

Milch | Pasteurisierte Ziegenmilch
Größe | Durchmesser 5 cm; Höhe 3 cm
Gewicht | 40 g
Fettgehalt | 22 %

Karte S. 230–231

Faltig ist die Rinde (mit *Geotrichum*-Kulturen), die diesen kleinen runden Ziegenkäse mit festem Kern umhüllt. Der Bijou bietet die ganze für Ziegenmilch charakteristische Frische und Säure. Er wurde aufgrund seiner Qualität in den USA bei Verkostungen vielfach mit Preisen bedacht.

BONDE DE GÂTINE (**Frankreich,** Nouvelle-Aquitaine)

Milch | Ziegenrohmilch
Größe | Durchmesser 5–6 cm; Höhe 5–6 cm
Gewicht | 140–160 g
Fettgehalt | 22 %

Karte S. 204–205

Dieser geaschte Käse aus dem Kanton Gâtine (Poitou-Charentes) weist unter der Rinde einen cremig-fließenden Rand auf, der Kern ist kreidig und schmelzend zugleich. Im Abgang vereinen sich ziegige mit salzigen, säuerlichen und dezenten haselnussartigen Noten. Die Form des Laibs erinnert an einen Stopfen (französisch: *bonde*) für Weinfässer, daher der Name.

BONNE BOUCHE (**USA,** Vermont)

Milch | Pasteurisierte Ziegenmilch
Größe | Größe 10 cm; Höhe 3 cm
Gewicht | 200 g
Fettgehalt | 22 %

Karte S. 230–231

Ein Aschekäse, dessen Farbe, Konsistenz und Geschmack an die Käse aus der Touraine erinnert. Am Gaumen vereinen sich ziegige, haselnussartige und milchige Noten. Damit die Rinde samtiger wird, veredelt der Hersteller sie mit Milchschimmel *(Geotrichum candidum)*. Das Ergebnis: eine zarte, flaumige Hülle mit graublauen Reflexen.

BRIGID'S WELL (**Australien,** Victoria)

Milch | Ziegenrohmilch
Größe | Durchmesser 15 cm; Höhe 5 cm
Gewicht | 650 g
Fettgehalt | 27 %

Karte S. 232–233

Holy Goat Cheese, die Farm, auf der dieser Käse hergestellt wird, hat sich ökologischer, umweltfreundlicher Landwirtschaft verschrieben. Der Brigid's Well ist ein schöner, ringförmiger Käse mit gekräuselter Rinde und cremiger Konsistenz. Der frische Geschmack zeichnet sich durch Haselnuss- und Zitrusnoten aus.

CATHARE® (**Frankreich,** Okzitanien)

Milch | Ziegenrohmilch
Größe | Durchmesser 12,5 cm; Höhe 1,2–1,5 cm
Gewicht | 180 g
Fettgehalt | 23 %

Karte S. 200–201

Die Oberfläche dieses kleinen Käselaibs schmückt ein okzitanisches Tolosanerkreuz, das Wappen der Region, in der dieser Käse produziert wird. Die Rinde ist weich, der Teig frisch im Geschmack und geschmeidig. Die ziegigen Noten entwickeln sich nach und nach, ohne jemals aufdringlich zu werden. Cathare® ist eine eingetragene Handelsmarke, die die Echtheit des Produkts garantieren soll.

CERIDWEN (**Australien,** Victoria)

Milch | Pasteurisierte Ziegenmilch
Größe | Durchmesser 4 cm; Länge 8 cm
Gewicht | 90 g
Fettgehalt | 22 %

Karte S. 232–233

Ein kleiner, zylindrischer Aschekäse (die Asche stammt von Weinreben) mit fest-cremiger Rinde und weichem Teig. Frische, säuerliche und ziegige Noten sind hier im Einklang, dazu gesellt sich ein dezenter Pilzgeschmack. Der Ceridwen wird mit pflanzlichen Gerinnungsenzymen hergestellt und ist daher auch etwas für die Vegetarier unter den Käseliebhabern.

CHABICHOU DU POITOU (**Frankreich,** Nouvelle-Aquitaine)

AOC seit 1990 | g. U. seit 1996

Milch | Ziegenrohmilch

Größe | Durchmesser 5 cm; Höhe 6 cm

Gewicht | 120 g

Fettgehalt | 21 %

Karte S. 204–205

Auf den Sieben, in denen der Chabichou du Poitou abtropft, befindet sich die Prägung »CdP«, die später auch auf dem Käse sichtbar ist. Der kegelstumpfförmige kleine Laib weist eine stark gefaltete Rinde mit elfenbeinfarbenen, grünen und blauen Reflexen auf, die sich weich, geradezu sahnig anfühlt. Der Kern ist glatt und weiß. Am Gaumen macht sich sofort die Frische der Ziegenmilch bemerkbar, bevor die Aromen von Heu und Haselnuss das Bukett vervollständigen. Der Chabichou du Poitou gehört zu jenen Käsen mit geschützter Ursprungsbezeichnung, bei denen es wichtig ist, zu wissen, wer der Hersteller ist – bei Qualität und Fertigung (Artisanal, Fermier oder industriell) kann es erhebliche Abweichungen geben.

Der Begriff »Chabichou« geht auf das arabische Wort für Ziege, chebli, *zurück – ein Indiz dafür, dass während des 8. und 9. Jahrhunderts Araber im Poitou waren.*

CHAROLAIS (**Frankreich,** Bourgogne-Franche-Comté, Auvergne-Rhône-Alpes)

AOC seit 2010 | g. U. seit 2014

Milch | Ziegenrohmilch

Größe | Durchmesser 6–7 cm; Höhe 7–8,5 cm

Gewicht | 250–310 g

Fettgehalt | 23 %

Karte S. 198–199

Diesen Käse gibt es bereits seit dem 16. Jahrhundert. Damals hielt man oft Rinder und Ziegen zusammen, doch wer sich Rinder nicht leisten konnte, hatte nur Ziegen. Diese »Kühe der Armen« sorgten für den Unterhalt ganzer Familien, weil man aus der Milch der genügsamen Tiere Käse machen und diesen verkaufen konnte. Der Teig des Charolais ist sehr konzentriert: um 250 g Käse zu erzeugen, benötigt man 2–2,5 l Milch! Die Rinde dieses Käses ist uneben, rötlich und weist graublaue Schimmelpunkte auf. Der cremefarbene Teig lässt erkennen, dass der Bruch lange abtropfen durfte, bevor er zu Käse wurde. Der Geschmack ist ausgeprägt, mit pflanzlichen Noten sowie Anklängen an Dörrobst und Butter. Weil der Teig sehr geschlossen ist, hält sich der Charolais recht lange.

CLACBITOU® (**Frankreich,** Bourgogne-Franche-Comté, Auvergne-Rhône-Alpes)

Milch | Ziegenrohmilch
Größe | Durchmesser 6–7 cm; Höhe 7–8,5 cm
Gewicht | 250–310 g
Fettgehalt | 23 %

Karte S. 198–199

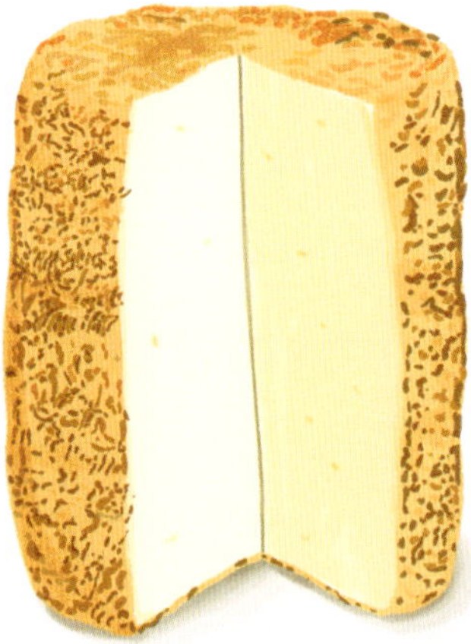

Um einen Clacbitou® – er ist ein Verwandter des Charolais – herzustellen, benötigt man 2,4 l Ziegenmilch. Sein schneeweißer Teig ist von fester, geschlossener Konsistenz, der Geschmack bietet Anklänge von Wald und Haselnuss. Weil er so fest ist, hält sich dieser Käse wochenlang, ohne nennenswerten Schaden zu nehmen. Im Dialekt des Charolais bedeutet *clacbitou* »Ziegenkäse«. Clacbitou® ist seit über 40 Jahren eine eingetragene Handelsmarke der Affinerie La Racotière.

CORNEBIQUE (**Kanada,** Québec)

Milch | Pasteurisierte Ziegenmilch
Größe | Durchmesser 4,5 cm; Länge 8 cm
Gewicht | 150 g
Fettgehalt | 22 %

Karte S. 230–231

Dieser Käse wird von Chantal Mathieu und Raphaël Morin in Sainte-Sophie-d'Halifax in der Verwaltungsregion Centre-du-Québec produziert. Es hat 2 Jahre gedauert, bis die beiden einen Ort gefunden hatten, an dem sie sich mit ihren 60 Ziegen (überwiegend Gebirgsziegen) niederlassen konnten. Der Cornebique erinnert an die Ziegenkäse des Loiretals. Seine gefaltete Rinde ist cremig, darunter befindet sich ein dünner, cremig fließender Rand. Der frische, kreidige Kern offenbart Finesse, Frische und feine Säure. Im Abgang macht sich eine dezente Honignote bemerkbar.

COURONNE LOCHOISE® (**Frankreich,** Centre-Val de Loire)

Milch | Ziegenrohmilch
Größe | Durchmesser 12 cm; Höhe 3,5 cm
Gewicht | 170 g
Fettgehalt | 23 %

Karte S. 204–205

Unter der leicht gefalteten Rinde verbirgt sich ein sahniger, geradezu schaumiger Teig. Der Käse präsentiert sich am Gaumen mit milchigen und frischen Aromen, im Abgang macht sich die Säure der Ziegenmilch bemerkbar. Bei dem Namen des Käses, der nur in einer einzigen Käserei hergestellt wird, handelt es sich um eine eingetragene Handelsmarke.

CROTTIN DE CHAVIGNOL (**Frankreich,** Centre-Val de Loire)

AOC seit 1976 | g. U. seit 1996

Milch | Ziegenrohmilch
Größe | Durchmesser 4–5 cm; Höhe 3–4 cm
Gewicht | 60–110 g
Fettgehalt | 22 %

Karte S. 204–205

Der Name Crottin leitet sich von *crot* ab, einem Ausdruck aus dem Dialekt des Berrys, der »Loch« bedeutet. Aus diesen Löchern, den *crots,* holten die Bauern Ton, den sie für die Fertigung jener Gefäße benötigten, in die der Käsebruch (überwiegend für den späteren Crottin de Chavignol) zum Abtropfen gegeben wurde. Man sollte diesen Käse am besten erst verkosten, wenn die Rinde getrocknet ist. Unter ihr sieht man eine feine Abgrenzung zum Teig. Der Crottin betört mit einer ganzen Palette von Aromen – man schmeckt Ziege, Frucht, Gras, Haselnuss … Der kompakte Teig zergeht auf der Zunge. Es empfiehlt sich, den Käse in Späne zu hobeln.

GOUR NOIR (**Frankreich,** Nouvelle-Aquitaine)

Milch | Ziegenrohmilch
Größe | Länge 8–11 cm; Breite 5–6 cm; Höhe 2,5–3 cm
Gewicht | 200 g
Fettgehalt | 22 %

Karte S. 202–203

In den 1980er-Jahren kreierte die Familie Arnaud diesen Käse. Außergewöhnlich fein ist der Gour Noir ab dem Frühling. Dann ähnelt sein Teig einer dichten Ziegen-Mousse und umspielt den Gaumen mit säuerlichen und frischen, aber auch grasigen Noten. Beim ausgereiften Gour Noir weicht die Mousse einer fließenderen Konsistenz, und die Aromen werden ausgeprägter, der Käse bleibt aber weiterhin mild.

MÂCONNAIS (**Frankreich,** Bourgogne-Franche-Comté)

AOC seit 2005 | g. U. seit 2010

Milch | Ziegenrohmilch
Größe | Durchmesser oben 4 cm, unten 5 cm; Höhe 4 cm
Gewicht | 50–60 g
Fettgehalt | 22 %

Karte S. 198–199

Wie viele seiner Verwandten wurde der Käse kreiert, um den Winzern eine zusätzliche Einkommensquelle zu eröffnen. Weil er sehr klein ist, könnte man ihn für trocken und scharf halten. Doch im Gegenteil, die Konsistenz ist cremig, der Geschmack frisch mit Anklängen an Dörrobst. Frisch oder gereift – der Mâconnais bietet stets eine säuerliche Note. Ist er sehr trocken, kann er die für Ziegenkäse typische Kraft haben.

MOTHAIS-SUR-FEUILLE (**Frankreich,** Nouvelle-Aquitaine)

Milch | Ziegenrohmilch
Größe | Durchmesser 10–12 cm; Höhe 2–3 cm
Gewicht | 180–200 g
Fettgehalt | 22 %

Karte S. 204–205

Dieser kleine elfenbeinfarbene Laib mit gefalteter Rinde weist gelegentlich blaugrüne Reflexe auf. Der Teig ist weich, unter der Rinde sogar cremig-fließend. Sein dichtes, schmelzendes Inneres bietet am Gaumen quarkige Noten und Anklänge an Dörrobst. Das Kastanienblatt unter dem Käse ist kein Schmuckelement, sondern dient dem Feuchtigkeitsausgleich.

MURAZZANO (**Italien,** Piemont)

g. U. seit 1996

Milch | Schafrohmilch oder Schaf- und Kuhrohmilch (höchstens 40 %)
Größe | Durchmesser 10–15 cm; Höhe 3–4 cm
Gewicht | 300–400 g
Fettgehalt | 24 %

Karte S. 210–211

Ein Käse mit dünner Rinde und elfenbeinfarbenem bis strohgelbem Teig. Geruch und Geschmack sind frisch und säuerlich mit für Schafmilch typischen leichten Anklängen an Heu. Traditionell genießt man ihn mit *cugnà*, einer typischen Konfitüre aus Obst, Nüssen und eingekochtem Traubensaft aus dem Piemont.

PÉLARDON (**Frankreich,** Okzitanien, Provence-Alpes-Côte d'Azur)

AOC seit 2000

g. U. seit 2001

Milch | Ziegenrohmilch
Größe | Durchmesser 6–7 cm; Höhe 2,2–2,7 cm
Gewicht | 60 g
Fettgehalt | 22 %

Karte S. 200–201

Die Ursprünge dieses Käses reichen bis in die Antike zurück. Plinius der Ältere (ein römischer Gelehrter des 1. Jahrhunderts) erwähnt in seinen Schriften einen Péraldou (von *pèbre,* Pfeffer). Seinen heutigen Namen erhielt der Pélardon erst am Ende des 19. Jahrhunderts. Der kleine Laib lässt sich halbgetrocknet oder getrocknet genießen. Halbgetrocknet ist er eher cremig-fließend, mit zartem Ziegen- und Kräuteraroma. Getrocknet bietet er feine animalische und haselnussartige Noten.

PÉRAIL DES CABASSES (**Frankreich,** Okzitanien)

Milch | Schafmilch, roh, thermisiert oder pasteurisiert
Größe | Durchmesser 8 oder 10 cm; Höhe 2 oder 2,5 cm
Gewicht | 100 oder 150 g
Fettgehalt | 25 %

Karte S. 202–203

Dieser Käse, den es in zwei Größen gibt, ist einfach fantastisch! Zunächst fällt sein Farbspektrum ins Auge, es reicht von Elfenbein bis zu hellem Beige auf einer leicht gerillten Oberfläche. Geruch und Geschmack zeichnen sich durch Schaf-, Stroh-, Heu- und Kräuternoten sowie eine dezente Salzigkeit aus. Die Konsistenz ist cremig bis fließend, der Käse daher sehr streichfähig. Der Pérail des Cabasses wird in einem landwirtschaftlichen Betrieb und drei Käsereien hergestellt.

PICODON (**Frankreich,** Auvergne-Rhône-Alpes)

AOC seit 1983 | **g. U.** seit 1990

Milch | Ziegenrohmilch
Größe | Durchmesser 5–7 cm; Höhe 1,8–2,5 cm
Gewicht | 60 g
Fettgehalt | 22 %

Karte S. 200–201

Ein Käse, der das Ergebnis einer alten Tradition der Ziegenzucht im Gebirge von Drôme und Ardèche ist. Der Picodon (vom Dialektausdruck *picodon*, scharf) wurde im Winter erfunden, als die Ziegen nur wenig Milch gaben, die Menge jedoch ausreichte, um einen kleinen Käse herzustellen, der die Saison fast problemlos überstehen konnte. Seine Rinde ist blassgelb bis rötlich mit blaugrünen Reflexen. Der Laib verströmt einen Geruch nach Stroh und feuchtem Keller. Nach dem Anschneiden machen sich milchige Noten bemerkbar. Die Konsistenz wechselt mit zunehmender Reife von cremig bis fest. Am Gaumen präsentiert er sich mit Anklängen von Waldboden und Haselnuss.

POULIGNY-SAINT-PIERRE (**Frankreich,** Centre-Val de Loire)

AOC seit 1972 | **g. U.** seit 2009

Milch | Ziegenrohmilch
Größe | Durchmesser unten 9 cm, oben 2 cm; Höhe 12,5 cm
Gewicht | 250 g
Fettgehalt | 22 %

Karte S. 204–205

Dies ist der erste Ziegenkäse, der eine geschützte Ursprungsbezeichnung (g. U. bzw. AOP) erhielt. Es gibt ihn in zwei Versionen: weiß gereift (mit *Penicillium geotrichum*), dann ist er säuerlich, leicht salzig und ziegig; und blau gereift (mit *Penicillium album*) mit festerem Teig und ausgeprägterem Geschmack mit Anklängen an Haselnuss. Als Fermier-Käse trägt er ein grünes Etikett; wird er von Molkereien, als Artisanal-Käse oder industriell hergestellt, ein rotes.

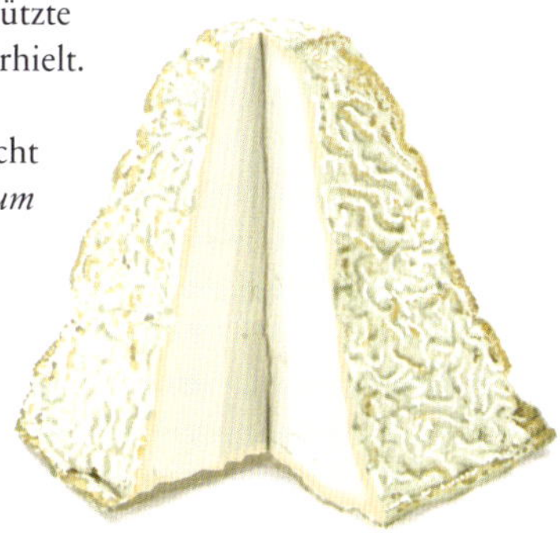

RIGOTTE DE CONDRIEU (**Frankreich,** Auvergne-Rhône-Alpes)

AOC seit 2009 | g.U. seit 2013

Milch | Ziegenrohmilch
Größe | Durchmesser 4,2–5 cm; Höhe 1,9–2,4 cm
Gewicht | Mind. 30 g
Fettgehalt | 21 %

Karte S. 198–199

Sein Name leitet sich von *rigol* oder *rigot* ab, Bezeichnungen für die zahlreichen kleinen Bäche, die den Mont Pilat, wo der Käse hergestellt wird, hinabstürzen. Und es war in Condrieu, wo dieser Rigotte zum ersten Mal gehandelt wurde. Kleiner Laib, großer Käse! Seine elfenbeinfarbene Rinde kann mit blauen und/oder grünen Pünktchen übersät sein. Der Geruch ist von blumigen und ziegigen Noten geprägt. Wegen des feinen Teigs, der fest-cremigen Konsistenz und der Haselnussnote ist dieses Produkt ganz besonders köstlich.

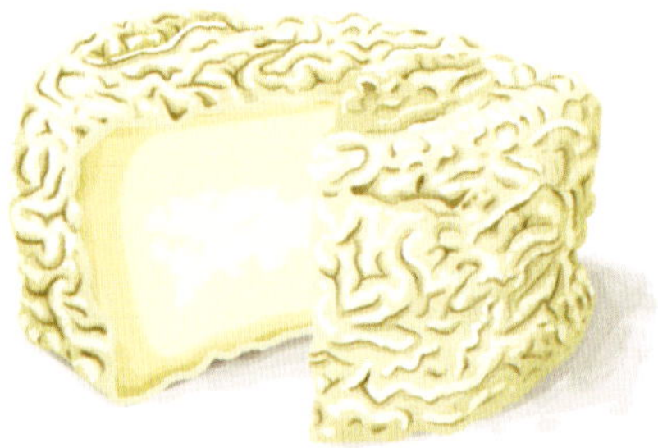

ROBIOLA DI ROCCAVERANO (**Italien,** Piemont)

g.U. seit 1996

Milch | Ziegenmilch (mind. 50 %), Kuh- und Schafrohmilch
Größe | Durchmesser 10–14 cm; Höhe 2,5–4 cm
Gewicht | 250–400 g
Fettgehalt | 23 %

Karte S. 210–211

Dieser Käse hat so gut wie keine Rinde. Der Teig ist weiß, geschlossen und zergeht auf der Zunge. Am Gaumen hinterlässt er Süße sowie blumige, ziegige und haselnussartige Noten. Die Verpackung muss laut EU-Vorschrift ein stilisiertes braunes »R« mit Turm tragen, einem historischen Vorbild in der Gemeinde Roccaverano nachempfunden. Das »Auge« des Buchstaben stellt die Form eines Robiola dar, die grüne Füllung unter dem R symbolisiert die Hänge und Wiesen der hügeligen Langa, wo der Robiola di Roccaverano produziert wird.

ROCAILLOU DES CABASSES (**Frankreich,** Okzitanien)

Milch | Schafrohmilch
Größe | Durchmesser 5,5 cm; Höhe 2,5–2,8 cm
Gewicht | 80 g
Fettgehalt | 19 %

Karte S. 202–203

Er wird auf demselben Hof produziert wie der Pérail des Cabasses (s. S. 63), ist allerdings kleiner und hat ausgeprägtere Stroh- und Heunoten. Im Abgang ist er pfeffrig, ohne langen Nachhall. Was die Konsistenz angeht, so ist die Rinde fest und schmelzend, der Teig eher sahnig.

ROCAMADOUR (**Frankreich,** Nouvelle-Aquitaine, Okzitanien)

Milch | Ziegenrohmilch

Größe | Durchmesser 6 cm; Höhe 1,6 cm

Gewicht | 35 g

Fettgehalt | 22,5 %

Karte S. 202–203

Der Rocamadour wird auch Cabécou de Rocamadour genannt. Im Mittelalter dienten die kleinen Käse als Zahlungsmittel. Sie gehören zu den geschichtsträchtigsten Produkten, die im Regionalen Naturpark Causses du Quercy hergestellt werden. Das Wort *cabécou* (ein Dialektausdruck für »kleiner Ziegenkäse«) fasst eine Gruppe von Ziegenkäsen zusammen, die in dieser Region produziert werden, doch nur der Rocamadour trägt eine geschützte Ursprungsbezeichnung (g. U. bzw. AOP). Der kleine Laib hat eine leicht gerillte, elfenbeinfarbene Rinde. Jung ist er weich, ausgereift fest. In der Nase dominieren Anklänge an Sahne und Stroh, am Gaumen zeigt sich der Käse mild und cremig, mit säuerlichen, ziegigen und haselnussartigen Noten. Ausgereift ist er derb, geradezu scharf.

ROCKET'S ROBIOLA (**USA,** North Carolina)

Milch | Pasteurisierte Kuhmilch

Größe | Quadrat mit 10 cm Seitenlänge; Höhe 3,8 cm

Gewicht | 340 g

Fettgehalt | 22 %

Karte S. 228–229

In erster Generation betreibt die Familie Genke eine Farm und produziert Käse – den Rocket's Robiola erst seit 2015. Der Teig dieses geaschten Käses ist weich und sahnig. Am Gaumen offenbaren sich Noten von Mandel und frischen Pilzen, die nach und nach von frischeren, milchigeren Aromen abgelöst werden.

ROUELLE DU TARN (**Frankreich,** Okzitanien)

Milch | Ziegenrohmilch

Größe | Durchmesser 10 cm; Höhe 3,5 cm

Gewicht | 250 g

Fettgehalt | 21 %

Karte S. 202–203

Von der Fromagerie Le Pic in der Gemeinde Penne (Tarn) wird dieser ringförmige Aschekäse hergestellt. Die Rinde fühlt sich weich an und zergeht auf der Zunge. Am Gaumen präsentiert sich der eher frische Käse mit ziegigen, blumigen und pflanzlichen Noten, im Abgang machen sich leichte Säure und Salzigkeit bemerkbar.

ROVETHYM (**Frankreich,** Provence-Alpes-Côte d'Azur)

Milch | Ziegenrohmilch
Größe | Länge 7 cm; Breite 3 cm; Höhe 2,5 cm
Gewicht | 100 g
Fettgehalt | 22 %

Karte S. 200–201

Unter der ecrufarbenen Rinde verbirgt sich buttriger, dichter, schmelzender Teig. Der Rovethym (der auch Thymtamarre genannt wird) zergeht auf der Zunge und verströmt am Gaumen säuerliche, grasige und blumige Noten. Ein Käse, der rundherum Freude macht.

Der Name Rovethym verrät viel: die Rasse der Ziegen, die die Milch geben (Roveziegen), das Kraut, mit dem er geschmückt wird (Thymian), und seinen Geschmack.

SABOT DE BLANCHETTE (**Kanada,** Québec)

Milch | Pasteurisierte Ziegenmilch
Größe | Durchmesser unten 7,5 cm, oben 5 cm; Höhe 3,8 cm
Gewicht | 150 g
Fettgehalt | 19 %

Karte S. 230–231

Fabienne Mathieu und Frédéric Guitel, die Hersteller dieses Käses, stammen aus der Schweiz bzw. aus der Normandie, und so heißt ihre Farm – La Suisse Normande. Die stark gefaltete Rinde des Sabot de Blanchette umhüllt weichen Teig, der direkt unter der Rinde cremig, in der Mitte kreidig ist. Geschmacklich dominiert ziegige Frische, im Abgang präsentiert der Käse milchige, säuerliche und blumige Noten.

SAINTE-MAURE DE TOURAINE (**Frankreich,** Centre-Val de Loire)

AOC seit 1990 | g. U. seit 2003

Milch | Ziegenrohmilch
Größe | Durchmesser 6,5 cm auf einer, 4,8 cm auf der anderen Seite; Länge 28 cm
Gewicht | 250 g
Fettgehalt | 22 %

Karte S. 204–205

Der Strohhalm stabilisiert den Käse. Er wird per Laser nummeriert, sodass man die Herkunft des Käses erkennen kann.

Es heißt, es seien gefangen genommene Sarazenen gewesen, die im 8. Jahrhundert die Bewohner der Gemeinde Sainte-Maure zur Produktion dieses Käses angeregt haben. Der Kontrast zwischen seiner geaschten Rinde und dem makellos weißen Teig ist einfach großartig. Und auch sein Duft nach Waldboden und Pilzen sowie im Sommer nach Heunoten und im Herbst nach Anklängen an Haselnuss machen diesen Käse einzigartig. Man sollte den Sainte-Maure de Touraine genießen, sobald der Teig direkt unter der Rinde zu fließen beginnt.

SAINT-MARCELLIN (**Frankreich,** Auvergne-Rhône-Alpes)

g.g.A. seit 2013

Milch | Kuhmilch, roh oder thermisiert

Größe | Durchmesser 6,5–8 cm; Höhe 2–2,5 cm

Gewicht | mind. 80 g

Fettgehalt | 24 %

Karte S. 200–201

Ursprünglich wurde dieser Käse aus Ziegenmilch oder einer Mischung aus Ziegen- und Kuhmilch hergestellt. Die erste schriftliche Erwähnung fand der Saint-Marcellin in Rechnungsbüchern vom Hof Ludwigs XI. im 15. Jahrhundert. Schon damals reiste der Käse in die Touraine und nach Paris. Doch erst im 19. Jahrhundert erreichte die Begeisterung für diesen Käse ihren Höhepunkt, insbesondere dank Auguste Casimir-Perrier, einem Minister von Louis-Philippe, der beim Verkosten dieses Käses ausgerufen haben soll: »Köstlich! Bringen Sie ihn mir jede Woche auf mein Schloss!« Die Rinde des kleinen Käses, der nunmehr aus reiner Kuhmilch gefertigt wird, kann mit cremeweißem, beigem oder graublauem Schimmel bewachsen sein. Der Teig ist glatt, homogen, cremig und eventuell von kleinen Bruchlöchern durchsetzt. Der Geschmack ist klar mit milchigen, haselnuss- und honigartigen sowie leicht salzigen Noten.

SAINT-NICOLAS DE LA DALMERIE (**Frankreich,** Okzitanien)

Milch | Schafrohmilch

Größe | Länge 9 cm; Breite 3 cm; Höhe 2,5 cm

Gewicht | 140 g

Fettgehalt | 24 %

Karte S. 200–201

Ursprünglich wurde dieser Käse aus Ziegenmilch gemacht; doch die orthodoxen Mönche, die ihn herstellen, halten inzwischen Schafe.

Dieser ziegelförmige weiße Käse mit leicht gerillter Rinde und dichtem, schmelzendem, gelegentlich cremigem Teig verströmt die Aromen von Thymian, Rosmarin und Stall. Am Gaumen bietet er Anklänge an frische Milch, Heu, Stroh und frische Kräuter. 10 Jahre lang verkaufte das Kloster den Saint-Nicolas de la Dalmerie (damals noch aus Ziegenmilch) exklusiv an die französische Fluggesellschaft UTA, bis diese 1990 verschwand.

SELLES-SUR-CHER (**Frankreich,** Centre-Val de Loire)

AOC seit 1975 | g.U. seit 1996

Milch | Ziegenrohmilch
Größe | Durchmesser unten 9 cm, oben 8,5 cm; Höhe 3 cm
Gewicht | 150 g
Fettgehalt | 22 %

Karte S. 204–205

Ursprünglich wurde dieser Käse von Frauen hergestellt und auf dem Hof verspeist. Doch gegen Ende des 19. Jahrhunderts sammelten *coquetiers* (Eierhändler) ihn und andere Agrarerzeugnisse ein, um alles im wirtschaftlichen Zentrum der Region zu verkaufen: in Selles-sur-Cher. Der Selles-sur-Cher wird mit Pflanzenasche bestreut, die ihm eine mehr oder weniger gleichmäßige Hülle verleiht. Die Rinde ist gefaltet, der elfenbeinfarbene, matte Teig dicht, schmelzend und etwas pastös. In der Nase dominieren Gerüche nach Stall, frischen Kräutern und Pilzen. Am Gaumen bietet der Käse ein ausgewogenes Bukett aus haselnussartigen, salzigen, säuerlichen und bitteren Noten. Der Nachgeschmack ist frisch und leicht bitter.

SIMPLY SHEEP (**USA,** New York)

Milch | Pasteurisierte Schafmilch
Größe | Durchmesser 7,6 cm; Höhe 3,2–3,5 cm
Gewicht | 225 g
Fettgehalt | 21 %

Karte S. 230–231

Die Farm, auf der dieser Käse produziert wird, ist auch eine Art Gnadenhof für Nutztiere. Lorraine Lambiase und Sheila Flanagan kümmern sich hier um das Wohlergehen der Tiere und eine ökologische Landwirtschaft. Der Simply Sheep gehört zu den wenigen amerikanischen Käsen, die aus Schafmilch hergestellt werden. Der Nase bietet er Noten von feuchter Höhle und frischer Hefe. Am Gaumen machen sich buttrige, milchige Nuancen bemerkbar, und im Abgang wird nach und nach feine Säure erkennbar.

TAUPINIÈRE CHARENTAISE® (**Frankreich,** Nouvelle-Aquitaine)

Milch | Ziegenrohmilch
Größe | Durchmesser 9 cm; Höhe 5 cm
Gewicht | 270 g
Fettgehalt | 23 %

Karte S. 204–205

In der Form erinnert der kuppelförmige Aschekäse an einen Maulwurfshügel. Unter seiner graublauen Rinde kommt ein zarter, körniger Teig zum Vorschein. Am Gaumen offenbart er säuerliche und ziegige Noten sowie Anklänge an Haselnuss und Waldboden. Taupinière Charentaise® ist eine eingetragene Handelsmarke der Käserei Jousseaume. Die Eintragung soll die Zahl der Fälschungen minimieren und die Echtheit des Produkts garantieren.

TRUFFE DE VENTADOUR (**Frankreich,** Nouvelle-Aquitaine)

Milch | Ziegenrohmilch
Größe | Durchmesser 10 cm; Höhe 7–8 cm
Gewicht | 350 g
Fettgehalt | 24 %

Karte S. 202–203

Bereits der Anblick der mächtigen Kugel aus dem Département Corrèze ist beeindruckend. Die geaschte Rinde dieses Ziegenkäses ist grauschwarz bis blaugrau. In der Nase machen sich Aromen von Milch, frischem Gras und feuchtem Waldboden bemerkbar. Nach dem Anschnitt sieht man den weißen, flockigen Teig. Am Gaumen erfreut er mit Cremigkeit, schöner ziegiger Frische sowie milchigen und grasigen Noten.

VALENÇAY (**Frankreich,** Centre-Val de Loire)

AOC seit 1998 | g. U. seit 2004

Milch | Ziegenrohmilch
Größe | Durchmesser unten 7–8 cm, oben 4–5 cm; Höhe 6–7 cm
Gewicht | 200–300 g
Fettgehalt | 22 %

Karte S. 204–205

Einer Legende nach hatte dieser Käse ursprünglich die Form einer schlanken, spitzen Pyramide und sah fast so aus wie die Pyramiden von Gizeh. Gemäß eben dieser Legende verlangte Talleyrand, der auf Schloss Valençay lebte, dass man die Käse »enthaupten« solle, damit Napoleon, der als Gast erwartet wurde, nicht an dessen Niederlage in Ägypten erinnert würde. So also bekam der Valençay seine endgültige Form … Eine andere Geschichte, die etwas plausibler klingt, legt nahe, dass der Käse die Form des Glockenturms in dem Dorf Levroux nachahmen soll – dort wurde der Valençay kreiert. Der aus roher Vollmilch hergestellte Käse wird mit Holzkohle geascht. In der Nase machen sich ziegige und blumige Nuancen bemerkbar. Am Gaumen offenbart der feine, cremige Teig Anklänge an Milch, frisches Heu und Dörrobst.

Bei einem Valençay mit AOP (g. U.)-Siegel kann es sich um einen Käse oder um einen Wein handeln.

04 WEICHKÄSE MIT AUSSENSCHIMMEL

Seidiger Flaum, glatter, schmelzender Teig und Anklänge an Pilze, Waldboden, Milch und sogar Sahne – das sind die Charakteristika dieser Käsefamilie. Man kann diese Käse das ganze Jahr hindurch genießen, am besten mit leichten Rotweinen, mit Weißweinen oder mit etwas Prickelndem wie Cidre oder Birnenschaumwein.

ALTENBURGER ZIEGENKÄSE (**Deutschland,** Sachsen, Thüringen)

g. U. seit 1997

Milch | Kuhrohmilch und Ziegenrohmilch (mind. 15 %)

Größe | Durchmesser 10–11 cm; Höhe 3–4 cm

Gewicht | 250 g

Fettgehalt | 17 %

Karte S. 218–219

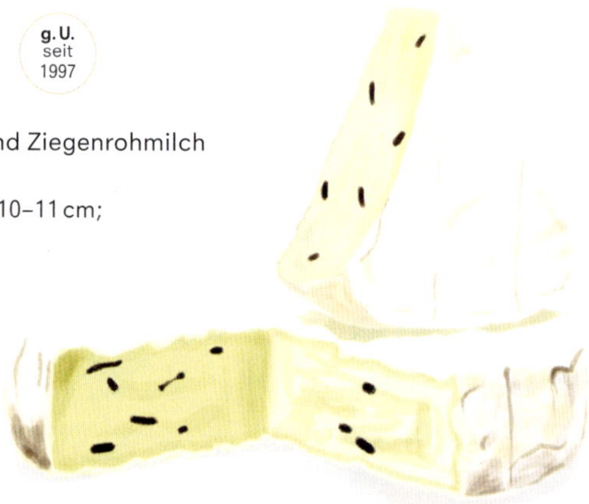

Weich und sahnig präsentiert sich dieser Käse mit milden, frischen Noten. Die dem Teig zugesetzten Kümmelsamen sind sowohl optisch als auch geschmacklich deutlich vernehmbar. Dank der verwendeten Ziegenmilch machen sich im Abgang Frische und eine leicht säuerliche Note bemerkbar.

BENT RIVER (**USA,** Minnesota)

Milch | Pasteurisierte Kuhmilch

Größe | Durchmesser 11 cm; Höhe 5 cm

Gewicht | 370 g

Fettgehalt | 25 %

Karte S. 228–229

Nach einem beruflichen Misserfolg in Kalifornien beschäftigte sich Keith Adams – erfolgreich – mit der Käserei und gründete 2008 in Minnesota die Farm Alemar. Der Teig des Bent River ist glatt, der ganze Käse verströmt den Geruch von feuchtem Keller und Waldboden. Am Gaumen vereinen sich buttrige und milchige Noten mit anhaltenden, vorwiegend pilzartigen Aromen.

BONCHESTER CHEESE (**Großbritannien,** Schottland/Borders)

g. U. seit 1996

Milch | Kuhrohmilch

Größe | Durchmesser 35 cm; Höhe 3 cm

Gewicht | 2,8–3 kg

Fettgehalt | 24 %

Karte S. 216–217

Der Käse wurde 1980 in Schottland, nahe der Grenze zu England, auf einem Anwesen nahmens Easter Weens Farm erfunden. Der Bonchester Cheese ist ein milder, schmelzender Käse, der Teig weist hellgelbe Reflexe auf. Am Gaumen dominieren milchige und sahnige Noten. Die leichte Säure im Abgang stammt übrigens von den Schimmelkulturen auf der Rinde des Bonchester Cheese.

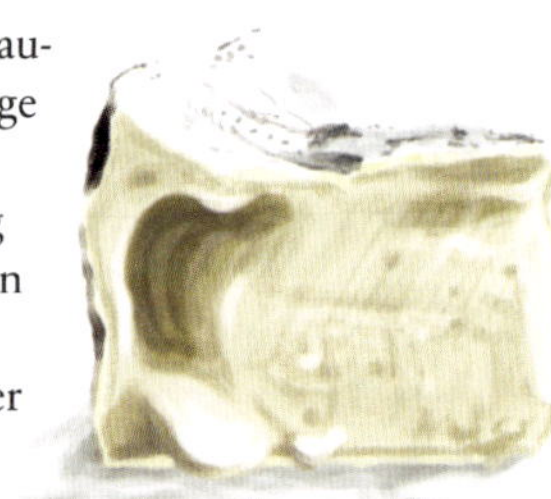

BRESLOIS (**Frankreich,** Normandie)

Milch | Kuhrohmilch
Größe | Durchmesser 7 cm; Höhe 7,5 cm
Gewicht | 240 g
Fettgehalt | 20 %

Karte S. 194–195

Dieser Käse wurde 1990 von Madame Villiers, der Besitzerin der gleichnamigen Farm, erfunden. Was Form und Geschmack angeht, hat der Breslois Ähnlichkeit mit einem Chaource (s. S. 75), sein Inneres ist allerdings weniger kreidig und weniger trocken. Außerdem ist der Teig direkt unter der Rinde sahniger als bei seinem Verwandten aus der Champagne. Am Gaumen bietet er allerdings die gleichen säuerlichen und frischen Noten.

BRIE DE MEAUX (**Frankreich,** Île-de-France, Grand Est, Bourgogne-Franche-Comté, Centre-Val de Loire)

AOC seit 1980 | **g. U.** seit 1996

Milch | Kuhrohmilch
Größe | Durchmesser 37 cm; Höhe 3,5 cm
Gewicht | 2,5–3 kg
Fettgehalt | 23 %

Karte S. 196–197

Anlässlich eines von Talleyrand 1815 organisierten Käsewettbewerbs im Rahmen des Wiener Kongresses (welcher Europa neu ordnete) wurde er zum »König der Käse« gekürt. Doch der Brie de Meaux ist auch der Käse der Könige, wurde er doch von Karl dem Großen, Philipp II. August (der ihn von Blanka von Navarra, Gräfin von Champagne zugesandt bekam), Heinrich IV., Ludwig XVI. … geschätzt. Ludwig XIV. mochte ihn so gern, dass er ihn jeden Tag essen wollte. So fuhren wöchentlich 50 Fahrzeuge zwischen Versailles und Meaux hin und her, damit der Tisch des Königs bestückt und seine zahlreichen Gäste ergötzt werden konnten. Der Brie de Meaux ist der Größte aller Weichkäse mit Außenschimmel. Er entwickelt Aromen von Crème crue (nicht pasteurisierter Crème fraîche) und Champignons. Weil der Käse sich geschmeidig und üppig präsentiert, ist er die ideale Begleitung zu einem Bauernbrot.

BRIE DE MELUN (**Frankreich,** Île-de-France, Grand Est, Bourgogne-Franche-Comté)

AOC seit 1980 | g.U. seit 1996

Milch | Kuhrohmilch
Größe | Durchmesser 28 cm; Höhe 4 cm
Gewicht | 1,5–1,8 kg
Fettgehalt | 23 %

Karte S. 196–197

Es ist ein Stück Brie de Melun, das der Rabe in La Fontaines Fabel »Der Rabe und der Fuchs« im Schnabel hält.

Möglicherweise ist der Brie de Melun die älteste der Brie-Varianten – schließlich gab es ihn schon in galloromanischer Zeit. Er ist deutlich kleiner als sein Cousin aus Meaux (s. S. 71) und auch kräftiger im Geschmack (weil seine Dicklegung 18 Stunden dauert, im Gegensatz zu den 60 Minuten beim Cousin). Die Rinde weist braune und weiße Rillen auf, was an der Reifung auf Strohmatten liegt. Der Brie de Melun riecht stark nach Terroir und schmeckt sehr fruchtig mit dominierenden pilzartigen Noten. Seine Konsistenz ist geschmeidig und cremig.

BRIE DE MONTEREAU (**Frankreich,** Île-de-France)

Milch | Kuhrohmilch
Größe | Durchmesser 18–20 cm; Höhe 3 cm
Gewicht | 800 g
Fettgehalt | 23 %

Karte S. 196–197

Dieser Käse heißt auch Ville-Saint-Jacques und hat viel Ähnlichkeit mit dem Brie de Melun (ist allerdings etwas anders geformt). Am Gaumen machen sich markantere Aromen bemerkbar, denn er verlässt den Reifekeller erst nach mindestens 1 Monat. In der Nase sind intensive Waldbodennoten vernehmbar, am Gaumen dominieren Bitternoten sowie Anklänge an Pilze, heiße Milch und Bitterkeit.

BRIE DE PROVINS® (**Frankreich,** Île-de-France)

Milch | Kuhrohmilch
Größe | Durchmesser 27 cm; Höhe 4 cm
Gewicht | 1,8 kg
Fettgehalt | 20 %

Karte S. 196–197

Verschwunden war dieser historische Käse – bis er 1979 aus der Asche auferstand, dank der Hartnäckigkeit der Käser Jean Weissgerber und Jean Braures in Provins. Sie nahmen viele Mühen auf sich, um den Namen als Marke eintragen zu lassen. Heutzutage ist der Brie de Provins ein Fermier-Käse und wird auf der Domaine des Trente Arpents auf einem landwirtschaftlichen Anwesen, das der Familie Rothschild gehört, produziert. Die weiße Rinde dieses Käses weist blonde bis rotbraune Flecken oder Streifen auf. Der glatte, cremige Teig offenbart Anklänge an Pilze, feuchten Keller und Waldboden. Was die Intensität des Geschmacks angeht, so liegt der Brie de Provins zwischen dem Brie de Meaux und dem Brie de Melun.

BRIE NOIR (**Frankreich,** Île-de-France)

Milch | Kuhrohmilch

Größe | Durchmesser 30 cm; Höhe 2 cm

Gewicht | 1,45 kg

Fettgehalt | 23 %

Karte S. 196–197

Der meistverkaufte Liebhaberkäse im Département Seine-et-Marne. Der Brie Noir erlebt bei Fans ungewöhnlicher Käse ein bemerkenswertes Comeback. Seine Existenz verdankt der »schwarze Brie« der Sparsamkeit der Produzenten: Die ursprüngliche Idee war, dass man keinen Brie de Meaux mehr wegwerfen wollte, nur weil er fehlerhaft ist. Also wurden diese Käse von den Bauern mehrere Monate lang aufbewahrt und dann von den Landarbeitern nach Ernte und Weinlese verzehrt. Zu der Zeit war der Brie Noir sicher nicht so teuer wie der Brie de Meaux. Dafür roch er stärker … Der Brie Noir ist demnach ein Brie de Meaux, der 18 Monate, gelegentlich sogar 2 Jahre gereift ist. Seine (eher braune als schwarze) Rinde verdrängt den inzwischen äußerst trockenen Teig fast vollständig. Ein charaktervoller Käse, der im Mund schön ausgewogene animalische Noten und Anklänge an Pilze und Keller bietet.

BRILLAT-SAVARIN (**Frankreich,** Île-de-France, Bourgogne-Franche-Comté)

g. g. A. seit 2017

Milch | Kuhmilch, roh oder pasteurisiert, und pasteurisierte Sahne von Kuhmilch

Größe | Klein: Durchmesser 6–10 cm, Höhe 3–6 cm; groß: Durchmesser 11–14 cm, Höhe 4–7 cm

Gewicht | Klein: 100–250 g; groß: über 500 g

Fettgehalt | 60 %

Karte S. 196–199

Seit 1890 gibt es diesen Käse, kreiert wurde er von der Familie Dubuc in der Normandie nahe Forges-les-Eaux. Zunächst hieß er Excelsior oder Délice des Gourmets (Freude der Feinschmecker). Erst in den 1930er-Jahren wurde er zu Ehren des Anwalts und Feinschmeckers Jean Anthelme Brillat-Savarin von dem Käser und Affineur Henri Androuët umbenannt. Brillat-Savarin ist der Autor des Buchs *Physiologie du Goût* (»Physiologie des Geschmacks«), erschienen 1926. Der Käsebruch wird mit Sahne von Kuhmilch angereichert. Daher ist er mild, cremig, schmelzend und überaus köstlich. In der Nase herrschen Anklänge an Butter und Crème fraîche vor, im Mund offenbaren sich hinter der Cremigkeit auch leicht salzige und dezent säuerliche Noten, gefolgt von sahnigen und milchigen Aromen.

BUFFALO BRIE (**Kanada,** Britisch-Kolumbien)

Milch | Pasteurisierte Büffelmilch
Größe | Durchmesser 10 cm; Höhe 2,5 cm
Gewicht | 200 g
Fettgehalt | 24 %

Karte S. 228–229

Comox Valley auf Vancouver Island ist die Heimat dieses Käses. Er ist einer der wenigen nordamerikanischen Käse, die aus Büffelmilch hergestellt werden. Wie der Name schon sagt, kommt dieser Käse einem Brie sehr nahe, jedoch verleiht ihm die Büffelmilch mehr Süße. Neben Pilz- und Waldbodennoten machen sich buttrige und sahnige Aromen bemerkbar.

CAMEMBERT DE NORMANDIE (**Frankreich,** Normandie)

AOC seit 1983 | g. U. seit 1996

Milch | Kuhrohmilch
Größe | Durchmesser 10–11 cm; Höhe 3–4 cm
Gewicht | 250 g
Fettgehalt | 22 %

Karte S. 194–195

Dass der Camembert de Normandie so populär wurde, verdankt er der Eröffnung der Eisenbahnlinie zwischen Flers (Normandie) und Paris im Jahr 1867 und der Erfindung seiner typischen Spanschachtel durch Eugène Ridel und Georges Leroy im Jahr 1899. Und dann war da noch der Erste Weltkrieg: Die französischen Soldaten bekamen monatlich mehr als 1 Million Camemberts an die Front geschickt. Nach der Heimkehr in ihre Städte und Dörfer verlangten sie von den örtlichen Händlern, dass diese den liebgewonnenen Käse bestellten. Tatsächlich verbreitete sich die Kunde von diesem großartigen Käse bald in die ganze Welt – heute ist er weitbekannt. Der Rohmilchkäse zeichnet sich durch eine feine Rinde mit braunroten Streifen aus. Ist er fertig gereift, offenbart der Teig ein großzügiges Bukett aus Waldboden-, Pilz- und Terroirnoten. Der weiche Käse bietet milchige und säuerliche Aromen sowie Anklänge an Humus und Pilze. Nach längerer Reifung können zudem animalische Nuancen zum Vorschein kommen.

Ab 2021 ist nur noch der Name »Camembert de Normandie« geschützt, und es ist Schluss mit der Bezeichnung »Camembert fabriqué en Normandie«, die die Industrie gefordert und die zu Verwirrung geführt hatte. Doch die neue Verordnung verringert den Anteil der Milch von Normanne-*Kühen von 50 auf 30 % und lässt die Verwendung von pasteurisierter Milch zu. Handelt es sich um einen »echten« Camembert de Normandie, soll der Produzent den Begriff* authentique, véritable *oder* historique *hinzufügen. Der Beginn einer neuen Verwirrung?*

CHAOURCE (**Frankreich,** Bourgogne-Franche-Comté, Grand Est)

AOC seit 1970

g. U. seit 1996

Milch | Kuhrohmilch

Größe | Durchmesser 9–11 cm; Höhe 5–7 cm

Gewicht | 250–450 g

Fettgehalt | 23 %

Karte S. 196–197

Das Wappen des namensgebenden Dorfs Chaource zeigt zwei Katzen (chats) *und einen Bären* (ours).

Die ersten schriftlichen Spuren dieses Käses stammen aus dem 12. Jahrhundert, als die Bauern aus dem Dorf Chaource ihre Produkte zum Bischof von Langres brachten.

Später, im 14. Jahrhundert, verkostete ihn Karl der Schöne während einer Reise durch die Region. Margarete von Burgund, die Gemahlin Ludwigs X., aß den Chaource so gern, dass sie gebot, ihn auf ihre Tafel zu bringen. Der Chaource ist höher und schlanker als ein Camembert de Normandie und von einem feinen weißen Flaum umhüllt. In der Nase dominieren Sahne und Pilze, im Mund kitzeln buttrige, haselnussartige und fruchtige Noten den Gaumen. Im Abgang ist der Käse frisch und leicht salzig, was seinem kreidigen Kern geschuldet ist.

COOLEENEY (**Irland,** Munster)

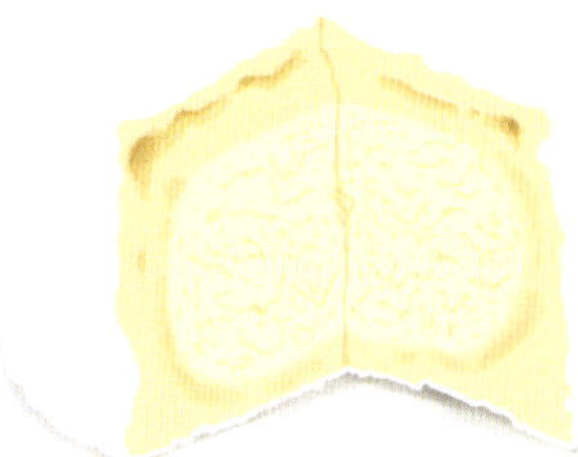

Milch | Pasteurisierte Kuhmilch

Größe | Durchmesser 10–30 cm; Höhe 3–4 cm

Gewicht | Von 200 g bis 2,5 kg

Fettgehalt | 25 %

Karte S. 216–217

Es war Breda Maher, die diesen Käse 1986 kreiert hat. Ihre Farm liegt unweit des Dorfs Thurles im County Tipperary. Die Rinde des Cooleeneys ist weiß und eher glatt. Der sahnige Teig bietet waldige und pilzartige Noten. Im Abgang gewinnt er dank der säuerlichen Milch von Kühen der Rasse *Prim'Holstein* an Frische.

COULOMMIERS (**Frankreich,** Île-de-France)

Milch | Kuhmilch, roh oder pasteurisiert

Größe | Durchmesser 12,5–15 cm; Höhe 3–4 cm

Gewicht | 400–500 g

Fettgehalt | 24 %

Karte S. 196–197

Gewiss ist dieser Käse so alt wie seine Cousins aus dem Brie. Doch wirklich bekannt war er erst nach der Weltausstellung 1878. Ursprünglich wurde er in verschiedenen Größen hergestellt, inzwischen scheint sein Aussehen fix zu sein. Die weiße Rinde ist etwas gerillt und hat kleine rote Flecken. In der Nase dominieren milchige Aromen, der Teig ist cremig und kreidig zugleich. Was den Geschmack angeht, so vereinigen sich säuerliche und milchige Noten zu Nuancen von Crème crue (nicht pasteurisierter Crème fraîche).

ÉCUME DE WIMEREUX (**Frankreich,** Hauts-de-France)

Milch | Kuhrohmilch und unpasteurisierte Sahne von Kuhmilch

Größe | Durchmesser 9 cm; Höhe 5 cm

Gewicht | 200–250 g

Fettgehalt | 30 %

Karte S. 196–197

Gegen Ende des 20. Jahrhunderts schufen die Brüder Bernard, Käser und Affineure an der Côte d'Opale, diesen Käse. Der Bruch wird, wie der vom Brillat-Savarin, mit Sahne angereichert. Unter einem weißen Flaum verbirgt der Écume de Wimereux großartige, cremige Süße. Der sehr geschmeidige Käse zeichnet sich durch milchige, buttrige und sahnige Noten aus. Im Abgang belebt eine leichte jodartige Nuance den Gaumen.

ENCALAT (**Frankreich,** Okzitanien)

Milch | Thermisierte Schafmilch

Größe | Durchmesser 10 cm; Höhe 3–4 cm

Gewicht | 250 g

Fettgehalt | 22 %

Karte S. 202–203

Ursprünglich bezeichnete man mit dem Wort *encalat* kleine Kuhmilchkäse, die am Ende der Sommersaison im Aveyron und im Cantal hergestellt wurden. Doch der Begriff wanderte gen Süden zum Larzac und steht heute für einen charaktervollen, dennoch milden Schafkäse. Der Encalat wird von der Genossenschaft Les Bergers du Larzac, die 1996 von André Parenti gegründet wurde, produziert. Er sieht einem Camembert de Normandie zum Verwechseln ähnlich, bietet der Nase aber eher Anklänge an Stroh und Heu. Die Teigkonsistenz ist identisch, allerdings ist die Farbe heller, weißer. Am Gaumen offenbaren sich zunächst milchige und säuerliche Nuancen, die nach und nach Stall- und Stroharomen weichen. Diese werden zum Schluss von einer frischen Schafmilchnote abgelöst.

GORTNAMONA (**Irland,** Munster)

Milch | Pasteurisierte Ziegenmilch

Größe | Durchmesser 10–30 cm; Höhe 3–4 cm

Gewicht | Von 200 g bis 2,5 kg

Fettgehalt | 22 %

Karte S. 216–217

Dieser Käse wird von Breda Maher hergestellt, genau wie der Cooleeney (s. S. 75) Die Rinde des Gortnamonas ist weiß und fein gerillt. Beim Anschneiden sieht man, dass sie etwas dicker ist und einen sahnigen Kern mit weißen, glänzenden Reflexen umschließt. Diese sind ein Indiz dafür, dass Ziegenmilch verwendet wurde. Am Gaumen dominieren dezente ziegige, salzige und säuerliche Noten. Je länger der Käse reifen darf, desto würziger wird er, verliert aber an Finesse.

GRATTE-PAILLE® (**Frankreich,** Île-de-France)

Milch | Kuhrohmilch und pasteurisierte Sahne von Kuhmilch

Größe | Länge 8–10 cm; Breite 6–7 cm; Höhe 6 cm

Gewicht | 300–350 g

Fettgehalt | 60 %

Karte S. 196–197

Benannt wurde der Käse, der 1980 von der Fromagerie Rouzaire kreiert wurde, nach einem Weg. Dieser war von Sträuchern gesäumt, die das Stroh von den vorbeifahrenden Karren zogen. Dieser Weg befindet sich an einem Ort namens »Le Buisson Gratte-Paille«, *gratte-paille* heißt so viel wie Strohkratzer. Der mit Sahne verfeinerte Käse hat eine grauweiße, gerillte Rinde, der Teig direkt darunter ist fließend und sahnig. Im Kern ist der Käse fester, aber dennoch cremig und bietet säuerliche sowie buttrige Noten.

HORIZON (**Australien,** Victoria)

Milch | Pasteurisierte Ziegenmilch

Größe | Durchmesser 7 cm; Höhe 4 cm

Gewicht | 200 g

Fettgehalt | 24 %

Karte S. 232–233

Ein Betrieb, der auch veganen Käse herstellt, produziert diesen zylinderförmigen Ziegenkäse. Die Rinde ist mit weißlich-grauen Schimmelkulturen bewachsen. Der kleine Laib wird von einer Schicht aus Pflanzenasche durchzogen, die etwas Säure und Salzigkeit beisteuert. Am Gaumen dominieren Anklänge an Waldboden, Sahne und Butter, im Abgang macht sich die angenehme Frische der Ziegenmilch bemerkbar.

LUCULLUS (**Frankreich,** Normandie)

Milch | Kuhrohmilch und pasteurisierte Sahne von Kuhmilch

Größe | Durchmesser 8–12 cm; Höhe 4–5 cm

Gewicht | 225–450 g

Fettgehalt | 23 %

Karte S. 194–195

Der Lucullus, ein mit Sahne angereicherter Käse, wird überwiegend in der Umgebung der Gemeinde Évreux hergestellt. Unter der von Schimmel bewachsenen Rinde verbirgt sich schmelzender, cremiger Teig. Der Geruch wird durch Anklänge von Fermentation und Keller geprägt. Am Gaumen machen sich eher haselnussartige, milchige und säuerliche Aromen bemerkbar.

NEUFCHÂTEL (**Frankreich,** Normandie)

AOC seit 1969 | g.U. seit 1996

Milch | Kuhrohmilch

Größe | *Bonde:* Durchmesser 4,3–4,7 cm, Höhe 6,5 cm; *Carré:* Seitenlänge 6,3–6,7 cm, Höhe 2,4 cm; *Briquette:* Länge 6,8–7,2 cm, Breite 4,8–5,2 cm, Höhe 3 cm; *Double Bonde:* Durchmesser 5,6–6 cm, Höhe 8 cm; *Cœur:* von der Mitte zur Spitze 8–9 cm, von einer Rundung zur anderen 9,5–10,5 cm, Höhe 3,2 cm; *Grand Cœur:* von der Mitte zur Spitze 10–11 cm, von einer Rundung zur anderen 13,5–14,5 cm, Höhe 5 cm

Gewicht | 100–600 g

Fettgehalt | 22 %

Karte S. 194–195

Dies ist möglicherweise nicht der bekannteste normannische Käse mit geschütztem Ursprungsbezeichnung, mit Sicherheit aber ist er der älteste! Er wird in Schriften von 1035 erwähnt, dem Jahr, in dem Hugues von Gournay (ein Adliger aus dem Herzogtum Normandie) der Abtei von Sigy-en-Bray das Recht verlieh, eine Steuer zu erheben. Das Zahlungsmittel war – Käse (die *dîme des frometons*). Die Rinde eines Neufchâtels ist glatt und mit Schimmelkulturen bewachsen, die Kanten sind eckig. Bei optimaler Reifung ist der Teig unter der elfenbeinfarbenen Rinde fließend, der Kern weiß und schmelzend. Im Abgang belebt ein Anklang von Jod den Gaumen und hinterlässt eine angenehme milchige Süße.

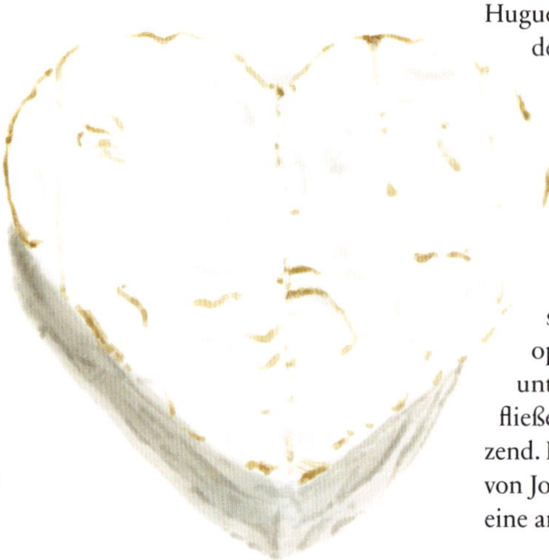

PITHIVIERS (**Frankreich,** Centre-Val de Loire)

Milch | Pasteurisierte Kuhmilch

Größe | Durchmesser 12 cm; Höhe 2,5 cm

Gewicht | 300 g

Fettgehalt | 23 %

Karte S. 196–197

Ursprünglich wurde dieser Käse, der auch Bondaroy genannt wird, im Sommer produziert und dann bis zum Herbst in Heu gelagert, damit man ihn während der Weinlese den Landarbeitern servieren konnte. Der Schimmelrasen auf der Rinde des Pithiviers ist flaumig und weich. Ist der Pithiviers perfekt gereift, präsentiert er sich in der Nase cremig, mit einem Geruch nach Heu und Pilzen. Am Gaumen machen sich vor allem säuerliche Noten sowie Anklänge an Sahne und Butter bemerkbar.

SAINT-FÉLICIEN (**Frankreich,** Auvergne-Rhône-Alpes)

Milch | Kuhmilch, roh oder pasteurisiert

Größe | Durchmesser 8–10 cm; Höhe 1–1,5 cm

Gewicht | 90–120 g

Fettgehalt | 28 %

Karte S. 200–201

Zwar wurde der größere Cousin des Saint-Marcellins (s. S. 67) ursprünglich aus Ziegenmilch gekäst, doch heute wird ausschließlich Kuhmilch, gelegentlich mit Sahne angereichert, verwendet. Die Rinde ist etwas uneben. In der Nase dominieren sahnige Aromen. Am Gaumen offenbart der geschmeidige Teig (der auch fließen kann und dann mit einem Löffel gegessen wird) frische und leicht animalische Noten.

VOLCANO (**Neuseeland,** Waikato)

Milch | Pasteurisierte Büffelmilch

Größe | Durchmesser 7–8 cm; Höhe 5 cm

Gewicht | 90–120 g

Fettgehalt | 23 %

Karte S. 233

Dieser kleine zylindrische Büffelmilchkäse ist eine Seltenheit, denn er wird nur einmal im Monat hergestellt. Der Volcano hat in Neuseeland einige Käsewettbewerbe gewonnen. Seine Rinde ist weiß mit elfenbeinfarbenen Reflexen und fest, aber dennoch cremig. Der sahnige Teig bietet am Gaumen frische und säuerliche Noten. Im Abgang erfreut der feine Käse mit Anklängen von Sahne und Salz.

WOOLAMAI MIST (**Australien,** Victoria)

Milch | Thermisierte Schafmilch

Größe | Quadrat mit 10 cm Seitenlänge; Höhe 3 cm

Gewicht | 250 g

Fettgehalt | 24 %

Karte S. 232

Seine knackig-cremige Rinde offenbart Nuancen von Waldboden und Pilzen. Der Teig ist weich, bei Zimmertemperatur sogar fließend. Am Gaumen dominiert das Pilzaroma, wird aber von einer recht leichten Note von Crème crue (nicht pasteurisierter Crème fraîche) begleitet.

05 WEICHKÄSE MIT GEWASCHENER RINDE

Weil ihre Rinde regelmäßig gewaschen wird, riechen diese Käse stark, sehr stark! Doch anders, als man glauben möchte, sind sie am Gaumen nicht so kräftig wie in der Nase. Der Teig ist weich, bei einigen fließt er sogar.

A CASINCA (**Frankreich,** Korsika)

Milch | Pasteurisierte Ziegenmilch

Größe | Durchmesser 10 cm; Höhe 3 cm

Gewicht | 350 g

Fettgehalt | 27 %

Karte S. 200–201

Ein Käse, der mit dem Venaco (s. S. 97) verwandt ist und aus der Milch der Ziegen von 30 Züchtern hergestellt wird. Seine orangefarbene Rotschmiere ist typisch für einen korsischen Weichkäse mit gewaschener Rinde. Solange er jung ist, schmeck der A Casinca mild, frisch und säuerlich mit leichten Anklängen an Speck. Je länger er reift, desto würziger wird er.

ALLGÄUER WEISSLACKER (**Deutschland,** Baden-Württemberg, Bayern)

g. U. seit 2015

Milch | Kuhmilch, roh oder pasteurisiert

Größe | Würfel mit 11–13 cm Seitenlänge

Gewicht | 1–2 kg

Fettgehalt | 23 %

Karte S. 218–219

Weil der Käse häufig gewaschen wird, hat er keine Rinde, sondern ist von Weißschmiere überzogen. Das Äußere kann weiß bis gelblich sein, der weißliche Teig ist halbfest und speckig, aber nicht klebrig, mit wenigen Bruchlöchern. Typisch ist der starke »Duft«, er schmeckt kräftig, scharf und recht salzig. Der Allgäuer Weißlacker soll als erster Käse der Welt ein (königliches) Patent erhalten haben.

BADENNOIS (**Frankreich,** Bretagne)

Milch | Kuhrohmilch

Größe | Durchmesser 28 cm; Höhe 5 cm

Gewicht | 2,3 kg

Fettgehalt | 26 %

Karte S. 194–195

Dieser Käse aus dem kleinen Ort Baden im Golf von Morbihan hat eine gelborangefarbene, sandige Rinde. 3–5 Wochen lang wird er jeden dritten Tag wieder in Salzlake gegeben und damit gewaschen. Sein goldgelber Teig bietet buttrige, durch harzige und animalische Noten gekennzeichete Nuancen. Im Abgang macht sich eine frisch-säuerliche Note bemerkbar.

BEL FIURITU oder U BEL FIURITU (**Frankreich,** Korsika)

Milch | Pasteurisierte Schafmilch

Größe | Durchmesser 10 cm; Höhe 4 cm

Gewicht | 400 g

Fettgehalt | 27 %

Karte S. 200–201

Der Bel Fiurito wird, wie der A Casinca (s. links), im Département Haute-Corse produziert. Das Orange der Rinde ist weniger intensiv. Am Gaumen bietet dieser Käse angenehme Frische mit leichten grasigen, salzigen und haselnussartigen Noten. Nach längerer Reifung wird der cremige Teig intensiver im Geschmack, ohne allerdings jemals zu kräftig oder zu scharf zu werden. Die Schafe, die für die Herstellung dieses Käses gezüchtet werden, gehören alle der Rasse *Corse* an.

BOSSA (**USA,** Missouri)

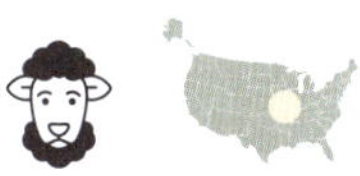

Milch | Pasteurisierte Schafmilch

Größe | Durchmesser 10 cm; Höhe 2,5 cm

Gewicht | 150 g

Fettgehalt | 24 %

Karte S. 228–229

Der Bossa ist einer der wenigen amerikanischen Weichkäse mit gewaschener Rinde, die aus Schafmilch hergestellt werden. Der Geruch zeichnet sich durch Anklänge an feuchten Keller und Pilze aus. Am Gaumen offenbart der sahnige, geradezu fließende Teig die gesamte Typizität und Frische der Schafmilch. Am besten genießt man ihn im Herbst, denn dann sind diese Charakteristika besonders ausgeprägt.

CLANDESTIN (**Kanada,** Québec)

Milch | Pasteurisierte Kuh- und Schafmilch

Größe | Durchmesser 15 cm; Höhe 5 cm

Gewicht | 1,2 kg

Fettgehalt | 27 %

Karte S. 230–231

Mit einem Augenzwinkern weist der Name dieses Käses auf die Zeiten hin, in denen in der Gegend, wo er hergestellt wird (der Gaspésie-Halbinsel), geschmuggelte Alkoholika Zahlungsmittel waren (*clandestin* = geheim). Die Rinde des Clandestins ist von Rotschmiere überzogen, der Teig cremefarben und weich. Am Gaumen machen sich vor einer gewissen Salzigkeit Heunoten bemerkbar. Der Käse ist ausgeprägt im Geschmack, aber dank der Schafmilch keineswegs scharf.

COMPASS GOLD (**Australien,** Victoria)

Milch | Pasteurisierte Kuhmilch
Größe | Länge 9 cm; Breite 6 cm; Höhe 2,5 cm
Gewicht | 180 g
Fettgehalt | 26 %

Karte S. 232–233

In seiner Kategorie hat dieser Käse in Australien zahlreiche Preise gewonnen. Der Compass Gold wird aus Milch von *Jersey*-Kühen hergestellt und zweimal in der Woche mit einem regionalen Bier gewaschen. Der klebrige Teig verströmt die Aromen von Hefe und feuchtem Keller. Am Gaumen zeigt sich dieser Käse süßlich-milchig, ein Eindruck, der sich nach und nach verstärkt.

CRAYEUX DE RONCQ (**Frankreich,** Hauts-de-France)

Milch | Kuhrohmilch
Größe | Quadrat mit 10 cm Seitenlänge; Höhe 4,5 cm
Gewicht | 480 g
Fettgehalt | 27 %

Karte S. 196–197

Carré du Vinage wird diese Kreation von Affineur Philippe Olivier und Käserin Thérèse-Marie Couvreur auch genannt. Sie wird auf einem Hof in der Gegend um Lille hergestellt. Das Besondere an diesem Käse sind seine Reifung sowie seine Veredelung, die in feuchten, aber gut belüfteten Kellern stattfinden. 30 Tage lang wird der Crayeux de Roncq währenddessen regelmäßig mit einer Mischung aus Salzwasser und Bier gewaschen. In der Nase zeigt sich der fertige Käse eher zurückhaltend, der Teig ist unter der Rinde sehr weich, im Kern kreidig und präsentiert Noten von frischer Milch und von Hefe sowie eine leichte Säure.

CRÉMEUX DE CARAYAC (**Frankreich,** Okzitanien)

Milch | Schafrohmilch
Größe | Durchmesser 15 cm; Höhe 3 cm
Gewicht | 300 g
Fettgehalt | 26 %

Karte S. 202–203

Die trockene Rinde des Crémeux de Carayac ist gerillt mit beigen und gräulichen Farbtönen. Nach dem Anschneiden offenbart der Käse einen cremigen weißen Teig mit grauen Reflexen. Am Gaumen bietet er eine Mischung aus Frische, pflanzlichen und animalischen Noten, ist aber nicht aufdringlich – das macht diesen Käse, der im Lot in der Nähe von Figeac produziert wird, so delikat. Die Hersteller Gervaise und Denis Pradines, Verfechter einer ökologischen Landwirtschaft, bauen auch Safran an, mit dem sie einen ihrer Schafweichkäse aromatisieren und färben.

CUPIDON (**Frankreich,** Okzitanien)

Milch | Schafrohmilch
Größe | Durchmesser 9 cm; Höhe 3 cm
Gewicht | 210 g
Fettgehalt | 27 %

Karte S. 202–203

Dieser Käse wird nach demselben Prinzip hergestellt wie der Mont d'Or (s. S. 88) oder der Vacherin des Bauges (s. S. 96). Er ist eine Kreation des Ehepaars Garros, deren Hof sich in Loubières im Ariège befindet. Der kleine sahnige Käse wird mit klarem Wasser gewaschen. Sein Fichtenholzring verleiht ihm eine Tanninnote. Ihr folgen blumige und haselnussartige Noten, was der Schafmilch zu verdanken ist. Beim Cupidon findet man ein gutes Gleichgewicht von Derbheit und Finesse. Er sollte möglichst jung gegessen werden, solange die Rinde noch nicht beißend scharf geworden ist.

LE CURÉ NANTAIS® (**Frankreich,** Pays de la Loire)

Milch | Pasteurisierte Kuhmilch
Größe | Quadrat mit 9 cm Seitenlänge; Höhe 3 cm
Gewicht | 200 g
Fettgehalt | 27 %

Karte S. 204–205

Ein Mönch, der während der Französischen Revolution vor einer Hungersnot aus der Vendée geflüchtet war, soll an der Entstehung dieses Käses beteiligt gewesen sein. Le Curé Nantais® ist eine eingetragene Handelsmarke der Firmengruppe Triballat Noyal. Die feinporige Rinde des Käses wird 1–2 Monate zweimal pro Woche mit Salzwasser (z. T. auch mit Muscadet) gewaschen. Der sahnige, goldgelbe Teig kann Bruchlöcher aufweisen. Am Gaumen dominiert die Frische der Kuhmilch, bevor Anklänge an Speck und Gewürze aufscheinen.

Es gibt den Käse nicht nur quadratisch, sondern auch als runde 200-g- oder 800-g-Laibe.

DEAUVILLE (**Frankreich,** Normandie)

Milch | Thermisierte Kuhmilch
Größe | Durchmesser 15 cm; Höhe 3,5 cm
Gewicht | 300 g
Fettgehalt | 27 %

Karte S. 194–195

Der von Serge Lechavelier geschaffene Käse ähnelt stark dem Pont-l'Évêque (s. S. 91), allerdings unterscheidet ihn die runde Form von seinem illustren Nachbarn. Ursprünglich wurde er auf einem Hof in Tourgéville südwestlich von Deauville produziert. Trotz seines kräftigen Geruchs bietet der weiche, cremige Käse einen nuancierten Geschmack, unter anderem nach Sahne und heißer Milch.

ÉPOISSES (**Frankreich,** Bourgogne-Franche-Comté)

AOC seit 1991 **g. U.** seit 1996

Milch | Kuhmilch, roh oder pasteurisiert
Größe | Klein: Durchmesser 9,5–11,5 cm, Höhe 3–4,5 cm; groß: Durchmesser 16,5–19 cm, Höhe 3–4,5 cm
Gewicht | Klein: 250–350 g; groß: von 700 g bis 1 kg
Fettgehalt | 27 %

Karte S. 198–199

Zisterziensermönche waren es, die diesen Käse im 16. Jahrhundert erfanden. Sie gaben das Rezept den Bäuerinnen der Region Époisses, und diese entwickelten es weiter. Mitte des 20. Jahrhunderts war der Käse fast in Vergessenheit geraten, doch dank der Arbeit von Simone und Robert Berthaut konnte er aus der Asche auferstehen. Der Époisses ist einer der wenigen Käse mit gewaschener Rinde, deren Milch auch mit Milchsäurebakterien dickgelegt wird. Sein Geheimnis: Der Bruch wird mit Tresterschnaps und Gewürzen aromatisiert. Außerdem wäscht man den Käse mit Marc de Bourgogne, was zur Folge hat, dass seine Rinde klebrig wird und sehr streng riecht (was manch Nichteingeweihter abstoßend findet). Der rostrote oder dunkelorangefarbene Käse bietet der Nase animalische Noten und Anklänge an Waldboden. Der speckige Teig präsentiert am Gaumen kräftige milchige und fruchtige Aromen. Im Idealzustand ist der Époisses charaktervoll, aber weder aggressiv noch scharf.

Es gibt nur noch eine Fromagerie, die den Époisses als Fermier-Käse herstellt: die landwirtschaftliche Kooperative Des Marroniers, 65 km von der Gemeinde Époisses entfernt gelegen.

GALACTIC GOLD (**Neuseeland,** Waikato)

Milch | Pasteurisierte Kuhmilch
Größe | Quadrat mit 19 cm Seitenlänge; Höhe 3 cm
Gewicht | 1 kg
Fettgehalt | 27 %

Karte S. 233

Seine Rinde mit gelborangefarbenen Reflexen fühlt sich klebrig an, weil der Käse regelmäßig (alle 2 oder 3 Tage) mit klarem Wasser gewaschen wird. In der Nase dominieren Anklänge an feuchten Keller. Am Gaumen präsentiert sich zunächst eine leichte Schärfe, die bald von sahnigeren Noten abgelöst wird. Der Galactic Gold wurde in Neuseeland mehrfach mit dem Titel »Bester Rotschmierkäse des Jahres« ausgezeichnet.

GROS LORRAIN (**Frankreich,** Grand Est)

Milch | Kuhrohmilch
Größe | Durchmesser 33 cm; Höhe 10 cm
Gewicht | 5 kg
Fettgehalt | 27 %

Karte S. 196–197

Dieser jahrhundertealte Käse aus der Region Gérardmer wurde von den Brüdern Marchand wiederbelebt, Käsern und Affineuren in Nancy. Das Rezept haben sie in einem Heft gefunden, das ihre Großmutter geführt und in einer großen runden Käseform auf dem Dachboden versteckt hatte. Es dauerte 2 Jahre, bis der Käse wieder zum Leben erweckt war. Der für einen Weichkäse mit gewaschener Rinde große Laib (für 5 kg benötigt man 40 l Milch) ist zwischen Crayeux de Roncq (s. S. 82) und Munster (s. S. 89) angesiedelt. Am Gaumen zeigt er sich kräftig, offenbart aber auch milde milchige und fruchtige Noten.

HARBISON (**USA,** Vermont)

Milch | Pasteurisierte Kuhmilch
Größe | Durchmesser 10–12 cm; Höhe 4 cm
Gewicht | 250 g
Fettgehalt | 24 %

Karte S. 230–231

Das Holz für die Asche stammt von Weißfichten aus der Umgebung der Farm, auf der dieser Käse produziert wird. Der Harbison muss mit einem Löffel serviert werden, denn sein Teig ist extrem fließend. Am Gaumen präsentiert er sich mit Wald-, Zitrus- und Pflanzennoten.

(FROMAGE DE) HERVE (**Belgien,** Lüttich)

g. U. seit 1996

Milch | Kuhrohmilch
Größe | Würfel mit 6 cm Seitenlänge
Gewicht | 200 g
Fettgehalt | 24 %

Karte S. 218–219

Zum ersten Mal schriftlich erwähnt wurde der Herve im Jahr 1228 – diesen würfelförmigen (manchmal auch quaderförmigen), rostroten oder orangefarbenen Käse gibt es also schon seit Jahrhunderten. Außen ist er würzig, innen sahnig. Er wird mit klarem Wasser oder Milch gewaschen, die Rinde kann, je nach Reifung, mild, kräftig oder scharf sein. Der Teig ist trotzdem immer mild und fein, mit leichten Anklängen an Speck und Sahne. Heute gibt es nur noch drei Produzenten, die die Herstellung dieses Käses fortführen.

KAU PIRO (**Neuseeland,** Northland)

Milch | Pasteurisierte Kuhmilch
Größe | Durchmesser 8–20 cm; Höhe 3 cm
Gewicht | Von 150 g bis 1 kg
Fettgehalt | 26 %

Karte S. 233

Er wird auf einer Farm namens Grinning Gecko hergestellt, wo man sich an die Prinzipien der ökologischen Landwirtschaft hält und das Wohlergehen der Tiere einen hohen Stellenwert besitzt. Die Rinde des Käses kann weißlich, beige oder braun sein. Der Kau Piro wurde 2016 zum besten Rotschmierkäse Neuseelands gekürt. Der cremige, nur wenige Bruchlöcher aufweisende Teig bietet Anklänge an Waldboden und frisch geschnittenes Gras, ergänzt durch eine leicht säuerliche Note.

KING RIVER GOLD (**Australien,** Victoria)

Milch | Pasteurisierte Kuhmilch
Größe | Durchmesser 10 cm; Höhe 3 cm
Gewicht | 250 g
Fettgehalt | 25 %

Karte S. 232

Dies ist einer der ersten Käse, die David und Anne Brown 1988 auf ihrer Farm in der Provinz Victoria hergestellt haben. Er wird mit pflanzlichen Gerinnungsenzymen hergestellt und ist daher auch für Vegetarier geeignet. Der King River Gold ist in der Nase und am Gaumen mild, seine trockene Rinde ist weich. Im Mund begleiten Anklänge an frische Milch zarte Rauchnoten.

LANGRES (**Frankreich,** Bourgogne-Franche-Comté, Grand Est)

AOC seit 1991   **g. U.** seit 1996

Milch | Kuhrohmilch
Größe | Durchmesser 7–20 cm, je nach Größe (klein, mittel oder groß); Höhe 4–7 cm, je nach Größe
Gewicht | Von 150 g bis 1,3 kg, je nach Größe
Fettgehalt | 25 %

Karte S. 196–197

Der Langres wird während seiner Reifung nie umgedreht, deshalb bildet sich oben in der Mitte eine Mulde, die fontaine. *Mancher Feinschmecker gibt dort vor dem Verkosten des Käses etwas Champagner oder Marc de Raisin hinein.*

Die erste schriftliche Erwähnung findet dieser Käse im 18. Jahrhundert. Damals wurde er ausschließlich auf Bauernhöfen produziert und nur im privaten, familiären Rahmen verspeist. Erst viel später startete seine zunächst regionale, dann nationale Vermarktung. Die Rinde präsentiert sich mit Farbtönen von Gelborange bis Rötlichbraun, gelegentlich weist sie einen feinen weißen Flaum auf. Der Käse riecht ausgeprägt, bewahrt aber eine gewisse Frische. Der Teig ist glatt und schmelzend und bietet Anklänge an Dörrobst, frisches Gras und Sahne. Manchmal offenbart sich auch ein dezentes Speckaroma.

LIVAROT (**Frankreich,** Normandie)

AOC seit 1975 | g.U. seit 1996

Milch | Kuhmilch, roh, thermisiert oder pasteurisiert
Größe | Durchmesser 7–12 cm; Höhe 4–5 cm
Gewicht | 350–500 g
Fettgehalt | 23 %

Karte S. 194–195

Schriftstücke aus dem späten 17. Jahrhundert belegen bereits die Existenz dieses Käses. Bis zur Erfindung des Camemberts war er der einzige Käse aus der Normandie. Im Laufe des 19. Jahrhunderts erhielt er den Beinamen »Fleisch der Armen«. Die charakteristische Farbe verdankt er dem Farbstoff, mit dem er gewaschen wird. Dieser natürliche Lebensmittelfarbstoff mit der E-Nummer 160b heißt Annatto und wird aus den Samen des Annattostrauchs gewonnen, die übrigens auch als Gewürz dienen. Wenn man in diesen Käse beißt, erscheint die Rinde sandig, der Teig jedoch glatt und geschmeidig. Die Aromen des Livarots sind ehrlich und klar, schwanken zwischen Anklängen an Terroir und Stall und rauchigen Noten. Wegen der fünf Riedgrashalme (oder Papierstreifen; früher waren es Späne aus Weidenholz), die ihn in Form halten, heißt der Livarot auch Le Colonel (Der Oberst).

LOU CLAOUSOU (**Frankreich,** Okzitanien)

Milch | Schafrohmilch
Größe | Länge 13,5 cm; Breite 7 cm; Höhe 3,5 cm
Gewicht | 300 g
Fettgehalt | 25 %

Karte S. 202–203

Dieser ovale Weichkäse aus dem Département Lozère hat eine gerillte Rinde mit beigen, rotbraunen und braunen Nuancen. Oft liegt auf der Rinde ein weißlicher Schleier, der Eigenschaften und Geschmack des Käses aber nicht beeinträchtigt. Der Lou Claousou ist eine Kreation der Fromagerie Le Fédou in der Nähe von Millau. Sein ungewöhnliches Aussehen mit dem Ring aus Fichtenholz erinnert an das des Mont d'Or (s. S. 88), allerdings fehlt die Spanschachtel. Tatsächlich bietet der Lou Claousou waldige Noten, doch die Schafmilch steuert Frische, Finesse und Raffinesse bei. Am Gaumen entfaltet der sahnige Teig Anklänge von Butter, Pilzen, Humus und Heu.

MAROILLES (**Frankreich,** Hauts-de-France)

AOC seit 1976 **g. U.** seit 1996

Milch | Kuhmilch, roh oder pasteurisiert

Größe | Quadrat mit 6–13 cm Seitenlänge; Höhe 2,5–6 cm

Gewicht | 200–800 g

Fettgehalt | 23 %

Karte S. 196–197

Dies ist sicher der französische Käse mit geschützter Ursprungsbezeichnung (g. U. bzw. AOP), dessen Geschichte am weitesten zurückreicht. Sie beginnt bereits im 7. Jahrhundert. Damals hieß dieser Käse zwar noch nicht Maroilles, doch das Rezept ist fast identisch. Hergestellt wurde er von Benediktinermönchen, deren Abtei sich in dem Ort Maroilles befand. Im Jahr 920 konnte dank einer Empfehlung des Bischofs von Cambrai, Gui de Laon, 300 Jahre nach dem Maroilles ein Käse namens Craquelon entstehen. Heute darf der Maroilles ausschließlich in der Thiérache an der französisch-belgischen Grenze produziert werden. 3 bis 5 Wochen wird er gewaschen und gebürstet, was die Entwicklung der Rotschmierkultur *(Brevibacterium linens)* fördert und ihm die typische orangefarbene Hülle verleiht. Der Maroilles riecht sehr stark, ist aber in Wahrheit mild und frisch mit Anklängen an Muttermilch und einem cremigen Teig mit kreidigem Kern. Es gibt diesen Käse in drei verschiedenen Größen: *Sorbais, Mignon* und *Quart.*

MONT D'OR (**Frankreich,** Bourgogne-Franche-Comté)

AOC seit 1981 **g. U.** seit 1996

Milch | Kuhrohmilch

Größe | Durchmesser der Schachtel 11–33 cm; Höhe der Schachtel 6–7 cm

Gewicht | Von 480 g bis 3,2 kg (inkl. Schachtel)

Fettgehalt | 24 %

Karte S. 198–199

Benannt wurde dieser Käse, der auch Vacherin du Haut-Doubs heißt, nach dem 1463 m hohen Massiv des Mont d'Or im Jura. Lange Zeit gab es seinetwegen einen Disput zwischen der Schweiz und Frankreich. Die Schweizer behaupteten, diesen Käse erfunden zu haben, und die Franzosen meinten, sie seien die Erfinder gewesen. Nun haben zwar die Schweizer ihren Vacherin, den Vacherin Mont-d'Or (s. S. 96), der wird jedoch aus thermisierter Milch gemacht. Für den »echten« Mont d'Or wird Rohmilch von Kühen der Rassen *Simmental* oder *Montbéliard* verwendet. Der Käse trägt einen Ring aus Fichtenholz und wird regelmäßig mit Salzlake gewaschen, was für die hügelige, samtige und leicht rosafarbene Rinde sorgt; gelegentlich bildet sich ein weißer Flaum. Der sahnige, flüssige Teig ist einzigartig und vereint am Gaumen waldige, animalische und milchige Noten.

Der Mont d'Or ist ein saisonaler Käse, der ausschließlich zwischen 10. September und 10. Mai verkauft werden darf.

MUNSTER (**Frankreich,** Grand Est)

AOC seit 1978 **g. U.** seit 1996

Milch | Kuhrohmilch

Größe | Durchmesser 7–19 cm; Höhe 2–8 cm

Gewicht | 120–450 g

Fettgehalt | 24 %

Karte S. 196–197

Die Erfindung des Munster Kaes (des Munsters, wie wir ihn heute kennen) fand im 7. Jahrhundert statt. Man schreibt sie den Benediktinermönchen des Klosters von Saint-Grégoire im Fechttal zu. Der Begriff Munster ist also eine Verballhornung des französischen Worts für Kloster, *monastère*. Die Mönche hatten das Ziel, keine Milch zu vergeuden und die benachbarte Bevölkerung zu ernähren. Die glatte Rinde dieses Käses kann gelb, gelborange oder rotorange sein. Genau wie sein nördliches Gegenstück, der Maroilles (s. links), riecht er sehr stark, am Gaumen verwandelt sich diese olfaktorische Wucht jedoch in delikate Cremigkeit. Außen fühlt er sich feucht an, innen ist er weich und schmelzend. Es offenbaren sich blumige, salzige und säuerliche (sowie sogar waldige) Noten, die wunderbar lang im Abgang sind.

Der Munster ist auch als Munster-Géromé bekannt. Der erste Name wird oft im Osten der Vogesen, im Elsass, verwendet, der zweite eher im Westen des Gebirgsmassivs, in Lothringen.

ODENWÄLDER FRÜHSTÜCKSKÄSE (**Deutschland,** Hessen)

g. U. seit 1997

Milch | Pasteurisierte Kuhmilch

Gewicht | 200 g und 500 g

Fettgehalt | 3,7 %

Karte S. 218–219

Im 18. Jahrhundert verwendeten Odenwälder Bauern diesen Käse, um Teile ihrer Pacht zu bezahlen. Für die Dicklegung der Milch darf ausschließlich Lab aus Kälbermägen verwendet werden. Der Käse ist von einer etwas klebrigen Haut umhüllt, die gelbbraune Reflexe aufweist. Der Teig ist elastisch mit cremefarbenen und gelblichen Reflexen. Seinen Namen trägt dieser Käse, weil er früher von den Bauern zum Frühstück gegessen wurde. Oft nennt man ihn auch Odenwälder Handkäse, weil der Bruch von Hand in die Formen geschöpft wird.

PETIT FIANCÉ DES PYRÉNÉES (**Frankreich,** Okzitanien)

Milch | Ziegenrohmilch
Größe | Durchmesser 12 cm; Höhe 3 cm
Gewicht | 300 g
Fettgehalt | 26 %

Karte S. 202–203

Es ist das Ehepaar Garros (er Züchter historischer Ziegenrassen, sie Sängerin aus Kanada, die mit ihm »in Liebe gefallen« ist), das diesen Käse – und auch den Cupidon (s. S. 83) – kreiert hat. Der Petit Fiancé des Pyrénées ist ungewöhnlich: Er ähnelt dem Reblochon, wird aber aus Ziegenmilch hergestellt. Fragen Sie nicht, wie diese Konsistenz erreicht wird, das Geheimnis ist streng gehütet! Die Rinde bietet orange- und ockerfarbene sowie weiße Reflexe. Der Teig ist weich und homogen, Anklänge an Ziege und Terroir umschmeicheln die Nase.

Im Mund verwöhnt ein Geschmack nach feuchtem Keller mit ziegigen und säuerlichen sowie Zitrusnoten den Gaumen.

PETIT GRÈS (**Frankreich,** Grand Est)

Milch | Kuhrohmilch
Größe | Länge 10 cm; Breite 6 cm; Höhe 2,5 cm
Gewicht | 125 g
Fettgehalt | 26 %

Karte S. 196–197

Die Rinde dieses kleinen ovalen Käses aus Lothringen ist fein gerillt, hellorangefarben und mit einem Blatt geschmückt. Der Teig fühlt sich etwas klebrig an, ist weich und elastisch. In der Nase gibt sich der Petit Grès zurückhaltend, mit äußerst feinen Anklängen an Milch und feuchtem Keller. Im Mund bietet er schmelzende Konsistenz mit sandiger Rinde. Was die Aromen angeht, so besticht dieser Käse mit dezenten Anklängen an frische Milch und Räucherspeck, begleitet von ganz leichter Säure.

PIED-DE-VENT (**Kanada,** Québec)

Milch | Thermisierte Kuhmilch
Größe | Durchmesser 18 cm; Höhe 3 cm
Gewicht | 1 kg
Fettgehalt | 27 %

Karte S. 230–231

Im Jahr 1998 beschloss Jérémie Arseneau, Rinder auf die östlich von Québec gelegenen Magdalenen-Inseln zu importieren und mit ihnen die traditionelle Milchwirtschaft der Inseln wieder aufleben zu lassen. Er entschied sich für *Canadienne*-Rinder, die aus der Region Québec stammen und sich leicht an die Wetterbedingungen dieser Inseln anpassen können. Der Pied-de-Vent hat eine leicht sandige gefaltete Rinde mit rosaorangefarbenen Reflexen. Der Teig ist weich und löchrig. Er zergeht auf der Zunge und setzt dabei typische Haselnuss- und Sahnearomen sowie eine dezente Salznote frei.

PONT-L'ÉVÊQUE (**Frankreich,** Normandie)

AOC seit 1976

g. U. seit 1996

Milch | Kuhrohmilch

Größe | Quadrat mit 10 cm Seitenlänge; Höhe 3–3,5 cm

Gewicht | 300–350 g

Fettgehalt | 23 %

Karte S. 194–195

Zum ersten Mal schriftlich erwähnt wird der Pont-l'Évêque im 13. Jahrhundert in *Le Roman de la Rose* von Guillaume de Lorris und Jean de Meung. Damals hieß der Käse Angelon, Angelot oder Augelot (nach dem Pays d'Auge in der Normandie). Erst gegen 1600 nahm er den Namen Pont-l'Évêque an. Mit seiner quadratischen Form konnte er sich von seinen normannischen Cousins aus dem 12. Jahrhundert unterscheiden. Auf der gerillten Rinde, die farblich zwischen Orange, Rosa und Weiß schwankt, kann sich ein weißer Flaum bilden. Der weiche Teig setzt in der Nase Anklänge an Heu, Stall und gelegentlich an feuchten Keller frei. Im Mund können sich milchige und haselnussartige Aromen mit animalischeren Noten vereinen. Idealerweise isst man diesen Käse zwischen September und Juni.

QUEIJO DE AZEITÃO (**Portugal,** Lissabon)

g. U. seit 1996

Milch | Schafrohmilch

Größe | Durchmesser 8 cm; Höhe 5 cm

Gewicht | 300 g

Fettgehalt | 23 %

Karte S. 208–209

Üblicherweise wird dieser Käse in Transparentpapier verpackt. Man sollte ihn essen, wenn sein weißer oder leicht gelblicher Teig cremig und fließend ist. Kenner öffnen den Käse oben und löffeln den Teig aus. Sein Geschmack ist ausgeprägt, mit leichter Schärfe. Im Geruch machen sich Anklänge von Stroh, Heu und Stall bemerkbar.

QUEIJO SERPA (**Portugal,** Alentejo)

AOC seit 1987

g. U. seit 1996

Milch | Schafrohmilch

Größe | Durchmesser 10–30 cm; Höhe 3–8 cm

Gewicht | Von 200 g bis 2,5 kg

Fettgehalt | 23 %

Karte S. 208–209

Es gibt den Käse in vier Größen. Jede hat ihren eigenen Namen: *Mereinderas, Cunca, Normais* und *Gigantes* (vom Kleinsten bis zum Größten). Die Rinde des Queijo Serpa weist ein eher helles Strohgelb auf. Das ist sicher der Tatsache geschuldet, dass der Käse regelmäßig mit Öl gewaschen wird, das mit Paprika rot gefärbt wurde. Der Teig ist weißlich-gelb bis strohgelb und wird bei Luftkontakt dunkler. Die Konsistenz ist überaus weich und schmelzend, wenn nicht fließend. Am Gaumen präsentiert sich der Käse vorwiegend kräftig mit ausgeprägten scharfen Noten.

QUEIJO SERRA DA ESTRELA (**Portugal,** Mitte)

g. U. seit 1996

Milch | Schafrohmilch
Größe | Durchmesser 9–20 cm; Höhe 3–6 cm
Gewicht | Von 700 g bis 1,7 kg
Fettgehalt | 23 %

Karte S. 208–209

Im 16. Jahrhundert nahmen Seeleute diesen Käse als Proviant mit an Bord. Der Queijo Serra da Estrela verlässt die Keller in zwei Reifestadien: Standard und *velho* (alt); in Letzterem ist er kleiner und geschmacksintensiver. Beide Varianten werden aus der Milch von Schafen der historischen lokalen Rassen *Bordaleira serra da estrel*a oder *Churra mondegueira* hergestellt. Der Käse ist weiß oder hellgelb, bei längerer Reifung geht der Farbton ins Orange oder ins leicht Bräunliche. Der Standard-, also der jüngere Käse ist süßlich-säuerlich, der gereifte animalischer, salziger und scharf im Abgang.

ROLLOT (**Frankreich,** Hauts-de-France)

Milch | Kuhrohmilch
Größe | Durchmesser 7–8 cm; Höhe 3–4 cm
Gewicht | 250–300 g
Fettgehalt | 26 %

Karte S. 196–197

Dieser kräftige Käse aus der Picardie verdankt seinen Erfolg König Ludwig XIV., der ihn im Jahr 1678 auf einer Reise nach Flandern in Orvillers kostete. Er war so begeistert, dass er den Hersteller, einen Monsieur Debourges, zum »Königlichen Käser« ernannte. Mit diesem Titel ging eine Pension von 600 Livres einher, zur damaligen Zeit eine beträchtliche Summe. Die sandige, zarte Rinde des Rollots kann mal grau, mal rosa, mal weißlich sein. In der Nase offenbart der Käse frische und saure Aromen. Am Gaumen machen sich markante, teils salzige, teils säuerliche Noten bemerkbar. Die Säure sorgt für Frische im Abgang. Den Rollot gibt es auch in Herzform, doch wird diese Version meist industriell hergestellt.

SAWTOOTH (**USA,** Washington)

Milch | Kuhrohmilch
Größe | Durchmesser 13 cm; Höhe 4 cm
Gewicht | 500 g
Fettgehalt | 26 %

Karte S. 228–229

Die Rinde des Sawtooth ist körnig und schmelzend zugleich. Die Konsistenz des Teigs ist eher weich, mit Anklängen an frische Pilze und Dörrobst sowie honigartigen Noten im Abgang. Dieser Käse verlässt den Keller erst nach einer mindestens 2-monatigen Reifezeit.

SHEARER'S CHOICE (**Australien,** Victoria)

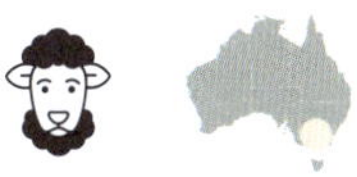

Milch | Pasteurisierte Schafmilch
Größe | Durchmesser 17 cm; Höhe 4 cm
Gewicht | 1 kg
Fettgehalt | 27 %

Karte S. 232

Auf der Farm Berrys Creek in der Provinz Victoria wird dieser Käse hergestellt. Der Shearer's Choice ist eine der zahlreichen Kreationen des Käsers Barry Charlton. Er wird aus Schafmilch hergestellt und hat eine rosaorangefarbene Rinde, die sich an den Zähnen als etwas körnig und schmelzend erweist. Am Gaumen setzt der Käse erdige Aromen und Anklänge an Waldboden und Pilze frei, mit einer schönen Säure im Abgang, die Frische beisteuert.

SIRE DE CRÉQUY À LA BIÈRE (**Frankreich,** Hauts-de-France)

Milch | Kuhmilch, roh oder thermisiert
Größe | Durchmesser 10 cm; Höhe 3 cm
Gewicht | 280 g
Fettgehalt | 25 %

Karte S. 196–197

Nach dem Formen und Abtropfen wird dieser Käse in den Keller gebracht, wo er zweimal pro Woche, insgesamt 6-mal, mit Salzlake gewaschen wird. Sobald die 5-wöchige Reifezeit abgelaufen ist, gibt man den Sire de Créquy für 48 Stunden in helles, doppelt vergorenes Bier, das möglichst gut in den Teig eindringen soll. Im Anschluss daran wird der Sire de Créquy rundum mit Semmelbröseln bestreut. Dieser Käse verströmt dank der Bier-Affinage eine angenehme Gärnote. Die Brösel auf der Oberfläche sorgen für ein erfreuliches Gefühl im Mund. Am Gaumen macht sich die leicht gehopfte Sahne aus Kuhmilch mit lang anhaltendem Nachgeschmack bemerkbar.

SOUMAINTRAIN (**Frankreich,** Bourgogne-Franche-Comté)

g.g.A. seit 2016

Milch | Kuhmilch, roh oder pasteurisiert

Größe | Durchmesser 9–13 cm; Höhe 2,2–3,3 cm

Gewicht | 180–600 g

Fettgehalt | 27 %

Karte S. 198–199

Die Entwicklung der Verkehrswege, insbesondere der Eisenbahnstrecken, begünstigt im 19. Jahrhundert die Vermarktung dieses Käses. Während der Zeit des Wirtschaftswunders (1945–1975) wäre er, weil die Milchpreise im Keller waren, fast verschwunden. Sein Überleben verdankt er Käseliebhabern, die ihn in den 1970er-Jahren aus der Versenkung holten. Die geschützte geografische Angabe (g.g.A.) wurde 2016 eingetragen. Der Soumaintrain hat Ähnlichkeit mit dem Époisses (s. S. 84). Die Farbe seiner Rinde spielt vom Elfenbein- ins Ockergelb, ist etwas feucht und kann Abdrücke vom Käsegitter aufweisen. Der Geruch ist animalisch und pflanzlich, der elfenbeinweiße Teig weich und geschmeidig, möglicherweise mit einigen schmelzenden Körnern. Am Gaumen zeigen sich milchige und säuerliche Noten vor einem eher animalischen Hintergrund.

SUNRISE PLAINS (**Australien,** Victoria)

Milch | Pasteurisierte Büffelmilch

Größe | Durchmesser 20 cm; Höhe 3 cm

Gewicht | 1,2 kg

Fettgehalt | 26 %

Karte S. 232

Ein Rotschmierkäse aus Büffelmilch, wie der Sunrise Plains, ist weltweit ausgesprochen selten. Die orangefarbene Oberfläche dieses Käses ist klebrig und weist ein Gittermuster auf. Der Teig ist schmelzend und sahnig. Geschmacklich zeichnet er sich durch milchige, frische und grasige Noten aus. Nach längerer Reifezeit machen sich leichte Anklänge von Speck bemerkbar.

TIMANOIX (**Frankreich,** Bretagne)

Milch | Pasteurisierte Kuhmilch
Größe | Durchmesser 9 cm; Höhe 3,5 cm
Gewicht | 300 g
Fettgehalt | 26 %

Karte S. 194–195

Dieser Käse wird von den Mönchen der Abtei Notre-Dame de Timadeuc (Morbihan) hergestellt, nach einem Rezept, das Nonnen im Périgord entwickelt haben. Ihr Orden bezog 1923 die Abtei Notre-Dame de Bonne-Espérance und erweckte eine Käserei, die seit 1910 geschlossen war, wieder zum Leben. Im Jahr 1999 kam den Nonnen die Idee, ihren Käse mit den Walnüssen des Périgords zu kombinieren. Wie? Indem man ihn mit einem Likör aus diesen Nüssen wäscht. Sie tauften ihren Käse Trappe d'Echourgnac. Der Timanoix ist also ein Klosterkäse, mit geschmeidigem, elastischem Teig. In der Nase und am Gaumen dominiert die Walnuss, ohne aber jemals die milchige Note dieses Käses zu überdecken.

TRICORNE DE PICARDIE (**Frankreich,** Hauts-de-France)

Milch | Kuhrohmilch
Größe | Dreieck mit 9 cm Seitenlänge; Höhe 3 cm
Gewicht | 250 g
Fettgehalt | 26 %

Karte S.196–197

Der Tricorne de Picardie ist eine Kreation aus dem Jahr 2011, die drei Personen zusammenbrachte: einen Züchter und Käser (Anselme Beaudoin), einen Bierbrauer (Benoît Van Belle) und einen Käsehändler und Affineur (Julien Planchon). Die Form des Käses erinnert an den Hut, den die Pikarden in der Zeit des Absolutismus trugen. Der Tricorne de Picardie wird wöchentlich mehrmals mit einem dunklen Bier, dem El Belle Brune, gewaschen, was ihm die typische Bitternote und einen vollmundigen Geschmack verleiht. Am Gaumen offenbart sich unter einer leicht sandigen Rinde der charakteristische schmelzende Teig.

VACHERIN DES BAUGES (**Frankreich,** Auvergne-Rhône-Alpes)

Milch | Kuhrohmilch
Größe | Durchmesser 21 cm; Höhe 4–4,5 cm
Gewicht | 1,4 kg
Fettgehalt | 26 %

Karte S. 198–199

Man nennt diesen Käse auch Vacherin des Aillons. Er ist eine Rarität, weil er in geringen Mengen ausschließlich im Massiv der Bauges hergestellt wird, wo man auch den Tome des Bauges (s. S. 145) produziert. Ein aus dem Jahr 1314 stammendes Dokument, das sich in den Archiven von Évian-les-Bains befindet, beweist, dass es diesen Käse seit dem 14. Jahrhundert gibt. Die weißliche Rinde mit braunen und rosafarbenen Reflexen verströmt den Geruch von Harz und Sauermilch, der milde, sahnige Teig darunter umschmeichelt den Gaumen mit milchigen und waldigen Noten.

VACHERIN MONT-D'OR (**Schweiz,** Kanton Waadt)

g.U. seit 2003

Milch | Thermisierte Kuhmilch
Größe | Durchmesser 10–32 cm; Höhe 3–5 cm; Fichtenholzschachtel: Höhe 6 cm, Deckelstärke 0,5 cm, Bodenstärke 0,6 cm, Kerbe 0,15 cm
Gewicht | 400 g–3 kg
Fettgehalt | 23 %

Karte S. 222–223

Die älteste Spur dieses Käses findet sich in einem Gesetz über Weggelder vom 6. Juni 1812, in dem er unter »Käse« erwähnt wird. Ursprünglich wurde der Vacherin Mont-d'Or aus Ziegenmilch gekäst und hieß Chevrotin. Doch diese Milch wurde immer rarer, deshalb verwendeten die Hersteller Kuhmilch und tauften ihren Käse um. Der Vacherin Mont-d'Or wird ausschließlich von September bis März produziert. Anders als beim französischen Mont d'Or müssen die Späne, die als Ring um den Käse gelegt werden, beim Schweizer Vacherin aus der geografischen Region stammen, in der er hergestellt wird, also aus dem Kanton Waadt. Der Vacherin Mont-d'Or hat eine gleichmäßig hellbeige, hügelige Rinde. Der weiche Teig kann bei Zimmertemperatur zu fließen beginnen. Im Mund dominieren milchige und waldige Noten. Im Abgang macht eine angenehme Frische dieses Ensemble gefälliger.

VENACO (**Frankreich,** Korsika)

Milch | Schaf- und/oder Ziegenrohmilch

Größe | Quadratisch: Seitenlänge 12 cm, Höhe 3–5 cm; rund: Durchmesser 9 cm, Höhe 3–4 cm

Gewicht | 350 g

Fettgehalt | 28 %

Karte S. 200–201

Dieser für Korsika symbolhafte Käse (einer der letzten Rohmilchkäse der Insel) wurde nach einer Gemeinde im Gebirge benannt. Das Besondere an seiner gewaschenen Rinde ist, dass sie von Hand mit einer Mischung aus Wasser und der konzentrierten Waschlake von sehr reifen Käsen eingerieben wird. Nach 3 Monaten hat der Venaco das perfekte Reifestadium erreicht. Der quadratische oder runde Käse hat eine ziegelrote bis braune Rinde. In der Nase explodieren starke animalische Noten und Gärnoten. Am Gaumen ist diese Typizität zwar ebenfalls vorhanden, aber weniger aggressiv.

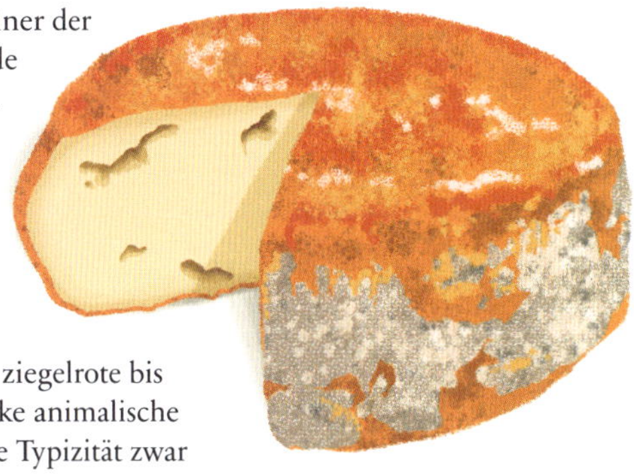

VIEUX-LILLE (**Frankreich,** Hauts-de-France)

Milch | Kuhmilch, roh oder pasteurisiert

Größe | Quadrat mit 6–13 cm Seitenlänge; Höhe 2,5–6 cm

Gewicht | 200–800 g

Fettgehalt | 23 %

Karte S. 196–197

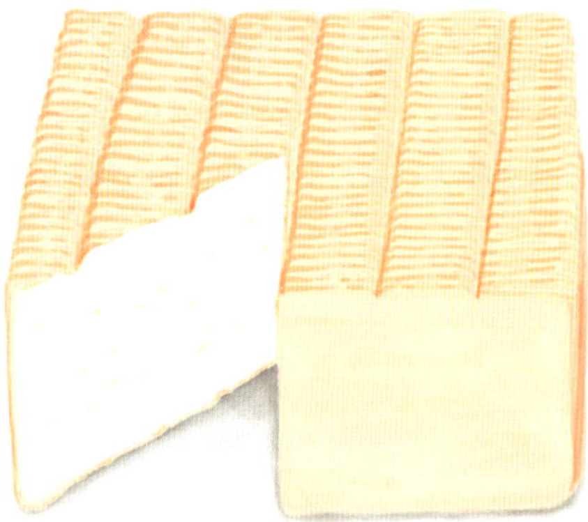

Man nennt ihn auch Gris de Lille, Puant Macéré oder Puant de Lille. Der Vieux-Lille wird im Avesnois (und nicht in Lille) auf Basis von Maroilles hergestellt und meist mit Salzwasser gewaschen, was den starken bis sehr kräftigen Geruch verursacht. Die Rinde ist dünn mit gräulichen Reflexen und riecht ammoniakartig. Am Gaumen dominieren salzige und milchige Noten, der Nachgeschmack ist nahezu scharf.

WARATAH (**Australien,** Victoria)

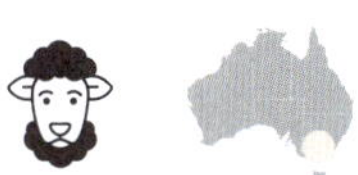

Milch | Thermisierte Schafmilch

Größe | Länge 15 cm; Breite 6 cm; Höhe 2–3 cm

Gewicht | 230 g

Fettgehalt | 26 %

Karte S. 232

Am Gaumen offenbart dieser geschmeidige, duftende Käse die ganze Finesse von Schafmilch. Zunächst machen sich eher animalische Noten bemerkbar, dann folgen feinsäuerliche Nuancen. Lässt man den Waratah länger reifen, wird der Teig sahnig und der Käse insgesamt kräftiger.

06 KÄSE MIT GEPRESSTEM TEIG

Diese Käsefamilie ist diejenige mit der größten Anzahl an Mitgliedern. Überwiegend handelt es sich um kleinere, eher feste Laibe, doch eigentlich können die Mitglieder dieser Familie fast alles sein: fest, cremig oder sahnig, klein, mittelgroß, groß oder riesig. Ein – nicht unbedingt erschöpfender – Streifzug durch diese beeindruckende Familie.

APPENZELLER (**Schweiz,** Kantone Appenzell, Sankt Gallen, Thurgau)

Milch | Kuhrohmilch
Größe | Durchmesser 30–33 cm; Höhe 7–9 cm
Gewicht | 6–7 kg
Fettgehalt | 26 %

Karte S. 222–223

Dieser Schnittkäse wird seit über 700 Jahren in der Ostschweiz in einer zwischen dem Bodensee und dem Säntis-Massiv gelegenen Hügellandschaft hergestellt. Das Geheimnis des Appenzellers ist die Flüssigkeit, mit der er gepflegt wird, die sogenannte Sulz. Sie enthält u. a. Hefen, Weißwein und Gewürze. Der Appenzeller ist ein Käse, bei dem die Affinage eine entscheidende Rolle spielt, insbesondere in Sachen Vermarktung. Sein Teig kann unterschiedliche Farben haben, von Elfenbein über Strohgelb bis zu Goldgelb. Geschmacklich reicht das Spektrum von mild, milchig, buttrig bis kräftig und derb; es können Anklänge von Gewürzen sowie grasige und blumige Noten vorkommen. Kurz gesagt, es ist ein Käse mit einer Menge organoleptischer Eigenschaften.

Das offizielle Rezept der Sulz befindet sich im Schließfach einer Bank, zu dem in jeder Generation nur zwei Personen Zugang haben.

AROHA RICH PLAIN (**Neuseeland,** Waikato)

Milch | Ziegenrohmilch
Größe | Durchmesser 12 cm; Höhe 6 cm
Gewicht | 800 g
Fettgehalt | 27 %

Karte S. 233

Auf der Farm, von der dieser Käse stammt, wird ökologische Landwirtschaft betrieben, deren Prinzipien auch auf diesen (Rohmilch-!)Käse Anwendung finden. Ein weiteres Anliegen ist das Wohlergehen der Tiere. Unter der beigeorangen Rinde des Aroha Rich Plain verbirgt sich ein homogener, feinporiger Teig mit weißen und bläulichen Reflexen. Am Gaumen offenbart der Teig eine dezent ziegige Note mit säuerlichen und milchigen Nuancen. Bei längerer Reifung wird dieser Käse natürlich markanter am Gaumen, behält aber trotzdem die sortentypische Frische.

ARZÚA-ULLOA (**Spanien,** Galizien)

g.U. seit 2010

Milch | Kuhmilch, roh oder pasteurisiert

Größe | Durchmesser 10–26 cm; Höhe 5–12 cm

Gewicht | Von 500 g bis 3,5 kg

Fettgehalt | 24 %

Karte S. 206–207

Ein Käse, der aus Milch von Kühen der Rassen *Braunvieh* und *Galizisches Blondvieh* hergestellt wird. Der Arzúa-Ulloa hat eine dünne, elastische, glänzend-glatte, hell- bis dunkelgelbe Rinde. Der Geruch lässt an Butter und Joghurt denken, mit Vanille- und Sahnenuancen und Anklängen von Dörrobst. Der Teig zeigt sich am Gaumen mild mit milchigen und leicht salzigen Noten. Ein gereifter Arzúa-Ulloa ist in der Nase und im Mund intensiver und schärfer, im Abgang macht sich eine Bitternote bemerkbar.

ASIAGO (**Italien,** Venetien)

g.U. seit 1996

Milch | Kuhrohmilch

Größe | Asiago *pressato*: Durchmesser 30–40 cm, Höhe 11–15 cm; Asiago *d'allevo*: Durchmesser 30–36 cm, Höhe 9–12 cm

Gewicht | Asiago *pressato*: 11–15 kg; Asiago *d'allevo*: 8–12 kg

Fettgehalt | 28 %

Karte S. 210–211

Man unterscheidet zwei Arten von Asiago: den Asiago *pressato* (frisch) und den Asiago *d'allevo* (gereift). Bei Ersterem sind Nase und Geschmack eher frisch, milchig und säuerlich. Der Zweitgenannte bietet am Gaumen buttrige und animalischere, manchmal scharfe Noten. Trotzdem bewahrt der Käse immer eine schöne Säure und ist frisch im Abgang.

BARELY BUZZED (**USA,** Utah)

Milch | Pasteurisierte Kuhmilch

Größe | Durchmesser 40 cm; Höhe 8 cm

Gewicht | 7 kg

Fettgehalt | 27 %

Karte S. 228–229

Dieser Käse wird mit einer Mischung aus Kaffeebohnen, Lavendel und Pflanzenöl affiniert! Diese Aromen teilen sich auch dem Teig mit; außerdem hat er, wie ein Salers (s. S. 138), eine fest-cremige Konsistenz.

BARGKASS (**Frankreich,** Grand Est)

Milch | Kuhrohmilch

Größe | Durchmesser 30 cm; Höhe 8 cm

Gewicht | 7–8 kg

Fettgehalt | 26 %

Karte S. 196–197

Wird auch Bergkäse oder Barikass genannt. Dieser Käse aus den Vogesen wird regelmäßig gebürstet und gewendet. Die Rinde weist Abdrücke von dem Tuch auf, in dem er geformt wurde. Der Teig ist fest, aber elastisch und mild-milchig im Geschmack.

BASLER (**Kanada,** Britisch-Kolumbien)

Milch | Pasteurisierte Kuhmilch

Größe | Durchmesser 30 cm; Höhe 10–13 cm

Gewicht | 5–6 kg

Fettgehalt | 27 %

Karte S. 228–229

Dieser Käse wird auf der Farm Golden Ears, die von den Schwestern Jenna und Emma betrieben wird, produziert. Die beiden stellen Artisanal-Käse her. Die Rinde des Baslers ist goldgelb und verströmt Aromen von Stall und Kräutern. Der Teig ist strohgelb mit elfenbeinfarbenem Kern. Am Gaumen dominieren buttrige, grasige und säuerliche Noten. Wird der Käse gut gepflegt, gewinnt er an Geschmack, ohne aber jemals derb oder scharf zu werden.

BEACON FELL TRADITIONAL LANCASHIRE CHEESE
(**Großbritannien,** England/Nordwestengland)

g. U. seit 1996

Milch | Pasteurisierte Kuhmilch

Gewicht | 5 kg oder 18–22 kg

Fettgehalt | 27 %

Karte S. 216–217

Als Heinrich II. König von England war, in den 1170er-Jahren, entstand dieser Käse. Der Beacon Fell Traditional Lancashire Cheese kann eine Naturrinde haben, aber auch bandagiert oder von Wachs umhüllt sein. Die Konsistenz ist halbfest, weich und buttrig. Am Gaumen entfaltet der cremige, üppige Teig Anklänge an Milch und frische Kräuter. In gereiftem Zustand wird er weich und streichfähig.

Elf Betriebe produzieren und affinieren derzeit diesen Käse; Anfang des 20. Jahrhunderts waren es noch mehr als 200!

BELLAVITANO GOLD (**USA,** Wisconsin)

Milch | Pasteurisierte Kuhmilch

Größe | Durchmesser 40 cm; Höhe 12 cm

Gewicht | 10 kg

Fettgehalt | 26 %

Karte S. 228–229

Dieser US-amerikanische Käse wird von den Sartoris produziert, einer Familie italienischen Ursprungs. Der Bellavitano Gold nahm von der World Dairy Expo 2013 den Titel »Grand Champion« mit nach Hause. Seine Konsistenz ähnelt der eines Parmesans, ist aber weniger körnig. Der Geschmack ist überwiegend buttrig und sahnig. Familie Sartori affiniert diesen Käse auch, zum Beispiel mit schwarzem Pfeffer, Merlot-Traubenkernen oder gemahlenen Kaffeebohnen.

BETHMALE (**Frankreich,** Okzitanien)

Milch | Kuhrohmilch

Größe | Durchmesser 25–40 cm; Höhe 8–10 cm

Gewicht | 3,5–6 kg

Fettgehalt | 26 %

Karte S. 202–203

Sehr alt ist er, dieser Käse: Die ersten schriftlichen Erwähnungen stammen aus dem 12. Jahrhundert. Auf einer Reise soll er König Ludwig VI., genannt der Dicke, in Saint-Girons serviert worden sein. Dieser Ort war einer von mehreren, in denen dieser Käse hergestellt wurde. Der Bethmale reift 2–6 Monate. Seine Rinde wird gebürstet und leicht mit klarem Wasser gewaschen, was ihr einen orange- bis rosafarbenen Ton verleiht. An der Nase verströmt er Aromen von feuchtem Keller. Der Teig ist löchrig, cremig und zartschmelzend, der Geschmack ist eher mild und milchig, mit Anklängen von Zucker und Salz. Nach längerer Reifezeit kann der Bethmale scharf sein.

BILLY THE KID (**Neuseeland,** Waikato)

Milch | Pasteurisierte Ziegenmilch

Größe | Durchmesser 12,5 cm; Höhe 7 cm

Gewicht | 1 kg

Fettgehalt | 30 %

Karte S. 233

Dieser kleine Schnittkäse wird von Mônica Senna Salerno (Brasilianerin italienischer Abstammung) und Jenny Oldham gemacht, zwei Wissenschaftlerinnen, die sich der Käserei verschrieben haben. Er hat Ähnlichkeit mit einigen italienischen Pecorinos, wird aber aus Ziegenmilch hergestellt. Seine Rinde ist körnig und spröde, zergeht jedoch mit anhaltenden ziegigen Noten auf der Zunge. Im Abgang sorgt die säuerliche Ziegenmilch für schöne Lebendigkeit.

BLACK SHEEP (**Neuseeland,** Waikato)

Milch | Pasteurisierte Schafmilch

Größe | Durchmesser 25 cm; Höhe 8 cm

Gewicht | 4 kg

Fettgehalt | 27 %

Karte S. 233

Er wird mit geräuchertem Paprikapulver affiniert, einem Gewürz, das man in der Nase und im Mund wiedererkennt. Der Teig zeigt sich am Gaumen fest und zartschmelzend. Dieser Käse bietet buttrige und leicht sahnige Noten sowie Anklänge an Dörrobst.

BOEREN-LEIDSE MET SLEUTELS (**Niederlande,** Südholland)

g. U. seit 1997

Milch | Kuhrohmilch

Gewicht | Mind. 3 kg

Fettgehalt | 28 %

Karte S. 218–219

Man erkennt diesen Käse an seiner ziegelroten Rinde, in die sein Name und das Leidener Stadtwappen, zwei gekreuzte Schlüssel *(sleutels)*, eingeprägt sind. Der Teig ist fest, körnig und von Kreuzkümmelsamen durchzogen. Die Rezeptur schreibt vor, dass auf 100 l Milch 75 g Kreuzkümmelsamen verwendet werden.

BOVŠKI SIR (**Slowenien,** Julische Alpen, Görz)

g. U. seit 2012

Milch | Schafrohmilch, gelegentlich zusammen mit Kuh- und/oder Ziegenrohmilch (höchstens 20 %)

Größe | Durchmesser 20–26 cm; Höhe 8–12 cm

Gewicht | 2,5–4,5 kg

Fettgehalt | 27 %

Karte S. 222–223

Die Milch für diesen Hartkäse stammt vom *Flitscher*-Schaf, einer in der Region Bovec heimischen Rasse. Dieser Flitscher-Käse hat eine graubraune bis hellbeige, recht glatte Rinde. Der Teig ist fest und elastisch. Je nach Reifedauer kann er kleine linsengroße Löcher aufweisen. Der Geschmack ist kräftig, mit Anklängen an Stall und einer Säure, der im Abgang leichte Schärfe folgen kann. Wenn dieser Käse mit Kuh- oder Ziegenmilch hergestellt wird, ist er etwas milder.

BRA (**Italien,** Piemont)

g. U. seit 1996

Milch | Kuhrohmilch, gelegentlich zusammen mit Schaf- und/oder Ziegenrohmilch (höchstens 20 %)

Größe | Durchmesser 30–40 cm; Höhe 6–10 cm

Gewicht | 6–9 kg

Fettgehalt | 28 %

Karte S. 210–211

Laut EU-Verordnung werden zwei Sorten unterschieden, der Bra Tenero (*tenero* = weich) und der Bra Duro (*duro* = hart). Der Bra Tenero zeigt sich am Gaumen aromatisch, mit blumigen und milchigen Noten. Die Rinde des Bra Duro darf mit Öl behandelt werden, um Schimmelbefall zu vermeiden. Dieser Käse ist im Geschmack kräftiger als der Bra Tenero.

BUFFALINA (**Kanada,** Ontario)

Milch | Pasteurisierte Büffelmilch

Fettgehalt | 24 %

Karte S. 230–231

Die Fifth Town Artisan Cheese Company, die den Buffalina herstellt, hält sich an die Prinzipien der ökologischen Landwirtschaft. Der Käse wird nach dem Rezept für niederländischen Gouda, jedoch aus Büffelmilch hergestellt. Unter seiner hellgelben Naturrinde verbirgt sich dichter, cremiger Teig, der seine Finesse der verwendeten Büffelmilch verdankt. Im Mund offenbart der Buffalina sahnige, buttrige und säuerliche Aromen. Im Abgang macht sich eine dezente Salznote bemerkbar.

CANESTRATO PUGLIESE (**Italien,** Apulien)

g. U. seit 1996

Milch | Schafrohmilch

Größe | Durchmesser 30–50 cm; Höhe 10–18 cm

Gewicht | 7–14 kg

Fettgehalt | 28 %

Karte S. 212–215

Seinen Namen verdankt dieser Käse aus Apulien den Binsenkörben, in denen der Bruch zum Käse heranreift, den *canestri di giunco.* Der Canestrato Pugliese wird von Dezember bis Mai gekäst, wenn die Schafherden von den Abruzzen auf die Winterweiden Apuliens zurückgekehrt sind. Der Teig dieses Käses ist kompakt und trocken und bietet anhaltende säuerliche Noten. Ein gereifter Canestrato Pugliese schmeckt pikant, ein junger ist etwas milder.

CANTAL (**Frankreich,** Auvergne-Rhône-Alpes)

AOC seit 1956

g.U. seit 1996

Milch | Kuhmilch, roh oder pasteurisiert

Größe | Großer Cantal: Durchmesser 36–42 cm, Höhe 40 cm; kleiner Cantal: Durchmesser 26–28 cm; Cantalet: Durchmesser 20–22 cm

Gewicht | Groß: 35–45 kg; klein: 15–20 kg; Cantalet: 8–10 kg

Fettgehalt | 22 %

Karte S. 202–203

Der Plomb du Cantal, die höchste Erhebung des Massivs der Monts du Cantal, hat diesem Käse zu dem Namen verholfen, den er bereits seit 1298 trägt. Doch bereits in der Antike wurde der Cantal erwähnt. So schrieb Plinius der Ältere, dass in Rom »der am meisten geschätzte Käse der des Landes von Gabalès und Gévaudan« sei. Heute wird der Käse auch Fourme de Cantal genannt. Das Reifestadium – jung, mittelalt, alt – kann auf dem Etikett angegeben werden. Die hellgraue Rinde des Cantals bietet milchige Noten und Anklänge von feuchtem Keller. Der elfenbein- bis strohgelbe Teig ist fest und schmelzend zugleich. Am Gaumen entfalten sich buttrige, haselnussartige, milchige und säuerliche Noten.

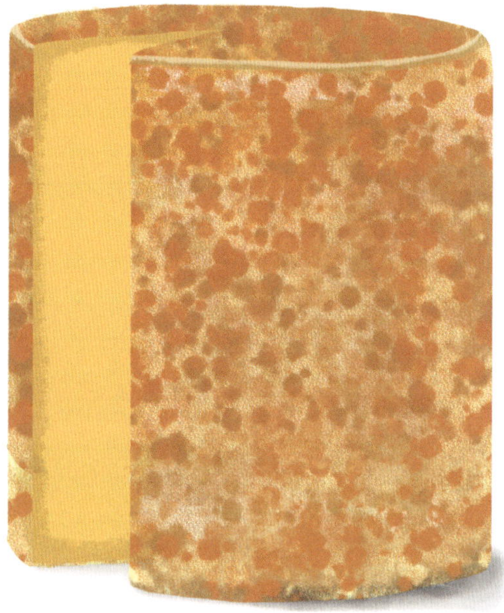

Jeder Cantal ist mit einem Aluminiumsiegel versehen, das die Herkunft des Käses belegt. Ein Beispiel: CA15ES (CA: Cantal; 15: Nummer des Départements, in dem er produziert wurde; ES: das Kürzel des Herstellers).

CASCIOTTA D'URBINO (**Italien,** Marken)

g.U. seit 1996

Milch | Schafrohmilch (70 %) und Ziegenrohmilch (30 %)

Größe | Durchmesser 12–16 cm; Höhe 5–7 cm

Gewicht | Von 800 g bis 1,2 kg

Fettgehalt | 27 %

Karte S. 212–213

In der italienischen Renaissance fand man den Casciotta d'Urbino, einen kaum gereiften Käse, oft auf den Tischen von Künstlern. Nach wie vor lässt man diesen Käse nicht lange reifen. Seine ecrufarbene bis strohgelbe Rinde ist sehr dünn. Am Gaumen dominieren vor allem süße, frische, milchige und leicht säuerliche Noten.

In den Marken heißt es, dies sei ein Lieblingskäse von Michelangelo und dessen Freund Francesco Amatori da Casteldurante gewesen.

CAUSSENARD oder LE CAUSSENARD (**Frankreich,** Okzitanien)

Milch | Pasteurisierte Schafmilch
Größe | Eckig: Länge 26,5 cm, Breite 11 cm, Höhe 9,5 cm; rund: Durchmesser 23 cm, Höhe 8 cm
Gewicht | Eckig: 2,9 kg; rund: 3,2 kg
Fettgehalt | 26 %

Karte S. 202–203

Diesen Käse gibt es in zwei Altersstufen: jung und gereift. Der junge Käse ist quaderförmig oder rund mit gerillter, beigebrauner Rinde, die stellenweise weißen Flaum aufweist. Der feste, aber schmelzende Teig ist elfenbeinfarben mit einigen strohgelben Reflexen. Am Gaumen zeigen sich buttrige, grasige, feinsäuerliche und haselnussartige Noten. Der gereifte Caussenard (Caussenard Grand Affinage) ist rund, die Rinde rau. Am Gaumen dominieren Anklänge von Heu und Stroh. Die säuerliche Note wird stärker, bleibt aber durchweg zurückhaltend.

CEBREIRO (**Spanien,** Galizien)

g.U. seit 2008

Milch | Pasteurisierte Kuhmilch
Größe | Fuß: Durchmesser unterschiedlich, Höhe 12 cm; Hut: Durchmesser 1- bis 2-mal größer als der Fuß, Höhe höchstens 3 cm
Gewicht | Von 300 g bis 2 kg
Fettgehalt | 25 %

Karte S. 206–207

Im 18. Jahrhundert wurden jedes Jahr zwei Dutzend Cebreiros als Geschenk an die Königin von Portugal geschickt.

Dieser Käse, der aussieht wie ein Pilz (oder eine Kochmütze), hat eine gleichmäßig getönte Rinde. Der Teig eines jungen Cebreiros ist weiß und schmelzend, schmeckt säuerlich und nach der Milch, aus der er gemacht wurde; der eines gereiften Cebreiros ist gelblich bis dunkelgelb und fest, manchmal sogar hart, und schmeckt typisch, leicht metallisch und pikant nach Milch.

CHAUMINE (**USA,** Oregon)

Milch | Ziegenrohmilch
Größe | Quadrat mit 20 cm Seitenlänge; Höhe 6 cm
Gewicht | 2,3 kg
Fettgehalt | 24 %

Karte S. 228–229

Er wird von einer französischen Käserin hergestellt, die in den Prärien und den Bergen aufwuchs. Der Name dieses halbfesten Käses geht auf das Haus ihrer Kindheit in den Savoyen zurück, das ein Strohdach hatte (französisch *chaume* = Stroh) und an das sie die Struktur der Rinde erinnert. Der Teig des Chaumines ist weiß, fest, etwas körnig und zergeht auf der Zunge. Dezente ziegige Noten sorgen für feine Säure und Frische.

CHEVROTIN (**Frankreich,** Auvergne-Rhône-Alpes)

AOC seit 2002 | g.U. seit 2005

Milch | Ziegenrohmilch
Größe | Durchmesser 9–12 cm; Höhe 3–4,5 cm
Gewicht | 250–350 g
Fettgehalt | 25 %

Karte S. 198–199

Den Chevrotin gibt es in den Alpen wohl seit dem 18. Jahrhundert. Er teilt sich die Region, in der er produziert wird, mit Rinderzüchtern und den Herstellern von Reblochon. Der hundertprozentige Fermier-Käse wird in Handarbeit hergestellt. Die braune bis rötliche Rinde des halbfesten Käses wird mit klarem Wasser gewaschen. Nach abgeschlossener Reifung ist sie mit einem feinen Flaum aus Milchschimmel *(Geotrichum candidum)* bedeckt. Der elfenbeinfarbene Teig ist geschmeidig mit vereinzelten kleinen Öffnungen. Am Gaumen dominieren ziegige, blumige und pflanzliche Noten, gelegentlich macht sich eine leichte Haselnussnote bemerkbar.

DANBO (**Dänemark**)

g.g.A. seit 2017

Milch | Pasteurisierte Kuhmilch
Fettgehalt | 28 %

Karte S. 220–221

Erfunden hat diesen Schnittkäse Rasmus Nielsen, damals Leiter der Molkerei Kirkeby auf der Insel Fünen, gegen Ende des 19. Jahrhunderts. Seine Erfindung war ungeheuer erfolgreich, sie wurde zur beliebtesten Käsesorte des Königreichs und zum weltweit bekanntesten dänischen Käse. Der Teig ist elfenbeinfarben bis hellgelb und weist viele erbsengroße Löcher auf. In der Nase zeigt er milchige, recht säuerliche Noten, die sich auch am Gaumen bemerkbar machen. Neben dem Standard-Danbo gibt es noch eine Variante, deren Teig Kümmel hinzugefügt wird.

DANCING FERN (**USA,** Tennessee)

Milch | Kuhrohmilch
Größe | Durchmesser 14 cm; Höhe 3 cm
Gewicht | 500 g
Fettgehalt | 24 %

Karte S. 228–229

Von der Sequatchie Cove Creamery, einer Farm, die zu 100 % mit Solarenergie betrieben wird, stammt dieser Käse. Nathan und Padgett Arnold, die Farmer, produzieren den Dancing Fern nach dem Prinzip des Reblochons, und tatsächlich hat er die gleiche sahnige, schmelzende Konsistenz. Am Gaumen scheinen Anklänge an frische Milch, Terroir, Waldboden und Shiitakepilz gemeinsam auf.

Die Farm, auf der dieser Käse produziert wird, arbeitet so nachhaltig wie irgend möglich.

EDAM HOLLAND (**Niederlande,** Nord- und Südholland)

g. g. A.
seit
2010

Milch | Pasteurisierte Kuhmilch
Gewicht | 1,5–20 kg
Fettgehalt | 28 %

Karte S. 218–219

Diesen Käse gibt es in sieben unterschiedlichen Formen – von der bekannten oben und unten abgeflachten Kugel über brotförmige Laibe bis hin zum 20 kg schweren Block. Im Gegensatz zum Edamer (der auch außerhalb der Niederlande hergestellt werden darf), hat der Edam Holland (g. U.) eine Naturrinde. Solange er jung ist, lässt sich sein Teig leicht schneiden, je länger er reift, desto mehr Wasser verliert der Teig und umso härter wird er. Der Geschmack des jungen Käses ist mild-milchig, der gereifte Käse bietet scharfe animalische Noten.

ESROM (**Dänemark**)

g. g. A.
seit
1996

Milch | Pasteurisierte Kuhmilch
Größe | Doppelt so lang wie breit; Höhe 3,5–7 cm
Gewicht | Von 1,3 bis 2 kg
Fettgehalt | 27 %

Karte S. 220–221

Vermutlich wurde dieser Käse bereits im 11. Jahrhundert im dänischen Kloster Esrom hergestellt. Nach jahrhundertelanger Pause begann man etwa 1930 wieder, in Dänemark einen Esrom (nach neuem Rezept) zu produzieren. Seine essbare Rinde ist von Rotschmierkulturen besiedelt, der hellgelbe Teig weist viele kleine Löcher auf. Der Geruch ist frisch und säuerlich, im Mund bietet der Esrom Anklänge an Milch und frische Butter.

FIORE SARDO (**Italien,** Sardinien)

g. U.
seit
1996

Milch | Schafrohmilch
Größe | Durchmesser 15–25 cm; Höhe 10–15 cm
Gewicht | 1,5–4 kg
Fettgehalt | 28 %

Karte S. 212–215

Er wird schon seit langer Zeit hergestellt, unter dem Namen Fiore Sardo (sardische Blume) allerdings erst seit dem Ende des 19. Jahrhunderts. Die derbe Rinde dieses geräucherten Hartkäses weist braune, schwarze oder ockergelbe Nuancen auf. In der Nase machen sich rauchige und schafmilchtypische Noten sowie Anklänge von Keller bemerkbar. Geschmacklich dominieren anhaltende animalische Noten und deutlich vernehmbare Schärfe.

FONTINA (**Italien,** Aostatal)

g. U. seit 1996

Milch | Kuhrohmilch
Größe | Durchmesser 35–45 cm; Höhe 7–10 cm
Gewicht | 7,5–12 kg
Fettgehalt | 28 %

Karte S. 210–211

Je nach Reifezeit hat dieser Käse eine hell- bis dunkelbraune Rinde. Darunter verbirgt sich ein elastischer, weicher, elfenbeinfarbener bis strohgelber Teig. Am Gaumen präsentiert sich der Käse mit feinen buttrigen, grasigen und säuerlichen Noten.

FORMAGGELLA DEL LUINESE (**Italien,** Lombardei)

g. U. seit 2011

Milch | Ziegenrohmilch
Größe | Durchmesser 13–15 cm; Höhe 4–6 cm
Gewicht | 700–900 g
Fettgehalt | 26 %

Karte S. 210–211

In der Gegend um Varese, zwischen Lago Maggiore und Comer See, stellte die Herstellung von Ziegenkäse einst eine wichtige Einkommensquelle dar – davon legen Dokumente aus dem 17. Jahrhundert Zeugnis ab. Der Formagella del Luinese hat eine natürliche Rinde, die vereinzelt Schimmelkolonien aufweisen kann. Der weiße, weiche, kompakte Teig dieses halbfesten Käses zergeht auf der Zunge. Am Gaumen offenbart er frische, ziegige Noten sowie säuerliche und grasige Nuancen.

FORMAGGIO D'ALPE TICINESE (**Schweiz,** Kanton Tessin)

AOC seit 1981 | g. U. seit 2002

Milch | Kuhrohmilch (mind. 70 %) und Ziegenrohmilch (höchstens 30 %)
Größe | Durchmesser 25–50 cm; Höhe 6–10 cm
Gewicht | 3–10 kg
Fettgehalt | 33 %

Karte S. 222–223

Die trockene, braungraue Rinde dieses Käses umschließt einen kräftig gelben, klein gelochten Teig. In der Nase machen sich buttrige und fruchtige Aromen bemerkbar. Am Gaumen bietet der reichhaltige, zartschmelzende Teig buttrige und dezent waldige Noten mit Anklängen an Trockenobst. Im Abgang ist der Formaggio d'Alpe Ticinese dank seiner grasigen Nuancen angenehm frisch.

FORMAGGIO DI FOSSA DI SOGLIANO (**Italien,** Emilia-Romagna, Marken)

Milch | Schaf- oder Kuhrohmilch (höchstens 80 %) und Schafrohmilch (mind. 20 %)

Gewicht | Von 500 g bis 1,9 kg

Fettgehalt | 28 %

Karte S. 210–213

Dieser Käse wurde bereits im Mittelalter hergestellt, einer Zeit, in der man begann, Käse in Tuffsteingruben reifen zu lassen (*fossa* = Grube).

Diese Gruben werden heute noch für die Affinage verwendet. Die Rinde des Formaggio di Fossa di Sogliano, die sich häufig fettig anfühlt, ist ungleichmäßig und kann kleine gelbe oder ockergelbe Schimmelkolonien aufweisen. Diese verändern den Käse nicht, sind aber Teil seiner Charakteristik. Der feste, eher bröckelige Teig kann bernstein- bis strohgelb sein. In der Nase dominieren Noten von Waldboden und Trüffel. Am Gaumen entfaltet sich ein einzigartiges Aroma, das im Abgang eine gewisse Schärfe zeigen kann.

FORMAI DE MUT DELL'ALTA VALLE BREMBANA (**Italien,** Lombardei)

Milch | Kuhrohmilch

Größe | Durchmesser 30–40 cm; Höhe 8–10 cm

Gewicht | 8–12 kg

Fettgehalt | 28 %

Karte S. 210–211

Ein großer Schnittkäse mit strohgelber Rinde (die bei zunehmender Reife zu Grau tendiert) und elfenbein- bis strohgelbem Teig. Am Gaumen sind dezente Anklänge an Butter, Sahne und Kräuter wahrnehmbar.

FUMAISON (**Frankreich,** Auvergne-Rhône-Alpes)

Milch | Schafrohmilch

Größe | Länge 27 cm; Breite 12 cm; Höhe 12 cm

Gewicht | 2 kg

Fettgehalt | 26 %

Karte S. 202–203

Patrick Beaumont, kreatives Multitalent mit Liebe zur Landwirtschaft, entwickelte den Fumaison im Jahr 1991 in Puy-Guillaume (Auvergne). Dieser geräucherte Käse mit schmelzendem Teig erinnert in Form (Block), Aussehen (verschnürt), Geruch (rauchig) und Geschmack (rauchig, waldig und säuerlich) an die *Jésus de Lyon*, eine regionale Wurstspezialität. Er eignet sich gut für eine Käseplatte oder ein besonderes Raclette.

GLARNER ALPKÄSE (**Schweiz,** Kanton Glarus)

g.U. seit 2013

Milch | Kuhrohmilch
Größe | Durchmesser 28–32 cm; Höhe 10–12 cm
Gewicht | 5–9 kg
Fettgehalt | 29 %

Karte S. 222–223

Der Teig dieses Käses ist zart und geschmeidig. In der Nase setzen sich pflanzliche, milchige und fruchtige Aromen gegen leichte Röstnoten durch. Am Gaumen machen sich Anklänge an Butter, Milch und Gras bemerkbar. Auch leicht salzige und säuerliche Nuancen können auftreten.

GOUDA HOLLAND (**Niederlande**)

g.g.A. seit 2010

Milch | Pasteurisierte Kuhmilch
Gewicht | 2,5–20 kg
Fettgehalt | 30 %

Karte S. 218–219

Bereits im Mittelalter erblickte der Gouda das Licht der Welt. Der Name Gouda ist nicht geschützt, daher kann Gouda überall hergestellt werden. Doch nur der Gouda Holland, der in den Niederlanden aus niederländischer Milch hergestellt werden muss, darf das g.g.A.-Siegel tragen. Der Teig des Gouda Holland kann Kreuzkümmel enthalten und ist, je nach Reifestadium, halbfest bis bröckelig und schmeckt mild buttrig bis salzig-karamellig. Bei sehr langer Reifung bilden sich Tyrosinkristalle, die häufig mit Salzkörnern verwechselt werden.

HAVARTI (**Dänemark**)

g.g.A. seit 2019

Milch | Pasteurisierte Kuhmilch
Fettgehalt | 28 %

Karte S. 220–221

Im Jahr 1921 schufen zwei Mitarbeiter der dänischen Molkereien Ruds Vedby und Hallebygård nach Anleitung durch den Schweizer G. Morgenthaler diesen Käse. Benannt wurde er nach Havartigården, dem Hof der in Dänemark sehr bekannten Käseproduzentin Hanne Nielsen. Die geschmierte oder ungeschmierte Rinde kann mit Paraffin überzogen sein. Der weiche, aber noch schnittfeste Teig ist weißlich, elfenbeinfarben oder gelblich und von kleinen Löchern durchzogen. Geschmacklich zeichnet sich der Käse durch säuerliche und milchige Noten aus, nach längerer Reifung entwickeln sich sahnige Nuancen. Gelegentlich kommt beim Havarti Dill oder Schnittlauch zum Einsatz.

HOLLANDSE GEITENKAAS (**Niederlande**)

g.g.A. seit 2015

Milch | Pasteurisierte Ziegenmilch
Gewicht | 1,5–20 kg
Fettgehalt | 30 %

Karte S. 218–219

Das fundierte Wissen um die Herstellung des Goudas hat Ende des 19. Jahrhunderts die Entstehung dieses Käses ermöglicht. Der Hollandse Geitenkaas darf auf natürliche Weise (wobei eine Naturrinde entsteht) oder in Folie (dann bildet sich keine Rinde) reifen. Der Teig dieses Käses ist zunächst geschmeidig und wird bei längerer Reifezeit zunehmend hart. Geschmacklich bietet der Käse dezente ziegige, frische und salzige Noten.

HOLSTEINER TILSITER (**Deutschland,** Schleswig-Holstein)

g.g.A. seit 2013

Milch | Kuhmilch, roh oder pasteurisiert
Gewicht | 3,5–5 kg
Fettgehalt | 30 %

Karte S. 218–219

Ende des 16. Jahrhunderts begann man in den Herzogtümern Schleswig und Holstein mit Milchwirtschaft in größerem Stil. Damals entstand mithilfe der aus den Niederlanden geflüchteten Käsern der schnittfeste Rotschmierkäse. Im Geschmack ist er, je nach Reifegrad, mild bis sehr scharf; der Teig darf mit Kümmel gewürzt sein.

HUSHÅLLSOST (**Schweden**)

g.t.S. seit 2004

Milch | pasteurisierte Kuhmilch
Größe | Durchmesser 10–13,5 cm; Höhe 10–15 cm
Gewicht | 1–2,5 kg
Fettgehalt | 26 %

Karte S. 220–221

Die erste schriftliche Erwähnung dieses halbfesten Käses findet sich in einem Dokument aus dem Jahr 1898. Der Hushållsost ist der beliebteste und meistgegessene Käse Schwedens (*hushåll* = Haushalt). Der relativ kleine, zylindrische Laib hat eine glatte Rinde, unter der sich ein geschmeidiger Teig mit gerstenkorngroßen Löchern verbirgt. Der Geschmack ist mild, fein säuerlich, rein und frisch.

IDIAZABAL (**Spanien,** Baskenland, Navarra)

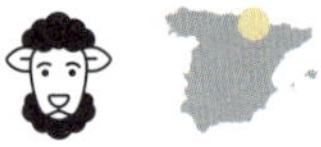

AOC seit 1987

g. U. seit 1996

Milch | Schafrohmilch

Größe | Durchmesser 10–30 cm; Höhe 8–12 cm

Gewicht | 1–3 kg

Fettgehalt | 24 %

Karte S. 206–207

Dies ist einer der seltenen Käse mit geschützter Ursprungsbezeichnung (g. U.), die über Ahorn- oder Buchenholz geräuchert werden dürfen. Die Rinde des Idiazabals ist zartgelb (bei der geräucherten Variante gelb bis bräunlich). Der Teig ist dicht, fest, zartschmelzend und körnig mit elfenbeinfarbenen bis strohgelben Reflexen. Am Gaumen präsentiert er sich ausdrucksstark mit angenehm anhaltenden grasigen, scharfen, säuerlichen und rauchigen Noten.

IMOKILLY REGATO (**Irland,** Munster)

g. U. seit 1999

Milch | Pasteurisierte Kuhmilch

Fettgehalt | 28 %

Karte S. 216–217

Seit den 1980er-Jahren hat sich die Menge der produzierten Imokilly-Regato-Käse fast verzehnfacht: Inzwischen werden jährlich 4000 Tonnen hergestellt. Man erkennt diesen Käse an seiner goldgelben, gerillten Rinde. Sein eher fester Teig ist strohgelb und offenbart Anklänge an Birne, Karamell und Butter. Am Gaumen präsentiert er sich nussig und sahnig, im Abgang macht sich Schärfe bemerkbar.

ISLE OF MULL (**Großbritannien,** Schottland/Strathclyde)

Milch | Kuhrohmilch

Größe | Durchmesser 32 cm; Höhe 25 cm

Gewicht | 25 kg

Fettgehalt | 27 %

Karte S. 216–217

Beim Isle of Mull handelt es sich um einen der ältesten Käse Schottlands. Äußerlich ähnelt er einem Fermier-Cheddar, geschmacklich zeichnet er sich jedoch durch salzige Noten sowie Anklänge an Getreide (insbesondere Gerste) und Kräuter aus. Der Teig ist fest, aber schmelzend und zeigt am Gaumen eine gewisse Körnigkeit. Der Isle of Mull wird auf die gleiche Art hergestellt wie Cantal, Salers oder Laguiole. Der Teig kann von Natur aus mit Blauschimmelkulturen besiedelt sein, die aber auf den Geschmack keinen Einfluss haben.

KALTBACH (**Schweiz,** Kantone Glarus, Luzern, Nidwalden, Obwalden, Schwyz, Uri, Zug)

Milch | Kuhrohmilch
Größe | Durchmesser 24 cm; Höhe 7 cm
Gewicht | 4 kg
Fettgehalt | 29 %

Karte S. 222–223

Reifen darf dieser Käse im Santenberg in einer Sandsteinhöhle von über 2 km Länge, in der gut 100 000 Laibe Platz finden, darunter auch Gruyère Suisse und Emmentaler. Die Laibe werden zur Affinage zur Höhle gebracht. Der Kaltenbach duftet nach Kräutern, Heu, Butter und Sahne. Am Gaumen bietet sein Teig unglaubliche Geschmeidigkeit und außergewöhnlichen Nachhall mit überwiegend sahnigen Nuancen.

KANTERKAAS (**Niederlande,** Friesland, Groningen)

g. U. seit 2000

Milch | Pasteurisierte Kuhmilch
Gewicht | 3–8,5 kg
Fettgehalt | 22 %

Karte S. 218–219

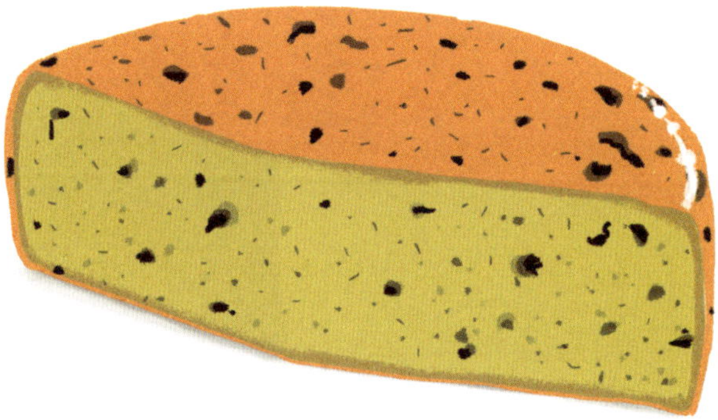

Ein Kanterkaas kann eine Naturrinde aufweisen oder mit einem gelben oder roten Überzug versehen sein. Im jungen Zustand ist sein Geschmack mild, bei zunehmender Alterung wird er schärfer und würziger. Mit Gewürznelken heißt dieser Käse Kanternagelkaas, mit Kreuzkümmel Kanterkomijnekaas.

KEFALOGRAVIERA (**Griechenland,** Mazedonien, Epirus, Westgriechenland)

g. U. seit 1996

Milch | Pasteurisierte Schafmilch oder pasteurisierte Schaf- und Ziegenmilch
Fettgehalt | 21 %

Karte S. 226–227

Dieser Hartkäse weist eine dünne, zartgelbe bis bräunliche Rinde auf. Der fein gelochte Teig verströmt milchige und säuerliche Aromen und schmeckt kräftig und salzig. Backt man diesen Käse in Olivenöl aus, kann er als Zutat für ein typisch griechisches Gericht, *saganaki,* dienen.

KLENOVECKÝ SYREC (**Slowakei,** Banská Bystrica, Košice)

g.g.A. seit 2015

Milch | Schaf- oder Kuhrohmilch

Größe | Durchmesser 10–25 cm; Höhe 8–12 cm

Gewicht | 1–4 kg

Fettgehalt | 27 %

Karte S. 224–225

Ein geprägter Kreis mit einem Kreuz oder einem vierblättrigen Kleeblatt schmückt die Rinde dieses Käses und belegt seine Echtheit. Die Rinde selbst kann goldgelb, grün oder mit Holzasche gefärbt sein. Wurde der Käse geräuchert, ist sie goldgelb bis goldbraun. Jung schmeckt der Käse mild-säuerlich, gereift zeigt er die Typizität der Schafmilch.

LADOTYRI MYTILINIS (**Griechenland,** Nördliche Ägäis)

g.U. seit 1996

Milch | Pasteurisierte Schafmilch oder pasteurisierte Schaf- und Ziegenmilch

Größe | Durchmesser 4–5 cm; Höhe 7–8 cm

Gewicht | Von 800 g bis 1,2 kg

Fettgehalt | 22 %

Karte S. 226–227

Dieser relativ kleine Hartkäse wird ausschließlich auf der Insel Lesbos produziert. Die Körbe, in die der Bruch zum Reifen gegeben wird, hinterlassen Abdrücke auf seiner Rinde. Der Teig ist fest, körnig und schmelzend und bietet säuerliche, salzige und schafige Noten. Nach der Reifung wird der Ladotyri Mytilinis entweder in Olivenöl eingelegt (traditionellerweise in Tongefäßen) oder mit einem Wachsüberzug versehen.

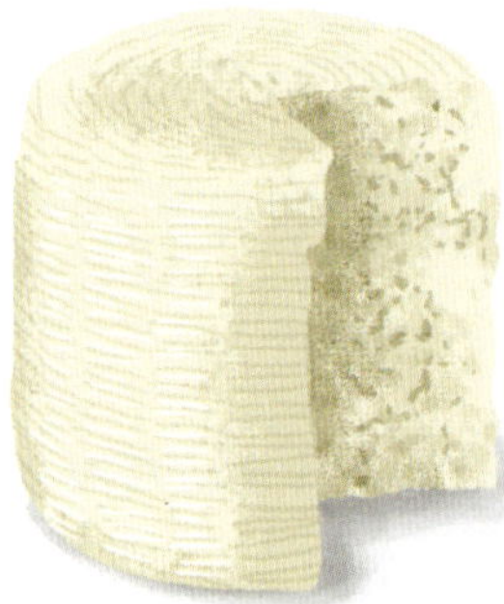

LAGUIOLE (**Frankreich,** Okzitanien)

AOC seit 1961

g.U. seit 1996

Milch | Kuhrohmilch

Größe | Durchmesser 40 cm; Höhe 30–40 cm

Gewicht | 25–50 kg

Fettgehalt | 29 %

Karte S. 202–203

Der Käse taucht bereits im 1. Jahrhundert in den Schriften Plinius' des Älteren auf. Früher wurde er nur im Sommer hergestellt, heute gibt es ihn ganzjährig, er wird in 800–1400 m Höhe produziert. Das derbe Aussehen und der deftige Geruch lassen nicht ahnen, dass das ein feiner Käse mit ausgeprägtem, aber mildem Geschmack ist. Der Teig ist schmelzend, fast fließend und bietet im Mund milchige, sahnige, buttrige und grasige Noten, Röstaromen und Anklänge an Dörrobst.

LAVORT (**Frankreich,** Auvergne-Rhône-Alpes)

Milch | Schafrohmilch

Größe | Durchmesser 20 cm; Höhe 12 cm

Gewicht | 2 kg

Fettgehalt | 27 %

Karte S. 202–203

Der Lavort entsprang 1988 der Fantasie von Patrick Beaumont, einem (inzwischen ehemaligen) Käsemacher, der auch den Fumaison (s. S. 109) erfand und eine Weile produzierte. Für diesen Käse holte sein Erfinder extra alte Kanonenkugelformen aus Spanien – daher die besondere Form. Die Rinde verströmt zwar Aromen von feuchtem Keller und Pilzen, doch der Teig ist zart und zartschmelzend, mit milchigen, säuerlichen und grasigen, fast zuckrigen Noten.

LILIPUTAS (**Litauen**)

g. g. A.
seit
2015

Milch | Pasteurisierte Kuhmilch

Größe | Durchmesser 7–8,5 cm; Höhe 7,5–13 cm

Gewicht | 400–700 g

Fettgehalt | 30 %

Karte S. 220–221

Ausschließlich in Belvederis, einem Dorf, das als historische Wiege der Milchspezialitäten Litauens gilt, wird dieser Käse produziert. Im Jahr 1921 wurde dort eine Landwirtschaftsschule gegründet, wo auch das Fach Milchwirtschaft unterrichtet wurde. Der Liliputas hat eine glatte Rinde, die nach der Reifung von einer Wachsschicht umhüllt wird. Der Teig ist elastisch, homogen und recht bissfest, manchmal weist er kleine, unregelmäßig verteilte Löcher auf. Er schmeckt frisch und säuerlich, kann allerdings auch salzige und scharfe Noten zeigen.

MAHÓN-MENORCA (**Spanien,** Balearen)

AOC
seit
1985

g. U.
seit
1996

Milch | Kuh- und Schafmilch (höchstens 5 %), roh oder pasteurisiert

Größe | Quadrat mit 20 cm Seitenlänge; Höhe 4–9 cm

Gewicht | Von 600 g bis 4 kg

Fettgehalt | 24 %

Karte S. 206–207

Ein brauner Block mit gelber bis gelblich-brauner, fettiger Rinde. Der Teig ist fest, glatt und elfenbeingelb, der Geschmack milchig und säuerlich mit eventuellen Anklängen an Maisstärke. Je länger der Käse reift, desto schärfer wird er.

MIMOLETTE (**Frankreich,** Hauts-de-France)

Milch | Kuhmilch, roh oder pasteurisiert

Größe | Durchmesser 20 cm; Höhe 15 cm

Gewicht | 2,5–4 kg

Fettgehalt | 27 %

Karte S. 196–197

Im 17. Jahrhundert war wegen des Kriegs die Einfuhr ausländischer Produkte nach Frankreich verboten. Die französischen Käser wurden aufgefordert, einen Käse wie den begehrten niederländischen Edamer herzustellen und diesen, damit man ihn als einheimisches Produkt erkennt, zu färben. Das machten die Niederländer bald nach und schufen ihren eigenen Mimolette (heute: Commissiekaas). Wichtigstes Unterscheidungsmerkmal: die Rinde. Die des französischen Mimolettes ist natürlich, rau und von Milben besiedelt, die des Commissiekaas hat einen Paraffinüberzug. Der Teig eines jungen (unter 6 Monate Reifezeit) oder mittelalten (6–12 Monate) Mimolettes ist glatt, geschmeidig und mild, der eines alten (12–18 Monate) oder sehr alten (mehr als 18 Monate) kann haselnussartige Aromen entwickeln, wird aber niemals scharf.

Der Mimolette, auch Boule de Lille (Kugel aus Lille) genannt, war der Lieblingskäse von Charles de Gaulle, der in Lille geboren wurde.

MONTASIO (**Italien,** Friaul-Julisch Venetien, Venetien)

AOC seit 1955

g.U. seit 1996

Milch | Kuhrohmilch

Größe | Durchmesser 27–35 cm; Höhe 8 cm

Gewicht | 5,5–8 kg

Fettgehalt | 29 %

Karte S. 210–211

Die ersten schriftlichen Erwähnungen dieses Käses stammen aus dem 13. Jahrhundert. Damals wurde der Montasio in der Abtei von Moggio von Benediktinermönchen hergestellt. Der Käse hat eine glatte, gleichmäßige Rinde, der kompakte, strohgelbe Teig weist zahlreiche Löcher auf. Bei einem jungen Montasio (Reifezeit mindestens 60 Tage) ist der Teig zartschmelzend, der Geschmack milchig. Bei längerer Reifezeit (bis über 18 Monate) wird er zunehmend trocken und körnig und bietet dann eher animalische und scharfe Noten.

MONTE VERONESE (**Italien,** Venetien)

g. U.
seit
1996

Milch | Kuhrohmilch
Größe | Durchmesser 25–35 cm; Höhe 6–11 cm
Gewicht | 6–10 kg
Fettgehalt | 29 %

Karte S. 210–211

Es gibt zwei Varianten des Monte Veronese (g.U.): *latte intero* (Vollmilch), die auf der Rinde ein grünes Etikett trägt, und *d'allevo* (gereift) mit einem blauen Etikett; Letzterer wird aus teilentrahmter Milch hergestellt. Seitlich tragen die Laibe die Prägung »Monte Veronese«. Der Monte Veronese Latte Intero ist der jüngere (er wird nach nur 25-tägiger Reifung aus dem Keller geholt) und schmeckt daher milder. In der Nase machen sich Anklänge an frische Butter und Joghurt bemerkbar. Der Teig ist elastisch und schmelzend, am Gaumen dominieren Nuancen von frischer Milch sowie grasige und säuerliche Noten. Der Monte Veronese d'Allevo reift mindestens 86 Tage. Sein Aussehen ist rustikaler als das seines jüngeren Bruders. In der Nase präsentiert er sich kräftiger, am Gaumen zeigen sich deutlich vernehmbare haselnussartige, buttrige und sahnige Noten, im Abgang sind Gewürznoten vernehmbar.

Den Monte Veronese gibt es schon sehr lange: Bereits im 1. Jahrhundert erscheint er in Venetien in Haushaltsbüchern. Der Käse war so angesehen, dass er als Tausch- und Zahlungsmittel diente.

MORBIER (**Frankreich,** Auvergne-Rhône-Alpes, Bourgogne-Franche-Comté)

AOC
seit
2000

g. U.
seit
2009

Milch | Kuhrohmilch
Größe | Durchmesser 30–40 cm; Höhe 5–8 cm
Gewicht | 5–8 kg
Fettgehalt | 22 %

Karte S. 198–199

Ursprünglich wurde der Morbier hergestellt, wenn die Milch für einen großen Comté-Laib nicht ausreichte. Die Produzenten legten zunächst die Abendmilch sauer und bestrichen den Bruch zum Schutz vor Insekten mit Ruß von den Milchkesseln, die über Holzfeuern hingen. Am nächsten Tag wurde die sauergelegte Morgenmilch daraufgegeben. Heute besteht der Morbier aus zwei Bruchlaiben, die aus der Milch eines Tages gekäst und aufeinandergesetzt werden. Der halbfeste Käse hat eine etwas klebrige Rinde und riecht leicht schwefelig. Der zartschmelzende Teig bietet Anklänge an Milch, Karamell, Vanille und Obst.

Der berühmte dunkle Streifen ist kein Schimmel, sondern Holzasche. Sie wird von Hand auf einen der beiden Bruchlaibe aufgetragen, auf den man danach einen weiteren Laib und den Käse so zum Morbier zusammensetzt.

NANOŠKI SIR (**Slowenien,** Vipava-Tal, Görz)

g.U. seit 2011

Milch | Pasteurisierte Kuhmilch

Größe | Durchmesser 32–34 cm; Höhe 7–12 cm

Gewicht | 8–11 kg

Fettgehalt | 23 %

Karte S. 222–223

Die Herstellung dieses Käses auf der Nanos-Hochebene ist seit dem 16. Jahrhundert belegt. Die Rinde des Nanoški Sir ist gelb mit einer leichten Nuance von Ziegelrot bis Braun, der elastische, glatte und feste Teig präsentiert sich nach dem Anschnitt intensiv gelb. Der Geschmack ist leicht pikant und angenehm salzig.

NOORD-HOLLANDSE EDAMMER (**Niederlande,** Nordholland)

g.U. seit 1996

Milch | Pasteurisierte Kuhmilch

Gewicht | 1,7–1,9 kg

Fettgehalt | 28 %

Karte S. 218–219

Edamer Käse ist weltbekannt. Eine geschützte Ursprungsbezeichnung (g. U.) hat aber allein der Noord-Hollandse Edammer, der nur aus in Nordholland gewonnener Milch hergestellt werden darf; sie zeichnet sich durch weiches, wohlschmeckendes Milchfett aus, das dem Teig Geschmeidigkeit und Anklänge an frische Milch und Süßrahmbutter verleiht. Für den Export bekommt der Käse einen Paraffinüberzug.

NOORD-HOLLANDSE GOUDA (**Niederlande,** Nordholland)

g.U. seit 1996

Milch | Pasteurisierte Kuhmilch

Gewicht | 2,5–30 kg

Fettgehalt | 28 %

Karte S. 218–219

Seit dem 16. Jahrhundert wird Gouda auch in Nordholland hergestellt. Noch heute findet von Frühjahr bis Herbst freitags der Käsemarkt in Alkmaar statt, wo der Käse per Handschlag verkauft, dann gewogen und bezahlt wird. Der Noord-Hollandse Gouda (g. U.) darf nur aus der Milch von Kühen, die auf nordholländischem Gebiet weiden, hergestellt werden. Seine Rinde umhüllt ein Paraffinüberzug. Je länger der Käse reift, desto fester wird der Teig. Im Alter bildet er Tyrosinkristalle aus, und sein Geschmack ist nicht mehr mild, sondern pikant, haselnussartig und leicht süß.

NOSTRANO DI VALTROMPIA (**Italien**, Lombardei)

Milch | Kuhrohmilch

Größe | Durchmesser 30–45 cm; Höhe 8–12 cm

Gewicht | 8–18 kg

Fettgehalt | 28 %

Karte S. 210–211

Die harte, geölte Rinde dieses mit Safran veredelten Käses ist gelbraun bis rötlich. Der strohgelbe, zu Gelbgrün tendierende Teig ist hart, aber nicht übermäßig körnig. Am Gaumen präsentiert er sich voll und intensiv mit feiner Safrannote, schmeckt aber niemals säuerlich. Nach langer Reifezeit machen sich scharf-pikante Nuancen bemerkbar.

OLD GRIZZLY (**Kanada,** Alberta)

Milch | Pasteurisierte Kuhmilch

Größe | Durchmesser 36 cm; Höhe 10 cm

Gewicht | 10 kg

Fettgehalt | 26 %

Karte S. 228–229

Im Jahr 1995 zog die niederländische Familie Schalkwyk nach Kanada und begann, Gouda zu produzieren. Der harte, extra lange gereifte Old Grizzly schmeckt kräftig-pikant mit Anklängen an Dörrobst und Crème fraîche.

ORKNEY SCOTTISH ISLAND CHEDDAR
(**Großbritannien,** Schottland/ Strathclyde)

Milch | Pasteurisierte Kuhmilch

Gewicht | 20 kg

Fettgehalt | 33 %

Karte S. 216–217

Er wird in drei Reifestufen angeboten: mittel (6–12 Monate gereift), kräftig (12–15 Monate) und extra kräftig (15–18 Monate). Wie es für britische Cheddars typisch ist, bietet dieser Käse mehr oder weniger säuerliche, haselnussartige und gewürzartige Geschmacksnuancen.

OSCYPEK (**Polen,** Schlesien)

g.U. seit 2008

Milch | Schafrohmilch oder Schaf- und Kuhrohmilch

Größe | Durchmesser 6–10 cm; Länge 17–23 cm

Gewicht | 600–800 g

Fettgehalt | 31 %

Karte S. 224–225

Sein Name leitet sich vom Verb *oszczypywać,* »zerkleinern«, ab, das sich auf das Zerkleinern der Dickete bezieht, und von dem Wort *oszczypek,* »kleine Lanze«, eine Anspielung auf die Form dieses Käses. Der Oscypek wird nur von Mai bis September produziert. Seine glänzende Rinde ist strohgelb bis hellbraun, weil der Käse nach der Trocknung geräuchert wird. Der cremefarbene, manchmal fast weiße Teig ist fest und schmelzend. Am Gaumen offenbart er rauchige, animalische und saure Noten.

OSSAU-IRATY (**Frankreich,** Nouvelle-Aquitaine)

AOC seit 1980

g.U. seit 1996

Milch | Schafmilch, roh oder pasteurisiert

Größe | Durchmesser 18–28 cm; Höhe 7–15 cm

Gewicht | 2–7 kg

Fettgehalt | 30 %

Karte S. 202–203

Der Käse stammt aus dem französischen Baskenland und dem Béarn. In diesen Regionen wird seit dem Mittelalter Schafskäse hergestellt. Notarielle Urkunden aus dem 14. Jahrhundert belegen, dass mit dem Käse Pachten bezahlt wurden. Seinen Namen verdankt der Ossau-Iraty dem im Béarn gelegenen Tal von Ossau und dem Iraty-Massiv im Baskenland. Bis 1996 hieß der Käse übrigens Ossau-Iraty-Brebis Pyrénées. Vom Ossau-Iraty gibt es drei Versionen: *Laitier,* erkennbar an einem in die Rinde geprägten Schafkopf im Profil, *Fermier* (ein Schafkopf von vorn) und *Fermier d'Estive* (ein Schafkopf von vorn und ein Berg mit einem Edelweiß darin). Je nach Typ des Ossau-Iratys kann die Rinde gelborange bis hellgrau sein. In der Nase dominieren Ankänge von frischen Kräutern, Heu und Butter. Der feste, üppige Teig zergeht auf der Zunge und setzt dabei am Gaumen animalische und milchige Noten sowie Röstaromen frei.

Der Petit Ossau-Iraty Esquirrou von Michel Touyarou wurde auf einer Veranstaltung in den USA 2018 zum besten Käse der Welt gekürt. 3400 Käse nahmen an diesem Wettbewerb teil.

OSSOLANO (**Italien,** Piemont)

g.U. seit 2017

Milch | Kuhrohmilch
Größe | Durchmesser 29–32 cm; Höhe 6–9 cm
Gewicht | 5–7 kg
Fettgehalt | 28 %

Karte S. 210–211

Dieser Bergkäse kommt in zwei Varianten daher, als Ossolano und als Ossolano d'Alpe. Der Letztgenannte wird im Sommer auf Almen in über 1400 m Höhe gekäst und ist an einem braunen Etikett zu erkennen; der Ossolano trägt ein grünes Etikett. Bei beiden Käsen ist der Teig hell- bis strohgelb und von cremiger Konsistenz. In der Nase offenbart er zarte blumige und nussige Noten. Der Geschmack ist vollmundig, mit Anklängen an Blumen, Gras, Vanille und rote Früchte wie Johannisbeeren.

OVČÍ SALAŠNÍCKY ÚDENÝ SYR (**Slowakei**)

g.t.S. seit 2010

Milch | Schafrohmilch
Gewicht | Von 100 g bis 1 kg
Fettgehalt | 28 %

Karte S. 224–225

Eine typisch slowakische Schafmilchspezialität. Ungewöhnlich ist die Form dieses ausschließlich im Sommer produzierten geräucherten Käses – Brocken, Halbkugeln, Tiere, Herzen … vieles ist möglich. Die Rinde ist trocken, fest und makellos bis auf kleine Räucherflecken, der milde Teig fest mit kleinen Löchern oder auch Rissen. In der Nase und am Gaumen machen sich rauchige und säuerliche Noten bemerkbar.

PECORINO CROTONESE (**Italien,** Kalabrien)

g.U. seit 2014

Milch | Schafmilch, roh, thermisiert oder pasteurisiert
Größe | Durchmesser 10–30 cm; Höhe 6–20 cm
Gewicht | Von 500 g bis 10 kg
Fettgehalt | 28 %

Karte S. 214–215

Aus dem Reifekeller kommt dieser Käse in unterschiedlichen Stadien: *fresco* (frisch), *semiduro* (halbfest) und *stagionato* (mehr als 6 Monate gereift). Dementsprechend variiert die Farbe der Rinde von Weiß über Strohgelb bis Braun. In der Nase zeigt er Schafmilchnoten sowie Anklänge an Heu, Kräuter und Nüsse. Der zartschmelzende Teig präsentiert sich am Gaumen, je nach Reifestadium, mild, kräftig oder scharf. Der Käse wird gelegentlich mit Olivenöl eingerieben, was die Rinde weicher machen und die Geschmacksentwicklung des Teigs fördern soll.

PECORINO DELLE BALZE VOLTERRANE (**Italien,** Toskana)

g.U. seit 2015

Milch | Schafrohmilch

Größe | Durchmesser 10–20 cm; Höhe 5–15 cm

Gewicht | Von 600 g bis 7 kg

Fettgehalt | 28 %

Karte S. 212–213

Die Milch für diesen Pecorino wird mit einem Auszug aus den Blüten der Spanischen Artischocke (Cardy) dickgelegt und ist daher für Vegetarier geeignet. Den Käse gibt es in vier Reifestufen: *fresco* (6 Wochen), *semistagionato* (6 Wochen bis 6 Monate), *stagionato* (6–12 Monate) und *da asserbo* (über 1 Jahr). Je nach Alter des Käses ist die Rinde strohgelb bis leuchtend gelb, wurde sie mit Olivenöl und Asche behandelt *(da asserbo)*, grau. Der Teig ist zunächst weiß und wird mit zunehmendem Alter des Käses strohgelb. In der Nase sind Milch, Kräuter und Blumen vernehmbar. Beim ersten Kosten schmeckt der Käse mild und milchig, im Abgang ist er umso pikanter, je älter er ist.

PECORINO DI FILIANO (**Italien,** Basilikata)

g.U. seit 2007

Milch | Schafrohmilch

Größe | Durchmesser 15–30 cm; Höhe 8 cm–18 cm

Gewicht | 2,5–5 kg

Größe | 28 %

Karte S. 212–215

Auf der Rindes dieses Hartkäses sieht man Abdrücke, die der Korb, in dem er mindestens 180 Tage gereift ist, hinterlassen hat. Die Rinde ist goldgelb bis, bei sehr reifen Käsen, dunkelbraun und wird mit Olivenöl und Weinessig behandelt. Der Teig ist fest und trocken. Am Gaumen zeigt er sich mild und milchig, nach längerer Reifung animalisch und scharf.

PECORINO DI PICINISCO (**Italien,** Abruzzen)

g.U. seit 2013

Milch | Schafrohmilch oder Schaf- und Ziegenrohmilch (höchstens 25 %)

Größe | Durchmesser 12–25 cm; Höhe 7–12 cm

Gewicht | Von 500 g bis 2 kg

Fettgehalt | 29 %

Karte S. 212–213

Es gibt von diesem Käse zwei Typen: den *scamociato* (30–60 Tage gereift) und den *stagionato* (länger als 90 Tage gereift). Die Rinde ist dünn und runzelig, der Teig weist kleine Löcher auf. Der *scamociato* schmeckt süß und leicht nach Bergweidekräutern, der *stagionato* würzig und gehaltvoll mit ausgeprägten Noten dieser Kräuter; bei zunehmendem Reifegrad kann eine gewisse Schärfe vorhanden sein.

PECORINO ROMANO (**Italien,** Latium, Sardinien, Toskana)

g. U. seit 1996

Milch | Schafrohmilch
Größe | Durchmesser 25–35 cm; Höhe 25–40 cm
Gewicht | 25–35 kg
Fettgehalt | 28 %

Karte S. 212–215

Vergil, ein römischer Dichter des 1. Jahrhunderts v. Chr., berichtet in seiner *Aeneis*, dass täglich 27 g Pecorino Romano an die römischen Soldaten verteilt wurden, damit sie genügend Energie für ihre Eroberungszüge hatten. Auch wenn der Name es vermuten lässt: Dieser Käse wird nicht ausschließlich im Latium hergestellt, sondern auch auf Sardinien und in der Toskana. Seine weiße Rinde kann einen schwarzen Schutzüberzug tragen. Der feste, körnige Teig riecht und schmeckt nach Heu, Stall und Gewürzen.

PECORINO SARDO (**Italien,** Sardinien)

AOC seit 1991 | **g. U.** seit 1996

Milch | Schafrohmilch
Größe | Durchmesser 15–22 cm; Höhe 8–13 cm
Gewicht | 1–4 kg
Fettgehalt | 28 %

Karte S. 212–215

Den Pecorino Sardo gibt es in zwei Arten, *dolce* (jung, 20–60 Tage gereift) und *maturo* (mindestens 2 Monate gereift). Die weiße bis zartgelbe Rinde des jungen Käses ist glatt und weich, der Teig fest, aber elastisch und kann kleine Löcher aufweisen. Der Geschmack ist frisch mit milchigen und säuerlichen Noten. Der Pecorino Sardo Maturo hat eine glatte, feste, hellstrohgelbe Rinde, mit zunehmendem Alter des Käses wird sie braun. Der weiße, zunächst elastische Teig kann sich zu einem harten, gelegentlich körnigen entwickeln. Der Geschmack ist charaktervoll und angenehm würzig.

PECORINO SICILIANO (**Italien,** Sizilien)

AOC seit 1955 | **g. U.** seit 1996

Milch | Schafrohmilch
Größe | Durchmesser 20–26 cm; Höhe 10–18 cm
Gewicht | 4–12 kg
Fettgehalt | 31 %

Karte S. 214–215

Angeblich wird dieser Käse bereits von Homer in der Odyssee erwähnt. Er wird von Oktober bis Juni hergestellt – was nicht bedeutet, dass er nicht das ganze Jahr über verfügbar ist; schließlich hat er eine Reifezeit von mindestens 4 Monaten. Genau wie viele andere Pecorinos besitzt der Pecorino Siciliano eine glänzende Rinde mit Streifen, die vom Korb herrühren, in dem er gereift ist. Der Teig ist kompakt und bröckelig. In der Nase machen sich Stallaromen bemerkbar. Am Gaumen zeigt sich der Käse charaktervoll und pikant.

PECORINO TOSCANO (**Italien,** Latium, Umbrien, Toskana)

g.U. seit 1996

Milch | Schafmilch, roh oder pasteurisiert

Größe | Durchmesser 15–22 cm; Höhe 7–11 cm

Gewicht | Von 750 g bis 3,5 kg

Fettgehalt | 29 %

Karte S. 212–213

Bereits Plinius der Ältere beschrieb diesen Käse. Wie der Name sagt, stammt der Pecorino Toscano (auch *cacio* genannt) aus der Toskana, doch inzwischen wird er auch in Umbrien und im Latium hergestellt. Um Schimmelbefall vorzubeugen, wird die gelbe bis dunkel- oder auch goldgelbe Rinde mit Olivenöl eingerieben. Der Teig ist weißlich, später beige und, je nach Alter des Käses, weich, evtl. mit kleinen Löchern, oder hart. Geschmacklich kann der Käse, abhängig vom Reifegrad, Anklänge von Milch, Heu, Dörrobst und Gewürzen zeigen.

PHÉBUS (**Frankreich,** Okzitanien)

Milch | Kuhrohmilch

Größe | Durchmesser 22 cm; Höhe 7 cm

Gewicht | 2,7 kg

Fettgehalt | 26 %

Karte S. 202–203

Dieser Kuhmilchkäse wird vom Ehepaar Garros, das auch den Cupidon (Schafmilch; s. S. 83) und den Petit Fiancé des Pyrénées (Ziegenmilch; s. S. 90) herstellt, produziert. Der Käse trägt seinen Namen zu Ehren von Gaston III. Phébus, Graf von Foix, einer illustren Persönlichkeit des Mittelalters, der in den Pyrenäen ausgedehnte Ländereien besaß. Die rosa- oder orangefarbene Rinde des Käses kann einige weißliche Beläge aufweisen. Der Teig ist weich, schmelzend und sahnig. In der Nase dominiert frische Milch mit Anklängen von Kräutern und Heu. Den Gaumen umschmeichelt der Phébus mit fruchtigen, säuerlichen und milchigen Noten. Er ist recht hitzebeständig, deshalb kann man ihn als Raclettekäse verwenden.

PIACENTINU ENNESE (**Italien,** Sizilien)

g.U. seit 2011

Milch | Schafrohmilch

Größe | Durchmesser 20–21 cm; Höhe 14–15 cm

Gewicht | 3,5–4,5 kg

Fettgehalt | 29 %

Karte S. 214–215

Sein Name geht auf das sizilianische Wort *piacenti* zurück, das »angenehm« bedeutet. Schriften belegen, dass es diesen Käse bereits seit dem 12. Jahrhundert gibt. Die mehr oder weniger intensiv gelbe Farbe der Rinde verdankt er sizilianischem Safran im Teig, der zudem mit schwarzen Pfefferkörnern durchsetzt ist. Beide Gewürze verleihen diesem leicht würzigen Käse seinen typischen Geschmack.

PIAVE (**Italien,** Venetien)

g. U. seit 2010

Milch | Kuhrohmilch
Größe | Durchmesser 27,5–34 cm; Höhe 6–10 cm
Gewicht | 6–10 kg
Fettgehalt | 20–35 %

Karte S. 210–211

Diesen Käse gibt es in fünf Reifegraden: *fresco* (20–60 Tage gereift), *mezzano* (60–180 Tage), *vecchio* (länger als 6 Monate), *vecchio selezione oro* (länger als 12 Monate), *vecchio riserva* (länger als 18 Monate). Dementsprechend variieren Größe, Gewicht und Fettgehalt. Die Typen Fresco und Mezzano sind am Gaumen eher mild, frisch und milchig. Die Rinde ist hell, der weißliche Teig homogen. Bei den gereifteren Typen entwickeln sich zunehmend buttrige, sahnige, fast süße Noten, und der Käse schmeckt würzig, ohne scharf zu sein. Was den Teig angeht, so wird er mit zunehmender Reife trockener und körnig, die Farbe spielt ins Strohgelbe bis Hellbraune.

PITCHOUNET (**Frankreich,** Okzitanien)

Milch | Schafrohmilch
Größe | Durchmesser 9–10 cm; Höhe 6–7 cm
Gewicht | 380 g
Fettgehalt | 28 %

Karte S. 202–203

Die Familie Seguin, die den Recuite de l'Aveyron (s. S. 54) und den Bleu de Séverac (s. S. 169) produziert, ist auch Schöpfer des Pitchounets (provençalisch für »kleines Kind«), eines Käses von außergewöhnlicher Finesse. Am Gaumen zeigt er Anklänge an frische Milch, gemähtes Gras und Heu. Im Abgang machen sich leichte Bitter- und Pilznoten bemerkbar.

PRINZ VON DÄNEMARK (**Dänemark,** Jütland)

Milch | Pasteurisierte Kuhmilch
Größe | Durchmesser 32 cm; Höhe 7,5 cm
Gewicht | 6,8 kg
Fettgehalt | 26 %

Karte S. 220–221

Dieser Käse wird in Jütland exklusiv für das Hamburger Käselager produziert. Unter einem schwarzen Wachsüberzug verbirgt sich elfenbeifarbener Teig. In der Nase dominieren milchig-würzige Noten. Die Farbe des Teigs lässt vielleicht erwarten, dass es sich um einen milden Käse handelt, aber weit gefehlt: Zunächst schmeckt der Käse zwar frisch und säuerlich, doch dann entwickeln sich animalische Noten mit feiner Säure, und im Abgang ist der Käse pikant und aromatisch.

PUZZONE DI MOENA/SPRETZ TZAORÌ (**Italien,** Trentino-Südtirol)

g. U. seit 2013

Milch | Kuhrohmilch

Größe | Durchmesser 34–42 cm; Höhe 9–12 cm

Gewicht | 9–13 kg

Fettgehalt | 28 %

Karte S. 210–211

Zwei Namen (italienisch und ladinisch), aber nur ein Käse. Er hat eine gelbe bis rötliche, glatte und cremige Rinde, die auch braune oder beige Nuancen zeigen kann. Dank des Waschens mit lauwarmem Salzwasser präsentiert er sich in der Nase mit kräftigen, ammoniakartigen Noten. Der Teig ist weich und elastisch, mit elfenbeinfarbenen oder hellgelben Reflexen. Am Gaumen zeigen sich Intensität und leichte Schärfe mit einer gewissen Salzigkeit.

PYENGANA CHEDDAR (**Australien,** Tasmanien)

Milch | Pasteurisierte Kuhmilch

Fettgehalt | 27 %

Karte S. 232–233

Pyengana ist ein Wort aus der Sprache der Aborigines und bedeutet »wo Flüsse sich treffen«. Die vierte Generation der Familie Healey hält, wie die vorangegangenen, Rinder, ist aber die erste, die Käse herstellt (seit 1992). Die Konsistenz der Pyengana Cheddars ist körnig und schmelzend. Je nach Reifestadium schmecken sie frisch und säuerlich bis komplex-nussig, der Nachgeschmack ist anhaltend und ausgewogen.

QUEIJOS DA BEIRA BAIXA (**Portugal,** Mitte)

g. U. seit 1996

Milch | Schaf- und/oder Ziegenrohmilch

Größe | Durchmesser 9–13 cm; Höhe 6 cm

Gewicht | Von 500 g bis 1 kg

Fettgehalt | 29 %

Karte S. 208–209

Hier handelt es sich um eine Gruppe von Käsen mit geschützter Ursprungsbezeichnung: Queijo de Castelo Branco, Queijo Amarelo da Beira Baixa und Queijo Picante da Beira Baixa. Am Gaumen machen sich säuerlich-milchige (Beira Baixa, Amarelo, Castelo Branco) oder anhaltende, gewürzartige Aromen (Picante) bemerkbar.

QUEIJO DE CABRA TRANSMONTANO (**Portugal,** Nordportugal)

g. U.
seit
1996

Milch | Ziegenrohmilch

Größe | Durchmesser 6–19 cm; Höhe 3–6 cm

Gewicht | 250–900 g

Fettgehalt | 29 %

Karte S. 208–209

Dieser Hartkäse wird ausschließlich aus der Milch von Ziegen der Rasse *Serrana* hergestellt. Seine weiße Rinde ist hart und glatt. Gelegentlich wird sie mit einer Mischung aus Olivenöl und Paprikapulver eingerieben, was ihr eine rötliche Tönung verleiht. Der weißliche Teig weist einige unregelmäßige Löcher auf. In der Nase präsentiert sich der Käse mit dominanten Anklängen an frisches Gras und Sahne. Im Mund zeigt er sich kräftig mit animalischen Noten und einer leichten Schärfe im Abgang.

QUEIJO DE ÉVORA (**Portugal,** Alentejo)

g. U.
seit
1996

Milch | Schafrohmilch

Größe | Durchmesser 6 cm; Höhe 2–3 cm

Gewicht | 100–150 g

Fettgehalt | 28 %

Karte S. 208–209

Weil die Milch für diesen Käse – wie für den Queijo de Nisa – mit Auszügen aus den Blüten einer Distelart dickgelegt wird, ist er auch für Vegetarier geeignet. Die hell- bis goldgelbe Rinde umschließt einen festen oder halbfesten Teig. In der Nase verströmt der Queijo de Évora Aromen von Keller und Stall, am Gaumen ist er kräftig, salzig und scharf mit deutlichen Stallnoten.

QUEIJO DE NISA (**Portugal,** Alentejo)

g. U.
seit
1996

Milch | Schafrohmilch

Gewicht | Von 200 g bis 1,3 kg

Fettgehalt | 28 %

Karte S. 208–209

Ein Käse, für den pflanzliche Gerinnungsenzyme (gewonnen aus einer Distelart) verwendet werden. Die Milch stammt von Schafen der lokalen Rasse *Merina branca*. Die Farbe seiner Rinde variiert von Mattweiß bis Goldgelb, sein Teig ist feinporig und halbfest. Am Gaumen zeigt er sich charaktervoll mit grasigen, säuerlichen und animalischen Noten, im Abgang kann sich Schärfe bemerkbar machen.

QUEIJO DO PICO (**Portugal**, Azoren)

g.U.
seit
1998

Milch | Kuhrohmilch
Größe | Durchmesser 16–17 cm; Höhe 2–3 cm
Gewicht | 650–800 g
Fettgehalt | 25 %

Karte S. 208–209

Schon seit sehr langer Zeit hält man auf der Ilha do Pico, die zu den Azoren vor der Küste Portugals gehört, Kühe und stellt Käse her. (Auf dem Festland wird Käse überwiegend aus Schaf- und/oder Ziegenmilch gemacht.) Die gelbe Rinde des Queijo do Pico ist klebrig und weich, der Teig sehr cremig, aber doch fest. In der Nase dominiert das Aroma von Kuhmilch, gepaart mit einer leichten Säure. Am Gaumen offenbart der Käse salzige und intensive animalische Noten.

QUEIJO MESTIÇO DE TOLOSA (**Portugal**, Alentejo)

g.g.A.
seit
2000

Milch | Schaf- und Ziegenrohmilch
Größe | Durchmesser 7–10 cm; Höhe 3–4 cm
Gewicht | 150–400 g
Fettgehalt | 29 %

Karte S. 208–209

Beim Queijo Mestiço de Tolosa handelt es sich um einen halbfesten Käse mit ockergelber bis orangefarbener Rinde; der gleichmäßig gelbe bis orangefarbene Teig kann kleinere Löcher aufweisen. Zur Dicklegung der Milch wird Lab oder ein Auszug aus einer Distelart *(Cynara cardunculus)* verwendet. Der Käse zeichnet sich durch einen klaren, scharfen und pikanten Geschmack aus, ist aber trotzdem frisch im Abgang, was der für Ziegenmilch typischen Säure zu verdanken ist.

QUEIJO RABAÇAL (**Portugal**, Mitte)

g.U.
seit
1996

Milch | Schafrohmilch und/oder Ziegenrohmilch
Größe | Durchmesser 10–20 cm; Höhe 4 cm
Gewicht | 300–500 g
Fettgehalt | 28 %

Karte S. 208–209

Dieser kleine Käse ist, je nach Reifezeit, als Schnitt- oder als Hartkäse im Handel. Bei Ersterem sind in der Nase Anklänge von Hefe und Stall vernehmbar, der säuerliche und etwas salzige, weißliche Teig zeigt am Gaumen dezente ziegige und schafmilchtypische Noten. Ein gereifter Queijo Rabaçal ist braun, sein Teig hart und fast scharf im Geschmack.

QUEIJO SÃO JORGE (**Portugal,** Azoren)

AOC seit 1986

g.U. seit 1996

Milch | Kuhrohmilch

Größe | Durchmesser 20–30 cm; Höhe 10 cm

Gewicht | 4–7 kg

Fettgehalt | 27 %

Karte S. 208–209

Dieser Käse bezeugt die Anwesenheit flämischer Kolonien im Azoren-Archipel im Lauf des 15. Jahrhunderts, denn er ähnelt in Aussehen und Geschmack manchen niederländischen Käsen. Seine hellgelbe, glatte Rinde schützt einen elfenbeinfarbenen, zartschmelzenden Teig. Am Gaumen offenbart dieser milde, leicht bittere Noten. Reift der Queijo São Jorge länger, können scharfe Nuancen hinzukommen.

QUEIJO TERRINCHO (**Portugal,** Nordportugal)

g.U. seit 1996

Milch | Schafrohmilch

Größe | Durchmesser 13–20 cm; Höhe 3–6 cm

Gewicht | Von 700 g bis 1,2 kg

Fettgehalt | 29 %

Karte S. 208–209

Für den Queijo Terrincho wird ausschließlich Milch von Schafen der Rasse *Curra de Terra Quente*, einer historischen nordportugiesischen Rasse, verwendet. Dieser Käse, der nach einer Reifezeit von 30 Tagen den Keller verlässt, präsentiert sich mit strohfarbener Rinde und festem, schmelzendem Teig. Am Gaumen offenbart er feine, milde Schafmilchnoten. Reift er länger (60 Tage), wird seine Rinde gelb oder rötlich und der Teig härter. Am Gaumen zeigt er sich kräftig, und im Abgang kann sich Schärfe bemerkbar machen.

QUESO CAMERANO (**Spanien,** La Rioja)

g.U. seit 2012

Milch | Ziegenmilch, roh oder pasteurisiert

Gewicht | Von 200 g bis 1,2 kg

Fettgehalt | 24 %

Karte S. 206–207

Auf der Oberfläche dieses Käses sieht man die Abdrücke des Weidenkorbs, in dem er gereift ist. Je nach Dauer der Reifung kann der Queso Camerano weich, halbfest oder hart sein. Sehr lange gereifte Laibe können von Schimmelkulturen besiedelt sein. Der Käse bietet am Gaumen frische, saure und blumige Noten. Mit zunehmendem Reifegrad machen sich verstärkt ziegige Nuancen bemerkbar.

QUESO CASÍN (**Spanien,** Asturien)

g.U. seit 2011

Milch | Kuhrohmilch

Größe | Durchmesser 10–20 cm; Höhe 4–7 cm

Gewicht | Von 250 g bis 1 kg

Fettgehalt | 25 %

Karte S. 206–207

Das ist einer der wenigen Käse, die geknetet werden – weshalb er hier bei den gepressten Käsen nicht ganz richtig einsortiert ist. Früher geschah das Kneten von Hand, heute verwendet man eine Kurbelmaschine, die *máquina de rabilar.* Man erkennt den Queso Casín am geprägten Relief (Blumen, Symbole oder Buchstaben) auf der Oberseite. Das Kneten führt dazu, dass sich bei diesem Käse so gut wie keine Rinde ausbildet. Der gelbliche Teig ist fest, bröckelig, halbhart bis hart und schmeckt herb, stark und scharf mit dem durchdringenden Aroma sehr lange gereifter Butter. Je älter der Käse wird, desto intensiver wird die Bitternote im Abgang.

QUESO DE FLOR DE GUÍA (**Spanien,** Kanarische Inseln)

g.U. seit 2010

Milch | Schaf- (mind. 60 %) und/oder Kuhrohmilch (höchstens 40 %) und/oder Ziegenrohmilch (höchstens 10 %)

Größe | Durchmesser 15–30 cm; Höhe 4–6 cm

Gewicht | Von 500 g bis 5 kg

Fettgehalt | 23 %

Karte S. 208–209

Ein je nach Reifungsdauer cremeweißer oder brauner Käse. Zur Dicklegung der Milch kommen auch Auszüge aus Distelblüten (*flor* = Blüte) zum Einsatz. Beim jungen Queso de Flor de Guía ist der Teig weich, fast sahnig, bei einem länger gereiften hart. Am Gaumen präsentiert er sich mit anhaltenden und säuerlichen Noten. Ältere Exemplare können im Abgang bittere, leicht scharfe Nuancen aufweisen.

QUESO DE L'ALT URGELL Y LA CERDANYA (**Spanien,** Katalonien)

g.U. seit 2000

Milch | Pasteurisierte Kuhmilch

Größe | Durchmesser 19,5–20 cm; Höhe 10 cm

Gewicht | 2,5 kg

Fettgehalt | 25 %

Karte S. 206–207

Nachdem die Reblaus die Weinbaugebiete Kataloniens verwüstet hatte, mussten sich die Winzer neue Einkommensquellen suchen. Dort, wo einmal Weinreben und Mandelbäume gediehen, schufen sie Weideflächen für Rinder und begannen, Milchwirtschaft zu betreiben und Käse herzustellen. Dieser Käse hat eine leicht feuchte Rinde mit hellgrauen Reflexen. Der zarte, sahnige Teig ist creme- bis elfenbeinfarben. In der Nase zeigt er sich fein und mild mit Anklängen von frischen Kräutern. Am Gaumen dominieren anhaltende buttrige und milchige Noten.

QUESO DE LA SERENA (**Spanien,** Extremadura)

g. U. seit 1996

Milch | Schafrohmilch

Größe | Durchmesser 10–24 cm; Höhe 4–8 cm

Gewicht | Von 750 g bis 2 kg

Fettgehalt | 28 %

Karte S. 208–209

In Verordnungen aus der Extremadura des 16. und 17. Jahrhunderts war festgelegt, dass ein Viehhalter den Käse aus der ersten Milch des Jahres zu den Priestern der Pfarrkirche bringen musste (Erstlingsfrucht). Der Queso de la Serena ist ein weicher bis halbfester Käse. Man sollte ihn essen, wenn der Teig sahnig, fast fließend ist (üblicherweise wird die obere Rinde abgeschnitten und der Käse gelöffelt). Am Gaumen zeigt er typische Schafnoten, säuerlich, mit Anklängen an Heu und Stroh oder auch an Stall und Kräuter.

QUESO DE MURCIA (**Spanien,** Murcia)

g. U. seit 2002

Milch | Ziegenrohmilch

Größe | Durchmesser 12–20 cm; Höhe 5–12 cm

Gewicht | Von 250 g–3 kg

Fettgehalt | 24 %

Karte S. 208–209

Den Queso de Murcia gibt es als frischen *(fresco)* und als gereiften *(curado)* Käse. Die Rinde der frischen Variante ist sehr dünn und weist Abdrücke von den Espartograsmatten auf, auf denen der Käse gereift ist. Der kaum gelochte, nur schwach gesalzene, milde Teig ist strahlend weiß. Der gereifte Käse, Queso de Murcia Curado, hat eine wachsfarbene bis ockergelbe Rinde ohne Muster. Der weiße bis leicht gelbliche Teig ist kompakt und fest. In der Nase setzt er buttrige, animalische und pflanzliche Noten frei. Im Mund zeigen sich Milch-, Obst- und Röstaromen, bei längerer Reifung machen sich scharfe Nuancen bemerkbar.

QUESO DE MURCIA AL VINO (**Spanien,** Murcia)

g. U. seit 2002

Milch | Ziegenrohmilch

Größe | Durchmesser 12–19 cm; Höhe 7–10 cm

Gewicht | Von 300 g bis 2,6 kg

Fettgehalt | 24 %

Karte S. 208–209

Basis des Käses ist ein Queso de Murcia, der mit Rotwein aus Weinbaugebieten (Jumilla, Yecla und Bullas) in der Region Murcia gewaschen wird. Unter der granatroten Rinde verbirgt sich elastischer Teig. In der Nase dominieren Rotweinaromen über ziegigen Nuancen und Anklängen an Stall. Im Mund offenbaren sich zudem säuerliche und salzige Noten.

QUESO IBORES (**Spanien,** Extremadura)

g.U.
seit
2005

Milch | Ziegenrohmilch

Größe | Durchmesser 11–15 cm; Höhe 5–9 cm

Gewicht | Von 650 g bis 1,2 kg

Fettgehalt | 24 %

Karte S. 208–209

Seit dem 14. Juli 1465 wird dieser Käse jeden Donnerstag in Trujillo auf dem Markt angeboten. Damals verlieh Heinrich IV. von Kastilien der Stadt das Privileg, einen freien Markt abzuhalten, bei dem Lebensmittel und Vieh von der Verkaufssteuer befreit waren. Der Queso Ibores hat eine glatte, feste Rinde. Traditionell wird sie mit Paprikapulver oder Öl eingerieben und kann daher diverse Farbschattierungen aufweisen: Grau von Naturschimmel, Orangerot vom Paprika oder Ockergelb vom Öl. Der weiße Teig kann, je nach Reifegrad, cremig oder bröckelig sein. Der Käse ist relativ mild und verströmt zarte ziegige Aromen. Der Geschmack ist säuerlich, ziegig und leicht salzig.

QUESO LOS BEYOS (**Spanien,** Asturien)

g.g.A.
seit
2013

Milch | Kuh-, Schaf- oder Ziegenmilch, roh oder pasteurisiert

Größe | Durchmesser 9–10 cm; Höhe 6–9 cm

Gewicht | 250–900 g

Fettgehalt | 30 %

Karte S. 206–207

Je nachdem, welche Milch verwendet wurde, kann die Rinde dieses Käses sahnegelb, hellgelb oder braun sein. Der Teig ist hart oder halbhart und zerbricht oft beim Schneiden. In der Nase zeichnet er sich durch milchige Aromen aus, die besonders ausgeprägt sind, wenn Ziegen- oder Schafmilch verwendet wurde. Der Queso los Beyos ist ein würziger Käse, der aber kaum salzige oder säuerliche Noten aufweist.

QUESO MAJORERO (**Spanien,** Kanarische Inseln)

g.U.
seit
1999

Milch | Ziegenrohmilch oder Ziegenrohmilch und Schafrohmilch (höchstens 15 %)

Größe | Durchmesser 15–35 cm; Höhe 6–9 cm

Gewicht | 1–6 kg

Fettgehalt | 24 %

Karte S. 208–209

Der Name des Käses von Fuerteventura geht auf *mahorata*, *majorata* oder *maxorata* (abgeleitet von *majos* oder *mahos*, der aus ungegerbtem Ziegenleder gemachten Fußbekleidung der Schäfer) zurück. Abhängig von der Reifezeit kann der Queso Majorero eine weiße bis braune Rinde haben, mit einigen gelblichen Reflexen. Gelegentlich reibt man diesen Käse mit Paprikapulver, Öl oder geröstetem Maismehl ein, was das Aussehen der Rinde zusätzlich verändert. Im Mund zeigt der schmelzende, sahnige Teig leichte Schärfe und feinsäuerliche Noten. Es machen sich auch ziegige Aromen bemerkbar, ohne aber jemals aufdringlich zu sein.

QUESO MANCHEGO (**Spanien,** Kastilien-La Mancha)

AOC seit 1984 | g.U. seit 1996

Milch | Schafmilch, roh oder pasteurisiert
Größe | Durchmesser höchstens 22 cm; Höhe höchstens 12 cm
Gewicht | 1–4 kg
Fettgehalt | 25 %

Karte S. 208–209

Dies ist der wohl bekannteste und weltweit meistverkaufte Käse Spaniens. Er wird ausschließlich aus der Milch von *Manchega*-Schafen hergestellt. Die gerillte Rinde kann braun bis fast schwarz sein und darf mit Paraffin überzogen oder mit Olivenöl gefettet werden. Der Queso Manchego ist ein Hartkäse, der in der Nase milchige und saure Noten offenbart. Am Gaumen zeigt er sich säuerlich, grasig und animalisch. Bei sehr lange gereiftem Queso Manchego ist der Teig trocken und scharf.

QUESO NATA DE CANTABRIA (**Spanien,** Kantabrien)

AOC seit 1985 | g.U. seit 2007

Milch | Pasteurisierte Kuhmilch
Gewicht | Von 400 g bis 2,8 kg
Fettgehalt | 24 %

Karte S. 206–207

Ein Käse, der bereits im Jahr 1647 schriftliche Erwähnung fand. Damals diente er auch als Zahlungsmittel, mit dem Tauschhandel betrieben wurde. Bis 2007 hieß er übrigens nur Queso de Cantrabria. Der Käse kann zylinder- oder quaderförmig sein und weist eine recht dünne und weiche Rinde auf. Der cremig-weiche, kaum gelochte Teig zeigt sich im Mund mild, mit säuerlichen und grasigen Noten.

QUESO PALMERO (**Spanien,** Kanarische Inseln)

g.U. seit 2002

Milch | Ziegenrohmilch
Größe | Durchmesser 12–60 cm; Höhe 6–15 cm
Gewicht | höchstens 15 kg
Fettgehalt | 26 %

Karte S. 208–209

Wurde der Käse von der Insel La Palma geräuchert, ist die Rinde gräulich, beim naturbelassenen Käse weiß. Nach der Reifung wird sie mit Olivenöl oder *gofio* (Mehl aus geröstetem Mais und/oder anderem Getreide) gewaschen. Der Teig des festen Käses zergeht auf der Zunge und offenbart unterschiedliche Noten, je nachdem, ob er er geräuchert wurde oder nicht. Der Naturkäse ist kräftig, aber nicht wuchtig im Geschmack. Am Gaumen sind säuerlich-ziegige Noten und Anklänge an Pilze und Obst erkennbar. Beim geräucherten Käse weichen diese Aromen rauchigen und sauren Noten.

QUESO ZAMORANO (**Spanien,** Kastilien und León)

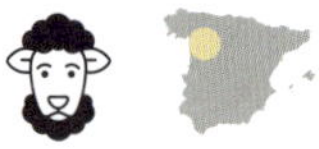

g. U. seit 1996

Milch | Schafrohmilch

Größe | Durchmesser 18–24 cm; Höhe 8–14 cm

Gewicht | 1–4 kg

Fettgehalt | 24 %

Karte S. 206–207

Je länger dieser Käse gereift ist, desto ausgeprägter werden seine Aromen von Dörrobst und Nüssen, die er verströmt. Beim jungen Queso Zamorano ist der Teig weich und cremig. Mit zunehmendem Alter verfestigt er sich und wird körnig oder fast brüchig. Dieser Käse zeichnet sich durch Anklänge an geronnene Milch und Dörrobst aus.

QUESUCOS DE LIÉBANA (**Spanien,** Kantabrien)

g. U. seit 1996

Milch | Kuh-, Schaf- und Ziegenrohmilch

Größe | Durchmesser 8–10 cm; Höhe 3–10 cm

Gewicht | 400–600 g

Fettgehalt | 25 %

Karte S. 206–207

Dieser Käse mit geschützter Ursprungsbezeichnung ist einer der wenigen, für deren Herstellung drei Sorten von Milch verwendet werden. Sie stammen von Tieren der Rassen *Braunvieh, Schwarzbunte* und *Tudanka* (Rinder), *Lacha* (Schafe) und *Pirenáica* (Ziegen). Der kleine kantabrische Käse kann frisch, gereift oder geräuchert daherkommen. Sowohl frisch als auch gereift ist er mild, mit dezenten buttrigen, grasigen und säuerlichen Noten. Geräuchert zeigt er animalische Aromen sowie Anklänge von Speck, ist länger im Abgang, verliert aber an Frische.

RACLETTE DE SAVOIE (**Frankreich,** Auvergne-Rhône-Alpes)

g. g. A. seit 2017

Milch | Kuhmilch, roh oder thermisiert

Größe | Durchmesser 28–34 cm; Höhe 6–7,5 cm

Gewicht | 6 kg

Fettgehalt | 28 %

Karte S. 198–199

Ursprünglich aß man diesen Käse im Mittelalter im Sommer, als die Hirten halbe Laibe über Holzfeuern schmelzen ließen. Erst seit dem 20. Jahrhundert genießt man ihn auch im Winter. Sein Name geht auf das französische Verb *racler* zurück, was in diesem Zusammenhang »abschaben« bedeutet – der geschmolzene Käseteig wird zum Servieren vom Laib geschabt. Die feuchte Rinde präsentiert sich mit rosafarbenen bis braunen Reflexen. Der Teig ist fest und zartschmelzend und zieht beim Erhitzen Fäden. Wenn der Käse heiß wird, darf nicht zu viel Fett austreten. Denn wenn das geschieht, ist es kein echter Raclette de Savoie!

RACLETTE DU VALAIS (**Schweiz,** Kanton Wallis)

g. U. seit 2007

Milch | Kuhrohmilch
Größe | Durchmesser 29–32 cm; Höhe 6–7 cm
Gewicht | 4,6–5,4 kg
Fettgehalt | 27 %

Karte S. 222–223

Bei diesem Käse kann die Farbe der Rinde zwischen Braun und Orange schwanken. Die Rinde fühlt sich schmierig und etwas klebrig an, der Teig ist glatt mit wenigen Bruchlöchern. Der geschmolzene Käse zeichnet sich durch milchige, frische, fruchtige und pflanzliche Noten aus.

RAGUSANO (**Italien,** Sizilien)

g. U. seit 1996

Milch | Kuhrohmilch
Gewicht | 6–12 kg
Fettgehalt | 27 %

Karte S. 214–215

In den Archiven Siziliens gibt es Dokumente, die belegen, dass es den Ragusano bereits im 14. Jahrhundert gab. Der große Block mit abgerundeten Kanten hat eine dünne, gelbliche bis beigefarbene Rinde. Der hellgelbe Teig ist weich und elastisch. Ein sehr lange gereifter Ragusano ist so hart, dass man ihn reiben kann. Am Gaumen zeigt sich der Käse, solange er jung ist, mild, mit säuerlichen und grasigen Noten. Konnte er lange reifen, ist er würzig und scharf im Abgang. Der Ragusano kann auch geräuchert oder mit Olivenöl gewaschen sein, wodurch Geruch und Geschmack verändert werden.

RASCHERA (**Italien,** Piemont)

g. U. seit 1996

Milch | Kuhrohmilch oder Kuh- und Schafrohmilch und/oder Ziegenrohmilch
Größe | Quadrat: Seitenlänge 28–40 cm, Höhe 7–15 cm; rund: Durchmesser 30–40 cm, Höhe 6–9 cm
Gewicht | 5–10 kg
Fettgehalt | 28 %

Karte S. 210–211

Dieser Schnittkäse präsentiert sich mit einer rauen, gräulichen oder rötlichen Rinde mit einigen gelben Reflexen. Darunter verbirgt sich ein unregelmäßig gelochter elfenbeinfarbener, fester, schmelzender Teig. Geruch und Geschmack bieten blumige und milchige Aromen, der Abgang kann durchaus pikant sein.

REBLOCHON (**Frankreich,** Auvergne-Rhône-Alpes)

AOC seit 1958

g.U. seit 1996

Milch | Kuhrohmilch

Größe | Durchmesser 9–14 cm; Höhe 3–3,5 cm

Gewicht | 280–550 g

Fettgehalt | 25 %

Karte S. 198–199

Die Geschichte dieses Käses hängt mit einem Betrug zusammen. Wenn im 14. Jahrhundert ein Milchbauer in Savoyen Weideland für seine Herde pachtete, wurde die Pacht nach der Menge der gewonnenen Milch berechnet. Als der Eigentümer des Landes vorbeikam, um die Milchmenge festzustellen, molken die Bauern ihre Kühe nicht leer. Erst nach Abreise der Kontrolleure wurden die Kühe vollständig gemolken – auf Französisch heißt »ein zweites Mal melken« *reblocher*. Aus dieser zweiten Milch wurde Käse gemacht, der Reblochon. Doch erst im 18. Jahrhundert wurde der Reblochon bekannter, denn in dem Jahrhundert wurden die Pachten durch feste Abgaben ersetzt, die in Form von Geld oder von Käse beglichen werden konnten. Der Reblochon, der sich nicht nur zum Kochen eignet, sondern auch ein ausgezeichneter Tafelkäse ist, präsentiert sich mit dünner, rosaorangefarbener Rinde, die von einem feinen weißen Belag, der *mousse*, überzogen ist. Der cremige gelbe Teig kann kleine Löcher aufweisen. Der Käse riecht nach Stall und Wald, der Teig verströmt das Aroma von Butter und Sahne. Am Gaumen ist der Reblochon mild, mit haselnussartigen und sahnigen Noten. Handelt es sich um einen Fermier-Käse, ist der Geschmack ausgeprägter und im Mund länger anhaltend. Es gibt den Käse in zwei Größen: Petit Reblochon (klein) und Grand Reblochon (groß).

RED LEICESTER (**Großbritannien,** England/Midlands)

Milch | Pasteurisierte Kuhmilch

Größe | Durchmesser 25 cm; Höhe 8 cm

Gewicht | 3,6 kg

Fettgehalt | 29 %

Karte S. 216–217

Er kam im 17. Jahrhundert zur Welt, als die Bauern beschlossen hatten, einen Käse herzustellen, der ganz anders ist als jene, die es im Königreich bereits gab. Also verwendeten sie einen rotorangefarbenen Farbstoff, um den Teig ihrer Kreation zu färben. Unter der graubraunen Rinde, die auf den ersten Blick an einen Mimolette erinnert, verbirgt sich gemaserter, schmelzender Teig, der zeigt, dass der Red Leicester eigentlich ein Cheddar ist. Im Mund machen sich zunächst Anklänge an Karamell bemerkbar, die sich hin zu buttrigen und haselnussartigen Noten entwickeln.

RIDGELINE (**USA,** North Carolina)

Milch | Kuhrohmilch
Größe | Durchmesser 30 cm; Höhe 8 cm
Gewicht | 6 kg
Fettgehalt | 28 %

Karte S. 228–229

Seine Rinde ist dank einer Behandlung mit Paprikapulver leuchtend orange. In der Nase dominieren Anklänge an frische Milch und Haselnuss. Am Gaumen bietet der Käse buttrige und blumige Aromen, im Abgang ist er leich salzig-süß. Die Ascheschicht in der Mitte erinnert an den französischen Morbier.

RONCAL (**Spanien,** Navarra)

AOC seit 1981 | g. U. seit 1996

Milch | Schafrohmilch
Größe | Durchmesser 20 cm; Höhe 8–12 cm
Gewicht | 2–3 kg
Fettgehalt | 24 %

Karte S. 206–207

Hierbei handelt es sich um einen Artisanal-Käse. Der Roncal hat eine graublaue, gerillte Rinde. Solange er jung ist, bietet er dem Gaumen säuerliche, grasige, frische Noten. Ist er länger gereift, gewinnt er an Typizität und Kraft und ist ein wenig scharf im Abgang.

SAINT-NECTAIRE (**Frankreich,** Auvergne-Rhône-Alpes)

AOC seit 1955 | g. U. seit 1996

Milch | Kuhmilch, roh, thermisiert oder pasteurisiert
Größe | Groß: Durchmesser 20–24 cm, Höhe 3,5–5,5 cm; klein: Durchmesser 12–14 cm, Höhe 3,5–4,5 cm
Gewicht | Groß unter 1,85 kg; klein: unter 650 g
Fettgehalt | 28 %

Karte S. 202–203

Er existiert bereits seit dem Mittelalter, als die Bauern ihre Abgaben in Form von Käse entrichteten. Es gibt den Saint-Nectaire als Laitier- und als Fermier-Käse. Die beiden Versionen kann man anhand der Kaseinmarke auf der Rinde unterscheiden: Die Marke auf dem Laitier-Käse ist quadratisch, die auf dem Fermier-Käse oval. Der Saint-Nectaire riecht nach Terroir, feuchtem Keller, Humus, Pilzen. Am Gaumen setzt er sahnige, buttrige und haselnussartige Noten frei. Die mehr oder weniger dicke, mehr oder weniger grau-orangefarbene Rinde mit mehr oder weniger grauen Schimmelkolonien bietet am Gaumen Anklänge von Dörrobst. 2017 wurden 14 000 t Saint-Nectaire hergestellt. Damit ist er Europas meistverkaufter handwerklich hergestellter Käse mit geschützter Ursprungsbezeichnung.

SALERS (**Frankreich,** Auvergne-Rhône-Alpes)

AOC seit 1961 | g.U. seit 1996

Milch | Kuhrohmilch
Größe | Durchmesser 38–48 cm; Höhe 30–40 cm
Gewicht | 30–50 kg
Fettgehalt | 26 %

Karte S. 202–203

Dieser Käse ist bereits mehr als 1000 Jahre alt und wird nur nach Fermier-Richtlinien hergestellt. Seinen Geschmack verdankt er den Holzbottichen, in denen die euterwarme Milch angeliefert, dickgelegt und mithilfe einer großen Kelle gemischt wird. Jeder Käse trägt eine rote Aluminiumplakette, die mit den Buchstaben SA (für Salers), dem Jahr, der Nummer des Départements, der Identifikationsnummer des Herstellers und dem Datum des Einformens beschriftet ist. Jährlich werden mehr als 30 000 solcher Plaketten verteilt, um die Nachverfolgung dieses Produkts sicherzustellen. Es gibt zwei Arten von Salers, den Salers und den Salers Tradition, der ausschließlich aus Milch von *Salers*-Kühen gemacht wird. Der hohe, zylindrische Laib präsentiert sich mit dicker, rauer, unebener, schimmelbewachsener Rinde mit orangeroter Marmorierung – hervorgerufen durch *Sporendonema casei.* In der Nase dominieren ausgeprägte Anklänge an feuchten Keller, Schlagsahne und Gewürze. Der feste, zusammengeschmolzene goldgelbe Teig bietet am Gaumen grasige, buttrige, fruchtige und animalische Noten.

Dieser Fermier-Käse wird nur vom 15. April bis zum 15. November hergestellt.

SALVA CREMASCO (**Italien,** Lombardei)

g.U. seit 2011

Milch | Kuhmilch, roh oder pasteurisiert
Größe | Länge 17–19 cm; Breite 11–13 cm; Höhe 9–15 cm
Gewicht | 1,3–5 kg
Fettgehalt | 29 %

Karte S. 210–211

Er verdankt seinen Namen der Absicht seiner Erfinder, überschüssige Milch zu retten (italienisch: *salvare*), indem sie Käse daraus herstellten. Der fast würfelförmige Laib trägt auf der Rinde seine Initialen »SC«. Die gerillte, beigefarbene bis hell- oder mausgraue Oberfläche weist einige weißliche Flecken auf. Nach dem Anschnitt erkennt man den wunderschönen Kontrast zwischen der Rinde und dem weißen, körnigen, schmelzenden Teig. Lässt man den Salva Cremasco ein wenig reifen, beginnt der Teig direkt unter der Rinde cremig-fließend zu werden. In der Nase machen sich Anklänge von frischen Pilzen, feuchtem Keller und Waldboden bemerkbar. Im Mund gewinnen säuerliche, salzige und grasige Noten die Oberhand, und der brüchige Teig ist nur für kurze Zeit trocken.

SAN MICHALI (**Griechenland,** Südliche Ägäis)

g. U.
seit
1996

Milch | Pasteurisierte Kuhmilch
Fettgehalt | 26 %

Karte S. 226–227

Der San Michali wird auf der Kykladeninsel Syros hergestellt. Der zylindrische Laib ist nicht besonders hoch. Die Farbe der Rinde spielt zwischen Elfenbein und Ecru, der strohgelbe Teig weist kleine, ungleichmäßig verteilte Löcher auf. Am Gaumen zeigt sich der San Michali adstringent. Der ursprünglich pfeffrige, salzige Teig kann nach längerer Reifung scharf werden.

SAN SIMÓN DA COSTA (**Spanien,** Galizien)

g. U.
seit
2008

Milch | Kuhmilch, roh oder pasteurisiert
Größe | »Tropfen« von 10–18 cm Höhe
Gewicht | Von 400 g bis 1,5 kg
Fettgehalt | 25 %

Karte S. 206–207

Ein geräucherter Käse mit ungewöhnlicher Form. Er wurde von Nachfahren der Kelten kreiert, die sich in galloromanischer Zeit in Galizien niedergelassen hatten. Damals schickte man ihn regelmäßig nach Rom, wo man seinen Geschmack und seine Haltbarkeit zu schätzen wusste. Den tropfenförmigen Käse gibt es in zwei Größen und Reifegraden, klein *(bufón)* und 30 Tage sowie groß und 45 Tage gereift. Die Rinde des Käses ist goldbraun, weil er mit Birkenholz geräuchert wird. In der Nase bietet er rauchige, säuerliche und milchige Noten sowie Anklänge an Speck. Diese Aromen finden sich am Gaumen wieder. Der Teig ist weich und elastisch.

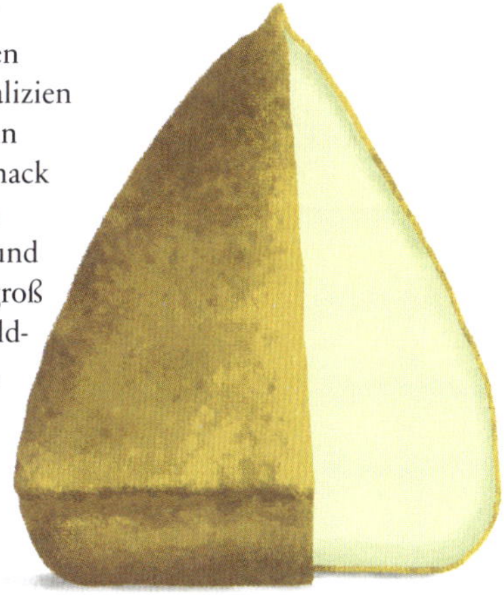

SER KORYCIŃSKI SWOJSKI (**Polen,** Podlachien)

g. g. A.
seit
2011

Milch | Kuhrohmilch
Größe | Durchmesser bis zu 30 cm
Gewicht | 2,5–5 kg
Fettgehalt | 25 %

Karte S. 224–225

Die abgeflachte Kugel zeigt Abdrücke des Korbs, in die der Bruch gedrückt wurde (er wird nicht richtig gepresst!). Während der Reifung verändert sich die Rinde von cremefarben zu strohgelb. Typischerweise knirscht der Käse zwischen den Zähnen. Solange er frisch ist, zeigt er sich cremig mit ausgeprägtem Butteraroma, gereift bietet er nussige und salzige Noten. Der Teig kann Gewürze (Pfeffer, Paprika) oder Kräuter (Basilikum, Dill, Petersilie, Minze, Bärlauch, Oregano) enthalten.

SFELA (**Griechenland,** Peloponnes)

g.U. seit 1996

Milch | Schafrohmilch und/oder Ziegenrohmilch

Karte S. 226–227

Das Besondere an diesem Käse ist, dass er mindestens 3 Monate in Salzlake reift, was seine Rinde elfenbeinfarben und körnig werden lässt. Der zartschmelzende, sandige Teig zeigt sich am Gaumen pfeffrig-intensiv, mit kräftigen salzigen und säuerlichen Noten. Häufig wird dieser Käse als Beilage oder als Zutat für Fleisch- oder Gemüsegerichte verwendet.

SILTER (**Italien,** Lombardei)

g.U. seit 2015

Milch | Kuhrohmilch

Größe | Durchmesser 34–40 cm; Höhe 8–10 cm

Gewicht | 10–16 kg

Fettgehalt | 27 %

Karte S. 210–211

Es ist recht einfach, diesen Bergkäse zu erkennen: In seine Rinde sind sein Name sowie landwirtschaftliche Szenen, die den berühmten Höhlenmalereien im Valcamonica, einem Tal in der Lombardei, nachempfunden sind, eingeprägt, zusammen mit zwei Edelweiß. Die geölte Rinde des imposanten Laibs spielt farblich zwischen Strohgelb und Braun. Der Teig ist fest und weist kleine Löcher auf. In der Nase zeigt sich der Käse sauer, mit Anklängen an Heu und Sauermilch, im Mund dominieren Bitternoten sowie Dörrobst- und Butternuancen.

SINGLE GLOUCESTER (**Großbritannien,** England/Südwesten)

g.U. seit 1996

Milch | Kuhmilch, roh oder pasteurisiert

Gewicht | 6–7 kg

Fettgehalt | 28 %

Karte S. 216–217

Im Zweiten Weltkrieg kam die Produktion dieses Käses fast zum Erliegen, weil die Milch, die für seine Herstellung gebraucht worden wäre, konfisziert und für die Versorgung von Militär und Bevölkerung verwendet wurde. 1994 beschlossen die beiden letzten Produzenten von Single Gloucester, dass dieser Käse geschützt werden müsse – und schafften es, dass er 1996 die geschützte Ursprungsbezeichnung erhielt. Der Käse muss, so weit möglich, aus der Milch von *Gloucester*-Rindern (einer inzwischen seltenen Rasse) hergestellt werden – entrahmter Abendmilch und vollfetter Morgenmilch. Der Teig ist sahnig-schmelzend und bietet am Gaumen milchige und buttrige Noten.

SLOVENSKÝ OŠTIEPOK (**Slowakei**)

g. g. A.
seit
2008

Milch | Schaf- und/oder Kuhmilch, roh oder pasteurisiert

Fettgehalt | 27 %

Karte S. 224–225

Schriftliche Quellen belegen, dass es diesen Käse seit Beginn des 18. Jahrhunderts gibt. Die industrielle Produktion begann allerdings erst im Jahr 1921. Angefangen hat damit die Familie Galbavý in Detva, einem Ort im Zentrum der Slowakei. Den kleinen Käse (der auch gedämpft oder geräuchert wird) gibt es in drei Formen: als großes Ei, Zapfen und Ellipse. Je nach Herstellungsverfahren variieren die Eigenschaften von Rinde, Geruch und Geschmack. Die Rinde kann goldgelb bis goldbraun sein, der Teig weiß bis elfenbeinfarben. Der Slovenský Oštiepok ist ausgesprochen fest. In der Nase machen sich leichte Raucharomen bemerkbar, im Mund offenbaren sich milchige und rauchige Noten.

SPRESSA DELLE GIUDICARIE (**Italien,** Trentino-Südtirol)

g. U.
seit
2003

Milch | Kuhrohmilch

Größe | Durchmesser 30–35 cm; Höhe 8–11 cm

Gewicht | 7–10 kg

Fettgehalt | 32 %

Karte S. 210–211

Der Käse aus dem Judikarien-Tal wird zum ersten Mal im Jahr 1249 erwähnt, in den *Regole di Spinale e Manez*. Der halbfeste Käse hat eine graubraune oder ockergelbe Rinde. Der Teig ist, je nach Reifezeit, elastisch oder hart und kann hellstrohfarben bis strohgelb sein (nach längerer Reifung elfenbeinfarben). Jung schmeckt er mild und milchig, gereift kräftiger, und es machen sich Bitternoten bemerkbar. Die Konsistenz ist körnig und schmelzend.

STAFFORDSHIRE CHEESE (**Großbritannien,** England/Midlands)

g. U.
seit
2007

Milch | Kuhrohmilch und pasteurisierte Sahne von Kuhmilch

Gewicht | 8–10 kg

Fettgehalt | 31 %

Karte S. 216–217

Zisterziensermönche in der Abtei von Leek waren es, die diesen Käse im 13. Jahrhundert kreierten. Der Staffordshire Cheese ist eine Art mit Sahne angereicherter Fermier-Cheddar. Von anderen Cheddars unterscheidet er sich durch seinen bröckeligen Teig, der unabhängig vom Reifegrad immer zartschmelzend bleibt. Das macht sich auch am Gaumen bemerkbar, wo er frische, milchige und sahnige Noten zeigt.

STELVIO (**Italien,** Trentino-Südtirol)

g.U.
seit
2007

Milch | Kuhrohmilch
Größe | Durchmesser 34–38 cm; Höhe 8–11 cm
Gewicht | 8–10 kg
Fettgehalt | 33 %

Karte S. 210–211

Die Herstellung dieses Südtiroler Käses – Stelvio bzw. Stilfser – wurde 1914 in Urkunden der Stilfser Käserei erstmals beschrieben. Der Stelvio riecht grasig-heuartig und holzig. Letzteres ist auf die Reifung auf Holzbrettern zurückzuführen. Der Teig ist buttrig-schmelzend und bietet Milch-, Röst- und Nussnoten, nach längerer Reifung auch Karamellaromen.

SVECIA (**Schweden,** Götaland)

g.g.A.
seit
1997

Milch | Pasteurisierte Kuhmilch
Größe | Durchmesser 35 cm; Höhe 10–12 cm
Gewicht | 12–15 kg
Fettgehalt | 28 %

Karte S. 220–221

Sein hellgelber Teig ist elastisch und klein gelocht. Der Svecia war das erste schwedische Lebensmittel, das das Siegel g.g.A. tragen darf. Am Gaumen präsentiert der Käse sahnig-säuerliche Nuancen. Der Teig kann mit Gewürznelken oder Kreuzkümmel gewürzt sein, was Konsistenz und Geschmack verändert – und heißt dann Kryddost (Gewürzkäse).

SWALEDALE CHEESE (**Großbritannien,** England/Yorkshire)

g.U.
seit
1996

Milch | Kuhrohmilch
Gewicht | 1–2,5 kg
Fettgehalt | 29 %

Karte S. 216–217

Es war das Ehepaar Longstaff, das in den 1980er-Jahren diesen historischen Käse wieder zum Leben erweckte. Nach dem Tod ihres Mannes vertraute Frau Longstaff das Originalrezept dem Ehepaar Reed an, das 1987 die Firma Swaledale Cheese Company gründete, um den Käse vor dem Vergessen zu bewahren. Die Rinde dieses Käses kann graublau oder von mattem gelbem Wachs überzogen sein. Der leicht gelochte Teig ist körnig und zartschmelzend. Am Gaumen zeigt sich der Swaledale Cheese frisch und mild, mit leicht säuerlicher Note im Abgang.

SWALEDALE EWE'S CHEESE (**Großbritannien,** England/Yorkshire)

g. U. seit 1996

Milch | Schafrohmilch
Gewicht | 1–2,5 kg
Fettgehalt | 31 %

Karte S. 216–217

Ein weiteres Produkt mit Ursprungsschutz (g. U.) von der Swaledale Cheese Company, das in den 1980er-Jahren entstand. Das Rezept ist an das für den Swaledale Cheese angelehnt, mit einer einzigen Veränderung: Die Milch ist eine andere, nämlich Schafmilch. Rinde, Konsistenz und Farbe sind ähnlich, allerdings hat dieser einen helleren, weißen Teig. der Geschmack ist etwas feiner, säuerlicher und frischer.

TALEGGIO (**Italien,** Lombardei, Piemont, Venetien)

g. U. seit 1996

Milch | Pasteurisierte Kuhmilch
Größe | Quadrat mit 18–20 cm Seitenlänge; Höhe 4–7 cm
Gewicht | 1,7–2,2 kg
Fettgehalt | 29 %

Karte S. 210–211

Dokumente aus dem 10. Jahrhundert belegen, dass damals mit diesem Käse im Val Taleggio unweit von Bergamo Handel getrieben wurde. Früher hieß er auch Stracchino, wobei der Name für verschiedene Käsesorten verwendet wurde. Der hübsche quadratische Käse hat eine rosafarbene oder graue Rinde mit einem feinen weißlichen Flaum. In die Rinde ist viermal der eingekreiste Großbuchstabe T eingeprägt. Unter der etwas sandigen Rinde verbirgt sich cremiger, geschmeidiger Teig. In der Nase machen sich dezenter Stallgeruch sowie Anklänge an frische Milch und Pilze bemerkbar. Der Teig offenbart milchige, säuerliche und leicht salzige Noten.

TEKOVSKÝ SALÁMOVÝ SYR (**Slowakei,** Nitra, Banská Bystrica)

g. g. A. seit 2011

Milch | Pasteurisierte Kuhmilch
Größe | Durchmesser 9–9,5 cm; Länge 30–32 cm
Fettgehalt | 30 %

Karte S. 224–225

Seine heutige Wurstform erhielt dieser Käse im Jahr 1921. Geruch und Geschmack erinnern an Räucherspeck. Im Mund sind außerdem säuerliche, salzige und leicht animalische Noten vernehmbar. Der Teig ist weich und elastisch. Zum Räuchern (das die Rinde goldgelb werden lässt; ungeräucherter Texovský Salámový Syr ist beigefarben) wird Sägemehl verwendet. Der Käse ist in Frischhaltefolie verpackt, auf der steht, ob es sich um die geräucherte oder die ungeräucherte Version handelt.

TEVIOTDALE CHEESE (**Großbritannien,** England/Nordosten, Schottland/Borders)

g.g.A. seit 1998

Milch | Kuhrohmilch
Größe | Durchmesser 14 cm; Höhe 10 cm
Gewicht | 1,1 kg
Fettgehalt | 30 %

Karte S. 216–217

Der Teviotdale Cheese wurde 1983 auf der Easter Weens Farm kreiert (von der auch der Bonchester Cheese stammt; s. S. 70). Der Käse, der aus Milch von *Jersey*-Rindern hergestellt wird, hat eine weißliche Rinde. Sein Inneres ist strohgelb, der feste Teig zergeht sehr schön auf der Zunge. Am Gaumen ist er kräftig, salzig und scharf.

TOLMINC (**Slowenien,** Oberkrain, Görz)

g.U. seit 2012

Milch | Kuhmilch, roh oder thermisiert
Größe | Durchmesser 23–27 cm; Höhe 8–9 cm
Gewicht | 3,5–5 kg
Fettgehalt | 33 %

Karte S. 222–223

Die ältesten schriftlichen Hinweise auf diesen Käse finden sich in Rechnungsbüchern aus dem 13. Jahrhundert, in denen er als Zahlungsmittel erwähnt wird. Im Jahr 1756 trug der Tolminc auf den Märkten der italienischen Stadt Udine den Namen Formaggio di Tolmino. Seine glatte Rinde ist strohgelb, der Teig eher geschmeidig. Der Teig kann erbsengroße Löcher aufweisen. Im Mund zeigt sich der Käse angenehm mild, entwickelt aber gegen Ende der Verkostung zunehmend scharfe Noten.

TOMA PIEMONTESE (**Italien,** Piemont)

g.U. seit 1996

Milch | Kuhrohmilch
Größe | Durchmesser 15–35 cm; Höhe 6–12 cm
Gewicht | 1,8–9 kg
Fettgehalt | 29 %

Karte S. 210–211

Farblich spielt die Rinde dieses Käses zwischen Strohgelb und Rotbraun. Der Teig ist cremig-elastisch und von kleinen Löchern durchzogen. Im jungen Zustand verströmt der Käse milde, milchige und säuerliche Noten. Mit zunehmender Reife wird der Geschmack intensiver und bietet Anklänge von Sahne und Butter. Im Abgang machen sich anhaltende salzige Nuancen bemerkbar.

TOME DES BAUGES (**Frankreich,** Auvergne-Rhône-Alpes)

AOC seit 2002

g.U. seit 2007

Milch | Kuhrohmilch

Größe | Durchmesser 18–20 cm; Höhe 3–5 cm

Gewicht | 1,1–1,4 kg

Fettgehalt | 24 %

Karte S. 198–199

Man könnte meinen, sein Name sei falsch geschrieben; doch tatsächlich schreibt sich dieser Käse mit nur einem m, also Tome und nicht Tomme. Es heißt, das Wort stamme von *toma*, einem savoyardischen Dialektausdruck, der »in den Alpen hergestellter Käse« bedeutet. Als die Hersteller beschlossen, für ihren Käse die Eintragung der geschützten Ursprungsbezeichnung zu beantragen, entschieden sie sich für diese Schreibweise, um den Käse von anderen Tommes zu unterscheiden. Es gibt weitere Beispiele für diesen Typ, zum Beispiel den Tome d'Arles (aus der Provence; einer der ältesten Käse der Region), den Tome de la Brigue (aus dem Roya-Tal an der französisch-italienischen Grenze), den Tome des Neiges La Mémée (Auvergne) oder den Tome de la Vésubie (aus dem Nationalpark Mercantour zwischen Frankreich und Italien). Ursprünglich wurde der Tome des Bauges nur auf dem Land gegessen und aus mit Sahne angereicherter Milch hergestellt. Es dauerte einige Zeit, bis man begann, mit ihm Handel zu treiben. Heute kann man die Laitier- und die Fermier-Versionen an ihren Plaketten (rot bzw. grün) unterscheiden. Die großartige graubraune, unregelmäßig geformte Rinde kann hier und da gelbliche oder weißliche Flecken aufweisen. Der goldgelbe Teig ist fest und geschmeidig mit kleinen Löchern. In der Nase entfaltet der Tome des Bauges Anklänge an Pilze, Keller und feuchten Waldboden. Im Mund machen sich eher milchige und fruchtige Noten sowie vielleicht Röstaromen bemerkbar. Im Abgang scheint der bereits in der Nase vernommene Pilzgeschmack wieder auf.

TOMME AUX ARTISONS (**Frankreich,** Auvergne-Rhône-Alpes)

Milch | Kuhrohmilch

Größe | Durchmesser 10 cm; Höhe 5 cm

Gewicht | 300 g

Fettgehalt | 25 %

Karte S. 202–203

Er heißt auch Tomme aux Artisous. Dieser Käse präsentiert eine Rinde, die mit ihren von Milben *(artisons)* geschaffenen »Kratern« an die Mondoberfläche erinnert. Das Produkt ist das Ergebnis der geduldigen und aufmerksamen Arbeit des Affineurs. Er muss dafür sorgen, dass die Mehlmilben so »arbeiten«, dass ein ausgewogener Käse entsteht – sowohl, was die Rinde, als auch, was den Teig betrifft. Die Milben ernähren sich in der Regel von Schimmelpilzen. In der Nase bietet der milbengereifte Käse Anklänge an feuchten Keller. Im Mund ist er erstaunlich frisch und säuerlich, mit einigen rauchigen Noten.

TOMME CRAYEUSE (**Frankreich,** Auvergne-Rhône-Alpes)

Milch | Kuhmilch, roh oder pasteurisiert

Größe | Durchmesser 18–20 cm; Höhe 4–6 cm

Gewicht | 1,5–2 kg

Fettgehalt | 24 %

Karte S. 198–199

Von außen wirkt dieser Käse aus Savoyen (der allerdings in der Vendée produziert wird; nur die Affinage findet in Savoyen statt) mit seiner gräulich-weißlichen Rinde recht rustikal. Nach dem Anschnitt fällt jedoch die cremefarbene, verlaufende Teigschicht direkt unter der Rinde auf, die einen weißen, kreidigen und zartschmelzenden Kern umhüllt. Diese Konsistenz wird erzielt, indem man den Käse in zwei unterschiedlichen Kellern reifen lässt: zunächst in einem warmen und feuchten, dann in einem kühlen Keller. In der Nase dominieren Anklänge an Keller und Pilze. Am Gaumen präsentiert sich der Tomme Crayeuse vielschichtig, mit einem ganzen Bukett aus säuerlichen, milchigen, sahnigen und grasigen Noten.

TOMME DE RILHAC (**Frankreich,** Nouvelle-Aquitaine)

Milch | Pasteurisierte Kuhmilch

Größe | Durchmesser 20 cm; Höhe 8,5 cm

Gewicht | 2,7 kg

Fettgehalt | 28 %

Karte S. 202–203

Dieser Käse macht mit seiner rauen, staubigen Rinde mit braunen, beigen und rotbraunen Farbtönen einen recht derben Eindruck. Doch darunter verbirgt sich ein fantastischer Teig. In der Nase und am Gaumen entfaltet er komplexe Aromen und Geschmacksrichtungen mit Anklängen von Butter, Crème crue (unpasteurisierte Crème fraîche), Zwiebel, Muskat und Dörrobst. Der Teig erinnert an den des Cantals oder des Salers, hat aber nicht die animalischen und sauren Noten seiner illustren Cousins aus der Auvergne.

TOMME DE SAVOIE (**Frankreich,** Auvergne-Rhône-Alpes)

g.g.A. seit 1996

Milch | Kuhrohmilch
Größe | Durchmesser 18–21 cm; Höhe 5–8 cm
Gewicht | 1,2–2 kg
Fettgehalt | 10–30 %

Karte S. 198–199

Ein Käse, der im Herzen der Ostalpen das Licht der Welt erblickte, als die Bauern aus der entrahmten Milch, die beim Buttern angefallen war, Käse für ihre Familien machten. Der Tomme de Savoie präsentiert sich mit einer gräulichen, weiß gesprenkelten Rinde. Ist der Käse lange gereift, kann sie Unregelmäßigkeiten aufweisen. Der mattweiße bis strohgelbe, weiche und zartschmelzende Teig mit vereinzelten Bruchlöchern bietet am Gaumen milchige, säuerliche und grasige Noten. Bei einem sehr reifen Tomme de Savoie können sich im Abgang Bitternoten bemerkbar machen. Auf die Oberfläche des Käses muss eine Kaseinmarke aufgebracht werden, die die Echtheit des Produkts garantiert. Ist sie rot, handelt es sich um einen Laitier-Käse, ist sie grün, hat man es mit einem Fermier-Käse zu tun.

Der Tomme de Savoie ist einer der sehr wenigen Käse, die mit unterschiedlichen Fettgehalten produziert werden: 10 %, 15 %, 20 %, 25 % und 30 %.

TOMME DES PYRÉNÉES (**Frankreich,** Okzitanien)

g.g.A. seit 1996

Milch | Pasteurisierte Kuhmilch
Größe | Durchmesser 21–24 cm; Höhe 5–8 cm
Gewicht | 3,5–4,5 kg
Fettgehalt | 28 %

Karte S. 202–203

Seinen Ursprung hat dieser Käse im 12. Jahrhundert. Dokumente aus dieser Zeit belegen, dass es ihn damals im Ariège in Dörfern rund um Saint-Girons gab. Seine Rinde kann goldbraun bis schwarz sein. Der cremefarbene, elfenbeinweiße oder strohgelbe Teig ist von kleinen Löchern unterschiedlicher Größen (von reiskorn- bis erbsengroß) durchsetzt und von weicher, schmelzender Konsistenz. Am Gaumen zeigt sich der Tomme des Pyrénées mild, milchig und säuerlich mit einem leicht bitteren Nachgeschmack.

TOMME MAROTTE (**Frankreich,** Okzitanien)

Milch | Thermisierte Schafmilch

Größe | Durchmesser 12 cm; Höhe 9,5 cm

Gewicht | 1,2 kg

Fettgehalt | 28 %

Karte S. 202–203

Dieser ansehnliche Käse verbirgt unter seiner weißlichen, gelb gefleckten Rinde einen gleichmäßigen, zartschmelzenden cremigen Teig mit strohgelben Reflexen. In der Nase kitzeln die Aromen von Stroh und Sahne, im Mund machen sich eher Anklänge an Heu, frische Kräuter und Butter bemerkbar. Dank der Rinde offenbaren sich im Abgang haselnussartige Noten. Der Tomme Marotte wird exklusiv von der Coopérative des Bergers du Larzac hergestellt, die 20 Produzenten umfasst.

TORTA DEL CASAR (**Spanien,** Extremadura)

Milch | Schafrohmilch

Größe | Klein: Durchmesser 8–10 cm, Höhe 4–6 cm; mittelgroß: Durchmesser 11–12 cm, Höhe 5–7 cm; groß: Durchmesser 14–17 cm, Höhe 5–7 cm

Gewicht | Klein: 200–500 g; mittelgroß: 501–800 g; groß: von 801 g bis 1,1 kg

Fettgehalt | 26 %

Karte S. 208–209

Im Jahr 1291 bekam die Gemeinde El Casar, etwa 50 km nördlich von Madrid gelegen, von König Sancho IV. Land in der Umgebung des Dorfes zugesprochen, auf dem die Viehhalter ihre Tiere frei grasen lassen konnten. Damals begann offiziell die Produktion dieses Käses. Die Milch für den Torta del Casar wird mit pflanzlichen Gerinnungsenzymen (aus den Blüten einer Distelart) dickgelegt, der Käse ist daher auch für eine vegetarische Ernährung geeignet. Die halbfeste Rinde schmücken gelbe bis ockerfarbene Töne. Zum Verkosten dieses Käses empfiehlt es sich, ihn zu öffnen, indem man oben einen »Deckel« abschneidet. Dann wird ein weißer bis gelblicher, fein gelochter Teig sichtbar, der in der Nase intensive Stallnoten bietet. Im Mund ist der Käse cremig, zart und animalisch mit einer leichten Bitternote im Abgang.

TRADITIONAL AYRSHIRE DUNLOP (**Großbritannien,** Schottland/Strathclyde)

g. g. A. seit 2015

Milch | Kuhmilch, roh oder pasteurisiert
Größe | Durchmesser 9–38 cm; Höhe 7,5–23 cm
Gewicht | Von 350 g bis 20 kg
Fettgehalt | 29 %

Karte S. 216–217

Vermutlich wurde dieser Käse von Barbara Gilmour kreiert, einer Schottin, die gegen 1660 aus religiösen Gründen nach Irland fliehen musste. Dort lernte sie, wie man Käse aus Vollmilch macht (in Schottland nahm man entrahmte Milch, die Sahne wurde zu Butter vearbeitet) und diesen presst. Zurück in Schottland, in dem Dorf Dunlop, begann sie, ihr im Exil erworbenes Wissen anzuwenden. Die Rinde dieses Käses ist marmoriert, der Teig darunter weich und cremig. Jung schmeckt der Käse mild und haselnussartig, reift er länger, wird er charaktervoller und entwickelt sahnige und säuerliche Noten sowie deutliche Anklänge an Dörrobst.

TRADITIONAL WELSH CAERPHILLY (**Großbritannien,** Wales)

g. g. A. seit 2018

Milch | Kuhmilch, roh oder pasteurisiert
Größe | Durchmesser 20–25 cm; Höhe 6–12 cm
Gewicht | 2–4 kg
Fettgehalt | 26 %

Karte S. 216–217

Dies ist der einzige Käse, der in Wales produziert wird. Der weiße Teig des Traditional Welsh Caerphilly ist fest, aber mürbe und brüchig. Im jungen Zustand bietet er am Gaumen frische und zitronige Noten. Länger gereift, gewinnt er an Charakter, ohne aber jemals zu kräftig oder scharf zu werden.

VACHERIN FRIBOURGEOIS (**Schweiz,** Kanton Freiburg)

g. U. seit 2005

Milch | Kuhrohmilch
Größe | Durchmesser 30–40 cm; Höhe 6–9 cm
Gewicht | 6–10 kg
Fettgehalt | 29 %

Karte S. 222–223

Sein Name stammt vom lateinischen *vaccarinus* ab, was »kleiner Kuhhirte« bedeutet. Die glatte oder gewellte Rinde ist von einem Mullband oder einem Fichtenholzspan umringt. Der Teig ist halbfest und klebrig. In der Nase und am Gaumen dominieren buttrige und fruchtige Noten, dazu gesellt sich cremiger, etwas körniger Schmelz.

VALLE D'AOSTA FROMADZO (**Italien,** Aostatal)

g.U. seit 1996

Milch | Kuhrohmilch (und gelegentlich Ziegenrohmilch)
Größe | Durchmesser höchstens 30 cm; Höhe 6–8 cm
Gewicht | 1–7 kg
Fettgehalt | 27 %

Karte S. 210–211

Dieser Käse wird aus der Milch zweier Rinderrassen des Aostatals hergestellt, *Valdostana pezzata rossa* und *Valdostana pezzata nera*. Gelegentlich wird Ziegenmilch hinzugefügt. Der Käse kann mit Kräutern, Wacholderbeeren, Kreuzkümmel oder Fenchelsamen aromatisiert sein. Im Mund zeigt sich der Käse schmelzend und aromatisch mit Anklängen von Sauermilch, Butter und Heu. Nach längerer Reifezeit kann sich im Abgang eine gewisse Schärfe bemerkbar machen.

VALTELLINA CASERA (**Italien,** Piemont)

g.U. seit 1996

Milch | Kuhrohmilch
Größe | Durchmesser 30–45 cm; Höhe 8–10 cm
Gewicht | 7–12 kg
Fettgehalt | 28 %

Karte S. 210–211

Anfang des 16. Jahrhunderts wurde dieser Käse geschaffen. Er hat, je nach Reifegrad, eine dicke stroh- bis goldgelbe Rinde. Der elfenbeinfarbene Teig ist elastisch und von kleinen Löchern durchzogen. Am Gaumen zeichnet sich der Käse durch milde, milchige Noten aus. Im säuerlichen Nachgeschmack offenbaren sich blumige Anklänge. Bei lange gereiftem Käse wird der Teig brüchig und der Geschmack sehr ausgeprägt.

WANGAPEKA (**Neuseeland,** Tasman)

Milch | Pasteurisierte Kuhmilch
Größe | Durchmesser 15–20 cm; Höhe 6–10 cm
Gewicht | 2–3 kg
Fettgehalt | 29 %

Karte S. 233

Im Jahr 2000 wurde die Farm Wangapeka gegründet und wird seitdem als Bio-Betrieb geführt. Dieser Käse mit ungleichmäßiger Rinde ist mit pflanzlichen Gerinnungsenzymen hergestellt. Der halbfeste Teig zeigt sich am Gaumen sahnig und kräftig zugleich.

WEST COUNTRY FARMHOUSE CHEDDAR
(**Großbritannien,** England/Südwesten)

g.U.
seit
1996

Milch | Kuhmilch, roh oder pasteurisiert
Gewicht | Von 500 g bis 20 kg
Fettgehalt | 27 %

Karte S. 216–217

Im Jahr 1170 erkor König Heinrich II. den Cheddar zum »besten Käse des Königreichs«.

Ein Käse, wie er englischer nicht sein kann. Er findet zunehmend Anklang bei Käseliebhabern, die auf der Suche nach dem »wahren« Cheddar sind. Tatsächlich bezeichnet Cheddar eine Käsesorte, die überall hergestellt werden darf (und die weltweit die meistverkaufte ist). Der West Country Farmhouse Cheddar aber hat eine geschützte Ursprungsbezeichnung und darf nur in den Grafschaften Dorset, Somerset, Devon und Cornwall produziert werden. Er kann quadratisch oder zylindrisch sein und wird mit einem Tuch umwickelt, das dafür sorgt, dass er nicht austrocknet und einen zartschmelzenden Teig entwickelt. In der Nase verströmt er Aromen von Keller und Schimmel. Der stroh- bis goldgelbe Teig ist kompakt und ungleichmäßig, ähnlich wie bei Cantal und Salers. Im Mund zeigt sich der Käse eher derb, mit animalischen, sahnigen und grasigen Noten.

YORKSHIRE WENSLEYDALE (**Großbritannien,** England/Yorkshire)

g.g.A.
seit
2013

Milch | Kuhmilch, roh oder pasteurisiert
Gewicht | Von 500 g bis 21 kg
Fettgehalt | 28 %

Karte S. 216–217

Seine Existenz verdankt dieser Käse französischen Zisterziensermönchen, die sich im 11. und 12. Jahrhundert in Yorkshire niederließen und dort Schafskäse so herstellten, wie sie es in ihrer Heimat gelernt hatten. Die Schafmilch wurde Mitte des 16. Jahrhunderts, nach der Auflösung der Klöster durch Heinrich VIII., durch Kuhmilch ersetzt. Die Reifung des Käses, die zwischen 2 Wochen und 12 Monate dauern kann, bringt sehr unterschiedliche Produkte hervor – sowohl, was das Aussehen, als auch, was den Geschmack betrifft. Die Rinde, die beim jungen Käse weiß oder elfenbeinfarben ist, tendiert bei längerer Reifezeit zum Gelblichen. Der Teig ist fest, aber körnig und brüchig. In der Nase zeigt sich ein junger Yorkshire Wensleydale eher frisch und säuerlich. Reift der Käse länger, gewinnt er an Kraft und Säure. Nach 2-wöchiger Reifung präsentiert er frische, milchige Noten. Je älter er wird, desto komplexer wird die Aromatik, mit Anklängen an Honig, Butter und gemähtes Gras.

07 KÄSE MIT GEBRANNTEM UND GEPRESSTEM TEIG

Dies ist die Familie der mächtigen Käse, der Käseräder mit meist zig Kilogramm Gewicht. Der Unterschied zu den Käsen im vorherigen Kapitel besteht darin, dass der Bruch, bevor er in die Formen kommt, bei Temperaturen über 50 °C nachgewärmt wird. Das hat zur Folge, dass der Teig dieser Käse praktisch keine Unebenheiten aufweist. Außerdem handelt es sich häufig um Bergkäse aus Kuhmilch, die früher der Ernährung der Bevölkerung im Winter diente.

ABONDANCE (**Frankreich,** Auvergne-Rhône-Alpes)

AOC seit 1990 | g. U. seit 1996

Milch | Kuhrohmilch
Größe | Durchmesser 38–43 cm; Höhe 7–8 cm
Gewicht | 6–12 kg
Fettgehalt | 33 %

Karte S. 198–199

Die Geschichte des Abondance beginnt im 11. Jahrhundert in der gleichnamigen Abtei, als die Mönche dort verstanden hatten, dass der Käse als Zahlungsmittel dienen konnte. Sie waren es, die die Tradition der Weidehaltung in dieser Gegend anstießen. Doch was diesen Käse wirklich bekannt gemacht hat, war im Jahr 1381 seine Anwesenheit auf den Tafeln des Konklaves von Papst Clemens VII. in Avignon. Dieser Käse wird regelmäßig mit Salzlake abgewaschen, was seiner Rinde eine rosa, goldene oder bernsteinfarbene Tönung verleiht. Auf dem Laib erkennt man Spuren des Leinentuchs, in das er nach dem Formen eingeschlagen wird. Der geschmeidige, schmelzende Teig kann einige erbsengroße Löcher aufweisen. In der Nase dominieren Aromen von Keller und Pilzen über eine dezente Enziannote. Im Mund lässt dieser fruchtige (Aromen von Ananas und Aprikose) Käse mit seinen milchigen und haselnussartigen Noten eine leichte Bitternote aufscheinen.

Der Abondance kam in der Abtei von Abondance in der Nähe des Dorfs Abondance zur Welt und besteht überwiegend aus Milch von Kühen der Rasse …? Abondance!

ALLGÄUER BERGKÄSE (**Deutschland,** Baden-Württemberg, Bayern)

g. U. seit 1997

Milch | Kuhrohmilch
Größe | Durchmesser 40–90 cm; Höhe 8–10 cm
Gewicht | 15–50 kg
Fettgehalt | 34 %

Karte S. 218–219

Ein Käse, der sich mit graurosafarbener Rinde mit einem feinen weißen Flaum präsentiert. Der mattgelbe Teig weist einige rebhuhnaugengroße Löcher auf. Im Mund zeigt der Käse Anklänge an Milch und frische Kräuter, im Abgang ist er von leichter Bitterkeit.

ALLGÄUER EMMENTALER (**Deutschland,** Baden-Württemberg, Bayern)

g.U.
seit
1997

Milch | Kuhrohmilch

Größe | Durchmesser 90 cm; Höhe 110 cm

Gewicht | 80 kg

Fettgehalt | 33 %

Karte S. 218–219

Auffallend ist die Ähnlichkeit dieses Käses mit dem Schweizer Emmentaler. Die Wölbung des Laibs ist auf die Reifung im feuchten Keller zurückzuführen. Sie begünstigt die Propionsäuregärung (die für die Löcher im Käse verantwortlich ist). Der Teig ist fest und glatt, am Gaumen dominieren milchige und buttrige Noten.

ALLGÄUER SENNALPKÄSE (**Deutschland,** Baden-Württemberg, Bayern)

g.U.
seit
2016

Milch | Kuhrohmilch

Größe | Durchmesser 30–70 cm; Höhe höchstens 15 cm

Gewicht | 5–35 kg

Fettgehalt | 34 %

Karte S. 218–219

Hier handelt es sich um einen Artisanal-Almkäse. Er wird im Sommer (von Mai bis Oktober) auf den Bergalmen des Allgäus im Süden Deutschlands produziert. Die gelborange bis braune Rinde ist trocken, der elfenbeinfarbene oder gelbe Teig fest und glatt mit einigen wenigen Löchern. In der Nase machen sich Anklänge an feuchten Keller und Heu bemerkbar. Im Mund ist, abgesehen von buttrigen und sahnigen Noten, ein verblüffender Walnussgeschmack zu verzeichnen. Manche gereifte Laibe können zudem rauchige Nuancen offenbaren.

ANNEN-KÄSE (**Schweiz,** Kanton Schwyz)

Milch | Kuhrohmilch

Größe | Durchmesser 55–60 cm; Höhe 10–12 cm

Gewicht | 30–40 kg

Fettgehalt | 34 %

Karte S. 222–223

Der Käse (auch Fromage d'Annen genannt) ist wenig bekannt, weil sein Produktionsvolumen nicht an das von Gruyère, Emmentaler oder Etivaz heranreicht. Dafür muss er sich in Sachen Geschmack nicht vor ihnen verstecken. Sein elfenbeinfarbener Teig, fest, schmelzend und buttrig, lässt am Gaumen fruchtige, sahnige und milchige Noten von unglaublicher Finesse aufscheinen – ein Käse, der niemanden unberührt lässt!

BEAUFORT (**Frankreich,** Auvergne-Rhône-Alpes)

AOC seit 1968 | g. U. seit 1996

Milch | Kuhrohmilch
Größe | Durchmesser 35–75 cm; Höhe 11–16 cm
Gewicht | 20–70 kg
Fettgehalt | 33 %

Karte S. 198–199

Er entstand im Mittelalter, nachdem Mönche und Dörfler Almen schufen, um dort ihre Milchkühe zu halten. Aus der Milch machte man *vachelins,* Käse mit zig Kilogramm Gewicht, die Vorfahren des Beauforts. Doch sie waren nicht groß genug, um die örtliche Bevölkerung im Winter zu ernähren. Im 17. Jahrhundert ist dieser Vachelin bereits größer (40 kg) und trägt einen anderen Namen: Er heißt jetzt Grovire. Seine beachtliche Entwicklung erlaubt ihm, mehrere Monate sowie Reisen in Städte und über Grenzen durchzuhalten. Doch erst im Jahr 1865 wird der Grovire in Beaufort umbenannt. Es gibt diesen Käse in drei Varianten: als Beaufort, hergestellt zwischen November und Mai; als Beaufort d'Été, hergestellt zwischen Juni und Oktober aus der Milch verschiedener Herden; und als Beaufort Chalet d'Alpage (die seltenste Version), hergestellt zwischen Juni und Oktober auf mindestens 1500 m Höhe aus der Milch einer einzigen Herde. Der majestätische, sehr hohe Laib mit gewölbten Seiten zeigt Abdrücke eines Leintuchs; die hellbraune bis orangefarbene Rinde ist etwas unregelmäßig. Der elfenbeinfarbene, äußerst glatte Teig weist gold- oder strohgelbe Reflexe auf, stellenweise sind (sehr selten) kleine Löcher vorhanden. In der Nase vermischen sich waldige, buttrige und blumige Aromen. Im Mund verbreitet der feste, zartschmelzende Teig kräftige milchige, aber auch fruchtige und haselnussartige, leicht salzige Noten.

Der historische Grund für die konkave Form des großen Laibs: Sie ermöglichte es einst, den Käse auf dem Rücken eines Maultiers zu transportieren, ohne dass er sich durchbog.

BÉMONTOIS (**Schweiz,** Kantone Bern, Jura)

Milch | Kuhrohmilch
Größe | Durchmesser 35–45 cm; Höhe 12–15 cm
Gewicht | 15–25 kg
Fettgehalt | 34 %

Karte S. 222–223

Nachbarn des Bémontois sind die Berühmtheiten Gruyère und Tête de Moine. Ersterem kommt er in Sachen Größe und Aussehen nahe, zeigt aber am Gaumen eine subtilere Aromatik, denn er ist weniger buttrig und salzig. Dieser Käse eignet sich sehr gut als Raclettekäse oder für ein Käsefondue.

BERNER ALPKÄSE (**Schweiz,** Kanton Bern)

g.U. seit 2004

Milch | Kuhrohmilch
Größe | Durchmesser 28–48 cm
Gewicht | 5–14 kg
Fettgehalt | 32 %

Karte S. 222–223

Die erste schriftliche Erwähnung dieses Käses (und seines Pendants, des Berner Hobelkäses, s.u.) stammen aus dem Jahr 1548. Es handelt sich um einen Sommerkäse, der an jedem Tag zwischen dem 10. Mai und dem 10. Oktober hergestellt wird. Den Keller verlässt er nach 6-monatiger Reifung, während der er regelmäßig mit Salzlake eingerieben und gewendet wird. In der Nase zeigt der Berner Alpkäse saure, pflanzliche und animalische Noten, im Mund Würze und Schärfe.

BERNER HOBELKÄSE (**Schweiz,** Kanton Bern)

g.U. seit 2004

Milch | Kuhrohmilch
Größe | Durchmesser 28–48 cm
Gewicht | 5–14 kg
Fettgehalt | 32 %

Karte S. 222–223

Beim Berner Hobelkäse handelt es sich eigentlich um einen gereiften Berner Alpkäse. In der Nase ist er sauer und würzig. Zum Verzehr wird er meistens gehobelt. Mit einer Vielzahl von Tyrosinkristallen im Teig bietet er im Mund kräftige, salzige, animalische und leicht rauchige Noten.

BITTO (**Italien,** Lombardei)

g.U. seit 1996

Milch | Kuhrohmilch und Ziegenrohmilch (höchstens 10 %)
Größe | Durchmesser 30–50 cm; Höhe 8–12 cm
Gewicht | 8–25 kg
Fettgehalt | 34 %

Karte S. 210–211

Der Bitto ist ein Almkäse, der ausschließlich vom 1. Juni bis zum 30. September hergestellt wird. Der Teig ist fest, kompakt und schmelzend. Bei längerer Reifung wird er brüchig und entwickelt salzige, buttrige und pikante Noten, ohne aber jemals scharf zu sein. Der Bitto kann bis zu 6 Jahre lang reifen und ist dann ein äußerst seltener und begehrter Käse.

COMTÉ (**Frankreich,** Auvergne-Rhône-Alpes, Bourgogne-Franche-Comté)

AOC seit 1952 | g. U. seit 1996

Milch | Kuhrohmilch
Größe | Durchmesser 55–75 cm; Höhe 8–13 cm
Gewicht | 32–45 kg
Fettgehalt | 34 %

Karte S. 198–199

Die ersten schriftlichen Hinweise auf diesen Käse stammen aus den *fructeries*, die große Käse produzierten. Die Dokumente aus den Jahren 1264 und 1280 umfassen sechs Texte, die die Käseherstellung in den Gemeinden Déservillers und Levier belegen. Aus den *fructeries* werden später die *fruitières*, kleine Bergmolkereien, zu denen man die Milch von verschiedenen Höfen bringt. Aus ihr werden große, mächtige Käse hergestellt, die einen harten Winter lang die Familien ernähren. Die *fruitières* sind sozusagen die ersten Käsereigenossenschaften. Gemeinwohl vor Eigenwohl …
Die etwas körnige Rinde dieses Käses ist hellbeige bis braun, der glatte, zartschmelzende Teig elfenbein- bis cremefarben, manchmal sogar strohgelb. Im Mund verbreitet er, je nach Reifestufe, Anklänge von Butter, Sahne, Kräutern, Dörrobst, Blumen oder Leder. Bevor er den Reifekeller verlässt, muss an jedem Laib rundherum eine Markierung in Form eines Bandes befestigt werden. Ist es grün, handelt es sich bei dem Käse um einen Comté, der alle Anforderungen der EU-Regularien der geschützten Ursprungsbezeichnung (g. U.) erfüllt. Ein Käse, der dies nicht tut, bekommt ein ziegelrotes Band. Er ist deklassiert und wird zu einem geringeren Preis verkauft als ein »grüner« Comté.

DENT DU CHAT (**Frankreich,** Auvergne-Rhône-Alpes)

Milch | Kuhrohmilch
Größe | Durchmesser 50 cm; Höhe 15 cm
Gewicht | 40 kg
Fettgehalt | 30 %

Karte S. 198–199

Am Fuß des gleichnamigen Bergmassivs in Savoyen stellt die Käsereigenossenschaft in Yenne diesen Käse her. Dessen Rinde spielt vom Hellrosa ins Beige, der Teig ist hell- bis strohgelb und von buttriger, schmelzender Konsistenz. Am Gaumen zeigt sich der Dent du Chat (der auch teilweise Meule de Savoie genannt wird) fruchtig, mild und feinsäuerlich. Im Abgang gesellt sich dazu eine leicht salzige Note, die der Verkostung eine gewisse Dynamik verleiht.

EMMENTAL DE SAVOIE (**Frankreich,** Auvergne-Rhône-Alpes)

g. g. A. seit 1996

Milch | Kuhrohmilch

Größe | Durchmesser 72–80 cm; Höhe 14 cm (außen) bis 32 cm (in der Mitte)

Gewicht | mind. 60 kg

Fettgehalt | 34 %

Karte S. 198–199

Dieser mächtige gewölbte Käse weist eine gelbbraune, recht dicke Rinde auf. Darunter verbirgt sich ein homogener, fester und geschmeidiger Teig. Die zahlreichen Löcher sind kirsch- bis walnussgroß. Im Mund zeigt der Käse milchige, milde, fruchtige und leicht säuerliche Noten. Die berühmten Löcher im Emmentaler (gleich ob Schweizer, deutscher oder französischer), rühren daher, dass er im warmen Keller reift.

EMMENTALER (**Schweiz,** Kantone Bern, Aargau, Glarus, Luzern, Schwyz, Solothurn, St. Gallen, Thurgau, Zug, Zürich)

g. U. seit 2006

Milch | Kuhrohmilch

Größe | Durchmesser 80–100 cm; Höhe 16 cm (außen) bis 27 cm (in der Mitte)

Gewicht | 75–120 kg

Fettgehalt | 34 %

Karte S. 222–223

Ein Käse, der in vier Reifestufen gehandelt wird: als Classic (höchstens 4 Monate gereift), als Réserve (4–8 Monate), extrareif (mindestens 12 Monate) und als Höhlengereifter (mindestens 12 Monate, plus zusätzliche 6-monatige Reifung in einem Felsenkeller). Der Emmentaler ist ein geschmeidiger, zartschmelzender Käse, der sich durch Anklänge an Butter, Sahne und frische Kräuter auszeichnet.

EMMENTAL FRANÇAIS EST-CENTRAL (**Frankreich,** Auvergne-Rhône-Alpes, Bourgogne-Franche-Comté, Grand Est)

g. g. A. seit 1996

Milch | Kuhrohmilch

Größe | Durchmesser 70–100 cm; Höhe 14 cm (außen)

Gewicht | 60–130 kg

Fettgehalt | 33 %

Karte S. 196–201

Dieses enorme Käserad mit strohgelber bis hellbrauner Rinde ist stark gewölbt. Der gelbe, glänzende Teig ist geschmeidig und schmelzend, seine Löcher können kirsch- bis mehr als walnussgroß sein. Auf der Zunge zeigt sich der Käse milchig, mild und fruchtig. Verglichen mit dem Emmental de Savoie ist er am Gaumen etwas intensiver.

EVERTON (**USA,** Indiana)

Milch | Kuhrohmilch

Größe | Durchmesser 40 cm; Höhe 7,5 cm

Gewicht | 10 kg

Fettgehalt | 28 %

Karte S. 228–229

Nach einer Reifezeit von 8–12 Monaten (18 Monaten beim Everton Premium Reserve) ist die Rinde dieses Käses hellgelb bis hellbeige, der Teig fest und zartschmelzend. Am Gaumen entwickelt der Everton wunderbar anhaltende buttrige und haselnussartige Noten. Der Premium Reserve ist auf der Zunge üppiger und großzügiger in der Aromatik. Zusätzlich bietet er knackig-knirschende Tyrosinkristalle.

FORMAELLA ARACHOVAS PARNASSOU (**Griechenland,** Zentralgriechenland)

Milch | Pasteurisierte Ziegen- und/oder Schafmilch

Größe | Durchmesser 5–10 cm; Länge 25–30 cm

Gewicht | Von 500 g bis 1 kg

Fettgehalt | 30 %

Karte S. 226–227

Was seine Form und seine Herstellung aus Ziegen- oder Schafmilch angeht, ist dieser Käse eher ungewöhnlich. Seine stroh- bis goldgelbe Rinde weist Rillen auf, die von seiner Reifung in kleinen Weidenkörben (*kofinakia*) herrühren. Der Kern ist weiß, fest, sahnig und etwas körnig. Am Gaumen ist der Formaella Arachovas Parnassou mild, milchig und säuerlich. Es können sich auch dezente Anklänge an Gras und Schaf (oder Ziege) bemerkbar machen.

GAILTALER ALMKÄSE (**Österreich,** Kärnten)

Milch | Kuhrohmilch oder Kuh- und Ziegenrohmilch (höchstens 10 %)

Gewicht | Von 500 g bis 35 kg

Fettgehalt | 31 %

Karte S. 222–223

Die ersten Hinweise auf diesen Käse gibt es im späten 14. Jahrhundert im Urbar (Besitzrechtsverzeichnis) des Grafen von Görz. Heute wird der Gailtaler Almkäse von 13 Almsennereien im Oberen Gailtal hergestellt. Er hat eine goldfarbene, trockene Naturrinde. Der gelbliche Teig ist sahnig und von runden Löchern durchzogen, die erbsen- bis haselnussgroß sein können. Der milde Käse ist vollmundig im Geschmack, mit Anklängen an Sahne und Kräuter.

GRANA PADANO (**Italien,** Emilia-Romagna, Lombardei, Piemont, Venetien, Trentino-Südtirol)

g. U.
seit
1996

Milch | Kuhrohmilch

Größe | Durchmesser 35–45 cm; Höhe 18–25 cm

Gewicht | 24–40 kg

Fettgehalt | 32 %

Karte S. 210–211

Häufig wird er mit dem Parmigiano Reggiano verwechselt. Doch man erkennt ihn auf den ersten Blick daran, dass sein Name seitlich rundherum in die Rinde geprägt ist. Diese ist 4–8 mm dick und braun, gold- oder dunkelgelb. Sie beschützt einen strohgelben, sehr körnigen (*grana* = Korn) und schmelzenden Teig, der sich durch salzige, buttrige und blumige Noten auszeichnet (und sich im Mund deutlich trockener präsentiert als sein Cousin aus Parma). Ein Grana Padano, der über 20 Monate gereift ist, trägt die Bezeichnung *riserva.* Sie wird auch seitlich in die Rinde des Käses eingebrannt.

GRAVIERA AGRAFON (**Griechenland,** Thessalien)

g. U.
seit
1996

Milch | Pasteurisierte Schafmilch oder pasteurisierte Schaf- und/oder Ziegenmilch

Gewicht | 8–10 kg

Fettgehalt | 30 %

Karte S. 226–227

Dieser Käse hat eine beigefarbene bis graue, ungleichmäßige Rinde. In der Nase zeigt er Kellernoten und Säure. Der weiße, gelochte und brüchige Teig offenbart buttrige, fast süße Noten. Die verwendete Schafmilch verleiht dem Abgang grasige Nuancen und Frische.

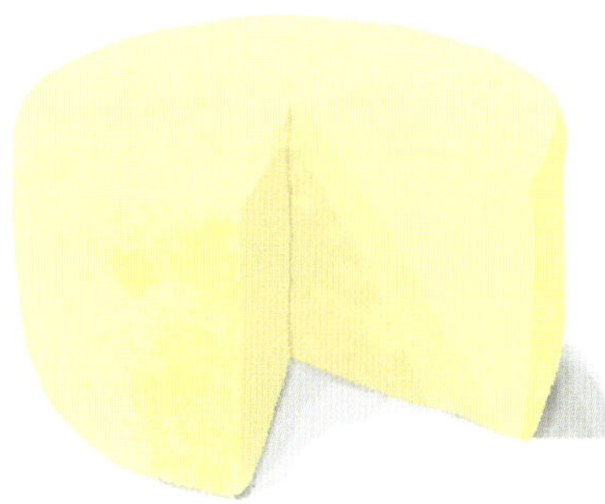

GRAVIERA KRITIS (**Griechenland,** Kreta)

g. U.
seit
1996

Milch | Pasteurisierte Schafmilch oder pasteurisierte Schaf- und Ziegenmilch

Gewicht | 14–16 kg

Fettgehalt | 29 %

Karte S. 226–227

Er wird auf ganz Kreta hergestellt und ähnelt dem Graviera Agrafon (s. o.), seinem Cousin vom Festland. Die Herstellungsweise ist identisch, jedoch wird Milch anderer Tierarten verwendet. Zwar sind die beiden Käse nah verwandt, doch der Teig des Graviera Kritis ist geschmeidiger. Geschmacklich zeichnet er sich durch kräftige Schaf- und/oder Ziegennoten aus und ist deutlich salziger als sein Namensvetter aus Thessalien.

GRAVIERA NAXOU (**Griechenland,** Naxos)

g.U. seit 1996

Milch | Pasteurisierte Kuhmilch oder pasteurisierte Kuhmilch und Ziegenmilch (höchstens 20 %)

Fettgehalt | 25 %

Karte S. 226–227

Der Graviera Naxou hat eine gold- oder strohgelbe Rinde. Sein von kleinen Löchern durchzogener Teig ist fest und schmelzend. In der Nase machen sich Stall- und Heuaromen bemerkbar. Der Käse schmeckt mild und grasig, mit einer leichten Bitternote im Abgang. Ist er länger gereift, kann durchaus eine leichte Schärfe den Gaumen kitzeln.

GRUYÈRE (**Schweiz,** Kantone Bern, Freiburg, Jura, Waadt, Neuenburg)

AOC seit 2001

g.U. seit 2011

Milch | Kuhrohmilch

Größe | Durchmesser 55–65 cm; Höhe 9,5–12 cm

Gewicht | 25–40 kg

Fettgehalt | 34 %

Karte S. 222–223

Er wird seit dem Jahr 1115 in der Umgebung des Ortes Gruyères hergestellt. Die Rinde dieses Käses ist gleichmäßig und weist beige und rotbraune Nuancen auf. Der Teig ist fein, fest und zartschmelzend. Sein Elfenbeinton kann unterschiedlich ausfallen, abhängig von der Saison, in der er produziert wurde. Im Mund bescheren buttrige, grasige, blumige und fruchtige Noten dem Gaumen ein anhaltendes Geschmackserlebnis. Es gibt den Gruyère (zu Deutsch Greyerzer) in drei Versionen: klassisch (6–9 Monate gereift), als Réserve (mindestens 10 Monate) und als Gruyère d'Alpage (Almkäse).

GRUYÈRE FRANÇAIS
(**Frankreich,** Bourgogne-Franche-Comté, Auvergne-Rhône-Alpes, Grand Est)

g.g.A. seit 2013

Milch | Kuhrohmilch

Größe | Durchmesser 53–63 cm; Höhe 13–16 cm

Gewicht | 42 kg

Fettgehalt | 35 %

Karte S. 198–199

Im Gegensatz zu dem seines französischen Namensvetters muß der Teig des Gruyère Français erbsen- bis haselnussgroße Löcher aufweisen. Seine hellbeige Rinde mit weißem Flaum schützt den Teig, der farblich von gebrochenem Weiß bis Elfenbein spielen kann. Er ist fest und zartschmelzend. Am Gaumen zeigt dieser milde Käse milchige Noten.

HANDECK (**Kanada,** Ontario)

Milch | Pasteurisierte Kuhmilch

Größe | Durchmesser 50 cm; Höhe 10 cm

Gewicht | 25 kg

Fettgehalt | 31 %

Karte S. 230–231

Benannt wurde dieser Käse nach der Schweizer Alp Handeck, wo Shep Ysselstein (Nachfahre eines niederländischen Käsemachers, der sich Anfang des 20. Jahrhunderts in Ontario niedergelassen hatte) lernte, wie dort Käse hergestellt wird. Die Konsistenz des Handecks ist fest, aber buttrig. Am Gaumen bietet er Anklänge von Haselnuss, Sahne und Butter. Die Käserei Gunn's Hill, in der Nähe von Woodstock, Ontario, gelegen, bietet den Handeck nach 12-monatiger Reifung an. Noch stärker gereift ist der Handeck Reserve, der erst nach 4 Jahren den Keller verlässt.

HEIDI (**Australien,** Tasmanien)

Milch | Kuhrohmilch

Größe | Durchmesser 55 cm; Höhe 10 cm

Gewicht | 30 kg

Fettgehalt | 35 %

Karte S. 232

Dieser Laitier-Käse wird auf ähnliche Weise hergestellt wie der Schweizer Gruyère. Je nach Reifestufe ist die Rinde hellbeige bis hellbraun. Der stroh- bis goldgelbe Teig ist fest, glatt und fühlt sich seidig an. In der Nase dominiert der Duft von Kräutern und Butter. Der Heidi zergeht auf der Zunge und zeigt dabei buttrige, haselnussartige und blumige Noten. Ist er länger gereift, entwickeln sich im Teig Tyrosinkristalle, die zwischen den Zähnen zerbersten und den Käse im Mund beachtlich lange nachklingen lassen.

HENRI IV (**Frankreich,** Nouvelle-Aquitaine)

Milch | Ziegenrohmilch

Größe | Durchmesser 30 cm; Höhe 15 cm

Gewicht | 10–30 kg

Fettgehalt | 32 %

Karte S. 202–203

Die Familie Vandaële lebt seit mehr als 30 Jahren auf dem Hof La Ferme de Lanset in den Pyrenäen. Diese Milchbauern und Käser haben zu Beginn der 2010er-Jahre eine absolute Rarität kreiert: den Henri IV, einen Käse mit gebranntem und gepresstem Teig aus Ziegenmilch. In der Nase dominiert ziegige Frische mit grasigen und blumigen Aromen. Im Mund zeigt sich der Teig fest, zartschmelzend und buttrig. Ziegige Nuancen vereinen sich dabei mit säuerlichen und schwach salzigen Noten.

KASSÉRI (**Griechenland,** Mazedonien, Thessalien, Nördliche Ägäis)

g. U. seit 1996

Milch | Pasteurisierte Schafmilch oder pasteurisierte Schaf- und Ziegenmilch (höchstens 20 %)

Größe | Durchmesser 25–30 cm; Höhe 7–10 cm

Gewicht | 1–7 kg

Fettgehalt | 22 %

Karte S. 226–227

Dieser halbfeste Käse zählt eigentlich zu den Brüh- und Knetkäsen, ist aber aufgrund seiner Konsistenz dieser Käsefamilie zugeordnet. Er weist weißliche und gräuliche Reflexe auf. Der Teig ist fest und elastisch. In der Nase verströmt der Kasséri die Aromen von Sauermilch. Im Mund ist der Käse eher bitter und säuerlich, mit deutlichen schafigen und/oder ziegigen Noten. Er wird vor allem als Reibekäse in der Küche verwendet.

L'ETIVAZ (**Schweiz,** Kanton Waadt)

AOC seit 1999

g. U. seit 2013

Milch | Kuhrohmilch

Größe | Durchmesser 30–65 cm; Höhe 8–11 cm

Gewicht | 10–38 kg

Fettgehalt | 33 %

Karte S. 222–223

Ein Almkäse, der auf einer Höhe von 1000–2000 m ausschließlich zwischen dem 10. Mai und dem 10. Oktober produziert wird. Das Besondere an diesem Hartkäse besteht darin, dass sein Teig in Kupferkesseln über Holzfeuer entsteht. Diese uralte Technik verleiht Geruch und Geschmack eine rauchige Note. Die trockene, bräunliche Rinde ist ein wenig rau. Zum Auftakt verströmt der L'Etivaz erstaunliche Ananasaromen, es folgen fruchtige, grasige und rauchige Noten. Am Gaumen offenbart der cremige Teig deutliche Anklänge an Butter und einen leicht haselnussartigen und rauchigen Geschmack. Die besten Käseräder werden von Hand gebürstet und eingeölt. Danach werden Sie aufrecht mindestens 30 Monate auf einem belüfteten Dachboden gelagert, bis sie getrocknet sind. Anschließend heißt der Käse L'Etivaz à Rebibes und ist ein Reibekäse.

PARMIGIANO REGGIANO
(**Italien,** Emilia-Romagna, Lombardei)

g. U. seit 1996

Milch | Kuhrohmilch

Größe | Durchmesser 35–45 cm; Höhe 20–26 cm

Gewicht | mindestens 30 kg

Fettgehalt | 30 %

Karte S. 210–211

Dieser Käse hat eine hellbraune Rinde. Als Zeichen der Echtheit wird am gesamten Rand entlang sein Name eingeprägt. Unter dieser schützenden 6 mm dicken Rinde verbirgt sich ein brüchiger, strohgelber Teig, der nach Zitrusfrüchten, frischem Obst und Sahne duftet. Im Mund setzt der etwas körnige Teig intensive Butternoten und leichte Salznuancen frei, im Abgang macht sich eine dezente Süße bemerkbar. Nach über zweijähriger Reifung hat dieser Käse ein Viertel seines Ausgangsgewichts verloren!

PIONNIER (**Kanada,** Québec)

Milch | Schaf- und Kuhrohmilch

Größe | Durchmesser 55 cm; Höhe 12 cm

Gewicht | 40 kg

Fettgehalt | 34 %

Karte S. 230–231

Er wird in der Tradition der Schweizer Käseräder produziert, unterscheidet sich jedoch in einem erheblich: Schafmilch wird mit Kuhmilch gemischt. Der elfenbeinfarbene, schmelzende und sahnige Teig wird am Gaumen säuerlicher und frischer, behält dabei aber schöne Anklänge an Butter, Macadamianuss und Blumen. Die Süße im Abgang erinnert an braunen Zucker. Der Pionnier wurde im Jahr 2017 zum besten Käse Québecs gewählt.

PLEASANT RIDGE RESERVE (**USA,** Wisconsin)

Milch | Kuhrohmilch

Größe | Durchmesser 30 cm; Höhe 10 cm

Gewicht | 6 kg

Fettgehalt | 28 %

Karte S. 228–229

Nur von Mai bis Oktober wird dieser Käse (der meistprämierte der USA) hergestellt, solange die Kühe jeden Tag auf einer anderen Weide frisches Gras fressen können. Er riecht nach frischer Milch und Haselnuss. Am Gaumen wirkt der Teig cremig, und es machen sich buttrige und blumige Noten bemerkbar. Reift der Käse länger als 14 Monate (Pleasant Ridge Reserve Extra Aged), bilden sich Tyrosinkristalle im Teig.

SBRINZ (**Schweiz,** Kantone Luzern, Schwyz, Zug, Obwalden, Nidwalden, Aargau, Bern)

g. U. seit 2002

Milch | Kuhrohmilch
Größe | Durchmesser 45–65 cm; Höhe 14–17 cm
Gewicht | 25–45 kg
Fettgehalt | 34 %

Karte S. 222–223

Laut einem Archiv im Kanton Bern ist »Sbrinz« eine Verunstaltung des Namens der Stadt Brienz – zurückzuführen auf Italiener, die im 16. Jahrhundert dort diesen Käse kauften. Die Oberfläche des Sbrinz wird regelmäßig mit einem Tuch abgewischt, was die Entstehung eines Fettfilms fördert. Sobald dieser dick genug ist, werden die Laibe in einen kalten Keller gebracht und reifen dort 16 Monate. Der Teig ist sehr fest, geradezu hart, und brüchig. In der Nase zeigt er Anklänge von Butter und Mais, am Gaumen präsentieren sich buttrige, blumige, animalische und fast gewürzartige Noten. Der Sbrinz kann in Stücken oder Scheiben serviert werden und lässt sich auch gut reiben.

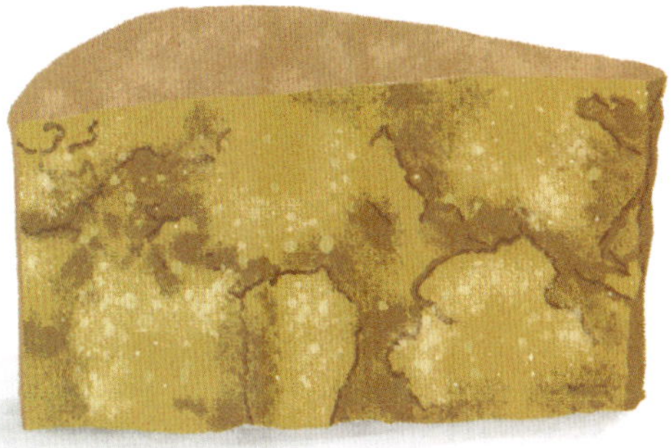

TÊTE DE MOINE (**Schweiz,** Kantone Bern, Jura)

g. U. seit 2001

Milch | Kuhrohmilch
Größe | Durchmesser 10–15 cm; Höhe 7–15 cm
Gewicht | Von 700 g bis 2 kg
Fettgehalt | 32 %

Karte S. 222–223

Seine porige Rinde schützt elfenbeinfarbenen bis hellgelben, gleichmäßigen und dichten, aber sahnigen Teig, der am Gaumen schnell schmilzt und dann Anklänge an Milch, Heu und Pilze zeigt. Im Abgang gesellen sich eine leichte Salznote und ein wenig Schärfe hinzu. Dieser Käse ist so gut wie unzertrennlich von seinem Schneidegerät, der Girolle®, erfunden in den 1980er-Jahren, mit dem sich der Käse in zarte Rosetten schaben lässt. Deren Form erinnert an Pfifferlinge (französisch: *girolles*).

TIROLER ALMKÄSE (**Österreich,** Tirol)

g. U. seit 1997

Milch | Kuhrohmilch
Gewicht | 30–60 kg
Fettgehalt | 35 %

Karte S. 222–223

Bereits in einer – jetzt im Tiroler Landesarchiv befindlichen – Urkunde von 1544 wird er erwähnt. Dieser auch Tiroler Alpkäse genannte Käse wird von Mai bis Oktober hergestellt. Die Rinde ist trocken, der Teig fest und sahnig. Am Gaumen zeigt er sich schmelzend, mild und milchig. Reift er länger, wird er schärfer und entwickelt animalische Noten.

TIROLER BERGKÄSE (**Österreich,** Tirol)

g. U.
seit
1997

Milch | Kuhrohmilch
Gewicht | mind. 12 kg
Fettgehalt | 34 %

Karte S. 222–223

Seit den 1840er-Jahren wird der Tiroler Bergkäse produziert. Seine fettige Rinde spielt farblich von Gelbbraun zu Braun. Der elfenbeinfarbene bis hellgelbe Teig kann glänzen. In der Nase dominieren blumige und grasige Aromen über sahnigen und buttrigen. Der schmelzende, geschmeidige Teig bietet säuerliche und üppig-buttrige Noten. Der Nachgeschmack ist nur sehr kurze Zeit etwas scharf.

VORARLBERGER ALPKÄSE (**Österreich,** Vorarlberg)

g. U.
seit
1997

Milch | Kuhrohmilch
Größe | Durchmesser 35 cm; Höhe 10–12 cm
Gewicht | höchstens 35 kg
Fettgehalt | 33 %

Karte S. 222–223

Der Vorarlberger Alpkäse trägt seinen Namen seit dem 18. Jahrhundert. Seine Rinde ist trocken und körnig. Der geschmeidige, zartschmelzende Teig kann einige kleine Löcher aufweisen. Der Geschmack ist mild, milchig und feinsäuerlich. Reift ein Vorarlberger Alpkäse länger, wird der Teig brüchig, und der Geschmack zeichnet sich durch scharfe und animalische Noten aus.

VORARLBERGER BERGKÄSE (**Österreich,** Vorarlberg)

g. U.
seit
1997

Milch | Kuhrohmilch
Größe | Durchmesser 50 cm; Höhe 10–12 cm
Gewicht | 50 kg
Fettgehalt | 34 %

Karte S. 222–223

Farblich kann die Rinde dieses Käses vom Gelbraunen ins Braune spielen. Der blassgelbe bis elfenbeinfarbene Teig weist kleine Löcher auf und kann glänzen, seine Konsistenz ist geschmeidig, weich und schmelzend. Der Vorarlberger Bergkäse ist ein eher milder Käse, der am Gaumen Anklänge an Honig, frische Kräuter und Sahne bietet. Bei längerer Reifung entwickeln sich animalischere und salzigere Noten.

08 KÄSE MIT INNENSCHIMMEL

Dies ist die Familie, die einschüchtert oder zumindest niemanden kaltlässt – mit all dem freiwillig »gezüchteten« Schimmel im Teig dieser Käse. Im Gegensatz zur vorherrschenden Meinung sind sie nicht immer kräftig, im Gegenteil!

BAY BLUE (**USA,** Kalifornien)

Milch | Pasteurisierte Kuhmilch

Größe | Durchmesser 25 cm; Höhe 15 cm

Gewicht | 5 kg

Fettgehalt | 27 %

Karte S. 228–229

Seit 1959 züchtete Familie Giacomini Rinder und verkaufte die Milch an die örtliche Molkerei. Im Jahr 2000 beschloss man, selbst Käse zu machen, und gründete die Point Reyes Farmstead Cheese Company. Sie arbeitet nach ökologischen Prinzipien und stellt Artisanal-Käse her. Der Bay Blue hat viele nationale und internationale Preise gewonnen, u.a. wurde er anlässlich der World Cheese Awards 2017 in London zu einem der 16 besten Käse der Welt gewählt. Ähnlich wie der englische Stilton hat er einen zartschmelzenden Teig, der buttrige Noten und Spuren von Terroir bietet. Im Abgang werden Anklänge von Salzkaramell vernehmbar.

BLACK & BLUE (**USA,** Maryland)

Milch | Pasteurisierte Ziegenmilch

Größe | Durchmesser 20 cm; Höhe 10 cm

Gewicht | 3 kg

Fettgehalt | 31 %

Karte S. 228–229

Der Black & Blue ist einer der wenigen Käse mit Innenschimmel, die eine schützende Wachshülle tragen. Seine ist schwarz, daher der Name! Er wird mit pflanzlichen Gerinnungsenzymen hergestellt und eignet sich daher für die vegetarische Ernährung. Der schmelzende, sahnige Teig bietet eine feinsüße Note, gepaart mit pikanter Schärfe. Dank der Ziegenmilch ist er im Abgang säuerlich und etwas salzig.

BLEU D'AUVERGNE (**Frankreich,** Auvergne-Rhône-Alpes, Nouvelle-Aquitaine, Okzitanien)

AOC seit 1975 | **g.U.** seit 1996

Milch | Kuhmilch, roh, thermisiert oder pasteurisiert
Größe | Durchmesser 19–23 cm; Höhe 8–11 cm
Gewicht | 2–3 kg
Fettgehalt | 28 %

Karte S. 202–203

Es gibt diesen eher rustikalen Käse schon sehr lange. Doch Mitte des 19. Jahrhunderts gab es für ihn, was Herstellung, Form und Geschmack angeht, einen Neuanfang, dank des Einfallsreichtums von Antoine Roussel. Ihm gelang es als Erstem, Käsebruch mit Mikroben (in dem Fall *Penicillium glaucum*) zu impfen, die er aus einem verschimmelten Roggenbrot gewonnen hatte. Nach einigen Jahren des Ausprobierens erkannte er, dass dieser Schimmel für seine Entwicklung Luft braucht, und stach die Käse mit einer Stricknadel ein. Im Jahr 1860 schließlich entwickelte er mit einem gewissen Monsieur Clermont eine »Kanüle«. Damit wächst der Schimmel des Bleu d'Auvergne sehr viel gleichmäßiger und verteilt sich besser im Teig. Dieser Käse hat eine Rinde, die von weißem, grauem, grünem, blauem und/oder schwarzem Schimmel bewachsen sein kann. Die Farbe des schmelzenden, geschmeidigen Teigs spielt von Weiß zu Elfenbein und ist gleichmäßig von blaugrünem Schimmel durchzogen. Im Mund bemerkt man ein Gleichgewicht zwischen der Intensität des Schimmels und der Süße des Teigs. Eine leicht salzig-bittere Note gesellt sich zu kräftigen Anklängen an Waldboden und Pilze.

Seit dem Jahr 2018 darf der Käse gemäß den EU-Regularien nur noch in 630 statt vorher in 1158 Gemeinden hergestellt werden.

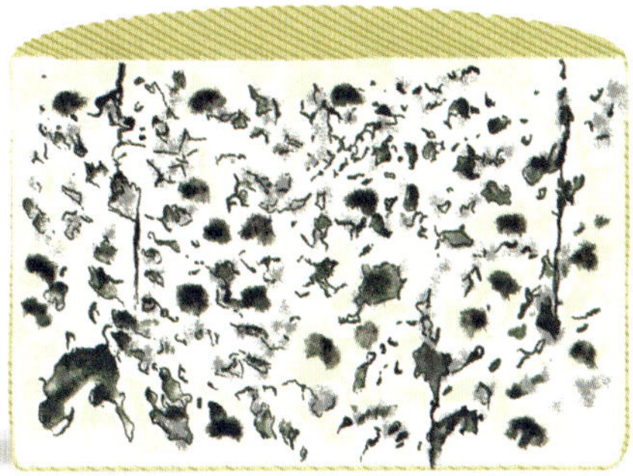

BLEU DE BONNEVAL (**Frankreich,** Auvergne-Rhône-Alpes)

Milch | Kuhrohmilch
Größe | Durchmesser 22 cm; Höhe 10 cm
Gewicht | 2,4–2,8 kg
Fettgehalt | 26 %

Karte S. 198–199

Für seine Herstellung wird Milch von Kühen der Rassen *Abondance* und *Tarine* verwendet. Eine kleine Genossenschaft im Maurienne-Tal in der Nähe des Orts Bonneval-sur-Arc stellt dieses sicher. Der Käse hat eine gräuliche Rinde mit weißem Flaum und einigen schwarzen Reflexen. In der Nase verströmt er Aromen von Keller, Waldboden und Pilzen. Der elfenbeinfarbene, feste und geschmeidige Teig ist von blaugrünem Schimmel durchzogen. Nach längerer Reifung wird er trocken und brüchig. Im Mund zeigt dieser recht intensive Blauschimmelkäse dominante Sahne- und Pilznoten.

BLEU DE GEX (**Frankreich,** Bourgogne-Franche-Comté, Auvergne-Rhône-Alpes)

AOC seit 1977

g. U. seit 1996

Milch | Kuhrohmilch

Größe | Durchmesser 31–35 cm; Höhe 8–10 cm

Gewicht | 6–9 kg

Fettgehalt | 28 %

Karte S. 198–199

Der Bleu de Gex heißt auch Bleu de Septmoncel und wird seit dem 13. Jahrhundert auf den Hochebenen des Juragebirges hergestellt. Seine Produktion wurde von Mönchen der Abtei von Saint-Claude gefördert, wo man heute nur noch Spuren von ihm findet. Dieser Käse wird aus der Milch von Kühen der Rassen *Montbéliard* und *Simmental* gemacht. Die weiße bis gelbliche, trockene Rinde ist etwas mehlig und muss die Prägung »Gex« tragen. Der Teig dieses Blauschimmelkäses ist fest und brüchig. Am Gaumen zeigt sich der Käse mild, milchig, mit leichten Vanille-, Gewürz- und Pilznoten, im Abgang macht sich eine leichte Bitternote bemerkbar.

Es heißt, der Bleu de Gex sei der Lieblingskäse von Kaiser Karl V. gewesen.

BLEU DE LA BOISSIÈRE (**Frankreich,** Île-de-France)

Milch | Pasteurisierte Ziegenmilch

Größe | Durchmesser 17–18 cm; Höhe 9–10 cm

Gewicht | 2–2,5 kg

Fettgehalt | 28 %

Karte S. 196–197

Hergestellt wird dieser Käse, einer der wenigen Blauschimmelkäse, die in der Region Île-de-France produziert werden, auf der Ferme de la Tremblaye im Département Yvelines in der Nähe des Walds von Rambouillet. Der Betrieb begann 1967 mit der Käserei und setzt von Anfang an auf Umweltschutz und Tierwohl. Der Bleu de la Boissière hat keine Rinde, weil die Zinnfolie, in die er verpackt ist, ihre Bildung verhindert. Der weiße, schmelzende und buttrige Teig kontrastiert gut mit dem Edelschimmel *Penicillium roqueforti*, der blaue, graue, schwarze und grüne Farbtöne ins Spiel bringt. Der Bleu de la Boissière ist ein eleganter Blauschimmelkäse mit feinen pilzigen und säuerlichen Noten. Die Ziegenmilch verleiht ihm eine schöne Frische im Abgang.

BLEU DE SÉVERAC (**Frankreich,** Okzitanien)

Milch | Schafrohmilch
Größe | Durchmesser 12–13 cm; Höhe 8–9 cm
Gewicht | 1–1,1 kg
Fettgehalt | 27 %

Karte S. 202–203

Der Bleu de Séverac ist das erste Produkt der Familie Seguin – die auch den Pitchounet (s. S. 125) und den Recuite de l'Aveyron (s. S. 54) herstellt – und wurde vor fast 40 Jahren von Simone, der Mutter, ins Leben gerufen. Der Käse hat eine gräuliche Rinde mit einem weißen Schleier und schwärzlichen Reflexen. In der Nase verbreitet er die Aromen von feuchtem Keller und Pilzen. Der Teig ist geschmeidig, buttrig und zartschmelzend. Am Gaumen zeigt er Sahne- und Pilznoten. Der Schimmel ist fein und zart.

BLEU DES CAUSSES (**Frankreich,** Okzitanien)

AOC seit 1953 | g.U. seit 1996

Milch | Kuhrohmilch
Größe | Durchmesser 20 cm; Höhe 8–10 cm
Gewicht | 2,3–3 kg
Fettgehalt | 27 %

Karte S. 202–203

Er ist so alt wie der Roquefort, und seine Geschichte entspricht der seines berühmten Cousins aus Schafmilch. Der Bleu des Causses verdankt seine Existenz Bauern in den Causses, die ihre Käse in natürlichen Kalksteinhöhlen reifen ließen, denen von Natur aus kühle, feuchte Luft zugeführt wird. Dieses Szenario erinnert an die Höhlen, in denen der Roquefort reift. Lange hieß der Käse Bleu de l'Aveyron, seinen endgültigen Namen bekam er erst im Jahr 1941. Dieser wurde 1953 mit der Eintragung der kontrollierten Ursprungsbezeichnung AOC bestätigt. Es handelt sich um einen rindenlosen Käse mit elfenbeinfarbenem Teig und gut verteiltem Blauschimmel. In der Nase zeigt er anhaltende Tier- und Pilzaromen. Der schmelzende, fette, buttrige Teig bietet am Gaumen lebendige, sahnige Noten.

BLEU DE TERMIGNON (**Frankreich,** Auvergne-Rhône-Alpes)

Milch | Kuhrohmilch
Größe | Durchmesser 27–28 cm; Höhe 15 cm
Gewicht | 7,3–7,7 kg
Fettgehalt | 28 %

Karte S. 198–199

Dies ist ein Produkt mit Seltenheitswert, denn es wird auf 2300 m Höhe und nur von Juni bis September hergestellt. Heute halten vier Produzenten die Tradition dieses einzigartigen Käses hoch, der aus der rohen Milch von Kühen der Rassen *Tarine* und *Abondance* gemacht wird.

Er wird handwerklich wie ein klassischer Blauschimmelkäse gefertigt, aber nicht mit *Penicillium roqueforti* geimpft. Der Blauschimmel entwickelt sich dank des Pikierens (s. S. 34): Der Laib wird mit speziellen Nadeln durchstochen, damit Sauerstoff an den Schimmel gelangen und die Kulturen besser gedeihen können. Der Bleu de Termignon hat eine sandige, rotbraune bis beige Rinde mit einigen ockergelben Reflexen. An der Nase bietet er starke Anklänge an feuchten Keller. Nach dem Anschnitt zeigt sich unter der Rinde fließender goldgelber Teig, der einen weißlichen, brüchigen und körnigen Teig umhüllt. Am Gaumen ist der Käse animalisch, mit Stall- und Heunoten. Im Abgang setzt er dennoch eine schöne Säure frei, die für Frische sorgt.

BLEU DU VERCORS-SASSENAGE (**Frankreich,** Auvergne-Rhône-Alpes)

AOC seit 1998 | g.U. seit 2001

Milch | Kuhrohmilch
Größe | Durchmesser 27–30 cm; Höhe 7–9 cm
Gewicht | 4–4,5 kg
Fettgehalt | 28 %

Karte S. 200–201

Man kennt diesen Käse auch unter den Namen Bleu du Vercors oder Bleu de Sassenage. Seine Geschichte reicht bis ins 14. Jahrhundert zurück. Damals zahlten die Hersteller Abgaben damit, bis am 28. Juni 1338 Baron Albert de Sassenage ihnen gestattete, ihre Käse frei zu verkaufen. Dies begünstigte die Herstellung und den Bekanntheitsgrad des Bleu du Vercors-Sassenage. Der flache zylindrische Laib hat eine weiße, beflaumte Rinde und einige gelbliche, elfenbein- oder orangefarbene Rillen. In der Nase setzt dieser Blauschimmelkäse Frischmilch- und Pilzaromen frei. Der elfenbeinfarbene Teig ist glatt, geschmeidig, weich und von hellgraublauen Adern und Flecken durchzogen. Am Gaumen ist der Bleu du Vercors-Sassenage mild, mit milchigen und pflanzlichen sowie dezenten haselnuss- und pilzartigen Noten.

BUXTON BLUE (**Großbritannien,** England/Midlands)

Milch | Pasteurisierte Kuhmilch

Größe | Durchmesser 20 cm; Höhe 19–22 cm

Gewicht | 8 kg

Fettgehalt | 28 %

Karte S. 216–217

Weil er mit Annatto oder einem künstlichen Farbstoff getönt wird, ist der Teig dieses Blauschimmelkäses orangefarben. Doch die blauen Adern, die ihn durchziehen, bezeugen, dass er mit *Penicillium roqueforti* geimpft wurde. Der Teig ist dicht und wird mit zunehmender Reifung schmelzender. Am Gaumen präsentiert er sich buttrig, mit bitteren und fruchtigen Nuancen, die ihn zu einem typvollen, nicht allzu kräftigen Käse machen. Weil er mit pflanzlichen Gerinnungsenzymen hergestellt ist, eignet er sich für Vegetarier.

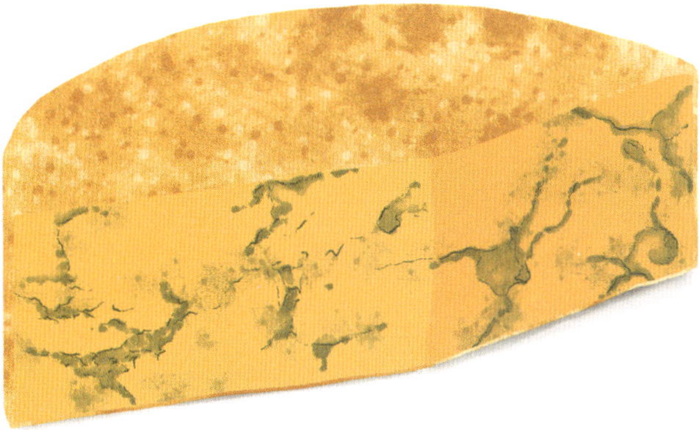

CABRALES (**Spanien,** Asturien)

Milch | Kuhrohmilch und/oder Ziegen- und/oder Schafrohmilch

Größe | Höhe 7–15 cm

Fettgehalt | 27 %

Karte S. 206–207

Nach welchem Rezept der Cabrales gekäst wird, richtet sich nach dem Milchaufkommen. Käse, die im Winter hergestellt werden, unterscheiden sich von denen aus der Sommersaison. Im Winter wird überwiegend Kuhmilch verwendet, der etwas Ziegen- oder Schafmilch beigegeben wird. Im Sommer spielen dann Ziegen- und Schafmilch die Hauptrolle. Der Cabrales hat eine weiche und geschmeidige Rinde mit grauen Reflexen und gelborangefarbenen Bereichen. Der weiße Teig ist weich, stellenweise auch brüchig, und von blaugrünen Adern durchzogen. Nach dem Formen reift dieser Käse mindestens 2 Monate in Höhlen. Je nachdem, ob Schaf- oder Ziegenmilch verwendet wurde, ist der Geschmack des Käses mehr oder weniger intensiv. Doch wie auch immer, es handelt sich stets um einen kräftigen Blauschimmelkäse, der zwischendurch leichte Schärfe zeigt.

Früher wurde der Cabrales in Kastanien- oder Ahornblätter gewickelt. Wegen der heute geltenden Hygienevorschriften ist dies nicht mehr möglich.

CASHEL BLUE® (**Irland,** Munster)

Milch | Pasteurisierte Kuhmilch
Größe | Durchmesser 12–13 cm; Höhe 8–9 cm
Gewicht | 1,5 kg
Fettgehalt | 28 %

Karte S. 216–217

Ein Käse mit pflanzlichen Gerinnungsenzymen, der seit 1984 in der Grafschaft Tipperary von der Familie Grubb hergestellt wird. Sie produziert auch den Crozier Blue® (s. u.). Der Cashel Blue® verlässt den Reifekeller nach 6–10 Wochen. Sein Teig ist sahnig und fest. Auf der Zunge ist er zunächst köstlich mild, im Abgang aber kommt eine angenehm pikante Note ins Spiel.

CASTELMAGNO (**Italien,** Piemont)

g. U. seit 1996

Milch | Kuhrohmilch, gelegentlich mit Schaf- oder Ziegenrohmilch (höchstens 20 %)
Größe | Durchmesser 15–24 cm; Höhe 12–20 cm
Gewicht | 2–7 kg
Fettgehalt | 27 %

Karte S. 210–211

Dass es den Castelmagno bereits im Mittelalter gab, beweist ein Dekret aus dem Jahr 1277, in dem den Bauern erlaubt wurde, die Pacht für die Almen nicht mit Geld, sondern mit ihrem Käse zu entrichten. Wie der Bleu de Termignon wird der Castelmagno nicht mit *Penicillium roqueforti* geimpft. Während er in Grotten reift, bildet sich der Schimmel zufällig – oder auch nicht. Der Teig ist brüchig und körnig, die derbe, stellenweise von diversen Schimmelkulturen besiedelte Rinde riecht nach Stall und Höhle. Nach dem Anschnitt zeigt er Anklänge an Milch und frische Kräuter. Im Mund ist der Käse frisch, säuerlich und etwas salzig. Seine Typizität macht sich im Abgang bemerkbar.

CROZIER BLUE® (**Irland,** Munster)

Milch | Pasteurisierte Schafmilch
Größe | Durchmesser 12–13 cm; Höhe 8–9 cm
Gewicht | 1,5 kg
Fettgehalt | 29 %

Karte S. 216–217

Nur der Crozier Blue® ist ein irischer Blauschimmelkäse, der aus Schafmilch gemacht wird. Er reift länger als der Cashel Blue®, sein Bruder aus Kuhmilch (s. o.), nämlich 12 Wochen. Die gräuliche Rinde mit blauen Reflexen schützt einen weißen, geäderten Teig mit mehr oder weniger großen Löchern. Im Mund machen ihn Cremigkeit und Schmelz, zusammen mit säuerlichen, grasigen und blumigen Aromen, zu einem milden, gefälligen Käse.

DANABLU (**Dänemark**)

g.g.A. seit 2003

Milch | Kuhmilch, thermisiert oder pasteurisiert

Größe | Durchmesser 20 cm; Länge 30 cm; Höhe 12 cm

Gewicht | 3 oder 4 kg

Fettgehalt | 27 %

Karte S. 220–221

Zylindrisch oder blockförmig kann er sein, der Danablu. Eine Rinde hat er nicht, aber eine dichte, etwas festere Außenschicht, die weiß bis leicht gelblich oder schwach bräunlich sein kann. Der weiße bis leicht gelbliche Teig ist von einer Marmorierung mit blaugrünen Schimmelpilzadern in Stichkanälen und natürlichen Öffnungen durchsetzt, weich, schnittfest und streichfähig. Sein erster Eindruck im Mund ist rein und pikant, stark geprägt durch *Penicillium roqueforti.* Im Abgang kann sich eine leichte Bitternote bemerkbar machen.

DISTINCTION BLUE (**Neuseeland,** Auckland)

Milch | Pasteurisierte Kuhmilch

Fettgehalt | 27 %

Karte S. 233

Auf der Farm Puhoi Valley, wo der Distinction Blue produziert wird, verwendet man nur pflanzliche Gerinnungsenzyme. Dieser Käse ist also auch für Vegetarier geeignet. Das Besondere am Distinction Blue ist die Hülle aus schwarzem Wachs, die er erhält, sobald das gewünschte Reifestadium erreicht ist. Sie sorgt dafür, dass er keine Feuchtigkeit verliert und sein Aroma entwickeln kann. Im Mund zeigt er sich sahnig und süßlich, im Abgang auch würzig.

DORSET BLUE (VINNY) CHEESE (**Großbritannien,** England/Südwesten)

g.g.A. seit 1998

Milch | Pasteurisierte Kuhmilch

Fettgehalt | 28 %

Karte S. 216–217

Sein Teig wird leicht gepresst, was ihn etwas fester macht als den anderer Blauschimmelkäse. Die Rinde des Dorset Blue (nach einem 300 Jahre alten Rezept hergestellt) ist rotbraun, ockergelb oder hellbraun und riecht stark nach Keller und Pilzen. Der cremig-bröckelige Teig ist elfenbeinfarben bis gelblich mit unregelmäßig verteilten grünen und blauen Adern. Am Gaumen ist der Käse zunächst recht mild, bevor pikante und pfefferige Noten aufscheinen.

DOVEDALE CHEESE (**Großbritannien,** England/Midlands)

g. U. seit 1996

Milch | Pasteurisierte Kuhmilch

Größe | Durchmesser 20 cm; Höhe 7 cm

Gewicht | 2,5 kg

Fettgehalt | 27 %

Karte S. 216–217

Seine Rinde präsentiert sich mit rosa, elfenbeinfarbenen und blaugrauen Nuancen. Der Teig ist schmelzend und weich. In der Nase verströmt dieser Käse Anklänge von Milch, feuchtem Keller und Pilzen. Auf der Zunge ist der Dovedale Cheese mild, denn er verlässt den Keller bereits nach 3–4 Wochen. Am Gaumen setzt er milchige, sahnige und säuerliche Noten frei.

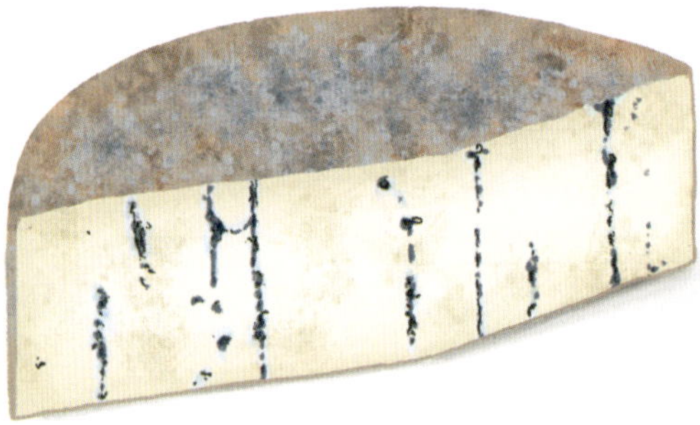

ÉTOILE BLEUE DE SAINT-RÉMI (**Kanada,** Québec)

Milch | Thermisierte Schafmilch

Gewicht | 1,5 kg

Fettgehalt | 29 %

Karte S. 230–231

Die Fromagerie Du Charme in Saint-Rémi-de-Tingwick (zwischen Montreal und Québec gelegen) stellt diesen halbfesten Blauschimmelkäse aus Schafmilch seit dem Jahr 2013 her. Sie wurde von Olivier Ducharme gegründet und produziert auch Käse aus Kuhmilch. Die Milch stammt nicht direkt von diesem Hof, sondern wird von Tierzüchtern aus Québec an den Betrieb verkauft. Der elfenbeinweiße, körnige, sahnige Teig des Étoile Bleue ist von blaugrauen Flecken durchsetzt. Am Gaumen offenbart er milchige, säuerliche und haselnussartige Noten und vermittelt eine leichte Salzigkeit.

EXMOOR BLUE CHEESE (**Großbritannien,** England/Südwesten)

g. g. A. seit 1999

Milch | Kuhrohmilch

Größe | Durchmesser 12–13 cm; Höhe 8–9 cm

Gewicht | 1,25 kg

Fettgehalt | 34 %

Karte S. 216–217

Kräftig gelb ist dieser Käse, der ausschließlich aus Milch von Kühen der Rasse *Jersey* hergestellt wird. Seine dünne weißliche bis gelbliche Naturrinde umhüllt einen blau geäderten, sehr sahnigen, zartschmelzenden Teig. Am Gaumen vereinen sich buttrige, milchige und säuerliche Noten mit süßlichen Akzenten, die *Penicillium roqueforti* zu verdanken sind. Der Käse verlässt den Keller nach einer 4- bis 6-wöchigen Reifung.

FOURME D'AMBERT (**Frankreich,** Auvergne-Rhône-Alpes)

AOC seit 1972 | g.U. seit 1996

Milch | Kuhmilch, roh oder pasteurisiert

Größe | Durchmesser 17–21 cm; Höhe 12,5–14 cm

Gewicht | 1,9–2,5 kg

Fettgehalt | 27 %

Karte S. 202–203

Diesen Käse gibt es seit Jahrhunderten. Gewiss stammt das Rezept aus dem Mittelalter, auch wenn ein ähnlicher Käse bereits aus noch früherer Zeit belegt ist. Die Kirche in La Chaulme, erbaut im 8. Jahrhundert, hat über dem Eingang Zehentsteine, auf denen der Fourme d'Ambert in seiner heutigen Form zu sehen ist. Im 18. Jahrhundert wurde mit dem Käse die Pacht für die berühmten *jasseries,* Berghütten, die zugleich Wohnung, Stall und Käserei beherbergten, beglichen. Seine gräuliche Rinde kann von weißen, gelben und/oder roten Schimmelkulturen besiedelt sein und einige bläuliche Reflexe aufweisen. Der weiße bis sahnegelbe, geschmeidige und schmelzende Teig ist gleichmäßig von blaugrünem Schimmel durchzogen. Ein junger Fourme d'Ambert offenbart in der Nase Aromen von Keller und frischer Butter. Je länger der Käse reift, umso blumiger und würziger wird sein Duft. Im Mund erweist er sich als mild, mit erstaunlich lang anhaltenden Anklängen von Sahne und Waldboden.

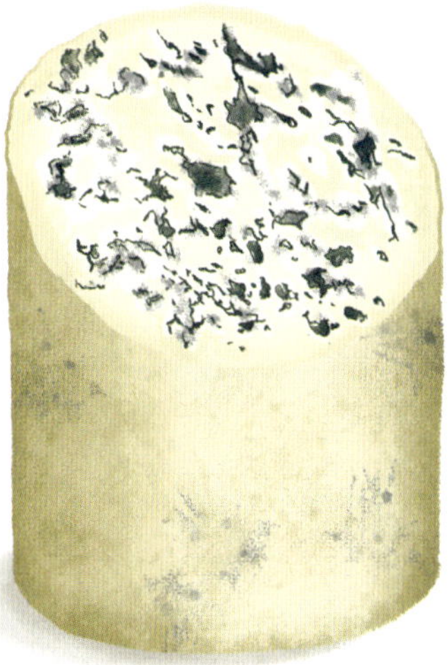

Einer Legende nach feierten in der galloromanischen Zeit die gallischen Druiden ihren Kult auf dem Pierre-sur-Haute, dem höchsten Punkt der Monts du Forez, und aßen dabei Fourme d'Ambert.

FOURME DE MONTBRISON (**Frankreich,** Auvergne-Rhône-Alpes)

AOC seit 1972 | g.U. seit 2010

Milch | Kuhmilch, roh oder pasteurisiert

Größe | Durchmesser 11,5–14,5 cm; Höhe 17–21 cm

Gewicht | 2,1–2,7 kg

Fettgehalt | 27 %

Karte S. 202–203

Als 1972 das AOC-Zertifikat erteilt wurde, galt es für Fourme d'Ambert und Fourme de Montbrison zusammen. Dabei gibt es einige Unterschiede zwischen den beiden: Der Fourme d'Ambert wird auf der Oberfläche gesalzen, beim Fourme de Montbrison kommt das Salz in den Teig. Der Fourme de Montbrison reift flach auf Fichtenholzbrettern, was bei seinem Kollegen aus der Auvergne nicht der Fall ist … Doch 2002 war es so weit, und beide wurden als eigenständige AOC-Produkte ausgezeichnet. Weil er auf Holz reift, fühlt sich die gelborange Rinde des Fourme de Montbrison unregelmäßig an. Der Teig ist fest und schmelzend, gelegentlich (nach langer Reifung) brüchig. Er zergeht auf der Zunge, wobei er milchige, fruchtige und duftige Noten freisetzt.

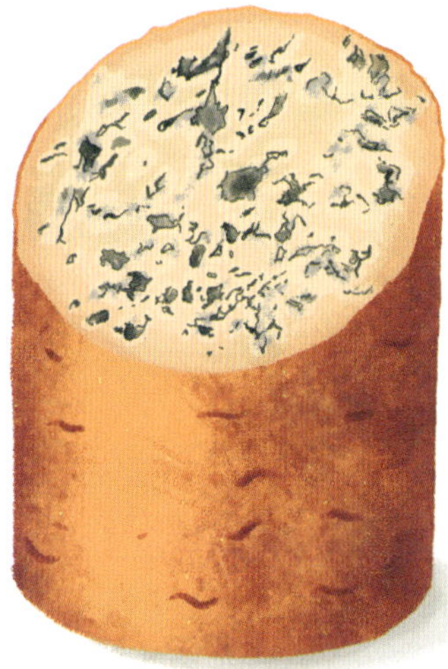

GAMONEDO (**Spanien,** Asturien)

g. U. seit 2008

Milch | Kuhrohmilch und/oder Schafrohmilch und/oder Ziegenrohmilch
Größe | Durchmesser 10–30 cm; Höhe 6–15 cm
Gewicht | Von 500 g bis 7 kg
Fettgehalt | 24 %

Karte S. 206–207

Er wird mit dem Holz von Esche, Buche, Heidekraut oder anderem nichtharzendem, regionalem Holz geräuchert. In der Nase zeigen sich rauchige, kräftige Noten, die sich im Mund wiederfinden, der Abgang ist lang anhaltend, mit Anklängen an Mandeln. Wie der Termignon (s. S. 170) wird auch der Gamonedo nicht mit *Penicillium roqueforti* geimpft. Der Schimmel entwickelt sich natürlich aus umgebungstypischen Sporen im Luftkontakt.

GORGONZOLA (**Italien,** Lombardei, Piemont)

g. U. seit 1996

Milch | Pasteurisierte Kuhmilch
Größe | Durchmesser 20–32 cm; Höhe mind. 13 cm
Gewicht | 5,5–13,5 kg
Fettgehalt | 29 %

Karte S. 210–211

Der Käse ist nicht nur dieses sahnige, fließende, dezent süße Produkt mit rosafarbener Rinde (der berühmte Gorgonzola Dolce). Es gibt auch eine feste, würzige Variante, den Gorgonzola Piccante, als großen und als kleinen Laib. Beim Gorgonzola Dolce ist *Penicillium roqueforti* fließend, im Gorgonzola Piccante als Äderung erkennbar.

GREVENBROECKER (**Belgien,** Limburg)

Milch | Kuhrohmilch
Größe | Durchmesser 25 cm; Höhe 20 cm
Gewicht | 4,5 kg
Fettgehalt | 30 %

Karte S. 218–219

Er wird von der Käserei Catharinadal, die sich in einem ehemaligen Kloster befindet, hergestellt. Der Grevenbroecker, auch Bleu d'Achel genannt, wurde 2009 zum weltbesten Artisanal-Käse gewählt. Die Brüder Bert und Peter Boonen haben beschlossen, trotz der enormen Nachfrage das Produktionsvolumen klein zu halten – was den Käse selten (und teuer) macht. Im Gegensatz zu anderen Blauschimmelkäsen wird er nicht geimpft: Man schichtet den Bruch in Formen und streut auf jede Schicht *Penicillium roqueforti.* Der Teig ist fest und schmelzend, auf der Zunge süß und sahnig, mit milchigen und säuerlichen Noten (jung) oder mit kräftigen und pikanten Anklängen (gereift).

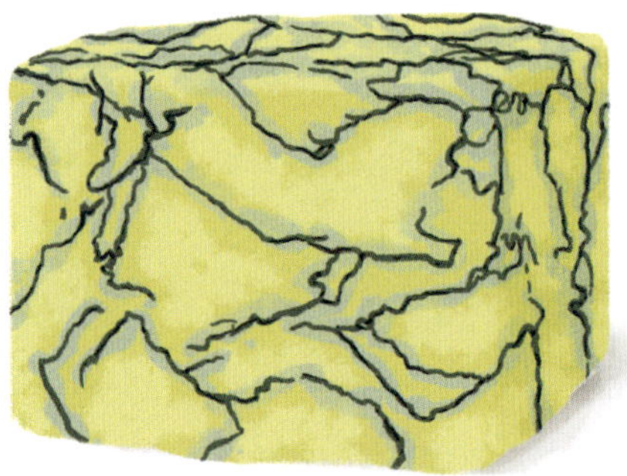

ITXASSOU oder BLEU DES BASQUES (**Frankreich,** Nouvelle-Aquitaine)

Milch | Pasteurisierte Schafmilch

Größe | Durchmesser 28–30 cm; Höhe 7,5 cm

Gewicht | 5 kg

Fettgehalt | 30 %

Karte S. 202–203

Ein Käse – zwei Namen: Itxassou heißt auch der Ort, in dem er produziert wird, Bleu des Basques bezieht sich auf den Blauschimmel unter der gräulichen Rinde. Die Oberfläche des Käses verströmt leichte Pilz- und Kelleraromen. Öffnet man den Käse, sieht man die Schimmelsprenkel, die gleichmäßig im gesamten Teig verteilt sind. Der elfenbein- bis cremefarbene Teig ist zartschmelzend und buttrig. Am Gaumen bietet der Itxassou frische, grasige, dezent schafige Noten, im Abgang zeigt sich feine Säure.

JIHOČESKÁ NIVA/JIHOČESKÁ ZLATÁ NIVA (**Tschechien,** Südböhmen)

g. g. A. seit 2010

Milch | Pasteurisierte Schafmilch

Größe | Durchmesser 18–20 cm; Höhe 10 cm

Gewicht | 2,8 kg

Fettgehalt | 26 % oder 29 %

Karte S. 224–225

Dieser Käse hat eine cremefarbene bis hellbraune Rinde. Im Teig erkennt man mehr oder weniger große grünliche und bläuliche Schimmelinseln. Der Teig selbst ist brüchig und zergeht auf der Zunge. Im Mund offenbart er ausgeprägte salzige und herbe Noten. All dies gilt auch für den Zlatá Niva, dessen Fettgehalt allerdings höher ist (29 % gegenüber 26 %).

KOPANISTI (**Griechenland,** Südliche Ägäis)

g. U. seit 1996

Milch | Kuh- und/oder Schaf- und/oder Ziegenmilch, roh oder pasteurisiert

Fettgehalt | 27 %

Karte S. 226–227

Dieser Käse von den Kykladen darf aus nur einer Milchsorte oder einer Mischung aus zwei oder drei Milchsorten hergestellt werden. Der gelbliche bis gräuliche Teig ist sahnig, mit Gewürz-, Pfeffer- und Salznoten. Dass er recht kräftig ist, liegt daran, dass der Kopanisti in einem offenen Behälter an einen Ort mit sehr hoher Luftfeuchtigkeit gestellt wird. Dort bildet sich dann auf der Oberfläche *Penicillium*-Schimmel. Anschließend knetet man den Käse, damit der Schimmel sich auch innen gut verteilt. Gelegentlich wird der Kopanisti mit Butter (höchstens 15 %) aus dem Ursprungsgebiet angereichert. Der Käse ist dann weniger kräftig und sahnig, aber genauso streichfähig.

MILAWA BLUE (**Australien,** Victoria)

Milch | Pasteurisierte Kuhmilch und -sahne

Größe | Länge 17 cm; Breite 9 cm; Höhe 9 cm

Gewicht | 1 kg

Fettgehalt | 28 %

Karte S. 232

Weil er mit pflanzlichen Gerinnungsenzymen hergestellt wird, ist dieser Käse auch für Vegetarier geeignet. Der Teig des Milawa Blue ist weich und schmelzend mit einer schönen Ausgewogenheit zwischen dem milden Schimmel und der Sahne. Was die Intensität angeht, wurde er vom Gorgonzola Dolce inspiriert, die Konsistenz erinnert allerdings eher an einen Fourme d'Ambert.

OAK BLUE (**Australien,** Victoria)

Milch | Pasteurisierte Kuhmilch

Größe | Durchmesser 20 cm; Höhe 13 cm

Gewicht | 5 kg

Fettgehalt | 28 %

Karte S. 232

Dieser Käse trägt seinen Namen zu Ehren der majestätischen Eichen im Mossvale Park, nicht weit von Berrys Creek, der Käserei, die den Oak Blue herstellt. Vorbild war der Gorgonzola, und diesem ähnelt der Oak Blue auch, jedenfalls was die Intensität betrifft. Der Teig aber ist fester und die graugrüne Maserung ausgeprägter. Der Oak Blue reift 3 Monate. Am Gaumen zeigt er sich vollmundig, mit sahnigen, buttrigen und frischen Noten.

PERSILLÉ DE TIGNES (**Frankreich,** Auvergne-Rhône-Alpes)

Milch | Ziegenrohmilch (75 %) und Kuhrohmilch (25 %)

Größe | Durchmesser 11 cm; Höhe 11–13 cm

Gewicht | 800 g

Fettgehalt | 27 %

Karte S. 198–199

Er wurde bereits im 13. Jahrhundert von Karl dem Großen geschätzt. Heute stellt nur noch ein Betrieb diesen ungewöhnlichen, feinen und zarten Käse her. Es ist Paulette Marmottan, die die Fertigung sicherstellt. Wie der Bleu de Termignon (s. S. 170) wird er wie ein Standard-Blauschimmelkäse gemacht, ohne mit *Penicillium roqueforti* geimpft zu werden. Daher rührt sein weißer, körniger Teig. Die rotbraune, beige, ockergelbe oder gelbliche Rinde ist derb und aufgeworfen. In der Nase verströmt der Persillé de Tignes Aromen von Keller, Waldboden und Pilzen. Der sandige Teig zergeht auf der Zunge und setzt dabei dezent salzige, säuerliche und ziegige Noten frei. Wunderbar!

PICÓN BEJES-TRESVISO (**Spanien,** Kantabrien)

g.U. seit 1996

Milch | Kuh-, Ziegen- und Schafrohmilch
Größe | Durchmesser 15–20 cm; Höhe 7–15 cm
Gewicht | Von 700 g bis 2,8 kg
Fettgehalt | 28 %

Karte S. 206–207

Seine hellbraune Rinde verbirgt einen weißen, ins Gelbe spielenden, schmelzenden und körnigen Teig, der einige Löcher aufweist und dank *Penicillium roqueforti* grünblau geädert und gesprenkelt ist. Im Mund dominieren kräftige Stall- und Tieraromen, der Nachgeschmack kann scharf sein. Ursprünglich wurde der Picón Bejes-Tresviso in Bergahornblätter gewickelt, heutzutage wird er auch (und vor allem) in Aluminiumfolie verpackt. Der Käse reift überwiegend in natürlichen Kalksteinhöhlen auf 500–2000 m Höhe. Damit sich *Penicillium* (innen) und *Brevibacterium linens* (außen) entwickeln, werden die Laibe eingestochen.

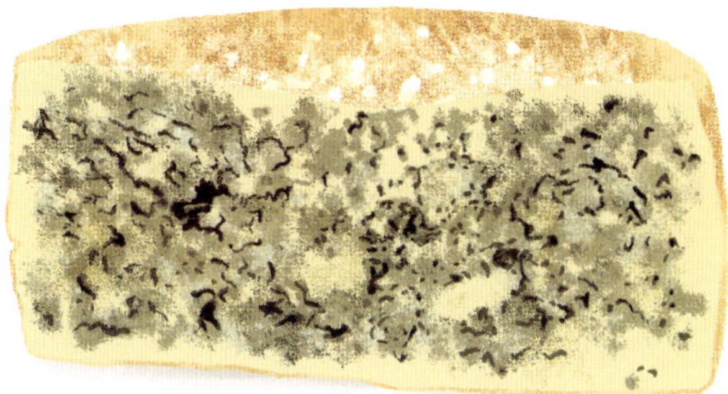

QUESO DE VALDEÓN (**Spanien,** Kastilien und León)

g.g.A. seit 2004

Milch | Kuhmilch, roh oder pasteurisiert, oder rohe oder pasteurisierte Kuh- und Schaf- und/oder Ziegenmilch
Gewicht | Von 500 g bis 3 kg
Fettgehalt | 29 %

Karte S. 206–207

Von diesem Käse werden zwei Versionen angeboten: entweder als ganzer Laib mit Rinde oder ohne Rinde und geschlagen. Die feine Rinde ist gelblich mit einigen gräulichen Reflexen. Beim Anschneiden wird der glänzende, elfenbein- bis cremefarbene Teig sichtbar, der nach längerer Reifung eine Aureole zeigen kann. Die Schimmelöffnungen spielen farblich zwischen blauen und grünlichen Nuancen. Der Teig ist körnig und zartschmelzend. Im Mund ist der Queso de Valdeón lebendig, mit scharfen und leicht brennenden Noten im Abgang.

ROGUE RIVER BLUE (**USA,** Oregon)

Milch | Kuhrohmilch

Größe | Durchmesser 20 cm; Höhe 10 cm

Gewicht | 3 kg

Fettgehalt | 24 %

Karte S. 228–229

Der Rogue River Blue war der erste amerikanische Rohmilchkäse, der nach Europa exportiert wurde. Er wird ausschließlich im Herbst hergestellt und reift in einer Hülle aus in Birnenbrand eingelegten Weinblättern. Am Gaumen sorgt der körnige, schmelzende Teig für eine Explosion der Aromen, mit Anklängen an Gewürze, Vanille, Schokolade, Dörrobst und sogar Räucherspeck. 2019/20 wurde der Käse bei den den World Cheese Awards ausgezeichnet.

ROQUEFORT (**Frankreich,** Okzitanien)

AOC seit 1925

g.U. seit 2008

Milch | Schafrohmilch

Größe | Durchmesser 19–20 cm; Höhe 8,5–11,5 cm

Gewicht | 2,5–3 kg

Fettgehalt | 28 %

Karte S. 202–203

Einer Legende nach verließ ein Hirte eine Höhle, in der sich seine Herde und sein Proviant (Brot und Schafkäse) befanden, um einem schönen Mädchen zu folgen. Nach seiner Rückkehr einige Tage später stellte er fest, dass sein Käse verschimmelt war. Er war aber so hungrig, dass er ihn probierte, und siehe da: Sein Käse schmeckte kräftig und gut. Der Roquefort war geboren! Als im 9. Jahrhundert Karl der Große nach einem Feldzug auf der Rückreise war, wurde ihm bei einem Bischof dieser Käse serviert, und der Kaiser bat den Geistlichen, ihm jedes Jahr zwei Kisten davon nach Aachen zu schicken. Im Jahr 1411 verleiht König Karl VI. das alleinige Recht, ihn herzustellen, den Einwohnern von Roquefort-sur-Soulzon (Aveyron). Diese Entscheidung legt schon die Grundlagen für das Pflichtenheft, das für die Erlangung des AOC-Status (der Roquefort bekam ihn 1925) eingereicht werden musste: Herstellung aus Schafmilch von Schafen der Rasse *Lacaune*. Reifung ausschließlich in den Höhlen von Roquefort-sur-Soulzon. Belüftung, Temperatur und Feuchtigkeit in diesen Höhlen sind bestens geeignet, die Entwicklung von *Penicillium roqueforti* zu fördern. Diese natürliche Belüftung sorgt für Risse im Gestein, die *fleurines*. Maison Carles ist die letzte Fromagerie, die ihren Käse noch auf die alte Art herstellt, also eigenen *Penicillium roqueforti* aus Roggenbrot gewinnt. Das verschimmelte Brot wird gemahlen und das Pulver zum Bruch gegeben, wenn dieser in die Formen gefüllt wird. Dieser Roquefort ist daher fein, delikat, kaum salzig, ausgewogen, mit schöner Lebendigkeit am Gaumen. Die elfenbein- bis rosafarbene Rinde muss unversehrt sein. Der feuchte Teig ist weiß und von *Penicillium roqueforti* geädert. Er verströmt lebhafte, kraftvolle, leicht säuerliche Aromen und ist fest, zartschmelzend und brüchig. Am Gaumen bietet er ausgeprägte schafige Noten, Frische und pikante Ausgewogenheit.

Der Roquefort ist der erste Käse, dem das AOC-Siegel verliehen wurde.

SHROPSHIRE BLUE (**Großbritannien,** Schottland/Highlands)

Milch | Pasteurisierte Kuhmilch
Größe | Durchmesser 20 cm; Höhe 30 cm
Gewicht | 5–6 kg
Fettgehalt | 29 %

Karte S. 216–217

Dieser Blauschimmelkäse wurde in den 1970er-Jahren von Andy Williamson im schottischen Inverness kreiert. Anfangs hieß er Inverness-shire Blue oder Blue Stuart. Der orangefarbene (dank Annatto, einem pflanzlichen Farbstoff, s. S. 87), homogene, zartschmelzende, etwas brüchige Teig zeigt eine schöne Äderung. Am Gaumen ist er kräftig, ohne aufdringlich zu sein, und zeigt Anklänge an fette Sahne und Stall.

Im Gegensatz zu dem, was sein Name vermuten lässt, wurde dieser Käse nie in der englischen Grafschaft Shropshire produziert.

SMOKEY BLUE (**USA,** Oregon)

Milch | Kuhrohmilch
Größe | Durchmesser 20 cm; Höhe 10 cm
Gewicht | 3 kg
Fettgehalt | 27 %

Karte S. 228–229

Von der Rogue Creamery, einem Bio-Betrieb, wird er mit pflanzlichen Gerinnungsenzymen hergestellt. Der Smokey Blue ist einer der seltenen geräucherten Blauschimmelkäse und wird kalt über Haselnussschalen geräuchert. Der buttrige Teig zeigt, schön ausbalanciert, süße Sahne- und Karamellnoten sowie erdige Aromen von Rauch und gerösteten Haselnüssen. Ein äußerst delikater Käse, der überrascht.

STILTON CHEESE (**Großbritannien,** England/Midlands)

g. U. seit 1996

Milch | Pasteur. Kuhmilch
Größe | Durchmesser 15 cm; Höhe 25 cm
Gewicht | 4–5 kg
Fettgehalt | 28 %

Karte S. 216–217

Ihn gibt es in drei Versionen: als Blue Stilton, White Stilton (jünger) und Vintage Blue Stilton (länger als 15 Wochen gereift). Die Engländer nennen den Blue Stilton stolz »den König der englischen Käse«. Die Rinde ist faltig und etwas schuppig, der Teig zartschmelzend, dezent sandig und weich. Er bietet ein ausgewogenes Verhältnis von angenehm anhaltenden buttrigen und sahnigen Noten. Im Abgang stellt sich dank *Penicillium roqueforti* Frische ein. Viele Feinschmecker genießen diesen Käse mit einem Glas Portwein.

STRACHITUNT (**Italien,** Lombardei)

g.U.
seit
2014

Milch | Kuhrohmilch
Größe | Durchmesser 25–28 cm; Höhe 10–18 cm
Gewicht | 4–6 kg
Fettgehalt | 29 %

Karte S. 210–211

Der Strachitunt hat eine leicht raue Rinde, die gelegentlich mit etwas Schimmel bewachsen ist.

In der Nase machen sich Anklänge an feuchten Keller und Pilze bemerkbar. Der kompakte, auf der Zunge zergehende Teig weist blaugrüne Rillen und Adern auf. Er ist zwar kräftig, aber bei Weitem nicht aufdringlich – es sei denn, man hat ihn länger reifen lassen. Beim Geschmack dreht sich alles um Sahne, Pilze und frisches Gras.

TIROLER GRAUKÄSE (**Österreich,** Tirol)

g.U.
seit
1996

Milch | Kuhmilch, roh oder pasteurisiert
Gewicht | 1–4 kg
Fettgehalt | unter 1 %

Karte S. 222–223

In Österreich gilt er als Nationalkäse. Seinen Namen hat er von den grauen Schimmelkulturen, die ihn während der Reifung besiedeln und bis ins Innere vordringen können – wobei er ebensogut der Familie der Sauermilchkäse zugeordnet werden kann. Solange sein Kern kreidig ist, schmeckt er mild-säuerlich, später ist der Teig geschmeidig und pikant-würzig.

URBAN BLUE (**Kanada,** Nova Scotia)

Milch | Pasteurisierte Kuhmilch
Größe | Länge 20 cm; Breite 10 cm; Höhe 8 cm
Gewicht | 1,5 kg
Fettgehalt | 34 %

Karte S. 230–231

Lyndell Findlay ist die Inhaberin von Blue Harbour, dem hochmodernen Betrieb, in dem der Urban Blue produziert wird. Der quaderförmige Käse wird mit Sahne angereichert und erinnert so an den italienischen Gorgonzola Dolce. Die Rinde ist gräulich, gerillt und möglicherweise von einem feinen weißen Flaum bedeckt. In der Nase dominieren Aromen von Stall und Waldboden, im Mund zeigen sich Schmelz sowie sahnige und pilzartige Noten.

VENUS BLUE (**Australien,** Victoria)

Milch | Thermisierte Schafmilch

Größe | Durchmesser 20 cm; Höhe 10 cm

Gewicht | 2,1 kg

Fettgehalt | 24 %

Karte S. 232

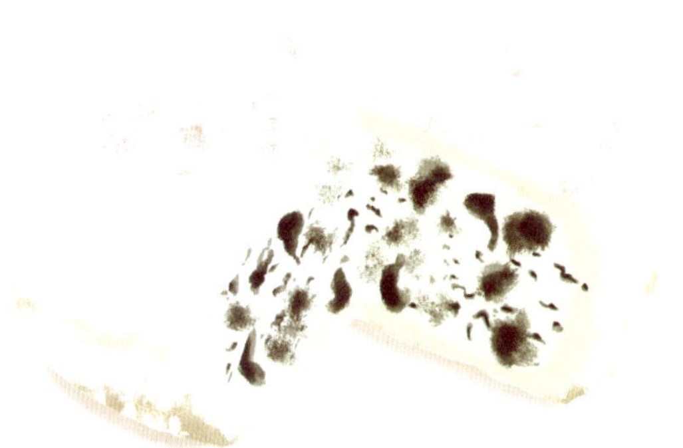

Bei der Rinde dieses Käses (der mit pflanzlichen Gerinnungsenzymen hergestellt wird) kann man fast von einer Kruste sprechen; sie bietet Aromen von Waldboden und Pilzen. Der Teig ist schmelzender als der eines Roqueforts. Im Mund zeigen sich, schön ausgewogen, die Frische des Blauschimmels und die säuerlichen Noten der Schafmilch.

VERZIN® (**Italien,** Ligurien)

Milch | Pasteurisierte Kuh- oder Ziegenmilch

Größe | Durchmesser 18–20 cm; Höhe 13–15 cm

Gewicht | 2 kg

Fettgehalt | 30 %

Karte S. 210–211

Der Verzin® wird von Beppino Occelli affiniert. Der Name dieses Käses (eine eingetragene Handelsmarke) kommt vom Marmor von Frabosa, der *verzino* oder *verdolino* genannt wird; die Äderung des Teigs erinnert an dieses Material. Die Oberfläche ist grau und rosafarben, die Seiten des Laibs sind gerillt. Der Käse ist sehr weich und sahnig, mit weißem Teig und stellenweise graugrünem Schimmel. Am Gaumen präsentiert sich der Verzin® – egal ob aus Kuh- oder Ziegenmilch – extrem schmelzend und wohlschmeckend mit Aromen von Sahne, frischer Milch und frischen Kräutern. Der Nachgeschmack ist delikat und bei der Version mit Ziegenmilch fein säuerlich.

WINDSOR BLUE (**Neuseeland,** Otago)

Milch | Pasteurisierte Kuhmilch

Gewicht | 1,8 kg

Fettgehalt | 28 %

Karte S. 233

Ein neuseeländischer Käse mit blaugrauer, recht dicker Rinde, der Aromen von Keller, Waldboden und Pilzen verströmt. Sein elfenbeinfarbener bis gelblicher Teig weist gut verteilte blaugraue Adern und Flecken auf. Die Konsistenz ist fest, glatt und schmelzend. Am Gaumen entfaltet der Windsor Blue buttrige, sahnige und leicht pilzartige Noten. Mit zunehmender Reife gewinnt er an Charakter, ohne aber jemals scharf zu werden.

09 PASTA-FILATA-KÄSE

Diese Familie lässt an Sommer denken, werden doch die meisten dieser Käse produziert und verspeist, wenn das Wetter wieder schön ist. Oft genießt man sie mit gutem Olivenöl und einem Glas Weiß- oder Roséwein.

BURRATA DI ANDRIA (**Italien,** Apulien)

g.g.A. seit 2016

Milch | Pasteurisierte Kuhmilch und pasteurisierte Sahne von Kuhmilch
Gewicht | Von 100 g bis 1 kg
Fettgehalt | 30 %

Karte S. 212–215

Über die Geschichte dieses Käses geht folgende Legende, die besagt, dass der Burrata di Andria von einem Käser namens Lorenzo Bianchino erfunden wurde. Als es Anfang des 19. Jahrhunderts einmal so stark schneite, dass dieser seine Milch nicht ins nächste Dorf bringen konnte, er aber nicht alles wegwerfen wollte, kam er auf eine Idee. Er formte Säckchen aus Pasta-Filata-Käse, füllte sie mit faserigen Resten aus der Käseherstellung und gab die Sahne, die sich auf der Milch abgesetzt hatte, dazu. Die glatte, weiße, milchige Oberfläche dieses

Käses bezeugt seine Frische. Am Gaumen präsentiert der Burrata di Andria eine Mischung aus lebhaften, sahnigen, milchigen, buttrigen und grasigen Noten.

CACIOCAVALLO SILANO (**Italien,** Basilikata, Kampanien, Kalabrien, Molise, Apulien)

g.U. seit 2003

Milch | Kuhrohmilch
Gewicht | 1–2,5 kg
Fettgehalt | 21 %

Karte S. 212–215

Den Caciocavallo Silano darf man nicht mit dem Caciocavallo verwechseln. Caciocavallo ist ein Oberbe-

griff – für Käse mit diesem Namen gibt es allerdings keine EU-Regularien, die ihre Eigenschaften festlegen. Den Silano, einen halbfesten Pasta-Filata-Käse in Form eines Kegelstumpfs, gibt es seit der Antike. Die Inschrift »caciocavallo silano« muss in Großbuchstaben mit einem Brenneisen eingebrannt werden. Der Teig ist fest, elastisch und schmelzend. Am Gaumen offenbart er säuerliche und grasige Noten. Ein länger gereifter Caciocavallo Silano kann scharf sein.

METSOVONE (**Griechenland,** Epirus)

g.U. seit 1996

Milch | Pasteurisierte Kuhmilch oder pasteurisierte Kuh-, Schaf- (höchstens 20 %) und Ziegenmilch (höchstens 20 %)
Größe | Durchmesser 10 cm; Höhe 40 cm
Fettgehalt | 26 %

Karte S. 226–227

Einer der seltenen griechischen Pasta-Filata-Käse. Der Metsovone wird zerteilt, bevor er in die Formen kommt. Es folgen Trocknen, Verschnüren und eine Reifezeit von mindestens 3 Monaten. Zum Schluss wird er 1–2 Tage geräuchert. Unter der Paraffinschicht verbirgt sich ein fester Teig mit salzigen und scharfen Noten.

MOZZARELLA (**Italien**)

g.t.S.
seit
1998

Milch | Kuhmilch, roh oder pasteurisiert
Gewicht | 20–250 g
Fettgehalt | 18 %

Karte S. 210–215

Diese berühmte Käsekugel, die in ganz Italien produziert wird, darf man nicht mit dem Mozzarella di Bufala Campana (s.u.) verwechseln, ihrem Cousin mit geschützter Ursprungsbezeichnung. Der aus Kuhmilch hergestellte Mozzarella bietet am Gaumen weniger Finesse als sein illustrer Landsmann. Seine Oberfläche ist glatt und glänzt. Der faserige Teig kann eine milchige Flüssigkeit enthalten. Gelegentlich geben kleine Löcher im Teig diese Flüssigkeit ab. Am Gaumen ist dieser Käse mild, milchig, frisch und säuerlich.

MOZZARELLA DI BUFALA CAMPANA (**Italien,** Kampanien, Latium, Molise, Apulien)

g.U.
seit
1996

Milch | Büffelmilch, roh oder pasteurisiert
Gewicht | Von 10 g bis 3 kg
Fettgehalt | 21 %

Karte S. 212–215

Traditionell wird er in Kampanien seit dem 12. Jahrhundert hergestellt. Er kann in verschiedenen Formen daherkommen, als Kugel, Häppchen, Zopf, Perle, Kirsche, kleiner Knoten oder kleines Ei. Die Oberfläche ist porzellanweiß und die Haut nicht dicker als 1 mm. Der Teig darf keinerlei Blasen oder Löcher aufweisen. In der Nase bietet er frische, grasige und säuerliche Aromen. Im Mund zeigt er sich zart und schmelzend mit salzigen, säuerlichen und frischen Noten.

»Mozzarella« kommt vom Verb mozzare; *es beschreibt das manuelle Zerschneiden des Käseteigs mit Daumen und Zeigefinger.*

ORAVSKÝ KORBÁČIK (**Slowakei,** Žilina)

g.g.A.
seit
2011

Milch | Kuhmilch, roh oder pasteurisiert
Größe | Länge 10–50 cm; Höhe von 2 mm bis 1 cm
Fettgehalt | 21 %

Karte S. 224–225

In einer Gebirgsregion wird dieser Käse produziert, mit einem großen Anteil an Handarbeit. Es sind übrigens ausschließlich Frauen, die diesen Käse aus gedämpftem Teig zu Zöpfen flechten. Wurde er geräuchert, ist der ursprünglich creme- bis elfenbeinfarbene Käse goldgelb. Dank der faserigen Konsistenz ist der Teig fest und schmelzend. In der Nase und am Gaumen dominieren salzige und leicht saure Noten, wurde er geräuchert, auch rauchige …

PROVOLONE DEL MONACO (**Italien,** Kampanien)

g.U. seit 2010

Milch | Kuhrohmilch
Gewicht | 2,5–8 kg
Fettgehalt | 21 %

Karte S. 212–215

Dieser halbfeste Pasta-Filata-Käse mit hellgelber, dünner, glatter Rinde kann Rillen aufweisen. Diese stammen von den Bastfäden, mit denen die Käse für die Reifung paarweise zusammengebunden werden. Der Teig ist cremefarben mit hellgelben Nuancen, kompakt und elastisch und kann einige »Rebhuhnaugen« genannte Löcher präsentieren. Der Provolone del Monaco (Mönchskäse) ist mild, säuerlich und etwas salzig. Bei längerer Reifung kann er Schärfe entwickeln.

PROVOLONE VALPADANA (**Italien,** Lombardei, Emilia-Romagna, Trentino)

g.U. seit 1996

Milch | Kuhmilch, roh, thermisiert oder pasteurisiert
Fettgehalt | 28 %

Karte S. 210–211

Wurst, Birne, Kegel, Melone – der Provolone Valpadana kann in unterschiedlichen Formen daherkommen. Seine Rinde ist hellgelb bis gelbbraun, der Teig kompakt. Letzterer kann gelegentlich kleine Risse oder Löcher aufweisen. Die Reifung dieses Pasta-Filata-Käses dauert 10 Tage (mindestens) bis 8 Monate. Dementsprechend kann er mild, säuerlich und frisch oder rauchig, animalisch und scharf sein.

QUESO TETILLA (**Spanien,** Galizien)

g.U. seit 1996

Milch | Kuhmilch, roh oder pasteurisiert
Größe | Durchmesser 9–15 cm; Höhe 9–15 cm
Gewicht | Von 500 g bis 1,5 kg
Fettgehalt | 28 %

Karte S. 206–207

Hier verrät der Name schon die Form: *tetilla* heißt »kleine weibliche Brust«. Der Käse präsentiert sich mit einer stroh- bis goldgelben, dünnen Rinde, deren Stärke unter 3 mm liegen muss. Sie schützt weichen, geschmeidigen, sahnigen Teig, der elfenbeinfarben bis gelblich sein kann. In der Nase zeigt der Queso Tetilla milde und etwas saure Noten sowie Anklänge an Hefe, im Mund Schmelz mit milchigen, säuerlichen und salzigen Nuancen.

REDYKOŁKA (**Polen,** Schlesien, Klein-Polen)

g. U.
seit
2009

Milch | Schafrohmilch oder Schafrohmilch und Kuhrohmilch (höchstens 40 %)

Gewicht | 30–300 g

Fettgehalt | 30 %

Karte S. 224–225

Sein Name stammt von dem Wort *redyk*, das den Moment beschreibt, in dem die Schafe im Sommer zum Weiden auf die Almen ziehen. Dieser Käse kann unterschiedliche Formen haben: Tier, Vogel, kleines Herz oder Spindel. Die Rinde ist nach dem Räuchern strohgelb bis hellbraun. Auch in der Nase dominieren Raucharomen, und am Gaumen zeigen sich ebenfalls rauchige Noten, verbunden mit säuerlichen Nuancen, die von der verwendeten Schafmilch stammen.

VASTEDDA DELLA VALLE DEL BELICE (**Italien,** Sizilien)

g. U.
seit
2010

Milch | Schafrohmilch

Größe | Durchmesser 15–17 cm; Höhe 3–4 cm

Gewicht | 500–700 g

Fettgehalt | 31 %

Karte S. 214–215

Der Vastedda della Valle del Belice ist der einzige Pasta-Filata-Käse, der nur aus Schafmilch hergestellt wird. Um ihn wirklich würdigen zu können, sollte man ihn essen, solange er frisch ist. Seine glatte Oberfläche ist elfenbeinweiß, der homogene Teig makellos. In der Nase bietet er Anklänge an Stroh, Heu und Gras, die sich auch am Gaumen wiederfinden. Im Abgang zeigt sich eine feinsäuerliche Note.

ZÁZRIVSKÉ VOJKY (**Slowakei,** Žilina)

g. g. A.
seit
2014

Milch | Kuhmilch, roh oder pasteurisiert

Größe | Länge 10–70 cm; Höhe 2–16 mm

Gewicht | Von 100 g bis 1 kg

Fettgehalt | 27 %

Karte S. 224–225

Geräuchert oder ungeräuchert kommt dieser Fadenkäse auf den Markt. Wurde er nicht geräuchert, ist er weiß bis cremefarben, anderenfalls präsentiert er sich mit gelblichen bis goldgelben Nuancen. Der Teig besteht aus mehr oder weniger geschmeidigen Fasern und setzt milchige und säuerliche Aromen frei. Wurde der Zázrivské Vojky geräuchert, sind natürlich – was Geruch und Geschmack angeht – auch rauchige Noten vernehmbar. In der Slowakei gibt es einen fast identischen Käse mit geschützter geografischer Angabe, der aus derselben Gegend stammt, den Zázrivský Korbácik. Er unterscheidet sich nur in den Abmessungen ein wenig: Länge maximal 50 cm; Höhe maximal 10 mm.

10 SCHMELZKÄSE

Bei dem Begriff »Schmelzkäse« denkt man gewiss zunächst an die vielen industriell hergestellten Streichkäse und Schmelzkäsescheiben, die auf dem Markt sind. Doch darüber hinaus gibt es handwerklich gefertigte regionale Spezialitäten, die unter anderem eine ganz besondere charakteristische Eigenschaft haben: Charakter!

CANCOILLOTTE (**Frankreich,** Bourgogne-Franche-Comté, Grand Est)

g.g.A. seit 2022

Milch | Kuhmilch, roh oder pasteurisiert
Fettgehalt | 5 %

Karte S. 198–199

Im Franche-Comté nennt man ihn wegen seiner Konsistenz auch la colle, *die Klebrige.*

Der Cancoillotte wird aus zunächst mit Wasser und danach mit Butter vermischtem Metton (dickgelegter Magermilch) gemacht. Einige Rezepte verlangen noch die Zugabe von Weißwein oder Knoblauch. Der Käse ist cremig bis flüssig mit gelblichen und grünlichen Reflexen und kann heiß oder kalt gegessen werden. Am Gaumen ist er säuerlich, buttrig und kräftig, sogar scharf, wenn Knoblauch im Spiel ist.

FORT DE BÉTHUNE (**Frankreich,** Hauts-de-France)

Milch | Kuhmilch, roh oder pasteurisiert

Karte S. 196–197

Er entstand im 19. Jahrhundert und war damals eine Mahlzeit für Bergleute, Arbeiter und Bedürftige; schließlich wurde er aus Käseresten, insbesondere aus Resten vom Maroilles, hergestellt. Gelegentlich verfeinert man ihn mit Gewürzen (Pfeffer, Kreuzkümmel …), Weißwein, Butter und manchmal auch Schnaps. Das Ganze wird verrührt, und dann gibt man die weiß-, grün- oder gräuliche Masse zum Fermentieren in einen Tontopf. Nach einiger Zeit ist der Fort de Béthune fertig: ein cremiger, stark riechender, kräftiger Käse.

FOURMAGÉE (**Frankreich,** Normandie)

Milch | Kuhmilch, roh oder pasteurisiert

Karte S. 194–195

Sein Ursprung liegt im 17. Jahrhundert. Er wird aus Weichkäse und festerem Käse zusammengeknetet. Man verfeinert ihn mit Cidre, Kräutern und Pfeffer und gibt die Masse dann in einen Tontopf oder eine Terrine. Nun beginnt die Fermentation, und nach einigen Monaten ist der Fourmagée fertig und von gelblicher bis gräulicher Farbe. Er verströmt kräftige Aromen und bietet pikante, scharfe Noten.

KOCHKÄSE (**Deutschland,** Hessen)

Milch | Kuhmilch, roh oder pasteurisiert

Karte S. 218–219

Dieser deutsche Käse erinnert an den französischen Cancoillotte, wenn es nicht vielleicht sogar eher umgekehrt ist. Die Herstellungsweise ist die gleiche, nur einige Zutaten sind anders, je nach Rezept. Was Geruch, Konsistenz und Geschmack angeht, so ist der Kochkäse kräftig und cremig mit säuerlichen, buttrigen und pfeffrigen, vielleicht sogar scharfen Noten.

MÉGIN (**Frankreich,** Grand Est)

Milch | Kuhmilch, roh oder pasteurisiert

Karte S. 196–197

Man nennt den Mégin auch Fremgeye, Frem'gin oder Guéyin. Er gilt häufig als der lothringische Cancoillotte, wird jedoch nicht mit Metton, sondern mit Quark zubereitet. Letzterer wird getrocknet, dann geschnitten und mit Pfeffer, Salz und Fenchelsamen vermischt. Anschießend kommt er für Monate in einen Trockenraum. Der ausgereifte Mégin ist scharf und kräftig mit einer Anisnote, die von den verwendeten Fenchelsamen stammt.

PÔT CORSE (**Frankreich,** Korsika)

Milch | Schafmilch, roh oder pasteurisiert
Gewicht | Glas mit 200 g Inhalt

Karte S. 200–201

Der Pôt Corse wird nach dem gleichen Rezept hergestellt wie die anderen Schmelzkäse. Der einzige Unterschied besteht darin, dass Schafmilch verwendet wird. Reste von Filetta, Bel Fiuritu oder anderen Käsen werden vermischt und anschließend mit Weißwein, Gewürzen sowie Wildkräutern verknetet. Der Käse ist gräulich, schmelzend und buttrig. In der Nase zeigt er Stallaromen, im Mund kräftige, grasige, würzige und gelegentlich auch scharfe Noten.

11 KÄSEZUBEREITUNGEN

Diese »falschen« Käse werden auf Käsebasis mit Zutaten wie Buttermilch, Butter, Sahne und Würzzutaten (Gewürzen, Kräutern usw.) hergestellt. Sofern keine Eintragung erfolgte (beispielsweise g.U. oder g.g.A.) sind die Rezepte nicht festgelegt – und so kann jede und jeder sie nach seinem ganz persönlichen Geschmack abwandeln.

AFUEGA'L PITU (**Spanien,** Asturien)

g.U.
seit
2008

Milch | Kuhmilch, roh oder pasteurisiert

Größe | Durchmesser unten 8–14 cm; Höhe 5–12 cm

Gewicht | 200–600 g

Fettgehalt | 28 %

Karte S. 206–207

Vom Afuega'l Pitu, diesem kegelfömigen, cremfarbenen bis gelblichen (oder orangeroten, wenn Paprikapulver verwendet wurde) Käse gibt es vier Versionen: *atroncau blancu, atroncau roxu, trapu blancu* und *trapu roxu.* Für die *roxus* wird der Käsebruch mit Paprikapulver verrührt, was für eine scharfe Note in der Nase und im Mund sorgt. Der Teig ist zartschmelzend und körnig. Ohne Paprika ist er säuerlicher und adstringent im Abgang.

BOULETTE D'AVESNES (**Frankreich,** Hauts-de-France)

Milch | Kuhmilch, roh oder pasteurisiert

Größe | Durchmesser unten 6–9 cm; Höhe 8–10 cm

Gewicht | 150–300 g

Fettgehalt | 24 %

Karte S. 196–197

Im Gegensatz zu dem, was der Name vermuten lässt, ist diese *boulette* keine Kugel, sondern ein weißer (selten) oder orangeroter (wenn er in Paprikapulver gewälzt wurde) Kegel. Er wird auf Basis von Buttermilch oder zerkleinertem Maroilles hergestellt und mit Pfeffer, Estragon, Petersilie und/oder Gewürznelken verfeinert (je nach Rezept). Der Käse hat seinen Ursprung gegen Ende des 18. Jahrhunderts. In der Nase gibt er einen starken Geruch ab, im Mund lassen ihn die enthaltenen Kräuter und Gewürze zu einem kräftigen, scharfen, herben und bitteren Käse werden.

CERVELLE DE CANUT (**Frankreich,** Auvergne-Rhône-Alpes)

Milch | Kuhmilch, roh oder pasteurisiert

Karte S. 198–199

Die weniger wohlhabenden *canuts* (Arbeiter in den Seidenmanufakturen von Lyon im 19. Jahrhundert) mussten sich mit Magerquark anstelle von Lammhirn *(cervelle d'agneau)*, das in jener Zeit oft genossen wurde, begnügen. Dieses »Armeleutefleisch« wurde glatt gerührt und dann mit Salz, Pfeffer und Würzzutaten (Schnittlauch, Schalotte, Frühlingszwiebel, Knoblauch, Olivenöl, Weißwein, Essig …) verfeinert – es gibt also viele verschiedene Rezepte. Das Ergebnis sollte streichfähig, frisch und nicht zu intensiv sein.

GAPERON D'AUVERGNE (**Frankreich,** Auvergne-Rhône-Alpes)

Milch | Kuhmilch, roh oder pasteurisiert

Größe | Durchmesser unten 5–10 cm; Höhe 5–9 cm

Gewicht | 250–500 g

Fettgehalt | 24 %

Karte S. 202–203

Sein Name geht auf einen Dialektausdruck aus der Auvergne, *gaspe* oder *gape* (Buttermilch), zurück – er wird also mit Buttermilch hergestellt. Die körnige, weißliche bis gräuliche Rinde kann gelb gesprenkelt sein. Der elfenbeinfarbene oder weißliche Teig ähnelt sehr fester Mousse und hat schwarze Punkte (Pfeffer). Dem abgetropften, getrockneten Bruch werden Pfeffer, Knoblauch und Salz beigegeben. Man isst den Käse frisch (ohne Rinde) oder gereift (mit Rinde). Dementsprechend ist er mehr oder weniger kräftig.

JĀŅU SIERS (**Lettland**)

g. t. S. seit 2015

Milch | Kuhmilch, roh oder pasteurisiert

Größe | Durchmesser 8–30 cm; Höhe 4–6 cm

Fettgehalt | 12 %

Karte S. 220–221

Wörtlich bedeutet sein Name »Johanniskäse«, und er wird insbesondere für das Johannisfest (zur Sommersonnenwende; seine Farbe und Form symbolisieren die Sonne) zubereitet. Dieses wird ausgelassen gefeiert, und die Tradition verlangt, dass es reichlich Bier und (diesen) Käse gibt. Der Jāņu Siers wird aus Magermilch und -quark, Eiern, Butter oder Sahne, Salz und Kümmel hergestellt, die Käsemasse heiß in Formen gefüllt. Im Rigaer Jesuitenkolleg befinden sich Dokumente aus dem späten 16. und dem frühen 17. Jahrhundert, in denen die Herstellung des Quarks erwähnt wird. Der Käse ist

homogen, weich, dicht und etwas körnig, die Kümmelsamen sind gleichmäßig im Teig verteilt. Der Geschmack des Jāņu Siers wird von reiner Milchsäure und den Kümmelsamen dominiert.

WIELKOPOLSKI SER SMAŻONY (**Polen,** Woiwodschaft Lebus)

g.g.A. seit 2009

Milch | Kuhrohmilch

Fettgehalt | mind. 7,5 %

Karte S. 224–25

Bei diesem Käse handelt es sich um einen Bratkäse. Er besteht aus gereiftem Quark, der vor dem Braten mit Salz, Butter und eventuell Kreuzkümmelsamen vermischt wird. Der Teig ist, je nachdem, wie viel Butter hinzugefügt wurde, hellcremefarben bis gelb. Im Mund ist er säuerlich und kräftig, insbesondere wenn er Kümmel enthält.

3

Terroirs und Regionen

FRANKREICH/BRETAGNE UND NORMANDIE

Käse | • • Ort | *Fluss* | *DÉPARTEMENT*

50 KM

N

BADENNOIS s. S. 80	**LIVAROT** s. S. 87
BRESLOIS s. S. 71	**LUCULLUS** s. S. 77
CAMEMBERT DE NORMANDIE s. S. 74	**NEUFCHÂTEL** s. S. 78
DEAUVILLE s. S. 83	**PONT-L'ÉVÊQUE** s. S. 91
FOURMAGÉE s. S. 188	**TIMANOIX** s. S. 95

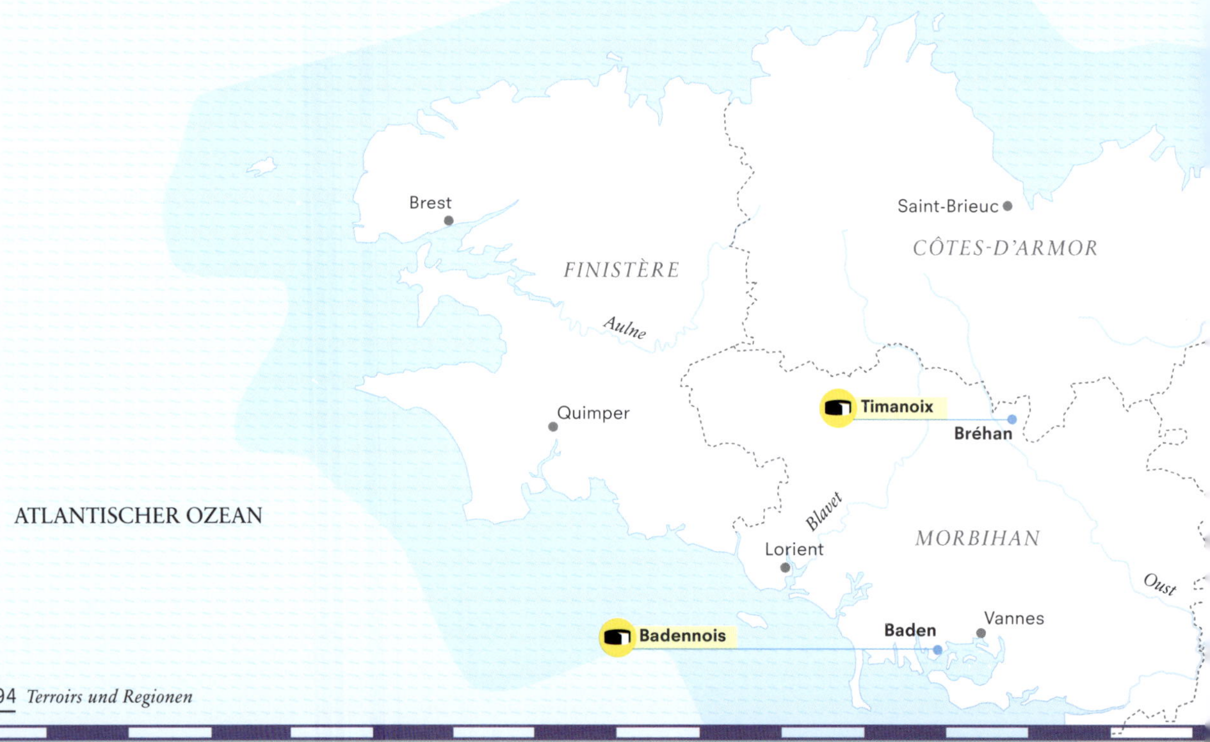

GROSSBRITANNIEN
ÄRMELKANAL
g. U. NEUFCHÂTEL
SOMME
Somme
g. U. CAMEMBERT DE NORMANDIE
Dieppe
Neufchâtel-en-Bray
Breslois
Rollot
Cherbourg
SEINE-MARITIME
g. U. LIVAROT
Deauville
Le Havre
Rouen
OISE
Deauville
Pont-l'Évêque
Touques
Risle
Élbeuf
Caen
Vire
Saint-Lô
CALVADOS
EURE
Seine
MANCHE
Boissey
Livarot
Évreux
Camembert
Lucullus
Eure
YVELINES
Flers
Orne
Dreux
Saint-Malo
ORNE
Mortagne-au-Perche
Fourmagée
g. U. PONT-L'ÉVÊQUE
Alençon
Chartres
Couesnon
Mayenne
Sarthe
ILLE-ET-VILAINE
EURE-ET-LOIR
MAYENNE
Rennes
Laval
Huisne
Le Mans
LOIRET
Vilaine
SARTHE
Orléans
Sarthe
LOIR-ET-CHER
Loir
LOIRE-ATLANTIQUE

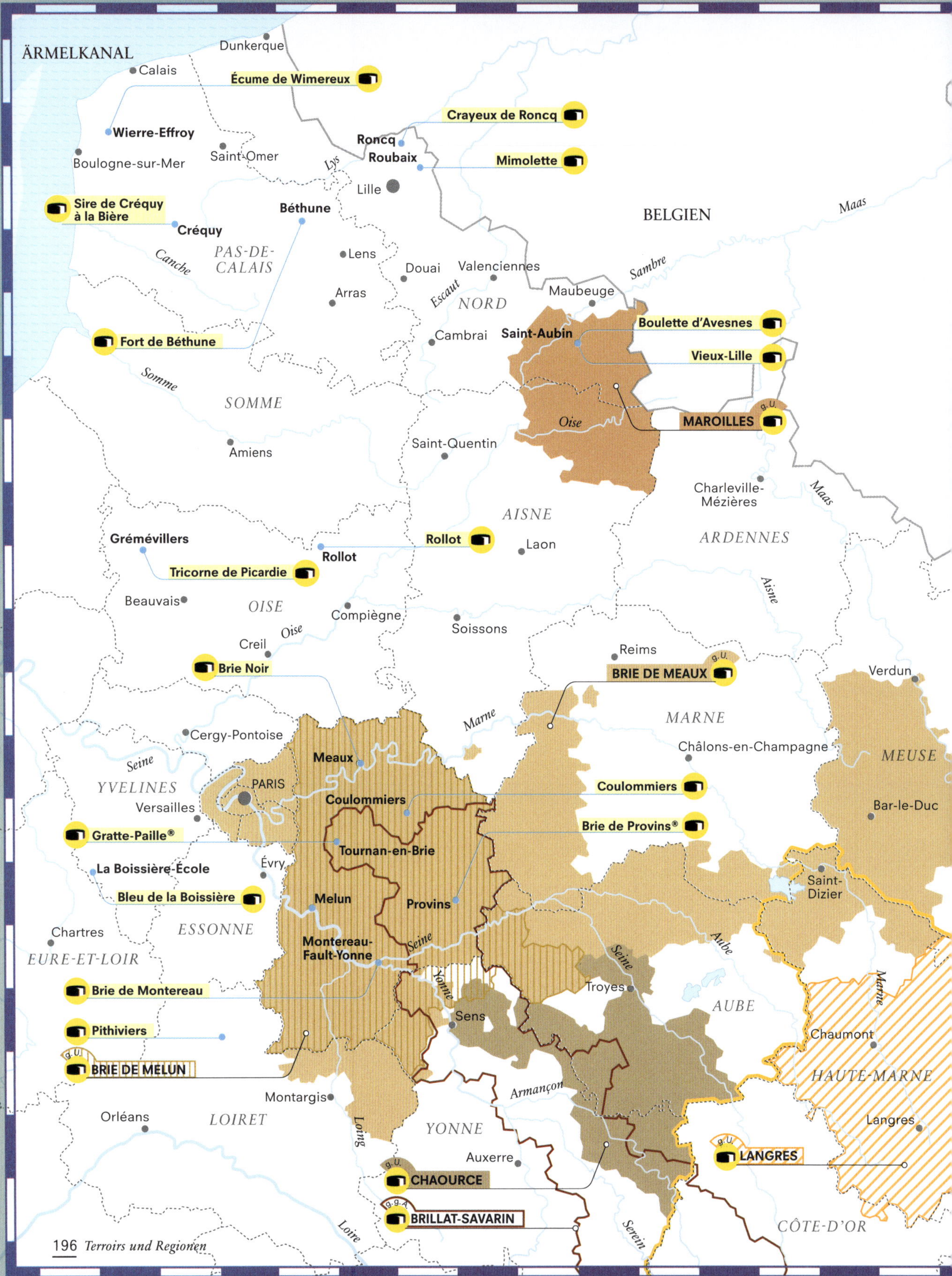
ÄRMELKANAL
Dunkerque
Calais
Écume de Wimereux
Wierre-Effroy
Crayeux de Roncq
Roncq
Roubaix
Mimolette
Saint-Omer
Boulogne-sur-Mer
Lys
Lille
Sire de Créquy à la Bière
Créquy
Béthune
BELGIEN
Maas
Canche
PAS-DE-CALAIS
Lens
Douai
Valenciennes
Sambre
Arras
Escaut
NORD
Maubeuge
Boulette d'Avesnes
Cambrai
Saint-Aubin
Vieux-Lille
Fort de Béthune
Somme
SOMME
g. U.
MAROILLES
Oise
Saint-Quentin
Amiens
Charleville-Mézières
Maas
AISNE
ARDENNES
Grémévillers
Rollot
Laon
Tricorne de Picardie
Aisne
Beauvais
OISE
Compiègne
Soissons
Oise
Creil
Reims
Brie Noir
g. U.
BRIE DE MEAUX
Verdun
Marne
MARNE
Cergy-Pontoise
Châlons-en-Champagne
Meaux
MEUSE
Seine
PARIS
Coulommiers
YVELINES
Coulommiers
Versailles
Bar-le-Duc
Brie de Provins®
Gratte-Paille®
Tournan-en-Brie
La Boissière-École
Évry
Saint-Dizier
Bleu de la Boissière
Melun
Provins
Chartres
ESSONNE
Montereau-Fault-Yonne
Seine
Aube
EURE-ET-LOIR
Seine
Brie de Montereau
Yonne
Troyes
AUBE
Marne
Sens
Pithiviers
Chaumont
g. U.
BRIE DE MELUN
HAUTE-MARNE
Armançon
Montargis
Orléans
LOIRET
Loing
YONNE
Langres
g. U.
LANGRES
Auxerre
g. U.
CHAOURCE
g.g.A.
BRILLAT-SAVARIN
Loire
Serein
CÔTE-D'OR

NORDOSTFRANKREICH

Käse · Ort · *Fluss* · *DÉPARTEMENT* · 50 KM · N

- **BARGKASS** s.S. 100
- **BLEU DE LA BOISSIÈRE** s.S. 168
- **BOULETTE D'AVESNES** s.S. 190
- **BRIE DE MEAUX** s.S. 71
- **BRIE DE MELUN** s.S. 72
- **BRIE DE MONTEREAU** s.S. 72
- **BRIE DE PROVINS®** s.S. 72
- **BRIE NOIR** s.S. 73
- **BRILLAT-SAVARIN** s.S. 73
- **CHAOURCE** s.S. 75
- **COULOMMIERS** s.S. 75
- **CRAYEUX DE RONCQ** s.S. 82
- **ÉCUME DE WIMEREUX** s.S. 76
- **EMMENTAL FRANÇAIS EST-CENTRAL** s.S. 157
- **FORT DE BÉTHUNE** s.S. 188
- **GRATTE-PAILLE®** s.S. 77
- **GROS LORRAIN** s.S. 85
- **LANGRES** s.S. 86
- **MAROILLES** s.S. 88
- **MÉGIN** s.S. 189
- **MIMOLETTE** s.S. 116
- **MUNSTER** s.S. 89
- **PETIT GRÈS** s.S. 90
- **PITHIVIERS** s.S. 78
- **ROLLOT** s.S. 92
- **SIRE DE CRÉQUY À LA BIÈRE** s.S. 93
- **TRICORNE DE PICARDIE** s.S. 95
- **VIEUX-LILLE** s.S. 97

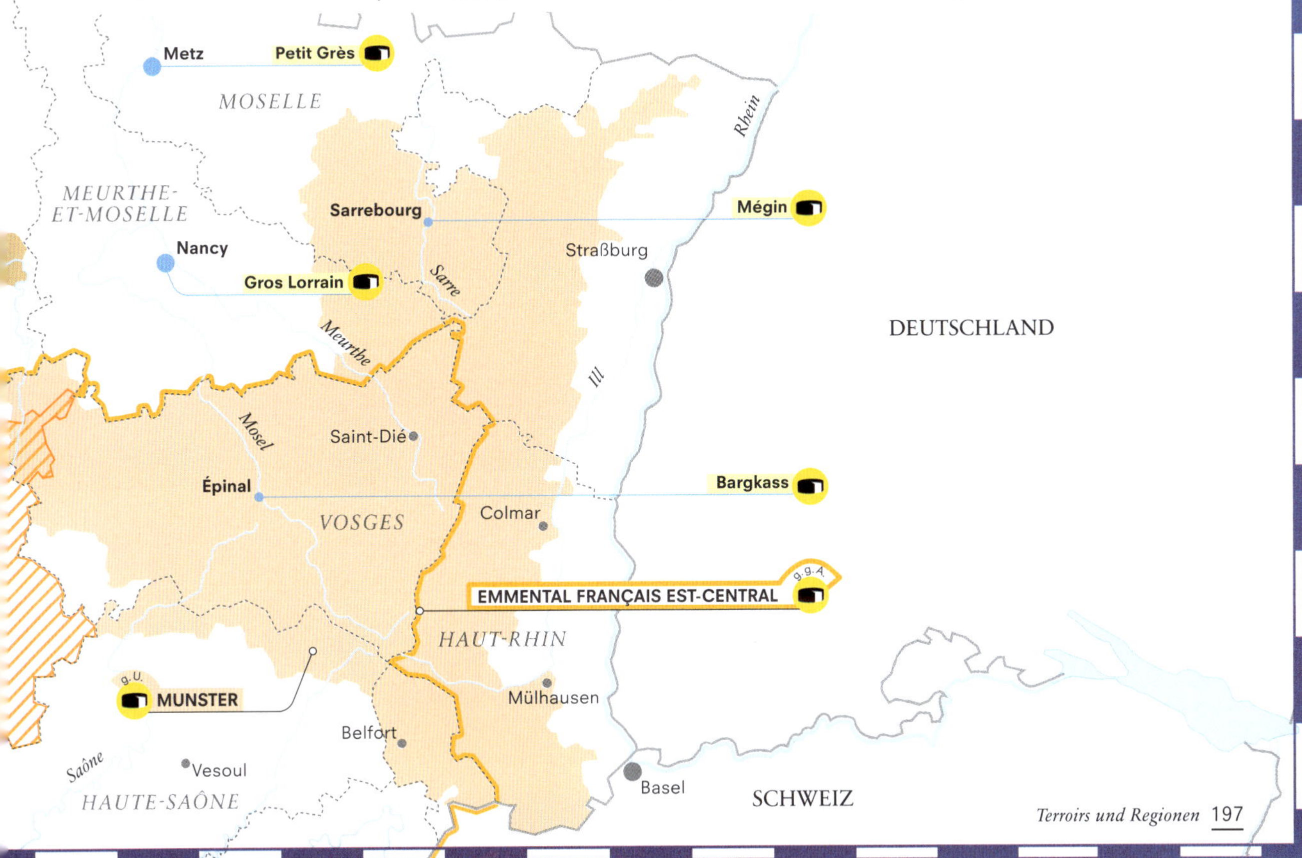

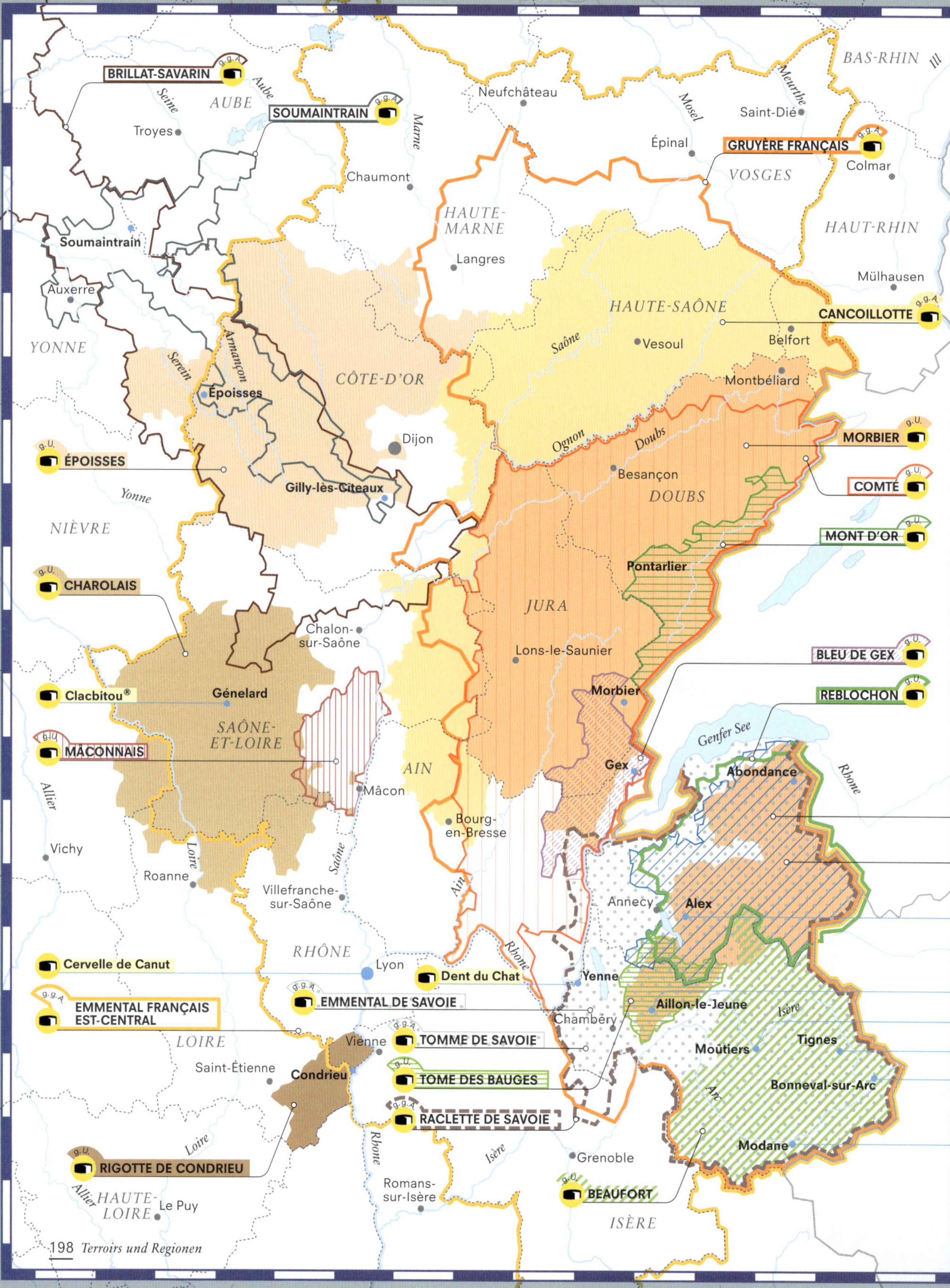
BRILLAT-SAVARIN
SOUMAINTRAIN
GRUYÈRE FRANÇAIS
CANCOILLOTTE
MORBIER
COMTÉ
MONT D'OR
BLEU DE GEX
REBLOCHON
ÉPOISSES
CHAROLAIS
Clacbitou®
MÂCONNAIS
Cervelle de Canut
Dent du Chat
EMMENTAL DE SAVOIE
EMMENTAL FRANÇAIS EST-CENTRAL
TOMME DE SAVOIE
TOME DES BAUGES
RACLETTE DE SAVOIE
RIGOTTE DE CONDRIEU
BEAUFORT
AUBE
HAUTE-MARNE
VOSGES
BAS-RHIN
HAUT-RHIN
HAUTE-SAÔNE
CÔTE-D'OR
YONNE
NIÈVRE
DOUBS
JURA
SAÔNE-ET-LOIRE
AIN
RHÔNE
LOIRE
HAUTE-LOIRE
ISÈRE
Troyes
Neufchâteau
Saint-Dié
Épinal
Colmar
Chaumont
Langres
Mülhausen
Soumaintrain
Auxerre
Vesoul
Belfort
Montbéliard
Époisses
Dijon
Besançon
Gilly-lès-Cîteaux
Pontarlier
Chalon-sur-Saône
Lons-le-Saunier
Génelard
Morbier
Gex
Abondance
Mâcon
Bourg-en-Bresse
Vichy
Roanne
Villefranche-sur-Saône
Annecy
Alex
Lyon
Yenne
Aillon-le-Jeune
Chambéry
Vienne
Saint-Étienne
Condrieu
Moûtiers
Tignes
Bonneval-sur-Arc
Modane
Grenoble
Romans-sur-Isère
Le Puy
Genfer See
Seine
Aube
Marne
Mosel
Meurthe
Ill
Saône
Ognon
Doubs
Serein
Armançon
Yonne
Allier
Loire
Ain
Rhone
Isère
Arc

ÖSTLICHES ZENTRALFRANKREICH

Käse · Ort · *Fluss* · *DÉPARTEMENT* · 50 KM · N

ABONDANCE s. S. 152	**CERVELLE DE CANUT** s. S. 190	**ÉPOISSES** s. S. 84	**RIGOTTE DE CONDRIEU** s. S. 64
BEAUFORT s. S. 154	**CHAROLAIS** s. S. 59	**GRUYÈRE FRANÇAIS** s. S. 160	**SÉRAC** s. S. 55
BLEU DE BONNEVAL s. S. 167	**CHEVROTIN** s. S. 106	**MÂCONNAIS** s. S. 61	**SOUMAINTRAIN** s. S. 94
BLEU DE GEX s. S. 168	**CLACBITOU®** s. S. 60	**MONT D'OR** s. S. 88	**TOMME CRAYEUSE** s. S. 146
BLEU DE TERMIGNON s. S. 170	**COMTÉ** s. S. 156	**MORBIER** s. S. 117	**TOMME DE SAVOIE** s. S. 147
BRILLAT-SAVARIN s. S. 73	**DENT DU CHAT** s. S. 156	**PERSILLÉ DE TIGNES** s. S. 178	**TOME DES BAUGES** s. S. 145
CANCOILLOTTE s. S. 188	**EMMENTAL DE SAVOIE** s. S. 157	**RACLETTE DE SAVOIE** s. S. 134	**VACHERIN DES BAUGES** s. S. 96
	EMMENTAL FRANÇAIS EST-CENTRAL s. S. 157	**REBLOCHON** s. S. 136	

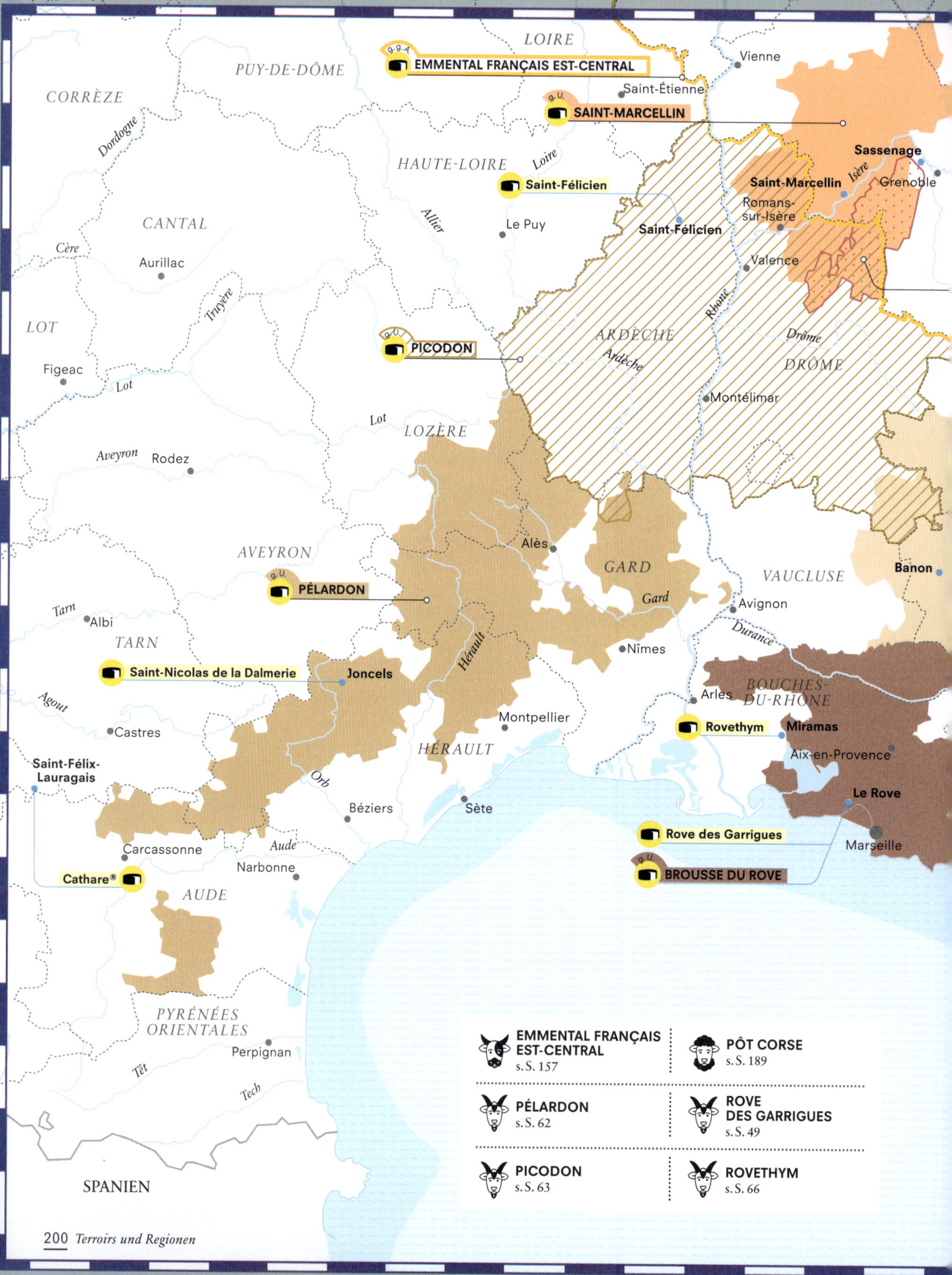

LOIRE
PUY-DE-DÔME
CORRÈZE
g.g.A.
EMMENTAL FRANÇAIS EST-CENTRAL
Vienne
Saint-Étienne
g.U.
SAINT-MARCELLIN
Dordogne
HAUTE-LOIRE
Loire
Sassenage
Saint-Marcellin
Isère
Grenoble
Saint-Félicien
Romans-sur-Isère
CANTAL
Allier
Le Puy
Saint-Félicien
Cère
Aurillac
Valence
Truyère
LOT
g.U.
PICODON
ARDÈCHE
Rhône
Drôme
Ardèche
DRÔME
Figeac
Lot
Montélimar
Lot
LOZÈRE
Aveyron
Rodez
Alès
AVEYRON
GARD
VAUCLUSE
Banon
g.U.
PÉLARDON
Gard
Avignon
Tarn
Albi
TARN
Durance
Hérault
Nîmes
Saint-Nicolas de la Dalmerie
Joncels
BOUCHES-DU-RHÔNE
Arles
Agout
Montpellier
Rovethym
Miramas
Castres
HÉRAULT
Aix-en-Provence
Saint-Félix-Lauragais
Orb
Le Rove
Béziers
Sète
Rove des Garrigues
Marseille
Aude
Carcassonne
Narbonne
g.U.
BROUSSE DU ROVE
Cathare®
AUDE
PYRÉNÉES ORIENTALES
Perpignan
Têt
Tech
SPANIEN
EMMENTAL FRANÇAIS EST-CENTRAL
s. S. 157
PÔT CORSE
s. S. 189
PÉLARDON
s. S. 62
ROVE DES GARRIGUES
s. S. 49
PICODON
s. S. 63
ROVETHYM
s. S. 66

SÜDWESTFRANKREICH

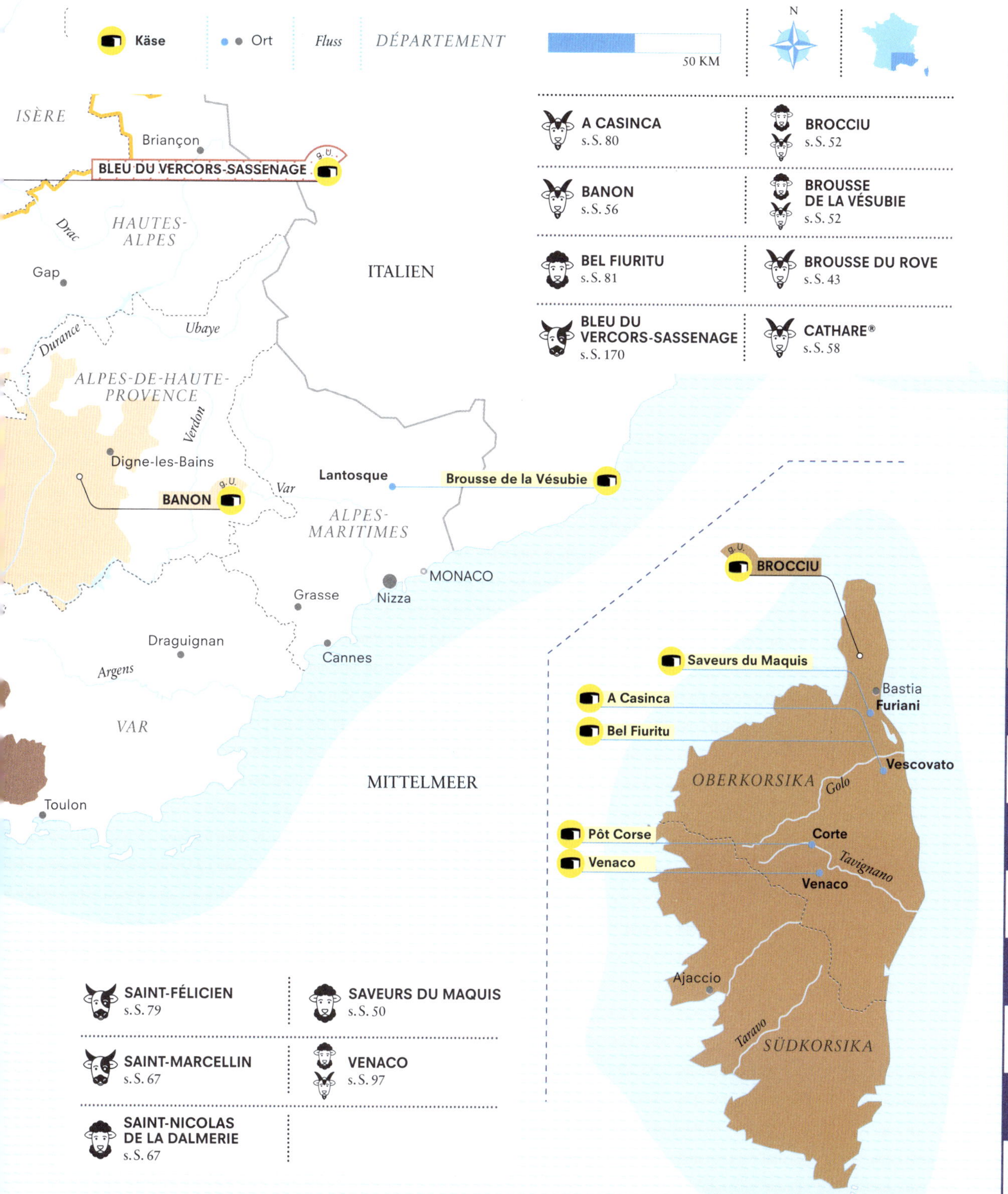

AUVERGNE UND SÜDWESTFRANKREICH

Käse | Ort | *Fluss* | *DÉPARTEMENT* | 50 KM | N

BETHMALE s. S. 101	**FOURME DE MONTBRISON** s. S. 175	**OSSAU-IRATY** s. S. 120	**SAINT-NECTAIRE** s. S. 137
BLEU D'AUVERGNE s. S. 167	**FUMAISON** s. S. 109	**PÉRAIL DES CABASSES** s. S. 63	**SALERS** s. S. 138
BLEU DE SÉVERAC s. S. 169	**GAPERON D'AUVERGNE** s. S. 191	**PETIT FIANCÉ DES PYRÉNÉES** s. S. 90	**TOMME AUX ARTISONS** s. S. 145
BLEU DES CAUSSES s. S. 169	**GOUR NOIR** s. S. 61	**PHÉBUS** s. S. 124	**TOMME DE RILHAC** s. S. 146
CANTAL s. S. 104	**GREUILH** s. S. 52	**PITCHOUNET** s. S. 125	**TOMME DES PYRÉNÉES** s. S. 147
CAUSSENARD s. S. 105	**HENRI IV** s. S. 161	**RECUITE** s. S. 54	**TOMME MAROTTE** s. S. 148
CRÉMEUX DE CARAYAC s. S. 82	**ITXASSOU** s. S. 177	**ROCAILLOU DES CABASSES** s. S. 64	**TRUFFE DE VENTADOUR** s. S. 69
CUPIDON s. S. 83	**LAGUIOLE** s. S. 114	**ROCAMADOUR** s. S. 65	
ENCALAT s. S. 76	**LAVORT** s. S. 115	**ROQUEFORT** s. S. 180	
FOURME D'AMBERT s. S. 175	**LOU CLAOUSOU** s. S. 87	**ROUELLE DU TARN** s. S. 65	

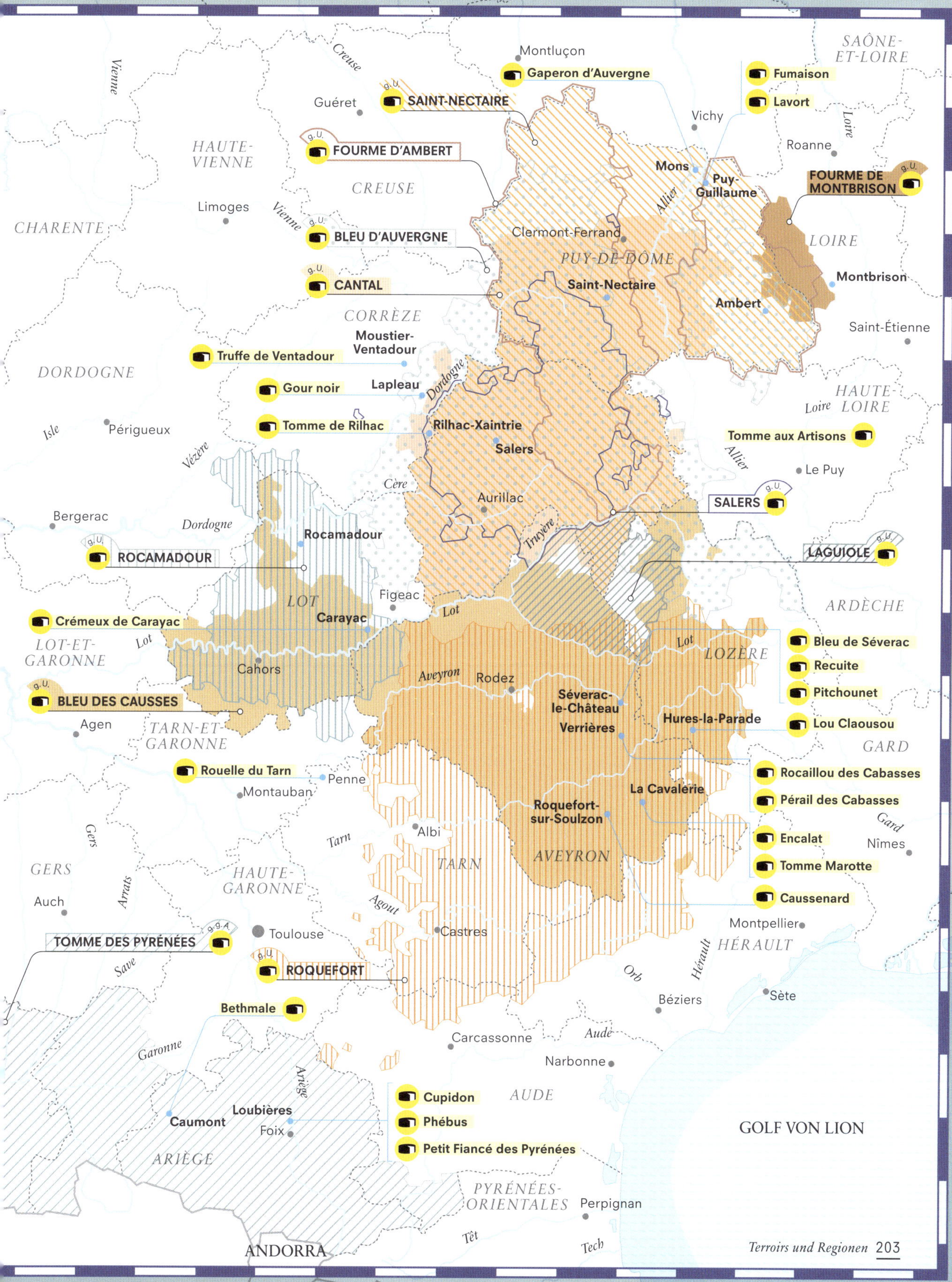
Montluçon
Gaperon d'Auvergne
Fumaison
Lavort
SAÔNE-ET-LOIRE
Guéret
g. U.
SAINT-NECTAIRE
Vichy
Roanne
Loire
Creuse
Vienne
HAUTE-VIENNE
g. U.
FOURME D'AMBERT
CREUSE
Mons
Puy-Guillaume
FOURME DE MONTBRISON
g. U.
Allier
Limoges
CHARENTE
Vienne
g. U.
BLEU D'AUVERGNE
Clermont-Ferrand
LOIRE
PUY-DE-DÔME
g. U.
CANTAL
Saint-Nectaire
Montbrison
Ambert
CORRÈZE
Saint-Étienne
Moustier-Ventadour
Truffe de Ventadour
DORDOGNE
Gour noir
Lapleau
Dordogne
HAUTE-LOIRE
Loire
Tomme de Rilhac
Rilhac-Xaintrie
Isle
Périgueux
Salers
Tomme aux Artisons
Vézère
Allier
Le Puy
Cère
Aurillac
g. U.
SALERS
Bergerac
Dordogne
Truyère
Rocamadour
g. U.
ROCAMADOUR
g. U.
LAGUIOLE
Figeac
LOT
ARDÈCHE
Crémeux de Carayac
Carayac
Lot
Lot
LOT-ET-GARONNE
Lot
Bleu de Sévérac
LOZÈRE
Recuite
Cahors
Aveyron
Rodez
g. U.
BLEU DES CAUSSES
Pitchounet
Séverac-le-Château
Hures-la-Parade
Verrières
Lou Claousou
Agen
TARN-ET-GARONNE
GARD
Rouelle du Tarn
Penne
Rocaillou des Cabasses
Montauban
La Cavalerie
Pérail des Cabasses
Roquefort-sur-Soulzon
Gers
Gard
Albi
Encalat
Tarn
Nîmes
GERS
TARN
AVEYRON
Tomme Marotte
HAUTE-GARONNE
Arrats
Auch
Agout
Caussenard
Montpellier
Toulouse
Castres
HÉRAULT
g. g. A.
TOMME DES PYRÉNÉES
Save
g. U.
ROQUEFORT
Orb
Hérault
Béziers
Sète
Bethmale
Aude
Carcassonne
Garonne
Narbonne
Ariège
Cupidon
AUDE
Loubières
Phébus
GOLF VON LION
Caumont
Foix
Petit Fiancé des Pyrénées
ARIÈGE
PYRÉNÉES-ORIENTALES
Perpignan
Têt
ANDORRA
Tech

WESTLICHES ZENTRALFRANKREICH

Käse · Ort · *Fluss* · *DÉPARTEMENT*

50 KM · N

- **BONDE DE GÂTINE** s. S. 57
- **CHABICHOU DU POITOU** s. S. 59
- **CŒUR DE FIGUE** s. S. 44
- **COURONNE LOCHOISE®** s. S. 60
- **CROTTIN DE CHAVIGNOL** s. S. 61
- **LE CURÉ NANTAIS®** s. S. 83
- **JONCHÉE** s. S. 46
- **MOTHAIS-SUR-FEUILLE** s. S. 62
- **POULIGNY-SAINT-PIERRE** s. S. 63
- **SAINTE-MAURE DE TOURAINE** s. S. 66
- **SELLES-SUR-CHER** s. S. 68
- **TAUPINIÈRE CHARENTAISE®** s. S. 68
- **VALENÇAY** s. S. 69

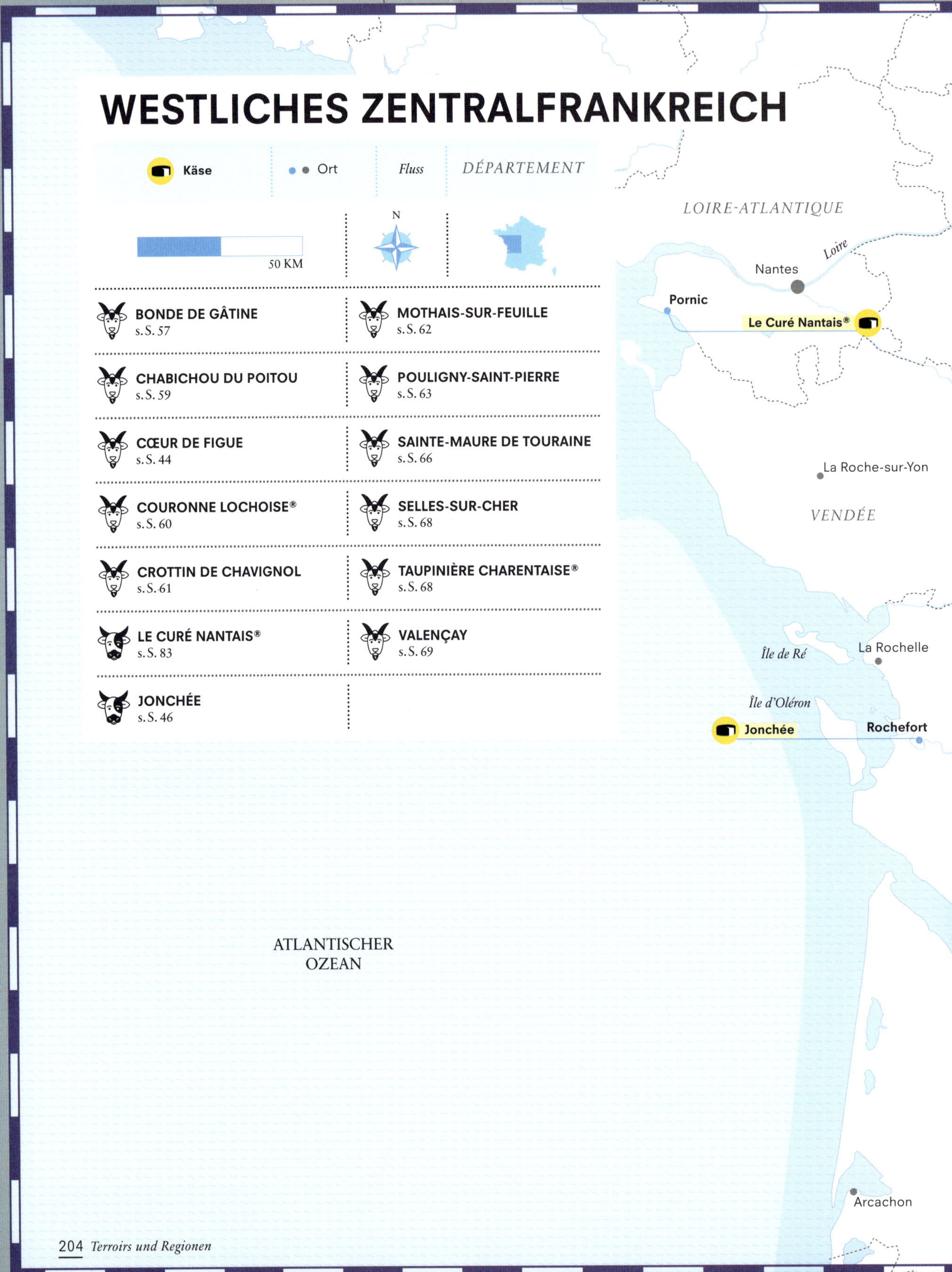

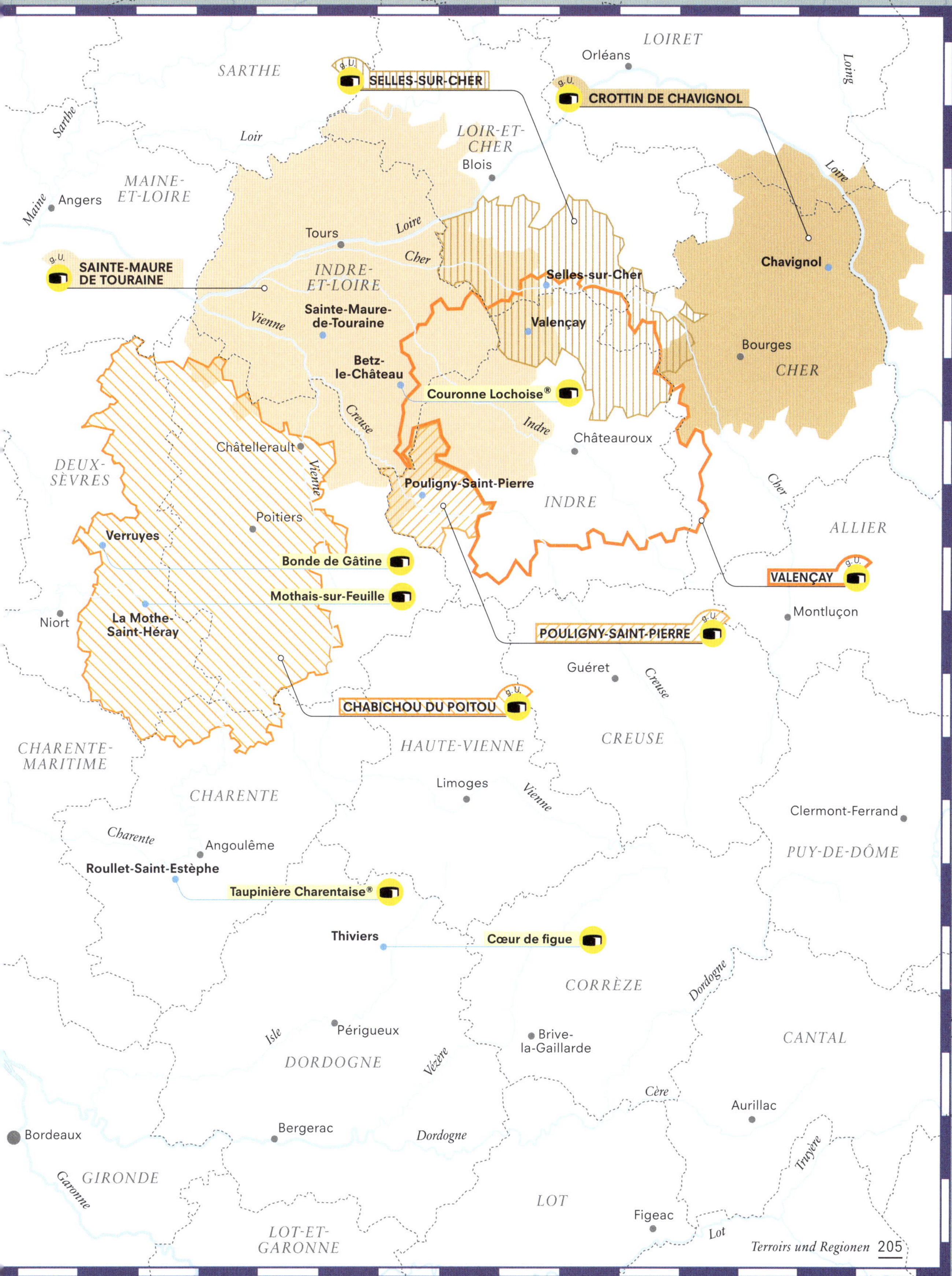
SARTHE
LOIRET
Orléans
Loing
g. U.
SELLES-SUR-CHER
g. U.
CROTTIN DE CHAVIGNOL
Sarthe
Loir
LOIR-ET-CHER
Blois
Loire
MAINE-ET-LOIRE
Maine
Angers
Tours
Loire
Cher
g. U.
SAINTE-MAURE DE TOURAINE
INDRE-ET-LOIRE
Chavignol
Selles-sur-Cher
Vienne
Sainte-Maure-de-Touraine
Valençay
Betz-le-Château
Bourges
CHER
Couronne Lochoise®
Creuse
Indre
Châteauroux
Châtellerault
Vienne
DEUX-SÈVRES
Pouligny-Saint-Pierre
INDRE
Cher
Poitiers
ALLIER
Verruyes
Bonde de Gâtine
Mothais-sur-Feuille
VALENÇAY
g. U.
Montluçon
Niort
La Mothe-Saint-Héray
POULIGNY-SAINT-PIERRE
g. U.
Guéret
Creuse
CHABICHOU DU POITOU
g. U.
CHARENTE-MARITIME
HAUTE-VIENNE
CREUSE
Limoges
Vienne
CHARENTE
Clermont-Ferrand
Charente
Angoulême
PUY-DE-DÔME
Roullet-Saint-Estèphe
Taupinière Charentaise®
Thiviers
Cœur de figue
CORRÈZE
Dordogne
Périgueux
Isle
Brive-la-Gaillarde
CANTAL
DORDOGNE
Vézère
Cère
Aurillac
Bordeaux
Bergerac
Dordogne
Truyère
Garonne
GIRONDE
LOT
Figeac
Lot
LOT-ET-GARONNE

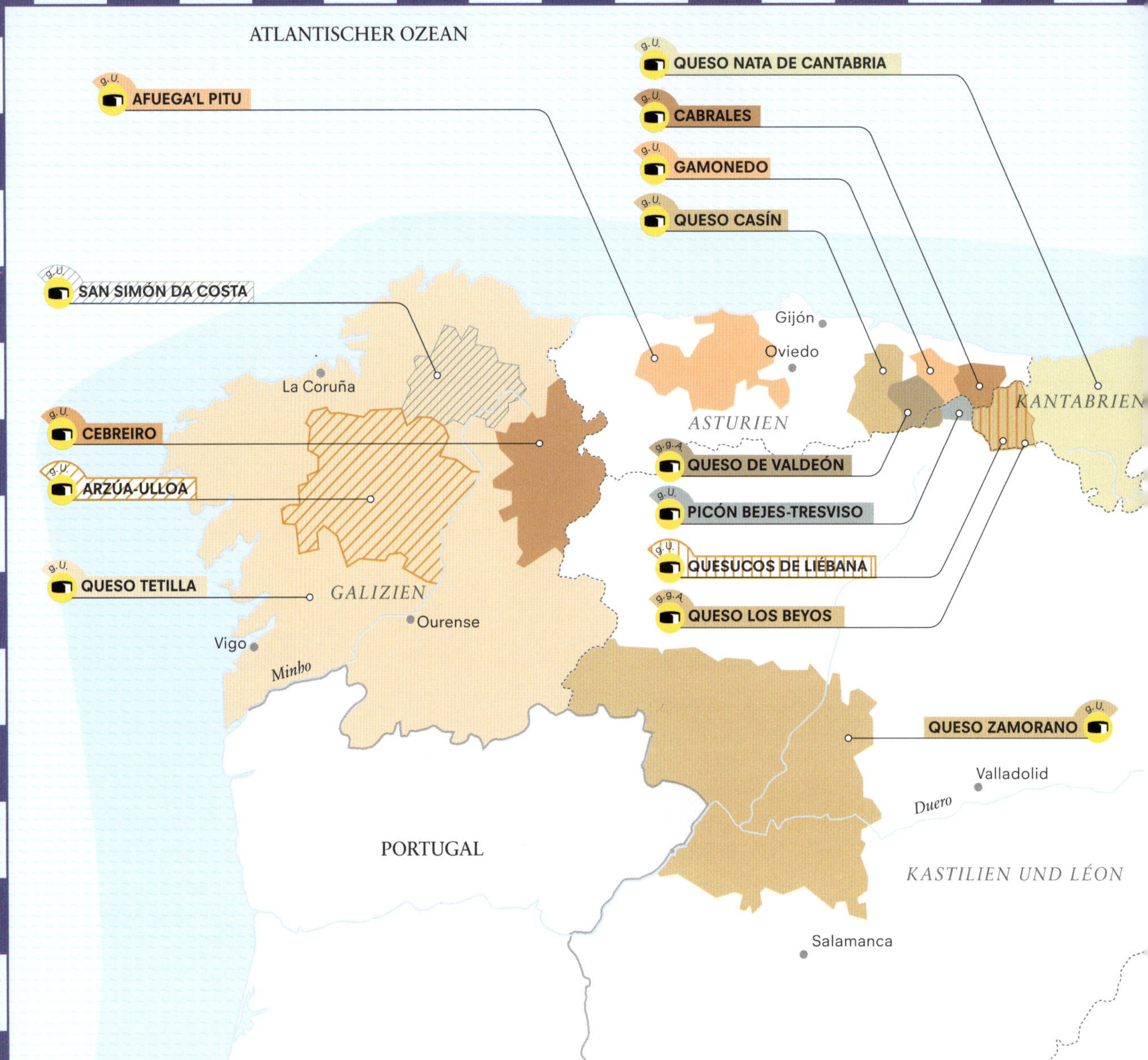

AFUEGA'L PITU s. S. 190	**IDIAZABAL** s. S. 112	**QUESO DE L'ALT URGELL Y LA CERDANYA** s. S. 130	**QUESO ZAMORANO** s. S. 134
ARZÚA-ULLOA s. S. 99	**MAHÓN-MENORCA** s. S. 115	**QUESO DE VALDEÓN** s. S. 179	**QUESUCOS DE LIÉBANA** s. S. 134
CABRALES s. S. 171	**PICÓN BEJES-TRESVISO** s. S. 179	**QUESO LOS BEYOS** s. S. 132	**RONCAL** s. S. 137
CEBREIRO s. S. 105	**QUESO CAMERANO** s. S. 129	**QUESO NATA DE CANTABRIA** s. S. 133	**SAN SIMÓN DA COSTA** s. S. 139
GAMONEDO s. S. 176	**QUESO CASÍN** s. S. 130	**QUESO TETILLA** s. S. 186	

NORDSPANIEN

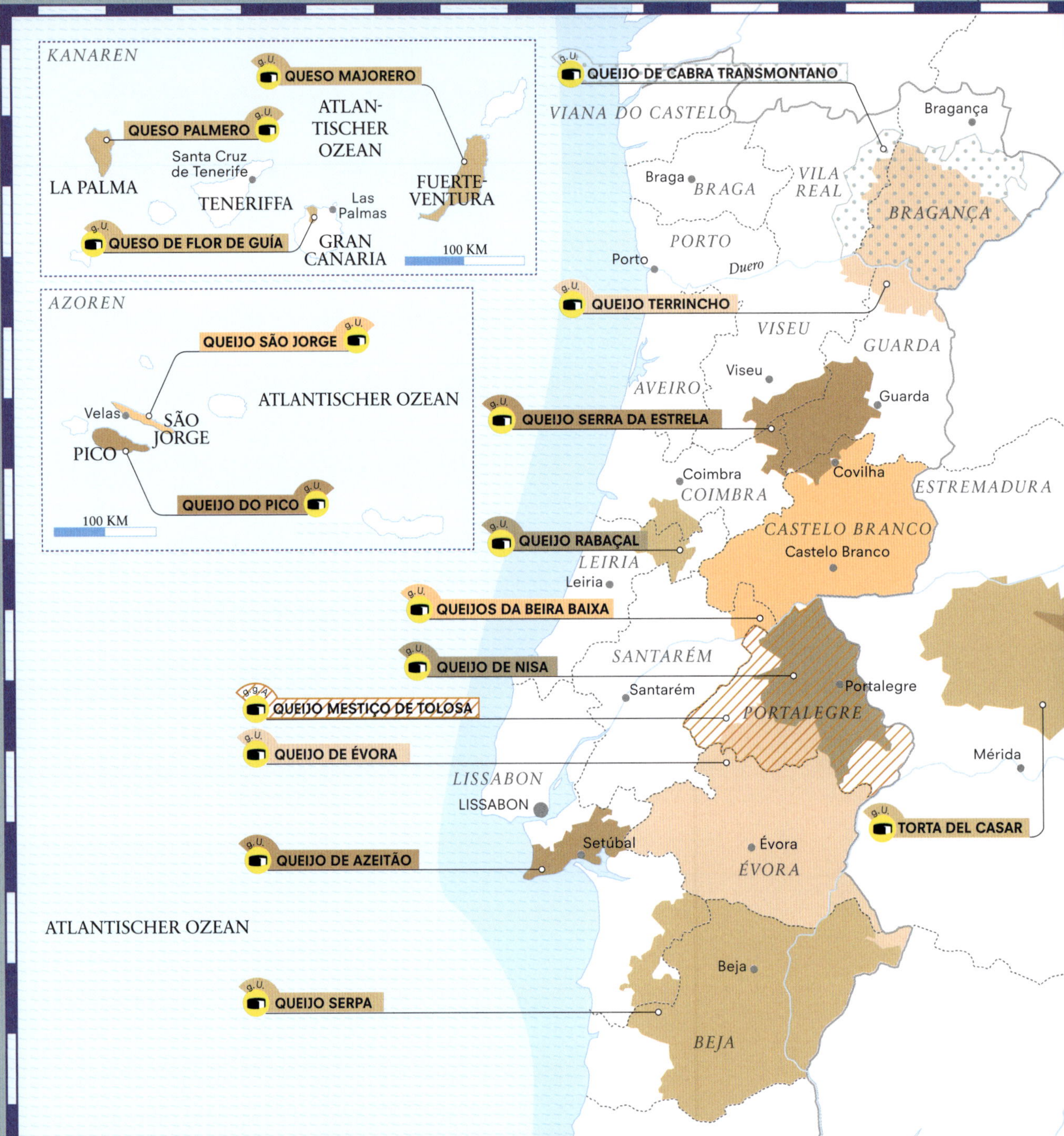

QUEIJO DE AZEITÃO s. S. 91	QUEIJO DE NISA s. S. 127	QUEIJO RABAÇAL s. S. 128	QUEIJOS DA BEIRA BAIXA s. S. 126
QUEIJO DE CABRA TRANSMONTANO s. S. 127	QUEIJO DO PICO s. S. 128	QUEIJO SÃO JORGE s. S. 129	QUESO DE MURCIA s. S. 131
QUEIJO DE ÉVORA s. S. 127	QUEIJO MESTIÇO DE TOLOSA s. S. 128	QUEIJO TERRINCHO s. S. 129	QUESO DE MURCIA AL VINO s. S. 131

SÜDSPANIEN UND PORTUGAL

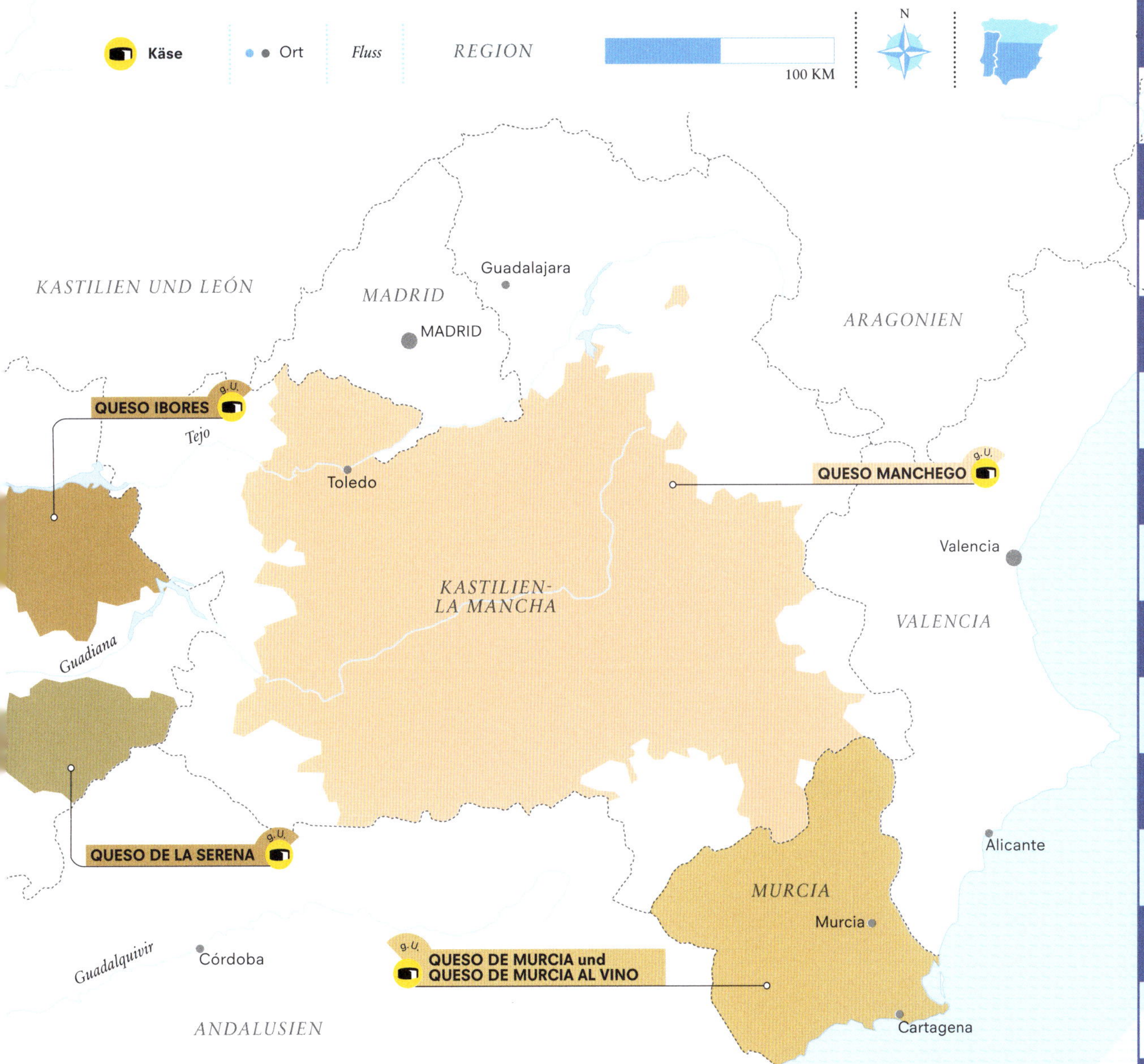

QUEIJO SERPA
s. S. 91

QUESO DE LA SERENA
s. S. 131

QUESO MANCHEGO
s. S. 133

QUEIJO SERRA DA ESTRELA
s. S. 92

QUESO IBORES
s. S. 132

QUESO PALMERO
s. S. 133

QUESO DE FLOR DE GUÍA
s. S. 130

QUESO MAJORERO
s. S. 132

TORTA DEL CASAR
s. S. 148

ASIAGO s. S. 99

PIAVE s. S. 125

SILTER s. S. 140

TALEGGIO s. S. 143

BITTO s. S. 155

PROVOLONE VALPADANA s. S. 186

SPRESSA DELLE GIUDICARIE s. S. 141

TOMA PIEMONTESE s. S. 144

BRA s. S. 103

PUZZONE DI MOENA/ SPRETZ TZAORÌ s. S. 126

SQUACQUERONE DI ROMAGNA s. S. 51

VALLE D'AOSTA FROMADZO s. S. 150

CASATELLA TREVIGIANA s. S. 44

QUARTIROLO LOMBARDO s. S. 49

STELVIO s. S. 142

VALTELLINA CASERA s. S. 150

CASTELMAGNO s. S. 172

RASCHERA s. S. 135

STRACHITUNT s. S. 182

VERZIN® s. S. 183

FONTINA s. S. 108

ROBIOLA DI ROCCAVERANO s. S. 64

FORMAGGELLA DEL LUINESE s. S. 108

SALVA CREMASCO s. S. 138

FORMAGGIO DI FOSSA DI SOGLIANO s. S. 109

FORMAI DE MUT DELL'ALTA VALLE BREMBANA s. S. 109

GORGONZOLA s. S. 176

GRANA PADANO s. S. 159

MONTASIO s. S. 116

MONTE VERONESE s. S. 117

MOZZARELLA s. S. 185
IN GANZ ITALIEN HERGESTELLT

MURAZZANO s. S. 62

NOSTRANO DI VALTROMPIA s. S. 119

OSSOLANO s. S. 121

PARMIGIANO REGGIANO s. S. 163

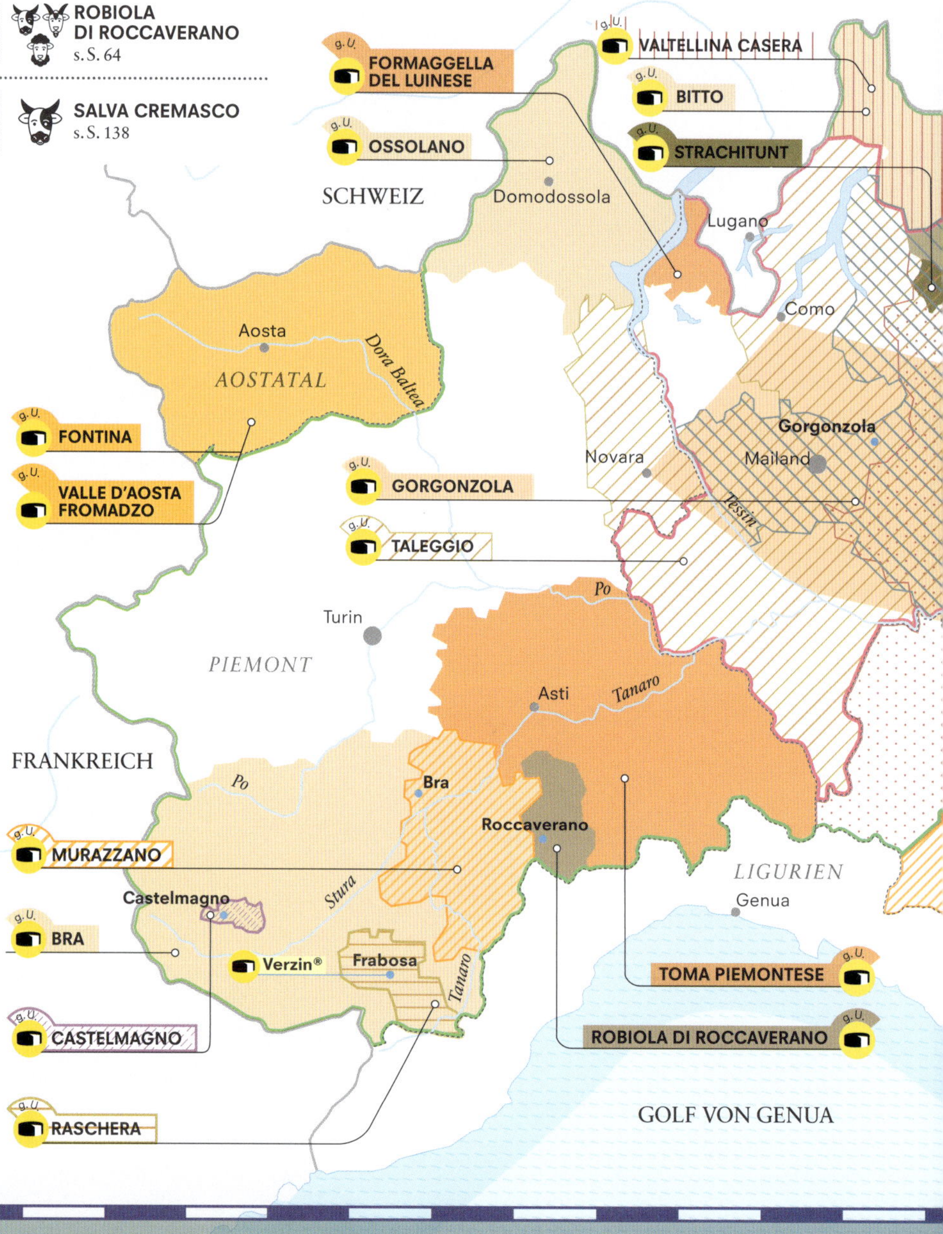

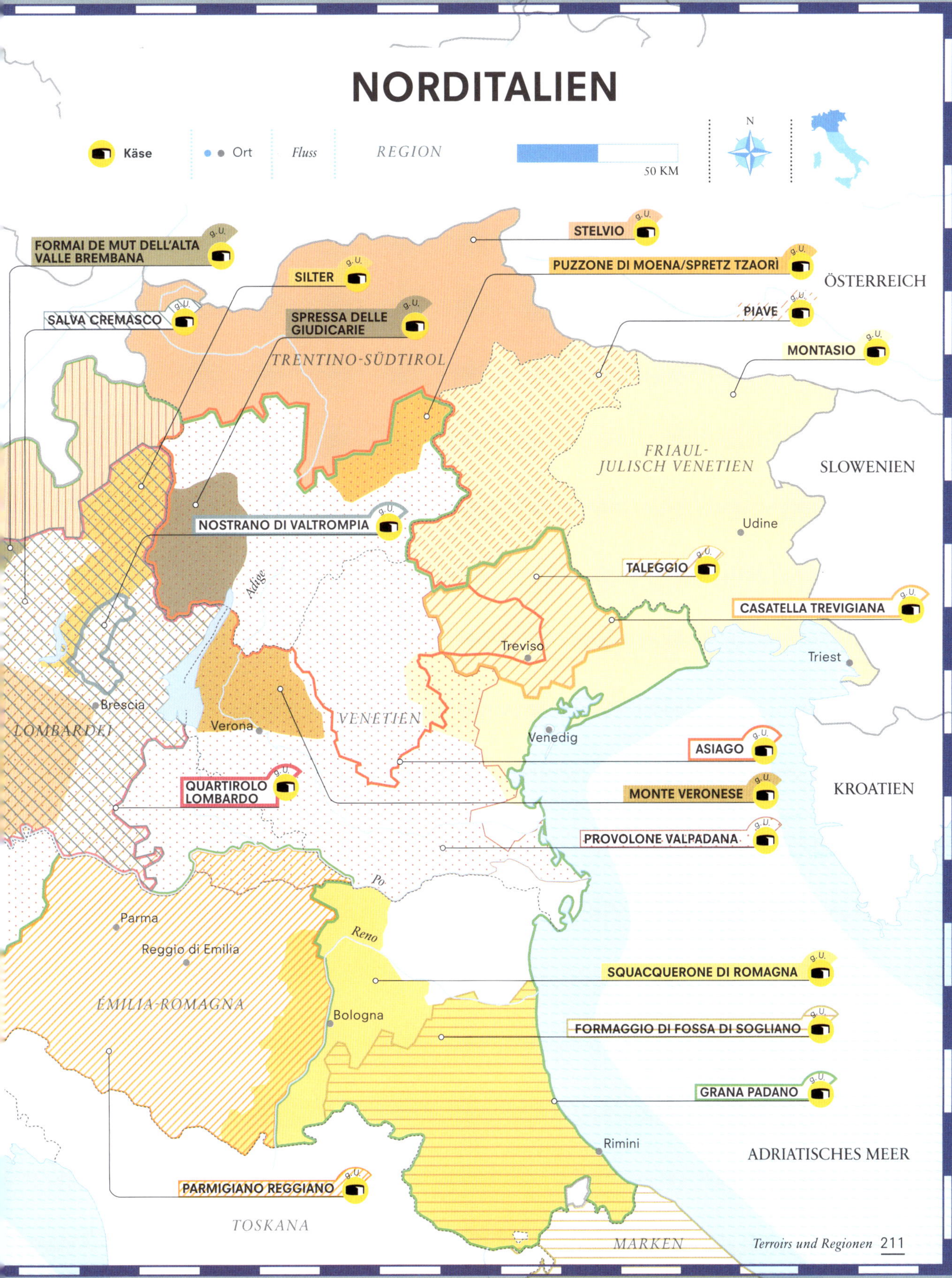
NORDITALIEN
Käse
Ort
Fluss
REGION
50 KM
N
FORMAI DE MUT DELL'ALTA VALLE BREMBANA
g. U.
SILTER
g. U.
SALVA CREMASCO
g. U.
SPRESSA DELLE GIUDICARIE
g. U.
STELVIO
g. U.
PUZZONE DI MOENA/SPRETZ TZAORÌ
g. U.
PIAVE
g. U.
MONTASIO
g. U.
ÖSTERREICH
TRENTINO-SÜDTIROL
FRIAUL-JULISCH VENETIEN
SLOWENIEN
NOSTRANO DI VALTROMPIA
g. U.
Udine
TALEGGIO
g. U.
CASATELLA TREVIGIANA
g. U.
Adige
Treviso
Triest
Brescia
LOMBARDEI
Verona
VENETIEN
Venedig
ASIAGO
g. U.
QUARTIROLO LOMBARDO
g. U.
MONTE VERONESE
g. U.
KROATIEN
PROVOLONE VALPADANA
g. U.
Po
Parma
Reno
Reggio di Emilia
SQUACQUERONE DI ROMAGNA
g. U.
ÉMILIA-ROMAGNA
Bologna
FORMAGGIO DI FOSSA DI SOGLIANO
g. U.
GRANA PADANO
g. U.
Rimini
ADRIATISCHES MEER
PARMIGIANO REGGIANO
g. U.
TOSKANA
MARKEN

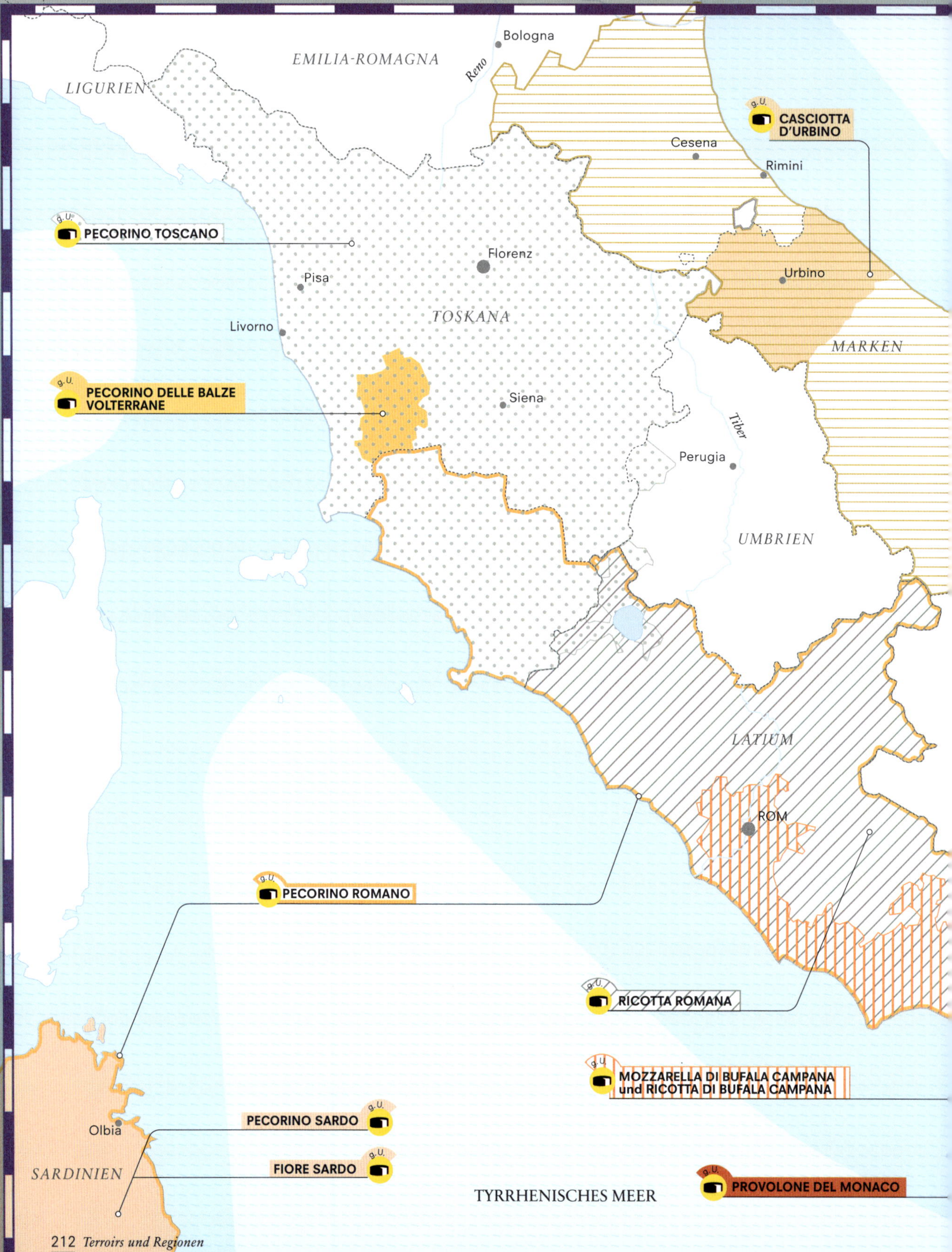
Bologna
EMILIA-ROMAGNA
Reno
LIGURIEN
g. U.
CASCIOTTA D'URBINO
Cesena
Rimini
g. U.
PECORINO TOSCANO
Florenz
Pisa
Urbino
TOSKANA
Livorno
MARKEN
g. U.
PECORINO DELLE BALZE VOLTERRANE
Siena
Tiber
Perugia
UMBRIEN
LATIUM
ROM
g. U.
PECORINO ROMANO
g. U.
RICOTTA ROMANA
g. U.
MOZZARELLA DI BUFALA CAMPANA und RICOTTA DI BUFALA CAMPANA
g. U.
PECORINO SARDO
Olbia
g. U.
FIORE SARDO
SARDINIEN
TYRRHENISCHES MEER
g. U.
PROVOLONE DEL MONACO

MITTELITALIEN

Käse · Ort · *Fluss* · *REGION* · 50 KM · N

BURRATA DI ANDRIA s.S. 184	**FIORE SARDO** s.S. 107	**PECORINO DELLE BALZE VOLTERRANE** s.S. 122	**PECORINO SARDO** s.S. 123
CACIOCAVALLO SILANO s.S. 184	**FORMAGGIO DI FOSSA DI SOGLIANO** s.S. 109	**PECORINO DI FILIANO** s.S. 122	**PECORINO TOSCANO** s.S. 124
CANESTRATO PUGLIESE s.S. 103	**MOZZARELLA** s.S. 185 IN GANZ ITALIEN HERGESTELLT	**PECORINO DI PICINISCO** s.S. 122	**PROVOLONE DEL MONACO** s.S. 186
CASCIOTTA D'URBINO s.S. 104	**MOZZARELLA DI BUFALA CAMPANA** s.S. 185	**PECORINO ROMANO** s.S. 123	**RICOTTA DI BUFALA CAMPANA** s.S. 54
			RICOTTA ROMANA s.S. 55

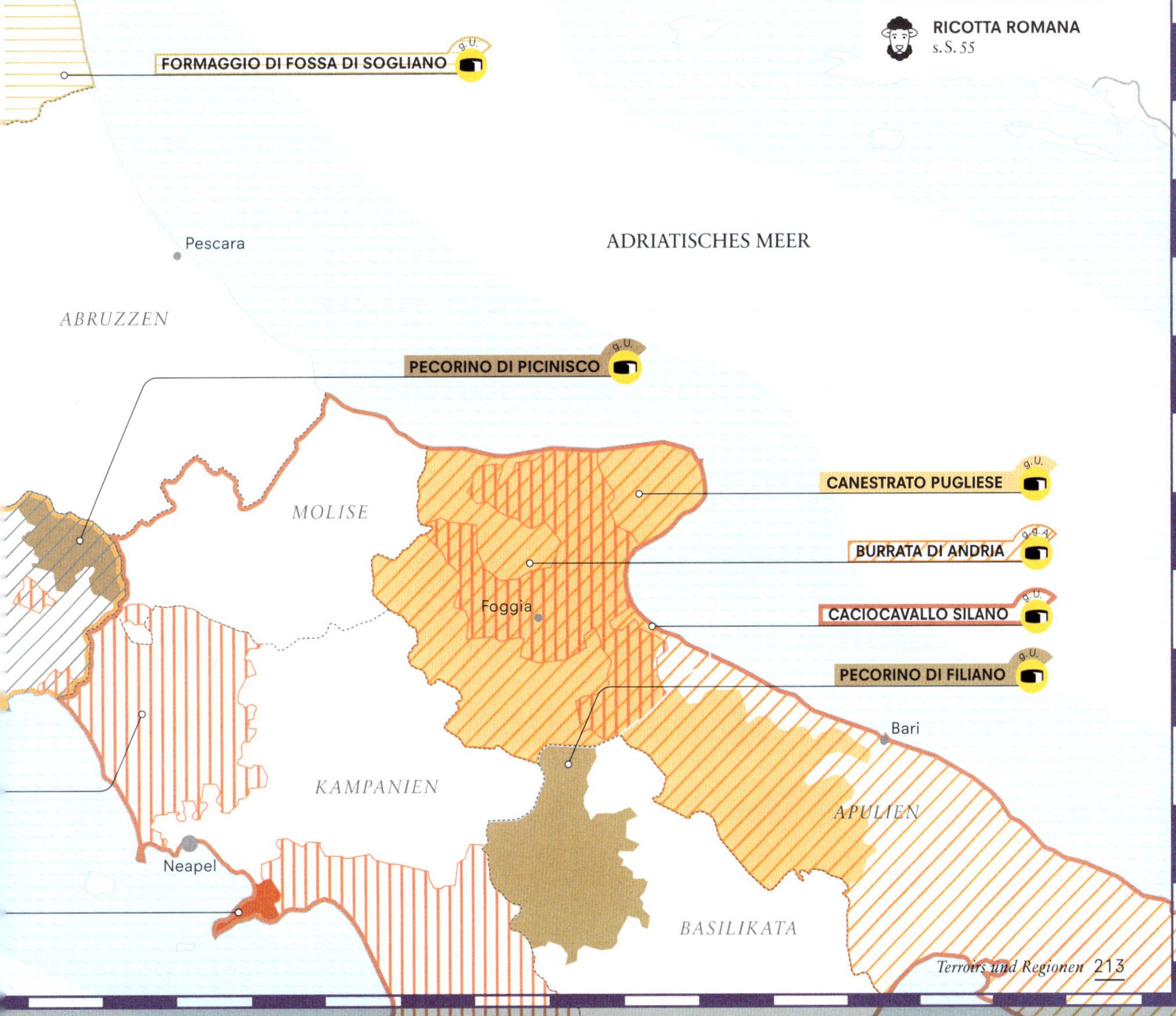

SÜDITALIEN

Käse | Ort | *Fluss* | *REGION* | 50 KM | N

BURRATA DI ANDRIA s. S. 184	**MOZZARELLA** s. S. 185 IN GANZ ITALIEN HERGESTELLT	**PECORINO ROMANO** s. S. 123	**PROVOLONE DEL MONACO** s. S. 186
CACIOCAVALLO SILANO s. S. 184	**MOZZARELLA DI BUFALA CAMPANA** s. S. 185	**PECORINO SARDO** s. S. 123	**RAGUSANO** s. S. 135
CANESTRATO PUGLIESE s. S. 103	**PECORINO CROTONESE** s. S. 121	**PECORINO SICILIANO** s. S. 123	**RICOTTA DI BUFALA CAMPANA** s. S. 54
FIORE SARDO s. S. 107	**PECORINO DI FILIANO** s. S. 122	**PIACENTINU ENNESE** s. S. 124	**VASTEDDA DELLA VALLE DEL BELICE** s. S. 187

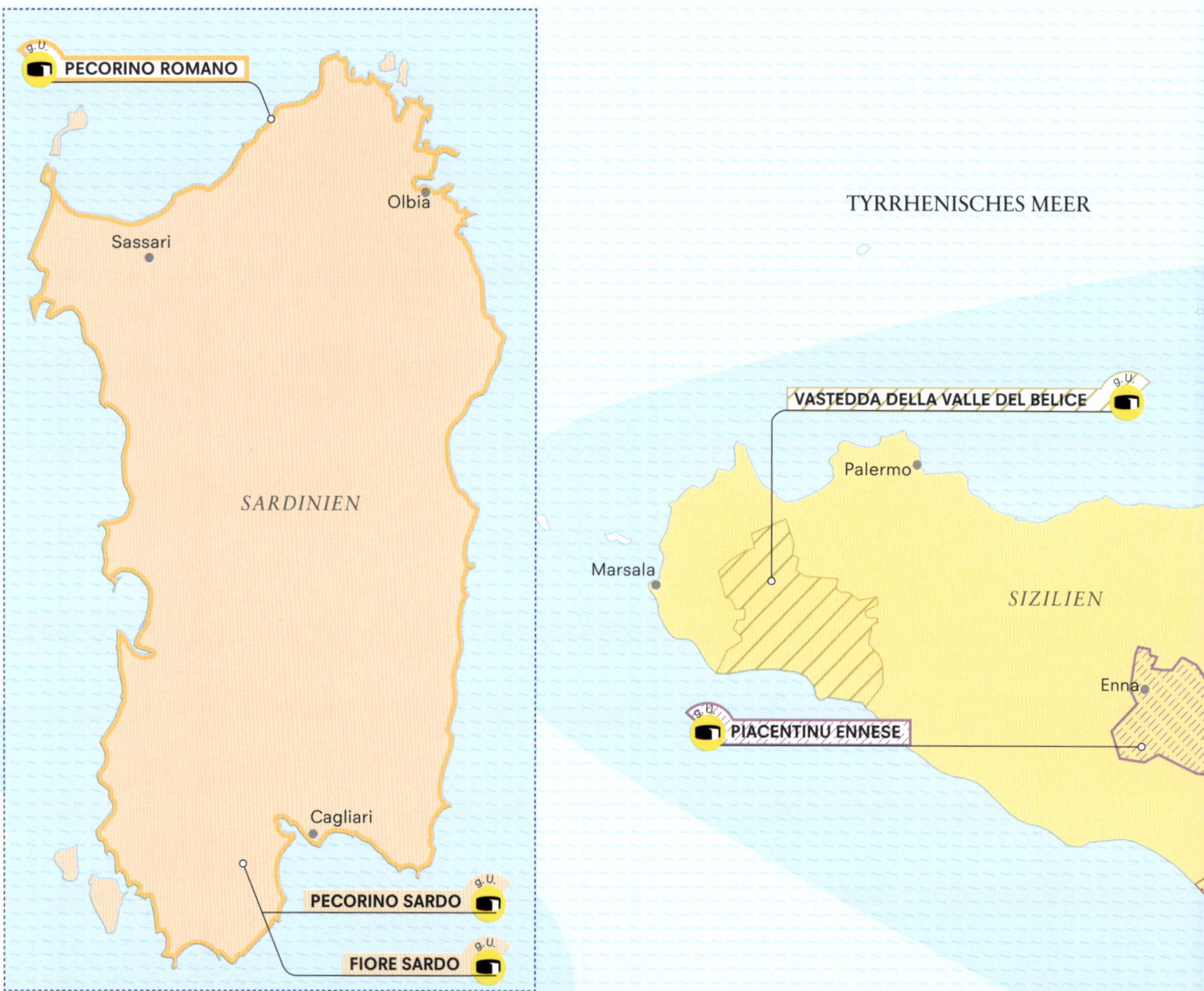

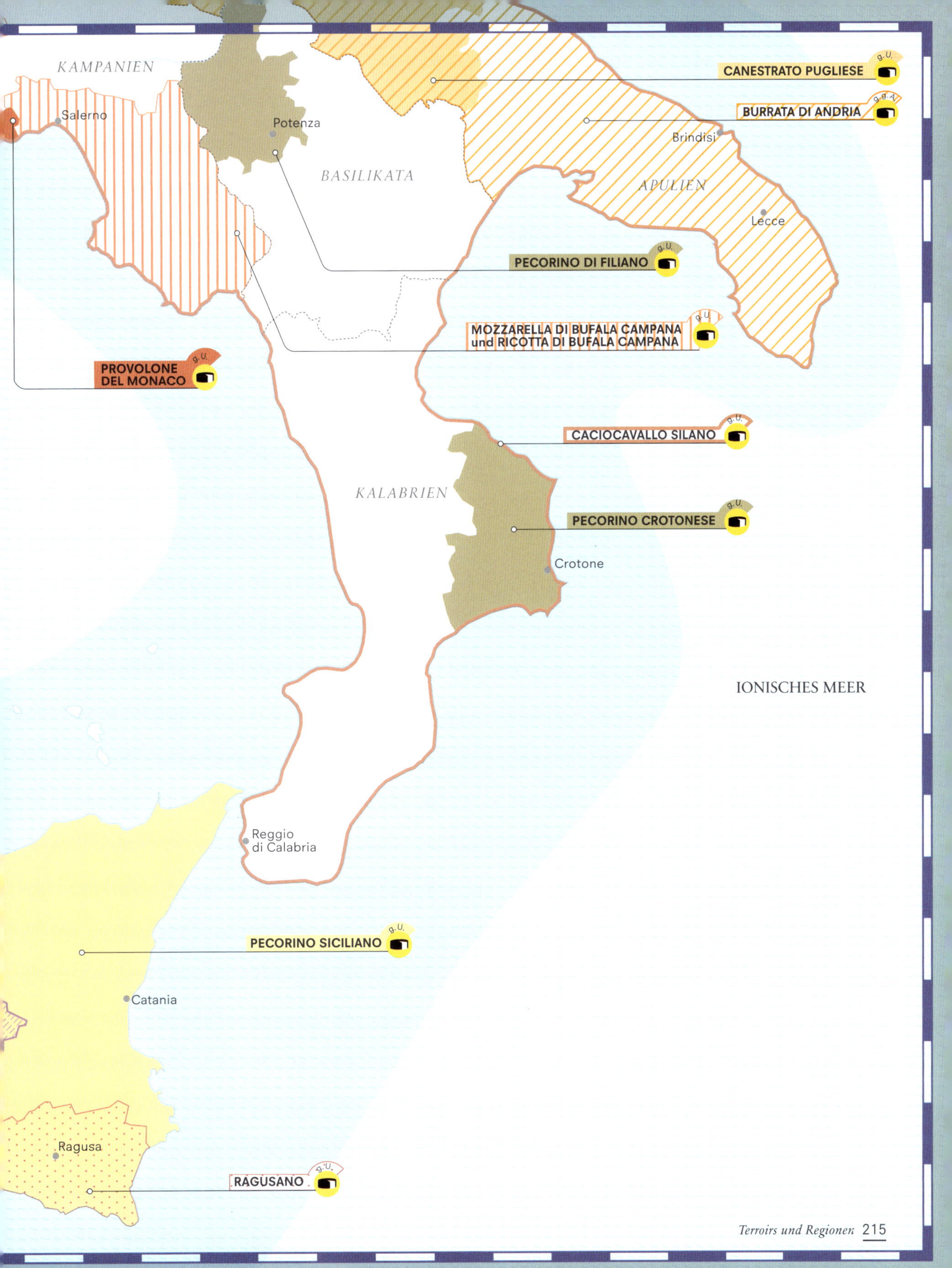
KAMPANIEN
Salerno
Potenza
BASILIKATA
Brindisi
APULIEN
Lecce
CANESTRATO PUGLIESE
g. U.
BURRATA DI ANDRIA
g.g.A.
PECORINO DI FILIANO
g. U.
MOZZARELLA DI BUFALA CAMPANA
und RICOTTA DI BUFALA CAMPANA
g. U.
PROVOLONE
DEL MONACO
g. U.
CACIOCAVALLO SILANO
g. U.
KALABRIEN
PECORINO CROTONESE
g. U.
Crotone
IONISCHES MEER
Reggio
di Calabria
PECORINO SICILIANO
g. U.
Catania
Ragusa
RAGUSANO
g. U.

GROSSBRITANNIEN UND IRLAND

Käse | Ort | *Fluss* | *REGION*

200 KM | N

- **BEACON FELL TRADITIONAL LANCASHIRE CHEESE** s. S. 100
- **BONCHESTER CHEESE** s. S. 70
- **BUXTON BLUE** s. S. 171
- **CASHEL BLUE®** s. S. 172
- **COOLEENEY** s. S. 75
- **CROZIER BLUE®** s. S. 172
- **DORSET BLUE CHEESE** s. S. 173
- **DOVEDALE CHEESE** s. S. 174
- **EXMOOR BLUE CHEESE** s. S. 174
- **GORTNAMONA** s. S. 76
- **IMOKILLY REGATO** s. S. 112
- **ISLE OF MULL** s. S. 112
- **ORKNEY SCOTTISH ISLAND CHEDDAR** s. S. 119
- **RED LEICESTER** s. S. 136
- **SHROPSHIRE** s. S. 181
- **SINGLE GLOUCESTER** s. S. 140
- **STAFFORDSHIRE CHEESE** s. S. 141
- **STILTON CHEESE** s. S. 181
- **SWALEDALE CHEESE** s. S. 142
- **SWALEDALE EWE'S CHEESE** s. S. 143
- **TEVIOTDALE CHEESE** s. S. 144
- **TRADITIONAL AYRSHIRE DUNLOP** s. S. 149
- **TRADITIONAL WELSH CAERPHILLY** s. S. 149
- **WEST COUNTRY FARMHOUSE CHEDDAR** s. S. 151
- **YORKSHIRE WENSLEYDALE** s. S. 151

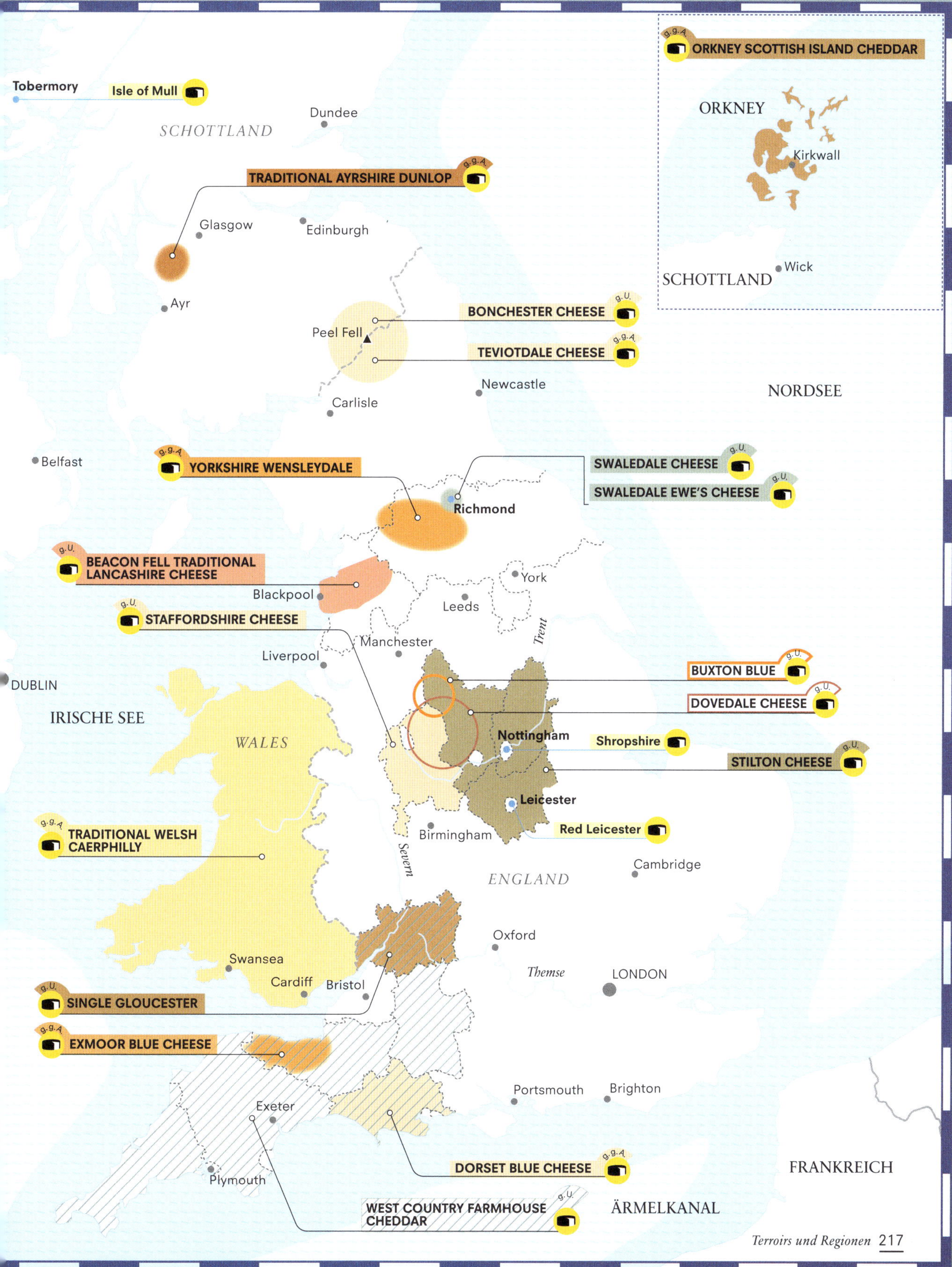
ORKNEY SCOTTISH ISLAND CHEDDAR
g.g.A.
ORKNEY
Kirkwall
SCHOTTLAND
Wick
Tobermory
Isle of Mull
SCHOTTLAND
Dundee
TRADITIONAL AYRSHIRE DUNLOP
g.g.A.
Glasgow
Edinburgh
Ayr
Peel Fell
BONCHESTER CHEESE
g.U.
TEVIOTDALE CHEESE
g.g.A.
Newcastle
Carlisle
NORDSEE
Belfast
YORKSHIRE WENSLEYDALE
g.g.A.
SWALEDALE CHEESE
g.U.
SWALEDALE EWE'S CHEESE
g.U.
Richmond
BEACON FELL TRADITIONAL LANCASHIRE CHEESE
g.U.
York
Blackpool
Leeds
STAFFORDSHIRE CHEESE
g.U.
Manchester
Trent
Liverpool
DUBLIN
BUXTON BLUE
g.U.
DOVEDALE CHEESE
g.U.
IRISCHE SEE
WALES
Nottingham
Shropshire
STILTON CHEESE
g.U.
Leicester
TRADITIONAL WELSH CAERPHILLY
g.g.A.
Red Leicester
Birmingham
Severn
Cambridge
ENGLAND
Oxford
Themse
Swansea
LONDON
Cardiff
Bristol
SINGLE GLOUCESTER
g.U.
EXMOOR BLUE CHEESE
g.g.A.
Portsmouth
Brighton
Exeter
DORSET BLUE CHEESE
g.g.A.
Plymouth
FRANKREICH
WEST COUNTRY FARMHOUSE CHEDDAR
g.U.
ÄRMELKANAL

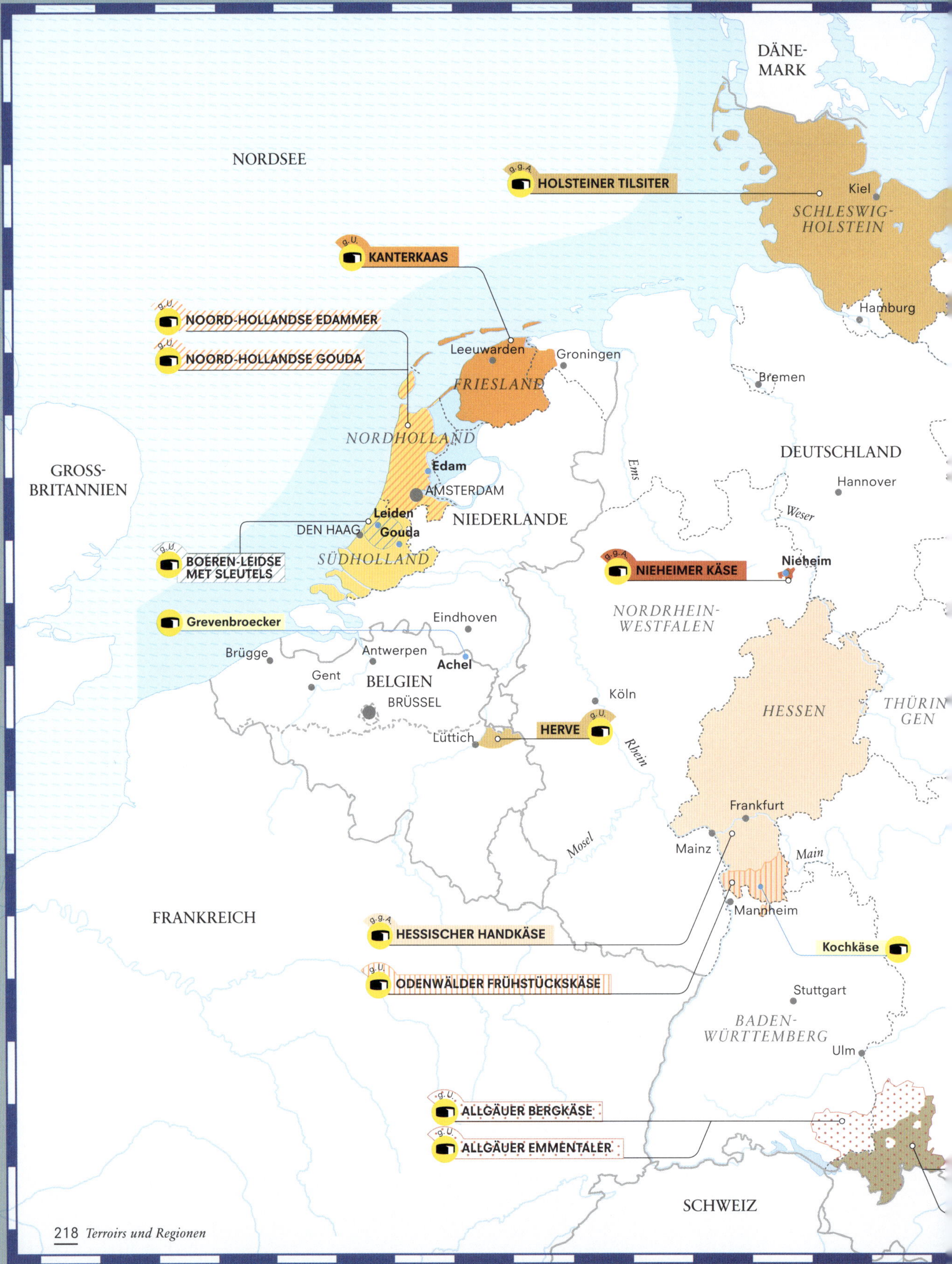
NORDSEE
DÄNE-MARK
g.g.A. HOLSTEINER TILSITER
Kiel
SCHLESWIG-HOLSTEIN
g.U. KANTERKAAS
Hamburg
g.U. NOORD-HOLLANDSE EDAMMER
g.U. NOORD-HOLLANDSE GOUDA
Leeuwarden
Groningen
FRIESLAND
Bremen
NORDHOLLAND
Edam
AMSTERDAM
DEUTSCHLAND
Hannover
GROSS-BRITANNIEN
Ems
Weser
Leiden
DEN HAAG
Gouda
NIEDERLANDE
g.U. BOEREN-LEIDSE MET SLEUTELS
SÜDHOLLAND
g.g.A. NIEHEIMER KÄSE
Nieheim
NORDRHEIN-WESTFALEN
Grevenbroecker
Eindhoven
Brügge
Antwerpen
Achel
Gent
BELGIEN
BRÜSSEL
Köln
HESSEN
THÜRINGEN
HERVE g.U.
Lüttich
Rhein
Frankfurt
Mainz
Mosel
Main
Mannheim
FRANKREICH
g.g.A. HESSISCHER HANDKÄSE
Kochkäse
g.U. ODENWÄLDER FRÜHSTÜCKSKÄSE
Stuttgart
BADEN-WÜRTTEMBERG
Ulm
g.U. ALLGÄUER BERGKÄSE
g.U. ALLGÄUER EMMENTALER
SCHWEIZ

BELGIEN, NIEDERLANDE UND DEUTSCHLAND

Käse · Ort · *Fluss* · *REGION*

200 KM

N

- **ALLGÄUER BERGKÄSE**
  s.S. 152
- **ALLGÄUER EMMENTALER**
  s.S. 153
- **ALLGÄUER SENNALPKÄSE**
  s.S. 153
- **ALLGÄUER WEISSLACKER**
  s.S. 80
- **ALTENBURGER ZIEGENKÄSE**
  s.S. 70
- **BOEREN-LEIDSE MET SLEUTELS**
  s.S. 102
- **EDAM HOLLAND**
  s.S. 107
  IN GANZ HOLLAND HERGESTELLT
- **GOUDA HOLLAND**
  s.S. 110
  IN GANZ HOLLAND HERGESTELLT
- **GREVENBROECKER**
  s.S. 176
- **HERVE**
  s.S. 85
- **HESSISCHER HANDKÄSE**
  s.S. 53
- **HOLLANDSE GEITENKAAS**
  s.S. 111
  IN GANZ HOLLAND HERGESTELLT
- **HOLSTEINER TILSITER**
  s.S. 111
- **KANTERKAAS**
  s.S. 113
- **KOCHKÄSE**
  s.S. 189
- **NIEHEIMER KÄSE**
  s.S. 54
- **NOORD-HOLLANDSE EDAMMER**
  s.S. 118
- **NOORD-HOLLANDSE GOUDA**
  s.S. 118
- **ODENWÄLDER FRÜHSTÜCKSKÄSE**
  s.S. 89

DÄNEMARK, SCHWEDEN, LETTLAND UND LITAUEN

Käse | Ort | *Fluss* | *LAND*

300 KM

N

- **DANABLU** s. S. 173
- **DANBO** s. S. 106
- **ESROM** s. S. 107
- **HAVARTI** s. S. 110
- **HUSHÅLLSOST** s. S. 111
- **JĀŅU SIERS** s. S. 191
- **LIETUVIŠKAS VARŠKĖS SŪRIS** s. S. 47
- **LILIPUTAS** s. S. 115
- **PRINZ VON DÄNEMARK** s. S. 125
- **SVECIA** s. S. 142

Luleälven
Luleå
HUSHÅLLSOST
g.t.S.
BOTTNISCHER MEERBUSEN
FINNLAND
OSTSEE
ESTLAND
RUSSLAND
Ventspils
LETTLAND
JĀŅU SIERS
g.t.S.
RIGA
Liepaga
Rezekne
Dwina
Klaipeda
LITAUEN
LILIPUTAS
g.g.A.
Memel
Kaunas
VILNIUS
LIETUVIŠKAS VARŠKĖS SŪRIS
g.g.A.
WEISSRUSSLAND

SCHWEIZ, ÖSTERREICH UND SLOWENIEN

Käse | Ort | *Fluss* | *REGION* | 100 KM | N

ANNEN-KÄSE s. S. 153	**BERNER ALPKÄSE** s. S. 155	**BOVŠKI SIR** s. S. 102	**GAILTALER ALMKÄSE** s. S. 158
APPENZELLER s. S. 98	**BERNER HOBELKÄSE** s. S. 155	**EMMENTALER** s. S. 157	**GLARNER ALPKÄSE** s. S. 110
BÉMONTOIS s. S. 154	**BLODER-SAUERKÄSE** s. S. 43	**FORMAGGIO D'ALPE TICINESE** s. S. 108	**GRUYÈRE** s. S. 160

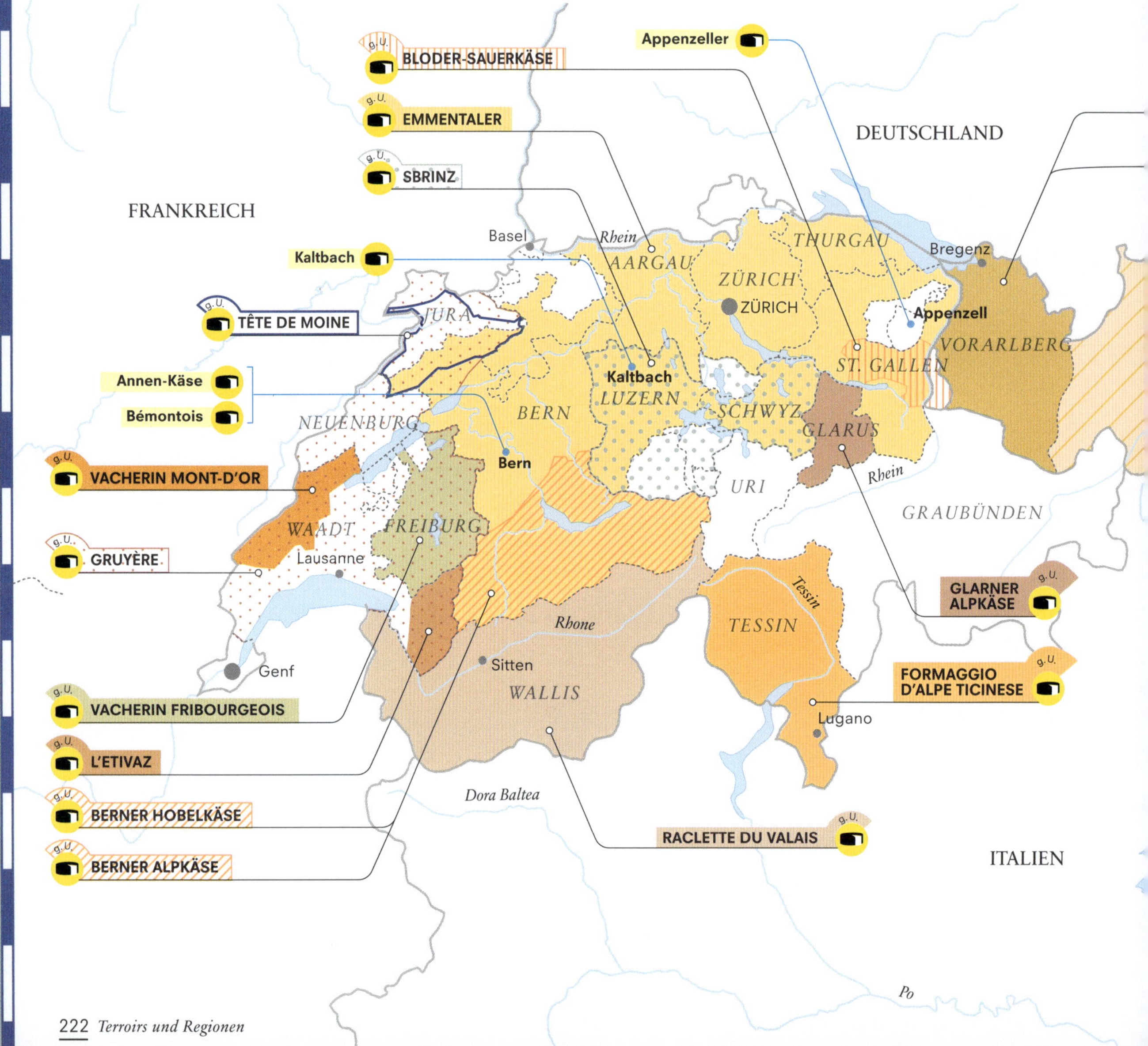

- **KALTBACH** s. S. 113
- **RACLETTE DU VALAIS** s. S. 135
- **TIROLER BERGKÄSE** s. S. 165
- **VACHERIN MONT-D'OR** s. S. 96
- **L'ETIVAZ** s. S. 162
- **SBRINZ** s. S. 164
- **TIROLER GRAUKÄSE** s. S. 182
- **VORARLBERGER ALPKÄSE** s. S. 165
- **MOHANT** s. S. 47
- **TÊTE DE MOINE** s. S. 164
- **TOLMINC** s. S. 144
- **VORARLBERGER BERGKÄSE** s. S. 165
- **NANOŠKI SIR** s. S. 118
- **TIROLER ALMKÄSE** s. S. 164
- **VACHERIN FRIBOURGEOIS** s. S. 149

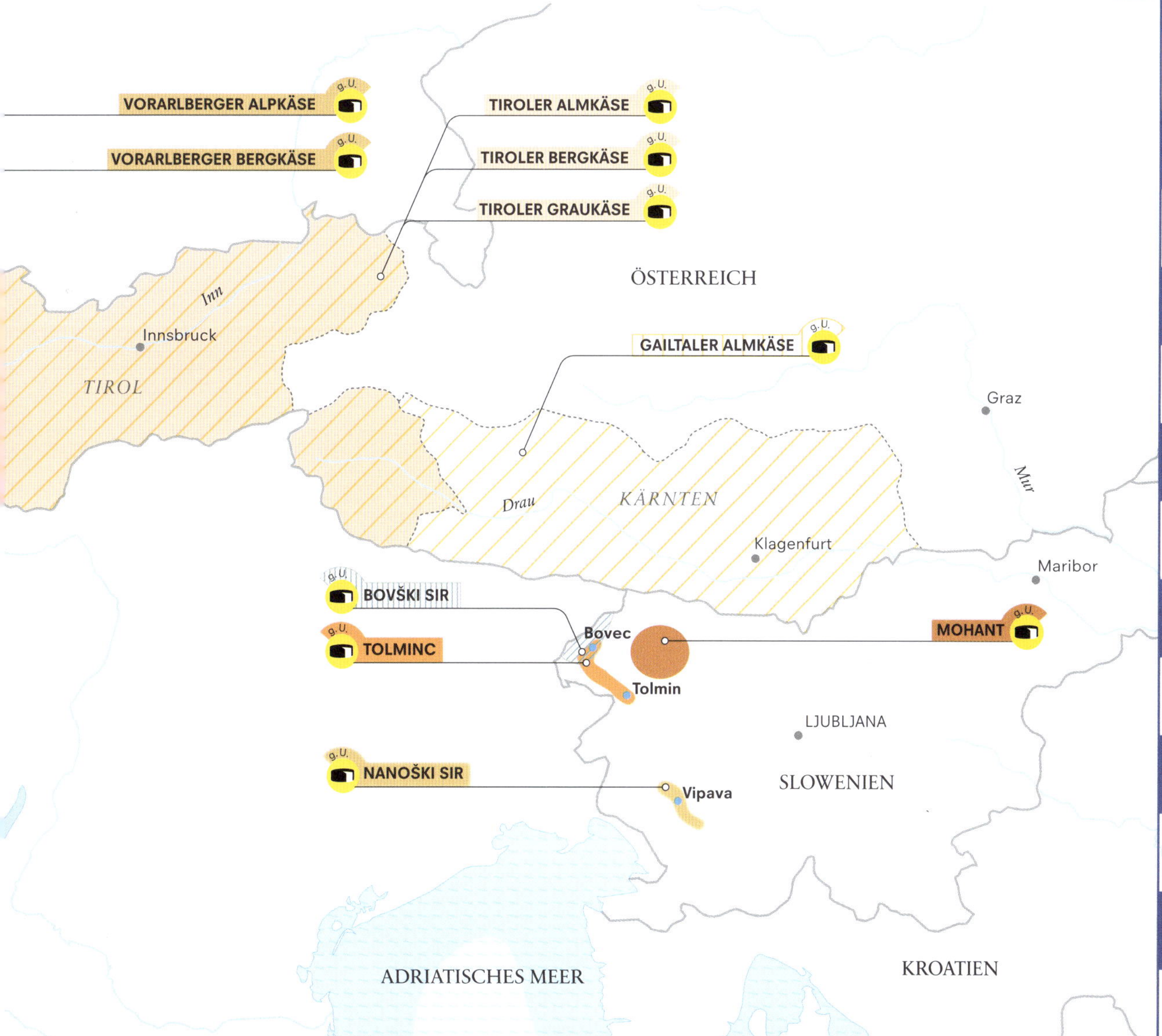

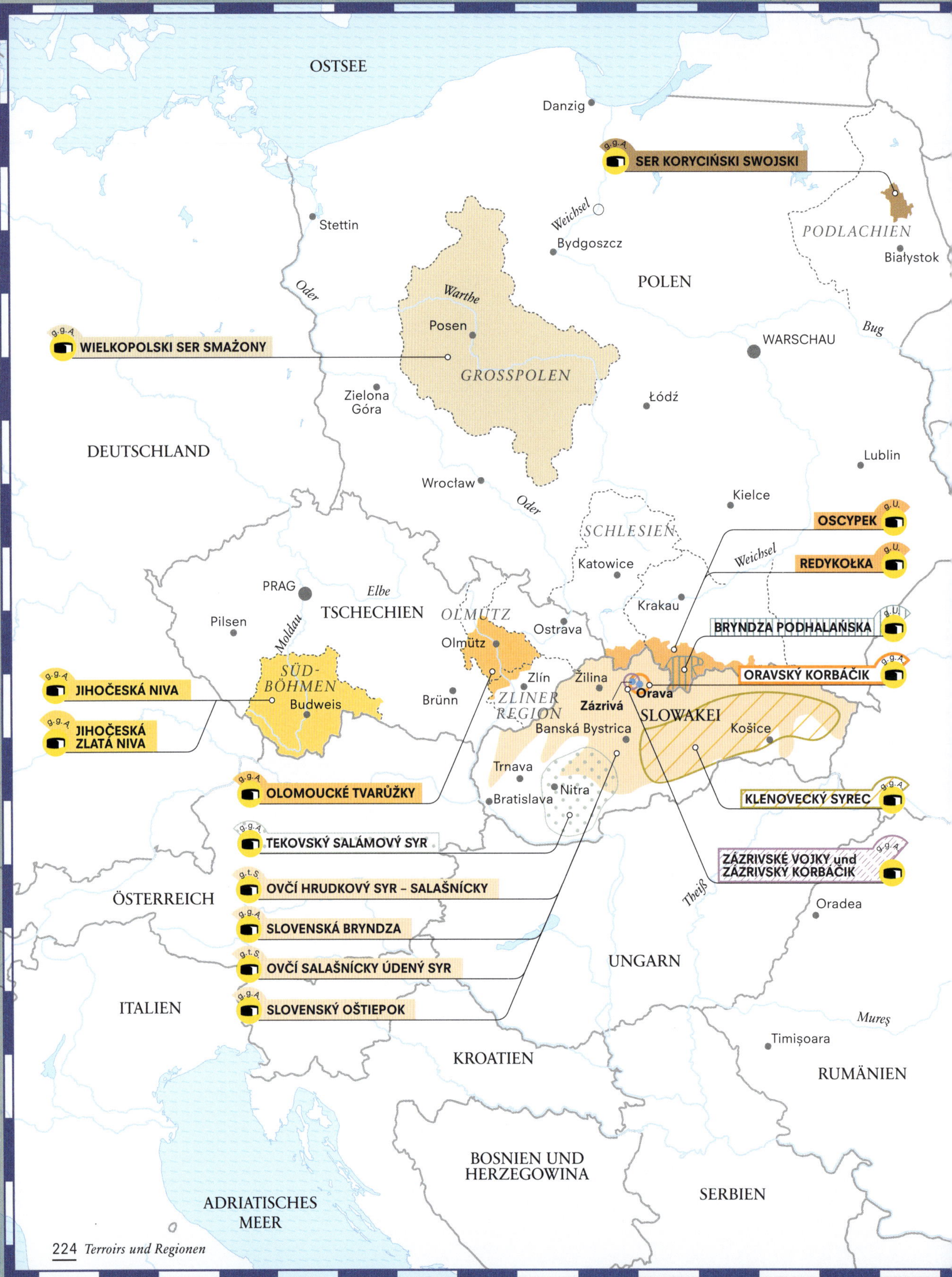
OSTSEE
Danzig
g.g.A. SER KORYCIŃSKI SWOJSKI
Weichsel
Stettin
Bydgoszcz
PODLACHIEN
Białystok
Oder
Warthe
POLEN
g.g.A. WIELKOPOLSKI SER SMAŻONY
Posen
GROSSPOLEN
WARSCHAU
Bug
Zielona Góra
Łódź
DEUTSCHLAND
Lublin
Wrocław
Oder
Kielce
g.U. OSCYPEK
SCHLESIEN
Katowice
Weichsel
g.U. REDYKOŁKA
PRAG
Elbe
Krakau
Pilsen
TSCHECHIEN
OLMÜTZ
Ostrava
g.U. BRYNDZA PODHALAŃSKA
Moldau
Olmütz
g.g.A. ORAVSKÝ KORBÁČIK
g.g.A. JIHOČESKÁ NIVA
SÜD-BÖHMEN
Budweis
Zlín
Žilina
Orava
Brünn
ZLINER REGION
Zázrivá
SLOWAKEI
g.g.A. JIHOČESKÁ ZLATÁ NIVA
Banská Bystrica
Košice
Trnava
g.g.A. OLOMOUCKÉ TVARŮŽKY
Nitra
Bratislava
g.g.A. KLENOVECKÝ SYREC
g.g.A. TEKOVSKÝ SALÁMOVÝ SYR
g.g.A. ZÁZRIVSKÉ VOJKY und ZÁZRIVSKÝ KORBÁČIK
g.t.S. OVČÍ HRUDKOVÝ SYR – SALAŠNÍCKY
ÖSTERREICH
Theiß
Oradea
g.g.A. SLOVENSKÁ BRYNDZA
UNGARN
g.t.S. OVČÍ SALAŠNÍCKY ÚDENÝ SYR
ITALIEN
g.g.A. SLOVENSKÝ OŠTIEPOK
Mureș
Timișoara
KROATIEN
RUMÄNIEN
BOSNIEN UND HERZEGOWINA
SERBIEN
ADRIATISCHES MEER

POLEN, TSCHECHIEN, SLOWAKEI UND RUMÄNIEN

Käse | Ort | *Fluss* | *REGION*

200 KM

N

- **BRYNDZA PODHALAŃSKA** s. S. 43
- **SER KORYCIŃSKI SWOJSKI** s. S. 139
- **JIHOČESKÁ NIVA und JIHOČESKÁ ZLATÁ NIVA** s. S. 177
- **SLOVENSKÁ BRYNDZA** s. S. 50
- **KLENOVECKÝ SYREC** s. S. 114
- **SLOVENSKÝ OŠTIEPOK** s. S. 141
- **OLOMOUCKÉ TVARŮŽKY** s. S. 54
- **TEKOVSKÝ SALÁMOVÝ SYR** s. S. 143
- **ORAVSKÝ KORBÁČIK** s. S. 185
- **TELEMEA DE IBĂNEŞTI** s. S. 51
- **OSCYPEK** s. S. 120
- **WIELKOPOLSKI SER SMAŻONY** s. S. 191
- **OVČÍ HRUDKOVÝ SYR – SALAŠNÍCKY** s. S. 48
- **ZÁZRIVSKÝ KORBÁČIK** s. S. 187
- **OVČÍ SALAŠNÍCKY ÚDENÝ SYR** s. S. 121
- **ZÁZRIVSKÉ VOJKY** s. S. 187
- **REDYKOŁKA** s. S. 187

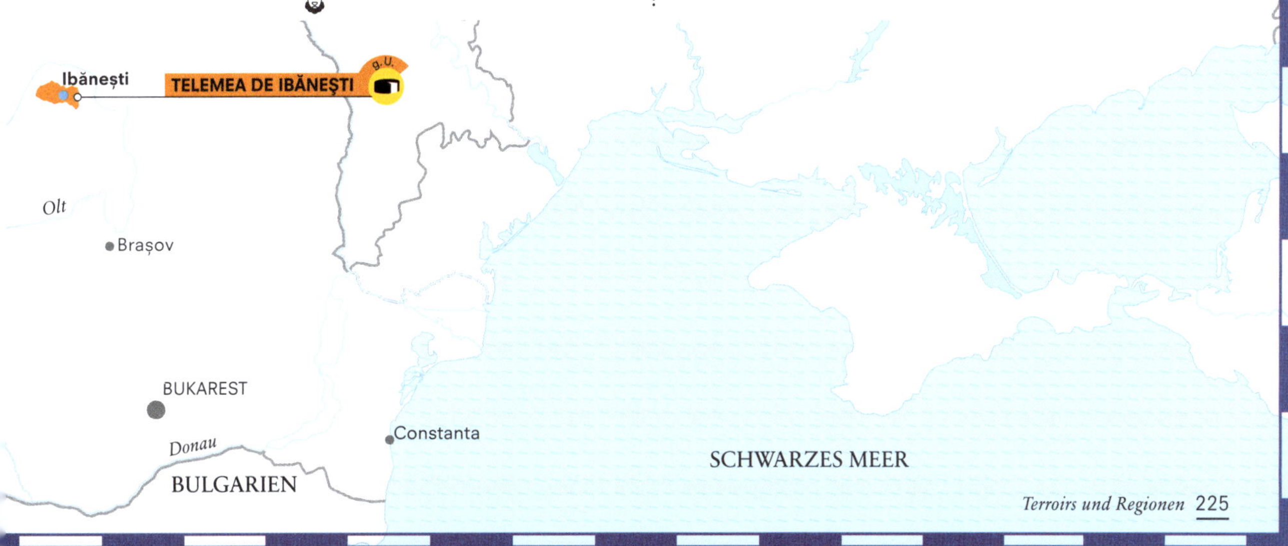

NORDMAZEDONIEN
BULGARIEN
ALBANIEN
g. U. MANOURI
g. U. BATZOS
g. U. KASSÉRI
g. U. KEFALOGRAVIERA
g. U. ANEVATO
g. U. METSOVONE
g. U. KALATHAKI LIMNOU
g. U. GRAVIERA AGRAFON
g. U. KATIKI DOMOKOU
g. U. GALOTYRI
g. U. FORMAELLA ARACHOVAS PARNASSOU
g. U. SAN MICHALI
g. U. KOPANISTI
g. U. SFELA
g. U. GRAVIERA NAXOU
OSTMAZEDONIEN UND THRAKIEN
ZENTRAL-MAZEDONIEN
WEST-MAZEDONIEN
Struma
Aliakmonas
Kavala
Thessaloniki
Katerini
Grevená
Metsovo
Ioannina
EPIRUS
Larissa
THESSALIEN
Karditsa
Volos
Domokos
Lemnos
ÄGÄISCHES MEER
ZENTRAL-GRIECHENLAND
Agrinio
Euböa
Chalcida
Patras
WEST-GRIECHENLAND
ATHEN
ATTIKA
Andros
Kea
Tinos
Syros
Mykonos
Kythnos
KYKLADEN
Naxos
Serifos
Paros
Sifnos
Milos
PELOPONNES
Kalamata
Sparta
Santorin
MITTELMEER

GRIECHENLAND UND ZYPERN

Käse · Ort · *Fluss* · *REGION* · 100 KM · N

ANEVATO s. S. 42	**GRAVIERA AGRAFON** s. S. 159	**KASSÉRI** s. S. 162	**METSOVONE** s. S. 184
BATZOS s. S. 42	**GRAVIERA KRITIS** s. S. 159	**KATIKI DOMOKOU** s. S. 46	**PICHTOGALO CHANION** s. S. 48
FETA (G. U.) s. S. 45 IN FAST GANZ GRIECHENLAND HERGESTELLT	**GRAVIERA NAXOU** s. S. 160	**KEFALOGRAVIERA** s. S. 113	**SAN MICHALI** s. S. 139
FORMAELLA ARACHOVAS PARNASSOU s. S. 158	**HALLOUMI** s. S. 45	**KOPANISTI** s. S. 177	**SFELA** s. S. 140
GALOTYRI s. S. 45	**KALATHAKI LIMNOU** s. S. 46	**LADOTYRI MYTILINIS** s. S. 114	**XYGALO SITEIAS** s. S. 51
		MANOURI s. S. 53	**XYNOMYZITHRA KRITIS** s. S. 55

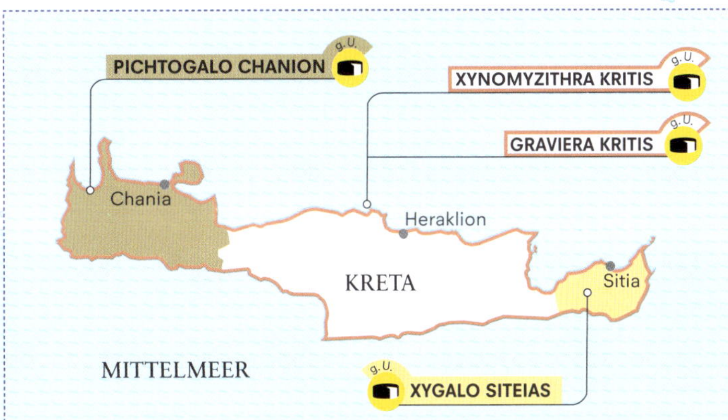

USA UND KANADA
Käse
Ort
Fluss
BUNDESSTAAT
750 KM
N
Edmonton
Red Deer
Old Grizzly
BRITISH COLUMBIA
Calgary
ALBERTA
KANADA
Buffalo Brie
Courtenay
Vancouver
Maple Ridge
Basler
Seattle
WASHINGTON
Missouri
Sawtooth
Trout Lake
Portland
Columbia River
Chaumine
Molalla
Bent River
OREGON
Rogue River Blue
Smokey Blue
Central Point
Barely Buzzed
Uintah
Salt Lake City
Denver
UTAH
Bay Blue
Point Reyes Station
San Francisco
VEREINIGTE STAATEN VON AMERIKA (USA)
Las Vegas
KALIFORNIEN
PAZIFISCHER OZEAN
Los Angeles
Colorado River
Phoenix
San Diego
Rio Grande
MEXIKO

- **BARELY BUZZED** s. S. 99
- **BASLER** s. S. 100
- **BAY BLUE** s. S. 166
- **BELLAVITANO GOLD** s. S. 101
- **BENT RIVER** s. S. 70
- **BLACK & BLUE** s. S. 166
- **BOSSA** s. S. 81
- **BUFFALO BRIE** s. S. 74
- **CHAUMINE** s. S. 105
- **DANCING FERN** s. S. 106
- **EVERTON** s. S. 158
- **LIL' MOO** s. S. 47
- **OLD GRIZZLY** s. S. 119
- **PLEASANT RIDGE RESERVE** s. S. 163
- **RIDGELINE** s. S. 137
- **ROCKET'S ROBIOLA** s. S. 65
- **ROGUE RIVER BLUE** s. S. 180
- **SAWTOOTH** s. S. 93
- **SMOKEY BLUE** s. S. 181

USA UND KANADA (Fortsetzung)

Käse · Ort · *Fluss* · *BUNDESSTAAT* · 200 KM · N

AGATE s. S. 56	**CLANDESTIN** s. S. 81	**HARBISON** s. S. 85	**SABOT DE BLANCHETTE** s. S. 66
BIJOU s. S. 57	**CORNEBIQUE** s. S. 60	**NEIGE DE BREBIS** s. S. 53	**SANTA MARIA** s. S. 49
BONNE BOUCHE s. S. 57	**ÉTOILE BLEUE DE SAINT-RÉMI** s. S. 174	**PIED-DE-VENT** s. S. 90	**SIMPLY SHEEP** s. S. 68
BUFFALINA s. S. 103	**HANDECK** s. S. 161	**PIONNIER** s. S. 163	**URBAN BLUE** s. S. 182

Cap-Chat
Gaspé
SANKT-LORENZ-GOLF
Chicoutimi
Rimouski
Pied-de-Vent
Témiscouata-sur-le-Lac
Clandestin
Bathurst
Havre aux Maisons
QUÉBEC
Edmundston
NEW BRUNSWICK
Chatham
Québec
Saint-Damien-de-Buckland
Agate
Sainte-Sophie-d'Halifax
Neige de Brebis
Moncton
Sainte-Hélène-de-Chester
Saint-Rémi-de-Tingwick
Étoile Bleue de Saint-Rémi
Racine
Pionnier
New Glasgow
Saint John
MAINE
Harbison
Bangor
Halifax
NOVA SCOTIA
Greensboro Bend
Urban Blue
Augusta
Websterville
Portland
NEW HAMPSHIRE
Concord
ATLANTISCHER OZEAN
Boston

AUSTRALIEN UND NEUSEELAND

Käse · Stadt · *Fluss* · *BUNDESSTAAT* · 250 KM · N

BRIGID'S WELL s. S. 58	**HORIZON** s. S. 77	**GOAT CURD** s. S. 48	**SUNRISE PLAINS** s. S. 94
CERIDWEN s. S. 58	**KING RIVER GOLD** s. S. 86	**PYENGANA CHEDDAR** s. S. 126	**VENUS BLUE** s. S. 183
COMPASS GOLD s. S. 82	**MILAWA BLUE** s. S. 178	**SHEARER'S CHOICE** s. S. 93	**WARATAH** s. S. 97
HEIDI s. S. 161	**OAK BLUE** s. S. 178	**SILK** s. S. 50	**WOOLAMAI MIST** s. S. 79

AROHA RICH PLAIN
s. S. 98

CHEESE BARN COTTAGE CHEESE
s. S. 44

KAU PIRO
s. S. 86

WINDSOR BLUE
s. S. 183

BILLY THE KID
s. S. 101

DISTINCTION BLUE
s. S. 173

VOLCANO
s. S. 79

BLACK SHEEP
s. S. 102

GALACTIC GOLD
s. S. 84

WANGAPEKA
s. S. 150

4

Käse genießen

WAS BESTIMMT DEN GESCHMACK?

Wie ein bestimmter Käse schmeckt oder riecht, wird von drei Mikroorganismen bestimmt, die sich im Lauf der Reifungszeit entwickeln und verändern: Bakterien, Schimmelpilze und Hefen. Jeder der drei ist einzigartig. Die Mikroorganismen verbünden sich oder bekämpfen einander. Es ist Sache des Affineurs, für ein gutes Zusammenleben zwischen ihnen und dem Ausgangsprodukt zu sorgen.

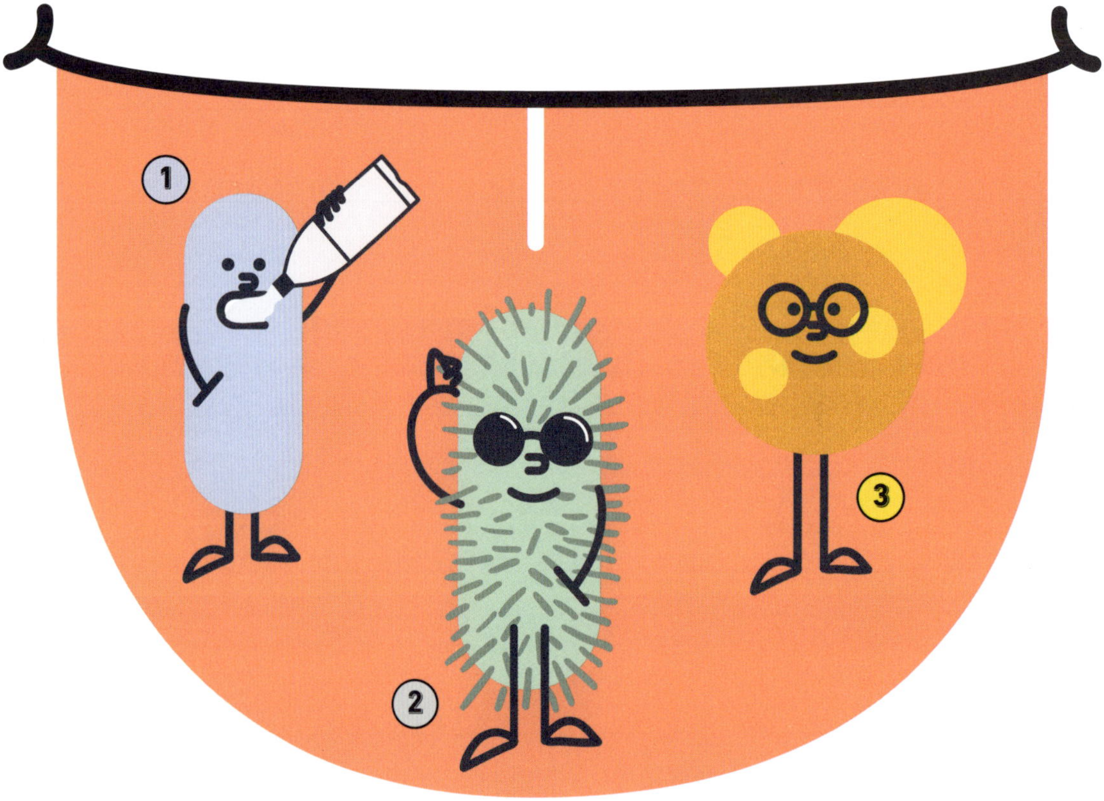

① BAKTERIEN

Sie sind von Natur aus in der Milch vorhanden, man kann sie auch während des Herstellungsprozesses hinzufügen. In der Welt des Käses unterscheidet man drei Bakterienarten:
- Milchsäurebakterien (Laktobazillen)
- Propionsäurebakterien
- Oberflächenbakterien wie das für die Rotschmiere verantwortliche *Brevibacterium linens*

② EDELSCHIMMELPILZE

Im Käse-Universum sind dies zweifelsfrei die bekanntesten Mikroorganismen. Schimmelpilze lösen oft Ekel aus, weil man sie mit Verderbnis, Krankheit, Vergiftung usw. assoziiert. Tatsächlich aber sind sie für die Existenz von Lebewesen unverzichtbar. Auch Käse lebt – und ohne Schimmel gäbe es ihn nicht. Beispiele sind *Penicillium roqueforti* oder *Penicillium camemberti.*

③ HEFEN

Bei Hefen handelt es sich um einzellige Pilze, die das Fermentieren/Vergären bei Produkten wie Wein, Bier, Brot und Käse ermöglichen. Je nach Lebensmittel und Fermentationsart kommen unterschiedliche Hefen zum Einsatz. Der Affineur muss sich gut mit ihnen auskennen, um sein Ziel erreichen zu können. Bekannter Vertreter ist hier zum Beispiel *Geotrichum candidum.*

1 BAKTERIEN

Ein Bakterium, das auf einem bestimmten Käse genau richtig ist, kann auf einem anderen fehl am Platz sein – je nachdem, um welche Art Käse es sich handelt. So färbt beispielsweise das (Rotschmier-)Bakterium *Brevibacterium linens* bei bestimmten Käsen, wie dem Livarot oder Époisses, die Rinde orange. Aber Vorsicht: Wenn dieses Bakterium sich auf einem Käse zeigt, der zu einer anderen Käsefamilie gehört, ist das ein Fehler. Ein weiteres Oberflächenbakterium ist *Pseudomonas fluorescens*, das häufig aus dem verwendeten Wasser stammt. Es sorgt für leuchtend gelbe Reflexe und einen säuerlichen Geschmack. Ebenfalls erwähnenswert ist das Bakterium *Serratia rubidaea*, das Rosétöne verursacht. In der Nase nimmt man dann ein Rote-Bete-Aroma wahr, doch im Mund kann sich dieses Bakterium mit unangenehmen Bitternoten oder leichter Schärfe bemerkbar machen.

SÄUERN MILCH UND GALLERTE *PRÄGEN DEN GESCHMACK* *BEEINFLUSSEN DIE KONSISTENZ*

MILCHSÄUREBAKTERIEN

Diese Bakterien verursachen Milchsäuregärung, also die Umwandlung von Laktose (Milchzucker) in Laktat (Milchsäure). Sie werden eingesetzt, um die Milch und somit den Bruch zu säuern, den Geschmack zu prägen und dem Käse die gewünschte Konsistenz zu geben. Das saure Milieu bewirkt das Gerinnen des Milcheiweißes (Dicklegen). Von besonderer Bedeutung sind sie für das Aufschließen von Blauschimmelkäse, weil sie Kohlendioxid abgeben.

OBERFLÄCHENBAKTERIEN

Sie entwickeln sich – klar – auf der Oberfläche. Dafür benötigen sie Luft und Salz. Weichkäse mit Außenschimmel und Weichkäse mit gewaschener Rinde brauchen dieses Bakterium, weil es die Proteolyse (den Abbau von Proteinen zum Erzielen der gewünschten Konsistenz) und die Lipolyse (den Fettabbau, der dafür sorgt, dass der Teig direkt unter der Rinde cremig-fließend wird, ganz besonders bei diesen beiden Käsefamilien) fördert.

PROPIONSÄUREBAKTERIEN

Hier handelt es sich um anaerobe Mikroorganismen, das heißt, sie entwickeln sich nur in Abwesenheit von Sauerstoff. Ihre Aufgabe ist es, Milchzucker in Propion- und Essigsäure umzuwandeln – also in Fettsäuren, die den Geschmack des Käses definieren. Bei Hartkäsen wie dem Emmentaler sorgen ihre Gase außerdem für die berühmten Löcher. Aber Vorsicht: Ihn darf man nicht mit dem Schweizer oder dem französischen Gruyère verwechseln. Beide haben keine Löcher (bieten dafür aber umso mehr Geschmack).

Molke

Molke enthält Bakterien, die nur im mikrobiellen Ökosystem des Betriebs, in dem sie gewonnen wurde, vorkommen. Molken aus unterschiedlichen Betrieben unterscheiden sich also deutlich voneinander.

② SCHIMMEL

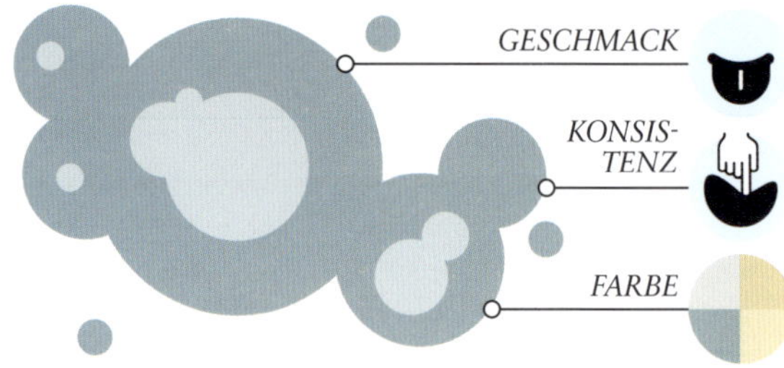

Bei Schimmel handelt es sich um mikroskopisch kleine Pilze, die chemisch das Milieu verändern, in dem sie wachsen. In der Welt des Käses beeinflusst Schimmel Geschmack, Konsistenz und Farbe. Es gibt Tausende von Schimmelpilzen, aber nicht alle sind essbar. Einige sind so untrennbar mit bestimmten Käsen verbunden, dass man sie auf den ersten Blick erkennt. Oft impfen die Hersteller die Milch oder den Käsebruch mit Schimmelkulturen; der Affineur hat dann die Aufgabe, deren Entwicklung in den Reifekellern zu fördern und unerwünschte Schimmel in Schach zu halten. Es gibt zwar eine große Zahl von unterschiedlichen Schimmelpilzen, doch im Käse-Universum haben nur vier einen festen Platz. Da sie das Lebensmittel aufwerten, spricht man von Edelschimmel.

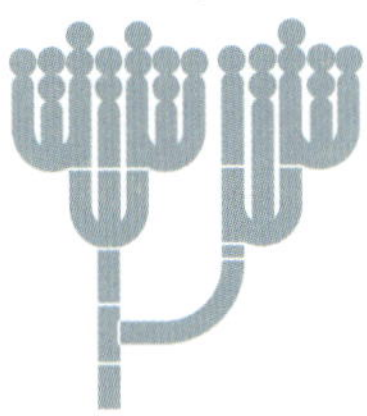

PENICILLIUM ROQUEFORTI
Dieser Schimmelpilz ist typisch für den Roquefort und die meisten anderen Käse mit Innenschimmel. Farblich bewegt er sich zwischen graublau und hellgrau. Während seiner Entwicklung bildet er einen dicken, pudrigen Flaum aus. Unter dem Mikroskop sieht er aus wie ein langer Stängel, der sich oben flaschenähnlich verzweigt. *Penicillium roqueforti* spielt in Sachen Geschmack und Konsistenz bei Blauschimmelkäsen eine entscheidende Rolle.

PENICILLIUM CAMEMBERTI
Dass Camembert und Brie außen weiß sind, ist *Penicillium camemberti* zu verdanken. Es handelt sich um einen weißen Schimmel mit blauen Reflexen, die mit der Zeit immer dunkler werden. Während er sich auf der Oberfläche entwickelt, bildet er einen weißen, flauschigen Rasen aus, der dem Käse eine leicht salzige, milchige Note verleiht. Bei längerer Affinage werden Anklänge an Waldboden und Pilze erkennbar.

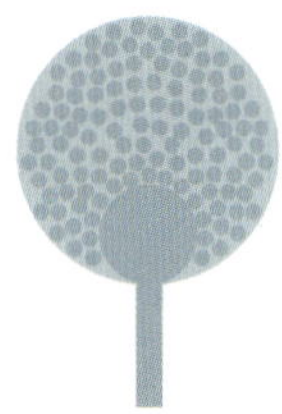

MUCOR
In Frankreich nennt man ihn auch *poil de chat*, Katzenfell, weil der Schimmelrasen lange graue, schwarze und weiße Fäden aufweist. In Deutschland trägt *Mucor* den Beinamen Köpfchenschimmel. Er ist harmlos, kann aber bei einigen Käsen die Rinde beschädigen. Es sind der Käsemeister und der Käsehändler, die steuern, ob er vorhanden ist oder nicht. Seine Anwesenheit macht sich durch einen Geschmack nach Waldboden und Haselnuss bemerkbar.

SPORENDONEMA CASEI
Diesen Schimmel findet man auf großen Käsen des Typs Cantal oder Salers: Er zeigt sich in Form von winzigen kleinen roten Punkten auf deren Rinde. *Sporendonema casei* sorgt für Typizität und Säure. Auf anderen halbfesten Käsen kann man ihn auf der Oberfläche antreffen; dort zeigt er sich feuerrot. Unter dem Mikroskop sieht er aus wie ein langer verzweigter Faden.

Schimmelkulturen und Fehler

Auch bei Schimmelpilzen kann die Anwesenheit auf einem Käse normal und auf einem anderen ein Fehler sein. *Mucor* etwa ist auf einem Saint-Nectaire willkommen, auf einem Weichkäse mit Naturrinde wie dem Pouligny-Saint-Pierre aber unerwünscht. Um ihn zu entfernen, reicht das Abbürsten der Rinde.

Wenn *Penicillium camemberti* und sein Partner *Geotrichum candidum* sich auf der Rinde eines Käses im Übermaß entwickeln, kann dies zu einem »Krötenhaut« genannten Phänomen führen: Die Rinde kräuselt sich, der Käse wird zu bitter und der Teig beginnt zu stark zu fließen.

3 HEFEN

Jene Hefen, die man in der Welt des Käses hauptsächlich antrifft, haben komplizierte Namen, ihre Wirkungsweise ist aber relativ einfach.

DEBARYOMYCES

Sie kommen von Natur aus in Milch und Käse vor und sorgen dafür, dass der Bruch weniger sauer wird – sie ernähren sich nämlich von Laktose (Milchzucker) und Laktat (Milchsäure). Außerdem beeinflussen sie die Konsistenz eines Käses, indem sie Schimmel und Bakterien dabei helfen (oder auch nicht), während der Reifung des Käses ihre Aufgaben zu erfüllen.

KLUYVEROMYCES

Sie beeinflussen vor allem den Geschmack, denn sie sind eine Art Geschmacksverstärker.

CANDIDA

Sie leben von Natur aus im Darm und haben Anteil an der Verdauung – solange sie nicht in der Überzahl sind. Beim Käse unterstützen sie die Reifung und reduzieren die Säure.

GEOTRICHUM CANDIDUM

Sie wurden lange für Schimmelpilze gehalten, werden heute jedoch zu den Hefen gezählt. Ihnen fällt die Aufgabe zu, eine Rinde zu bilden, dieser Geschmack zu verleihen und die sensorischen Eigenschaften (Eigenschaften, die bei der Verkostung eines Lebensmittels mit Tast-, Geschmacks- und Geruchssinn wahrnehmbar sind) zu prägen. Diese Hefe findet sich auf allen Käsen mit Pilzreifung, verringert den Säuregehalt des Bruchs und bekämpft den Schimmelpilz *Mucor*. *Geotrichum candidum* besiedelt Käse mit Innenschimmel genauso wie Weichkäse mit gewaschener Rinde, Weichkäse mit Außenschimmel und Käse mit gepresstem Teig.

WELCHE GÄRUNG?

Zusammen mit Milchsäurebakterien unterstützen Hefen die Gärung und damit die Haltbarkeit des Produkts. Bei Käse unerscheidet man drei Arten von Gärung.

MILCHSÄUREGÄRUNG

Milchzucker (Laktose) wird in Milchsäure (Laktat) umgewandelt.

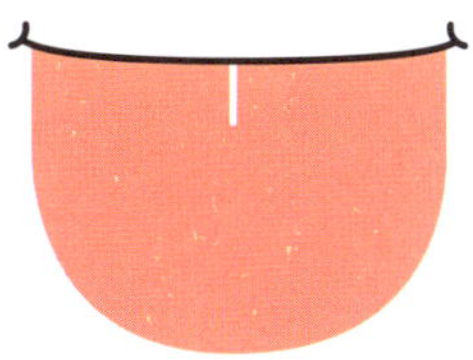

PROPIONSÄUREGÄRUNG

Geschmack, Konsistenz und Löcher bei Käsen wie Comté, Emmentaler oder Beaufort sind nicht zuletzt auf diese Gärung zurückzuführen.

BUTTERSÄUREGÄRUNG

Wenn sie stattfindet, handelt es sich um einen Fehler, denn die Buttersäure (Butyrat) lässt Käse und Butter ranzig schmecken.

GERUCH UND GESCHMACK

Genau wie Wein, Kaffee oder Bier lässt sich auch Käse über die Nase und über den Mund überaus differenziert beurteilen. Dazu darf er nicht zu warm und nicht zu kalt sein – Zimmertemperatur ist ideal.

WAS NIMMT DIE NASE WAHR?

Jeder Mensch hat ein persönliches Geruchsempfinden. Daher nimmt bei der Verkostung ein und desselben Käses jeder Teilnehmer andere Aromen wahr. In der Welt des Käses unterscheidet man mindestens 100 Aromen (die Liste ist nicht vollständig!), die sich in acht große Gruppen einteilen lassen.

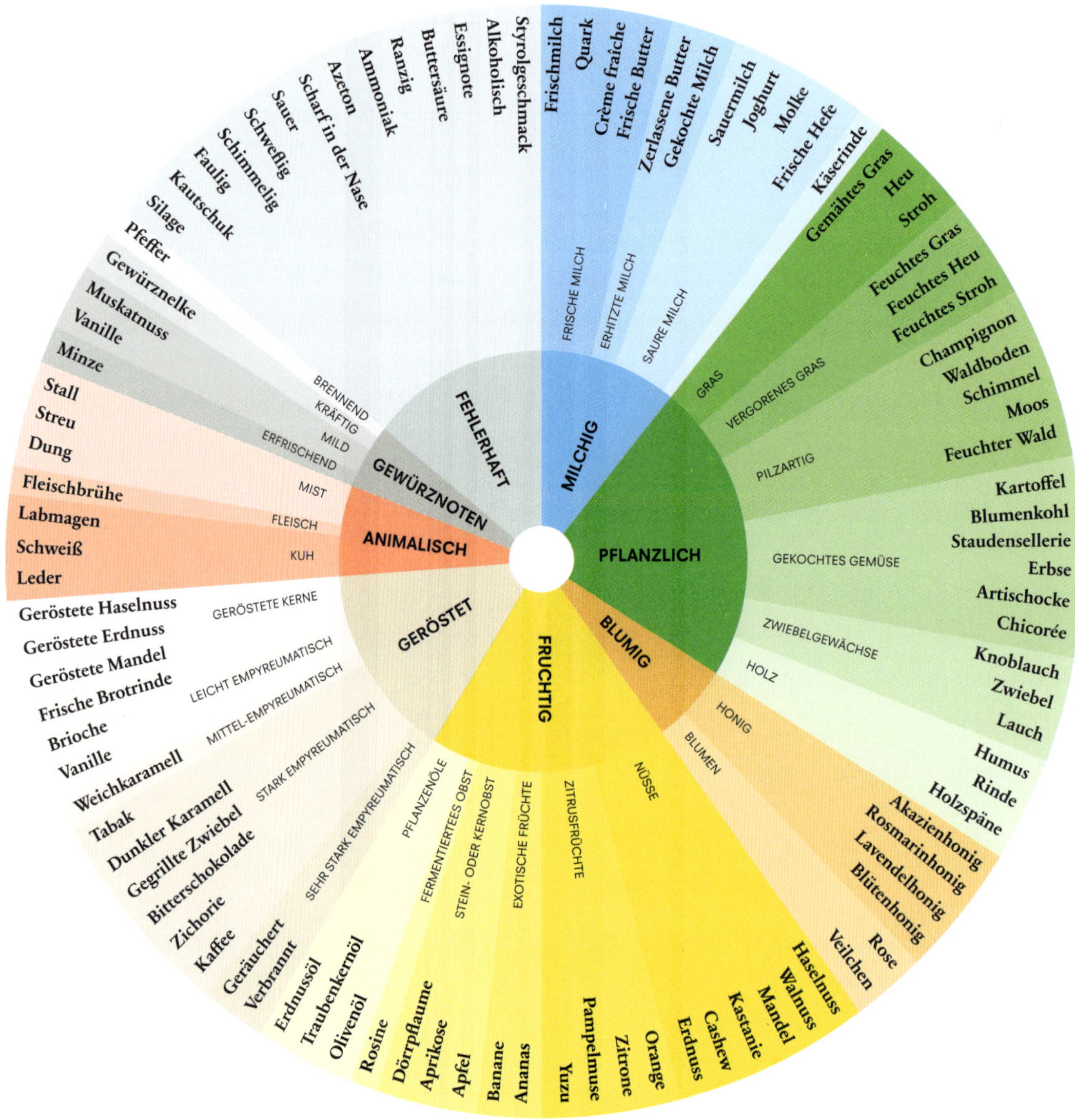

WARUM RIECHEN EINIGE KÄSE SO STRENG?

Wie wir inzwischen wissen, beherbergt Käserinde eine Menge Mikroorganismen (Hefen, Bakterien, Schimmel), die miteinander ums Überleben kämpfen. Zeitweise produzieren Bakterien des Typs *Brevibacterium linens* (die Rotschimmelkulturen) aus dem Eiweiß Methanthiol, eine Schwefelverbindung, deren Flüchtigkeit und Geruch sehr wichtig sind. Sie steckt hinter dem starken Geruch so manchen Käses.

WAS NIMMT DIE ZUNGE WAHR?

Die Zunge kann fünf Geschmacksrichtungen unterscheiden: süß, salzig, bitter, sauer und umami. Was das Letztere ist? Umami wurde 1908 von Professor Kikunae Ikeda an der Kaiserlichen Universität in Tokio identifiziert. Das Wort bedeutet wohlschmeckend, fleischig, herzhaft. Es handelt sich um den Geschmack, der bei einer Verkostung die Augen leuchten lässt und ein ehrliches »Das ist wirklich köstlich« hervorruft. Umami regt die Speichelbildung an und sorgt für einen lang anhaltenden Nachhall am Gaumen. Diesen Geschmack findet man bei perfekt gereiftem Käse mit festem, zartschmelzendem und etwas salzigem Teig. Chemisch gesehen, setzt sich diese lösliche Substanz aus Glutamat, Inosinat und Guanosin zusammen. Käseliebhaber unterscheiden zunehmend nicht mehr fünf Geschmacksrichtungen, sondern die folgenden sieben Stufen, die die Intensität beschreiben.

FRISCH	NEUTRAL	MILD	SCHWACH AUSGEPRÄGT	AUSGEPRÄGT	KRÄFTIG	SCHARF
Frischkäse, Molkenkäse, sehr junge Käse mit Naturrinde	Sehr junge Käse, meist aus pasteurisierter Milch	Junge Weichkäse mit Außenschimmel, junge Käse mit gepresstem oder gebranntem und gepresstem Teig, junge Käse mit hohem Sahneanteil	Die meisten Weichkäse, deren Reifung noch nicht vollständig abgeschlossen ist	Käse, die das optimale Reifestadium erreicht haben; junge Käse mit Innenschimmel	Weichkäse mit gewaschener Rinde, gereifte Käse mit Innenschimmel, Käse mit gepresstem Teig, sehr reife Käse mit gebranntem und gepresstem Teig	Zubereitungen wie Boulette d'Avesnes, lange gereifte Käse mit Innenschimmel, Käse, die lange in Tresterschnaps eingelegt waren

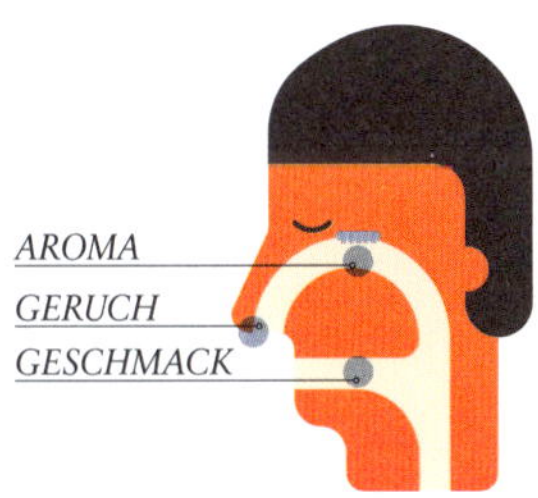

Was unterscheidet Geruch, Aroma und Geschmack?

Der Geruch wird allein von der Nase wahrgenommen. Aroma ist das, was man retronasal erkennt, also über Mund, Gaumen und Nase. Und Geschmack – süß, salzig usw. – identifizieren lediglich die Geschmacksknospen auf der Zunge.

IDEALE BEGLEITER

Welche Getränke passen zu den verschiedenen Käsefamilien? Es gibt viele mögliche Begleiter – die Wahl hängt stark von persönlichen Gewohnheiten und Vorlieben ab. Hier sind dennoch einige Vorschläge, klassiche, aber auch originelle.

WEIN

Inzwischen empfehlen viele Köche, Sommeliers oder Käsehändler zunehmend andere Weinbegleitungen zu Käse als den ewigen Rotwein. An diesem führt nach wie vor kein Weg vorbei, doch es lohnt sich, auch einmal andersfarbige Weine zum Käse zu probieren – ein überraschendes, köstliches Experiment.

FRISCHKÄSE, MOLKENKÄSE, PASTA-FILATA-KÄSE

ROSÉWEINE *(Côtes de Provence, Touraine, Côtes du Roussillon)*

TROCKENE WEISSWEINE *(Côtes de Bourg, Jasnières, Chablis)*

HALBTROCKENE WEISSWEINE *(Vouvray, Anjou, Ajaccio)*

FRUCHTIGE ROTWEINE OHNE TANNINE *(Porto Vecchio, Bourgueil, Touraine-Amboise)*

WEICHKÄSE MIT NATURRINDE

ROSÉWEINE *(Touraine, Tavel, Lirac)*

TROCKENE WEISSWEINE *(Quincy, Rully, Sancerre) zu eher gereiften Käsen*

HALBTROCKENE WEISSWEINE *(Vouvray, Faugères, Mâcon) zu reifen Käsen*

FRUCHTIGE ROTWEINE OHNE TANNINE *(Chinon, Côte de Beaune, Saint-Chinian) zu eher jungen Käsen*

WEICHKÄSE MIT AUSSENSCHIMMEL

NICHT ZU FRUCHTIGE TROCKENE WEISSWEINE *(Sancerre, Montlouis, Jasnières)*

FRUCHTIGE ROTWEINE OHNE TANNINE *(Chiroubles, Côtes de Nuits, Anjou)*

KÄSE MIT GEPRESSTEM TEIG

TROCKENE WEISSWEINE *(Côte Roannaise, Viré-Clessé, Meursault) zu jungen Käsen*

FRUCHTIGE ROTWEINE OHNE ADSTRINGENZ *(Saumur-Champigny, Listrac, Moulis, Pauillac, Châteauneuf-du-Pape) zu jungen und halbreifen Käsen*

NATURSÜSSE WEINE *(Maury, Rivesaltes, Banyuls) zu eher reifen Käsen*

KÄSE MIT GEBRANNTEM UND GEPRESSTEM TEIG

TROCKENE WEISSWEINE *(Givry, Rully, Meursault, Saint-Péray)*

VIN JAUNE AUS DEM JURA

ROTWEINE *(Saint-Émilion, Côtes de Bourg, Volnay, Vlos de Vougeot) zu jungen Käsen*

WEICHKÄSE MIT GEWASCHENER RINDE

LIEBLICHE WEISSWEINE ODER LIKÖRWEINE *(Côteaux de l'Aubance, Bonnezeaux, Côteaux du Layon, Jurançon, Gewürztraminer)*

KÄSE MIT INNENSCHIMMEL

LIEBLICHE WEINE ODER LIKÖRWEINE *(Sauternes, Barsac, Loupiac, Vouvray, Jurançon)*

ÄLTERE ROTWEINE MIT GUT EINGEBUNDENEN TANNINEN *(Cahors, Madiran, Irouléguy)*

NATURSÜSSE WEINE *(Banyuls, Maury, Rasteau)*

BIER

Dass Bier auch Käse begleiten kann, wird inzwischen mehr und mehr akzeptiert. Aus gutem Grund: Genau wie Weißwein weisen Biere eine mehr oder weniger ausgeprägte Säure auf, die sich mit den Fetten im Käse bestens verträgt. Die Kohlensäure spült den Gaumen und erlaubt den Geschmackspapillen, so genau wie möglich zu sein.

WEISSBIER *(Säure, dezente Bitternote, Zitrone)*

HELLES LEICHTBIER *(leichtes Getreidearoma)*

HELLES, TROCKENES, FRUCHTIGES BIER *(bittere, fruchtige Noten)*

BITTERES HELLES BIER *(deutliche Bitternote)*

BERNSTEINFARBENES BIER *(aromatischer Schaum)*

DUNKLES BIER *(vollmundig, süßlich)*

WEISSBIER

FRISCHKÄSE
(Jonchée, Rove des Garrigues, Feta)

SAUERMILCHKÄSE
(Brocciu, Recuite, Ricotta Romana)

WEICHKÄSE MIT NATURRINDE
(Pérail des Cabasses, Sabot de Blanchette, Bijou)

PASTA-FILATA-KÄSE
(Mozzarella di Bufala Campana, Burrata di Andria)

HELLES LEICHTBIER

WEICHKÄSE MIT NATURRINDE
(Pouligny-Saint-Pierre, Mâconnais, Cornebique – halbreife Käse)

WEICHKÄSE MIT AUSSENSCHIMMEL
(Gortnamona, Bonchester Cheese, Brie de Meaux – relativ junge Käse, die den Biergeschmack nicht überdecken)

HELLES, TROCKENES, FRUCHTIGES BIER

KÄSE MIT GEPRESSTEM TEIG
(Lavort, Tomme Marotte, Salva Cremasco – halbreife Käse)

KÄSE MIT GEBRANNTEM UND GEPRESSTEM TEIG
(Comté, Annen, Pionnier – junge Käse)

BITTERES HELLES BIER

KÄSE MIT GEBRANNTEM UND GEPRESSTEM TEIG
(Beaufort, L'Étivaz, Heidi – gereifte Käse)

WEICHKÄSE MIT NATURRINDE
(Sainte-Maure de Touraine, Bonne Bouche, Murazzano – gereifte Käse)

BERNSTEINFARBENES BIER

KÄSE MIT GEPRESSTEM TEIG
(Cantal, Gouda, Pecorino – gereifte Käse)

KÄSE MIT INNENSCHIMMEL
(Bleu des Causses, Urban Blue)

WEICHKÄSE MIT AUSSENSCHIMMEL *(Camembert de Normandie, Buffalo Brie, Woolamai Mist – gereifte Käse)*

WEICHKÄSE MIT GEWASCHENER RINDE
(Époisses, Shearer's Choice, Galactic Gold)

DUNKLES BIER

KÄSE MIT INNENSCHIMMEL
(Roquefort, Étoile Bleue de Saint-Rémi, Cabrales – kräftige Käse)

WEICHKÄSE MIT AUSSENSCHIMMEL
(Livarot, Munster – gereifte Käse)

WHISKY

Eine Käseverkostung kann jenen, die das Universum dieser Spirituose erkunden wollen, eine Tür öffnen.

Whisky kann ein großartiger Begleiter für eine Vielzahl von Käsen sein.

WEICHKÄSE MIT AUSSEN-SCHIMMEL *(sehr reife Käse)*
SINGLE MALT WHISKY UND IRISCHER WHISKEY

KÄSE MIT GEPRESSTEM TEIG *(gereifte Käse)*
PURE MALT WHISKY, SINGLE MALT WHISKY, GRAIN WHISKY, IRISCHER WHISKEY

KÄSE MIT GEBRANNTEM UND GEPRESS-TEM TEIG *(gereifte Käse)*
PURE MALT WHISKY, SINGLE MALT WHISKY, IRISCHER WHISKEY

WEICHKÄSE MIT GEWASCHENER RINDE
SINGLE MALT WHISKY, PURE MALT WHISKY, IRISCHER WHISKEY

KÄSE MIT INNEN-SCHIMMEL
PURE MALT WHISKY, SINGLE MALT WHISKY, IRISCHER WHISKEY

TEE

Tee bietet, genau wie Käse, Saisonalität und Vielfalt und kann ihn daher sehr gut begleiten.

FRISCHKÄSE
FIRST-FLUSH-DARJEELING
BAO ZHONG PREMIUM (OOLONG-TEE)
BEN SHAN (OOLONG)

MOLKENKÄSE
FIRST-FLUSH-DARJEELING
BAO ZHONG PREMIUM
BEN SHAN

WEICHKÄSE MIT NATURRINDE
CHINESISCHER SCHWARZER TEE
BAO ZHONG PREMIUM
PAI MU TAN (WEISSER TEE)

WEICHKÄSE MIT AUSSENSCHIMMEL *(junge Käse)*
BANCHA HOJICHA (GRÜNER TEE)
GRAND YUNNAN
BEN SHAN (OOLONG-TEE)

KÄSE MIT GEPRESSTEM TEIG *(gereifte Käse)*
PU ERH
SECOND-FLUSH-DARJEELING
ASSAM
GRAND YUNNAN

KÄSE MIT GEBRANNTEM UND GEPRESSTEM TEIG
SECOND-FLUSH-DARJEELING
ASSAM
GRAND YUNNAN

WEICHKÄSE MIT GEWASCHENER RINDE
FIRST-FLUSH-DARJEELING
INDISCHER SCHWARZER TEE
ASSAM

KÄSE MIT INNENSCHIMMEL
SCHWARZER TEE AUS YUNNAN
CEYLONTEE
TIGERTEE (RAUCHTEE)

PASTA-FILATA-KÄSE
FIRST-FLUSH-DARJEELING
BAO ZHONG PREMIUM
BEN SHAN

FRUCHTSÄFTE

Sie haben den Vorteil, dass auch Kinder, Schwangere, Stillende und Menschen, die keinen Alkohol mögen, sie genießen können. Die Getränke sollten nicht zu stark gezuckert sein, damit der Obstgeschmack erhalten bleibt.

FRISCHKÄSE
NEKTAR
(Pfirsich, Aprikose, Birne)
BEERENSAFT
(Himbeere, Erdbeere, Rote Johannisbeere)
RHABARBERSAFT

MOLKENKÄSE
NEKTAR
(Pfirsich, Aprikose, Birne)
BEERENSAFT
(Himbeere, Erdbeere, Rote Johannisbeere)
RHABARBERSAFT

WEICHKÄSE MIT NATURRINDE
APFELSAFT
ERDBEERSAFT
NEKTAR *(Birne, Weißer Pfirsich, Weinbergpfirsich)*

WEICHKÄSE MIT AUSSENSCHIMMEL
APFELSAFT
BIRNENSAFT
SAFT AUS ROTEN JOHANNISBEEREN
NEKTAR *(Weinbergpfirsich, Aprikose)*

KÄSE MIT GEPRESSTEM TEIG
SAFT AUS ROTEN FRÜCHTEN
(Heidelbeere, Rote Johannisbeere, Kirsche)
MANGONEKTAR

KÄSE MIT GEBRANNTEM UND GEPRESSTEM TEIG
NEKTAR
(Ananas, Passionsfrucht)

WEICHKÄSE MIT GEWASCHENER RINDE
MIRABELLENSAFT
LITSCHISAFT
NEKTAR *(Aprikose, Gelber Pfirsich)*

KÄSE MIT INNENSCHIMMEL
BIRNENNEKTAR
SAFT AUS ROTEN BEEREN
(Erdbeere, Himbeere)

PASTA-FILATA-KÄSE
NEKTAR
(Pfirsich, Aprikose, Birne)
SAFT AUS ROTEN BEEREN
(Himbeere, Erdbeere, Rote Johannisbeere)
RHABARBERSAFT

APFEL- ODER BIRNENCIDRE

Dass Käse und Apfel- oder Birnen-Cidre zusammenpassen, mag überraschen, stimmt aber.

FRISCHKÄSE

MOLKENKÄSE

WEICHKÄSE MIT NATURRINDE
(eher junge oder halbtrockene Käse)

WEICHKÄSE MIT AUSSENSCHIMMEL
(perfekt gereifte Käse)

WEICHKÄSE MIT GEWASCHENER RINDE
(eher junge Käse)

PASTA-FILATA-KÄSE

KÄSEPLATTEN

Die Zusammenstellung einer Käseplatte unterliegt zwar einigen Regeln, doch sie ermöglicht auch kulinarisches Vergnügen und eine Vielfalt von Geschmackserlebnissen.

JEDER HAT EIN RECHT AUF KÄSE!

Im Gegensatz zur landläufigen Meinung dürfen auch Schwangere bestimmte Käse konsumieren. Außerdem gibt es Alternativen für Vegetarier und Veganer.

VEGETARIER
Ob man sich nun aus religiösen, aus ethischen (Tierwohl) oder aus gesundheitlichen Gründen vegetarisch ernährt – es gibt Käse, die ohne tierisches Lab hergestellt werden. Dieses wird aus der Magenschleimhaut noch säugender Kälber gewonnen. Aber es existieren heute sowohl pflanzliche (s.S. 122) als auch mikrobielle Labaustauschstoffe. Lab muss nicht deklariert werden, da es international nicht als Lebensmittelzusatzstoff eingestuft wird. Um ganz sicherzugehen, sollte man daher den Käsehändler um Auskunft bitten.

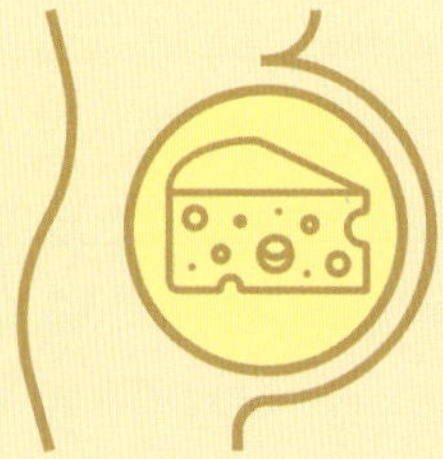

SCHWANGERE
In der Schwangerschaft können Lebensmittelinfektionen mit Listerien gefährlich für das ungeborene Kind sein, weshalb Rohmilchprodukte tabu sind. Sie können aber lange gereifte Hartkäse essen, wenn Sie die Rinde vor dem Essen sorgfältig entfernen. Käse am besten am Stück kaufen, rasch verzehren und selbst schneiden oder raspeln! Kritisch sind halbfeste Käse mit Blauschimmel wie Gorgonzola, Rotschmierkäse wie Esrom oder Tilsiter, eingelegter Käse wie Feta, Mozzarella oder Kräuterquark sowie vorgefertigter Reibekäse.

VEGANER
Veganer nehmen keine tierischen Produkte oder Produkte, für die Tiere getötet oder ausgebeutet wurden, zu sich. Direkte Konsequenz: Sie können keinen Käse essen, denn er besteht aus Milch, also einem tierischen Produkt. Allerdings gibt es inzwischen »Käseersatz«, der aus pflanzlichen oder chemischen Zutaten hergestellt wird. Auch wenn es sich nicht um »echten« Käse handelt, kommt der Ersatz optisch und sogar geschmacklich oft an ihn heran.

WIE VIEL KÄSE PRO PLATTE?

Für ein Abendessen, an dem der Käse im Vordergrund steht, rechnet man 250–300 g pro Person. In puncto Vielfalt ist man mit sieben Sorten auf der sicheren Seite. Mehr sind nicht ratsam, sonst ermüdet der Gaumen, und außerdem schmecken die eigenen Lieblingskäse vielleicht nicht allen. Und: Je mehr Käse angeboten wird, desto kleiner sollten die einzelnen Portionen sein. Damit man nicht den ganzen Abend damit verbringen muss, immer wieder zu erklären, um welche Käse es sich handelt, kann man den Käsehändler bitten, die Etiketten, auf denen Name, Herkunft und die verwendete Milchsorte vermerkt sind, mitzugeben. Sind die Käse Teil eines Büfetts, rechnet man 150 g pro Person bei fünf bis sieben Sorten. Ist der Käse als Abschluss einer Mahlzeit gedacht, sind (bei drei bis fünf Sorten) 80–100 g Käse pro Gast völlig ausreichend.

WANN NIMMT MAN DEN KÄSE HERAUS?

Was für einige Weine gilt, gilt auch für Käse: Man serviert sie mit Zimmertemperatur, damit die charakteristischen Aromen zur Geltung kommen. Daher: Käse mindestens 1 Stunde vor dem Essen aus dem Kühlschrank nehmen.

WORAUF SERVIERT MAN IHN?

Dies ist keine unwichtige Frage, denn erst auf der richtigen Unterlage kommt Käse voll zur Geltung. Schön ist es, wenn die Käse mit der Platte kontrastieren. Grobe oder natürliche Materialien (Holz, Schiefer, Töpferware) machen sich besonders gut, Kunststoff oder Metall sind weniger geeignet, weil sie Aromen übertragen könnten.

WOMIT SCHNEIDET UND SERVIERT MAN KÄSE?

Utensilien, mit denen Käse zerteilt und serviert werden kann, gibt es wie Sand am Meer. Hier die wichtigsten.

SPARSCHÄLER ODER KÄSEHOBEL
Ideal, um trockenen oder harten Käse in sehr feine Späne zu zerteilen

BRIEMESSER
Ein elegantes Werkzeug, mit dem man die meisten Käse schneiden kann, ohne den Teig zu lädieren

ZUM SERVIEREN
Ein Messer mit langer Klinge, die das Stück nicht beschädigt, oder ein klassisches Käsemesser mit gebogener Doppelspitze, mit der man die Käsestücke aufspießt

LÖFFEL
Praktisch, um Käse mit fließendem Teig wie Mont d'Or oder Torta del Casar zu servieren

KÄSEBEIL
Zerteilt Hartkäse wie den Beaufort perfekt und, dank des eher schweren Griffs, mühelos

DRAHTKÄSESCHNEIDER
Ein oft massiver Rahmen, in den ein 0,3–0,5 mm starker Draht oder Nylonfaden eingespannt ist. Ebenfalls empfehlenswert: ein kleines Brett mit integriertem Draht bzw. Faden

IN WELCHER REIHENFOLGE VERKOSTEN?

Optimal ist es, wenn die Käse auf der Platte in eine Reihenfolge gebracht werden, die sich an der Intensität des Geschmacks orientiert. Man beginnt also mit Frischkäsen und endet mit Käsen mit Innenschimmel, den Blauschimmelkäsen. Im Zweifelsfall kommen helle vor dunkleren Käsen, den Abschluss bilden Blauschimmelkäse. Letztere lassen die Verkostung mit angenehmer Frische ausklingen – und sind auch noch gut für die Verdauung.

1. FRISCHKÄSE
2. PASTA-FILATA-KÄSE
3. SCHMELZKÄSE *(obwohl einige von ihnen kräftig sein können)*
4. WEICHKÄSE MIT NATURRINDE
5. WEICHKÄSE MIT AUSSENSCHIMMEL
6. KÄSE MIT GEPRESSTEM TEIG
7. KÄSE MIT GEBRANNTEM UND GEPRESSTEM TEIG
8. KÄSEZUBEREITUNGEN
9. WEICHKÄSE MIT GEWASCHENER RINDE
10. KÄSE MIT INNENSCHIMMEL

SCHNEIDEN IST EINE KUNST

Hier geht es darum, Gerechtigkeit walten zu lassen – jede Portion sollte also einen Teil vom Kern und einen Teil von der Rinde des Käses enthalten.

KLEINE RUNDE KÄSE (Z. B. CAMEMBERT)

Man schneidet sie wie eine Torte in gleich große Stücke; Schnittführung: von der Mitte zur Rinde. Ideales Gerät: Briemesser

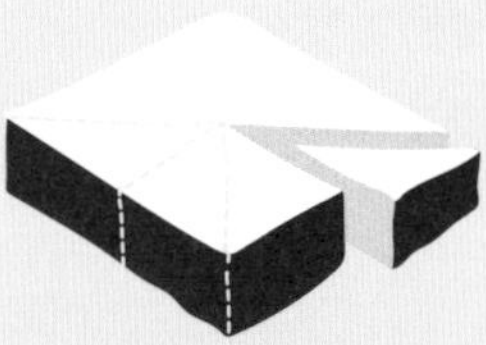

QUADRATISCHE KÄSE (Z. B. MAROILLES)

Sie werden wie runde Käse geschnitten, man beginnt jedoch mit den beiden Diagonalen und halbiert die entstandenen Stücke.
Ideales Gerät: Briemesser

GROSSE RUNDE KÄSE (Z. B. BRIE)

Zunächst schneidet man sie wie kleine runde Käse. Von den entstandenen langen »Tortenstücken« wird die Spitze, dann das zweite Drittel (in zwei oder drei Teilen) abgeschnitten, das letzte Drittel wird mitsamt der Rinde in gleich große Portionen geschnitten.
Ideales Gerät: Briemesser

PYRAMIDENFÖRMIGE KÄSE (Z. B. VALENÇAY)

Wie bei runden Käsen schneidet man sie vom Inneren zur Rinde fächerförmig in gleich große Stücke. Ideales Gerät: Drahtkäseschneider; wer damit nicht zurechtkommt, kann ein Briemesser verwenden.

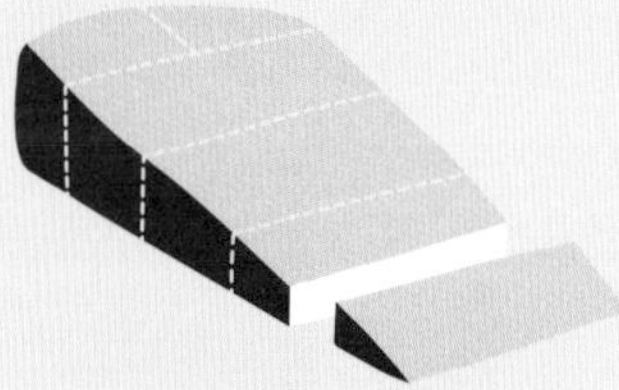

STÜCKE VON KÄSERÄDERN (Z. B. COMTÉ)

Vom Kern ausgehend, schneidet man das Stück parallel in drei oder vier Scheiben. Der äußere Rand wird fächerförmig aufgeschnitten.
Ideales Gerät: Käsebeil

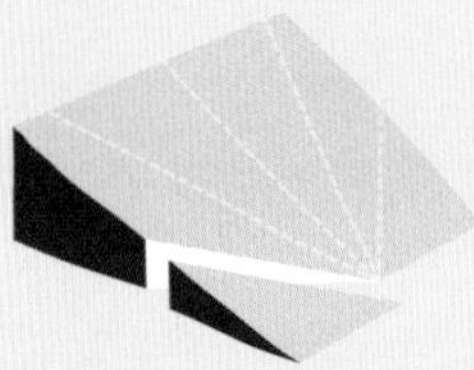

KÄSE MIT INNENSCHIMMEL (Z. B. ROQUEFORT)

Fächerförmig aufschneiden. Ideales Gerät: Drahtkäseschneider

SEHR HARTE KÄSE (Z. B. SEHR ALTER MIMOLETTE)

Zerbröckeln oder mit einem Sparschäler Späne abziehen

KLEINE (Z. B. CHAROLAIS) ODER GROSSE (Z. B. SAINTE-MAURE DE TOURAINE) KÄSEROLLEN

Kleine Käserollen werden der Länge nach wie kleine runde Käse aufgeschnitten; die Portionen sind dann aber schmaler und länger. Große Käserollen schneidet man quer in dünne Scheiben. Ideales Gerät (für beide Formate): Drahtkäseschneider
(Von einem Sainte-Maure erst das Stroh entfernen, damit die Käsestücke nicht beschädigt werden.)

KÄSE MIT UNGEWÖHNLICHER FORM (Z. B. CŒUR DE NEUFCHÂTEL)

Man schneidet von der Mitte zur Rinde hin. Die Stücke werden unterschiedlich groß, doch der Genuss bleibt derselbe. Ideales Gerät: Briemesser

FLIESSENDE KÄSE (Z. B. MONT D'OR)

Die Rinde wird oben abgeschnitten (nicht wegwerfen, man kann sie essen!), der Käse mit einem Teelöffel (oder einem Esslöffel) serviert.

WELCHES BROT?

Das ideale Brot ist nach wie vor ein knuspriges Sauerteigbrot aus Weizenmehl. Es ist neutral im Geschmack und passt perfekt zu allen Käsesorten. Wer sich für Spezialbrote entscheidet, muss vor Missklängen auf der Hut sein. Baguette verträgt sich gut mit Weichkäsen wie Brie, eher weniger gut mit harten oder trockenen Käsen. Roggen- oder Früchtebrot empfiehlt sich für Käse mit Innenschimmel wie den Bleu des Causses; Walnuss- oder Haselnussbrot harmoniert mit alten Käsen mit gebranntem und gepresstem Teig wie Beaufort oder Comté. Brote mit Oliven, Tomaten oder Kräutern der Provence lassen sich am besten mit Frischkäsen kombinieren.

SÜSSES ZUM KÄSE?

Süßes zum Käse sollte nicht übermäßig süß sein. Konfitüren, Fruchtpasten wie Quittenbrot oder auch sehr süßer Honig können den Eigengeschmack des Käses überdecken (oder gar ruinieren). Von solchen Produkten sind erbsengroße Portionen völlig ausreichend.

WAS IST MIT OBST UND GEMÜSE?

Das Obst zum Käse darf nicht zu süß sein, damit der Eigengeschmack des Käses nicht überlagert wird. Eine gute Wahl sind säuerliche Äpfel (beispielsweise Granny Smith, Belchard, Melrose, Elstar), säuerliche Birnen (z.B. Packham's Triumph, Passe-Crassane, Conférence) oder herbe weiße Trauben. Auch Zitrusfrüchte könnten passen, weil sie saftig und sauer sind.
Knackiges Gemüse wie Gurke oder Karotte bringen bei einer Käseverkostung Frische ins Spiel, sogar einige Tomatensorten vertragen sich gut mit Käse. Harmonische Käsebegleitung können auch in Olivenöl mariniertes Gemüse (Antipasti wie etwa Paprikaschoten, Zucchini oder Auberginen) oder in Olivenöl eingelegte Pilze sein. Alternativ bietet sich ein schlichter Salat an, nur mit etwas Olivenöl und Zitronensaft angemacht – hier sollte Eichblattsalat oder Endivie gegenüber Kopfsalat der Vorzug gegeben werden. Grundsätzlich gilt für alle diese Vorschläge: Obst und Gemüse sollten allein den Zweck haben, den Gaumen zu »reinigen« und die Geschmackspapillen in gutem Zustand zu halten!

Nach der Verkostung

ANGEBROCHENEN KÄSE AUFBEWAHREN

Sollte etwas von den Käsen auf der Platte übrig geblieben sein, ist es ratsam, die Stücke bald wieder in das Originalpapier zu wickeln, damit sie nicht austrocknen. Der ideale Lagerungsort ist die Gemüseschublade im Kühlschrank. Fest schließende Kunststoffdosen sind zum Aufbewahren nicht geeignet, weil der Käse in ihnen nicht atmen kann.

KÄSERESTE IN DER KÜCHE VERWENDEN

Käsereste eignen sich für Saucen, Omeletts, Quiches, Soufflés und vieles mehr. Man kann sie auch zu Aufstrichen verarbeiten, indem man die Reste mit Crème fraîche, fein gewürfelten Schalotten und frischen Kräutern (z.B. Schnittlauch, Basilikum, Dill) mischt. Käse ist ein Lebensmittel, und das wirft man nicht weg!

KLASSISCHE KÄSEPLATTEN MIT JE 3 KÄSESORTEN

Jeder Vorschlag wurde nach folgenden Kriterien zusammengestellt: 6 Erwachsene, Abschluss der Mahlzeit, etwa 100 g Käse pro Person. Die Käsesorten sind in der Reihenfolge ihrer Verkostung aufgelistet, von der mildesten bis hin zur kräftigsten Sorte. Die Platten ergeben nicht immer genau 600 g, u.a. weil einige Käse nur im Ganzen verkauft werden oder bestimmte Stücke zu klein oder zu groß sein könnten.

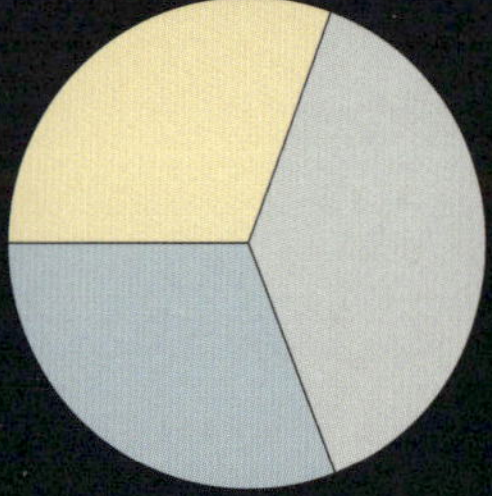

PLATTE MIT G. U.-KÄSEN

- COMTÉ *(200 g)*
- SAINTE-MAURE DE TOURAINE *(250 g)*
- ROQUEFORT *(200 g)*

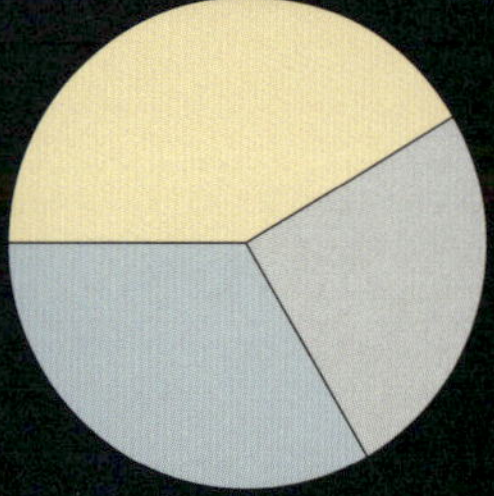

KÄSEHÄNDLER-PLATTE

- DENT DU CHAT *(250 g)*
- 1 PÉRAIL DES CABASSES *(150 g)*
- BLEU DE LA BOISSIÈRE *(200 g)*

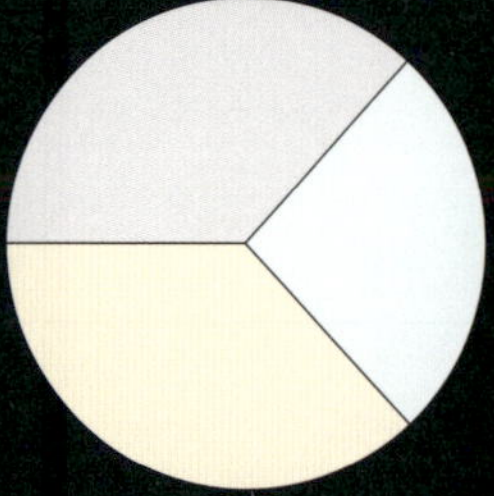

WEISSE PLATTE

- BROCCIU *(250 g)*
- 2 ROVES DES GARRIGUES *(180 g)*
- 1 CAMEMBERT DE NORMANDIE *(250 g)*

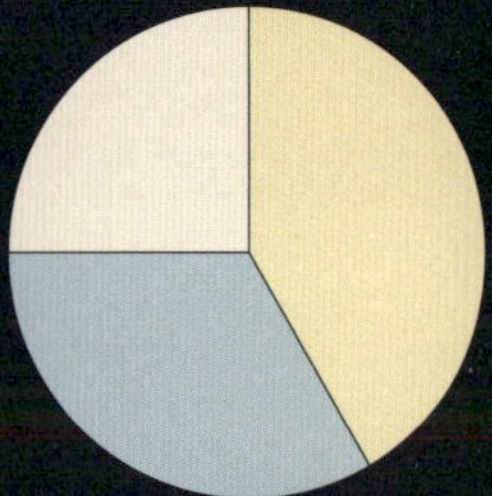

BERGKÄSE-PLATTE

- ½ PETIT FIANCÉ DES PYRÉNÉES *(150 g)*
- L'ETIVAZ *(250 g)*
- BLEU DE SÉVERAC *(200 g)*

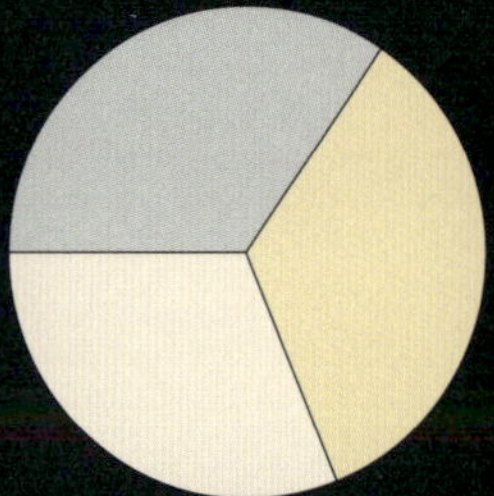

100 % ZIEGE

- 1 GOUR NOIR *(200 g)*
- HENRI IV *(220 g)*
- ½ A CASINCA *(180 g)*

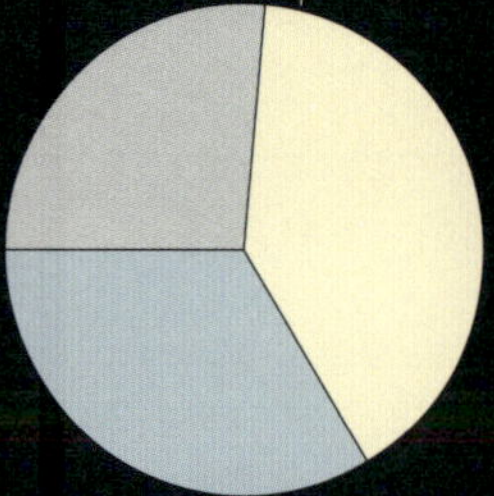

100 % SCHAF

- 2 ROCAILLOUX DES CABASSES *(160 g)*
- QUESO MANCHEGO *(240 g)*
- ITXASSOU *(200 g)*

ORIGINELLE KÄSEPLATTEN MIT JE 3 KÄSESORTEN

Wie bei den klassischen Käseplatten wurde jeder Vorschlag nach folgenden Kriterien zusammengestellt: 6 Erwachsene, Abschluss der Mahlzeit, etwa 100 g Käse pro Person. Die Käsesorten sind in der Reihenfolge ihrer Verkostung aufgelistet, von der mildesten bis hin zur kräftigsten Sorte. Die Platten ergeben nicht immer genau 600 g, u.a. weil einige Käse nur im Ganzen verkauft werden oder bestimmte Stücke zu klein oder zu groß sein könnten.

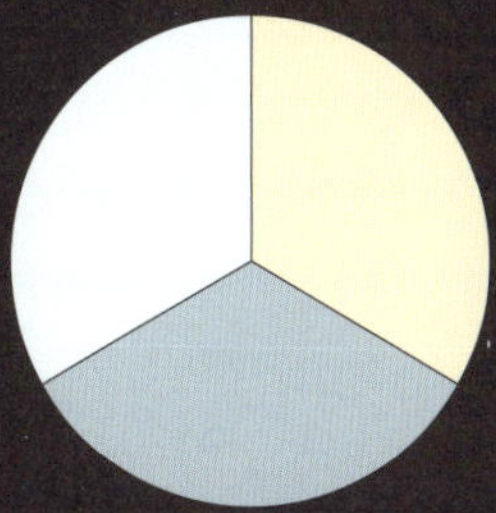

INSELKÄSE-PLATTE

- HALLOUMI *(200 g)* *Zypern*
- QUEIJO DO PICO *(200 g)* *Azoren*
- CROZIER BLUE *(200 g)* *Irland*

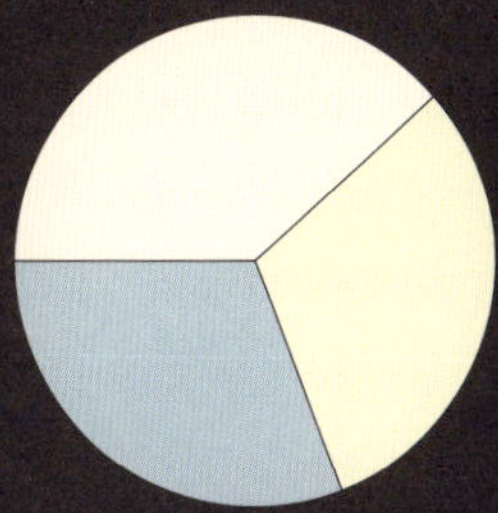

SÜDLÄNDISCHE PLATTE

- 1 ENCALAT *(250 g)*
- TOMA PIEMONTESE *(200 g)*
- CABRALES *(200 g)*

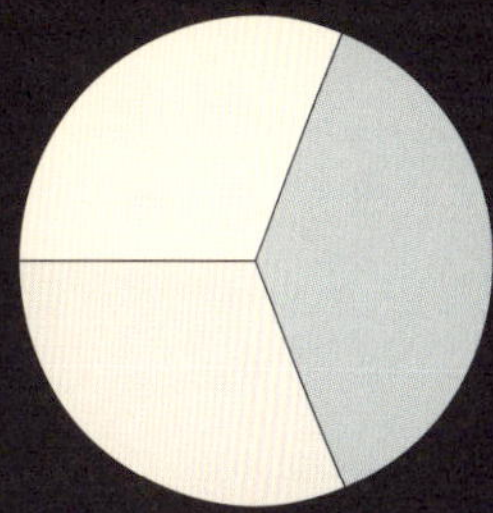

FLACHLANDPLATTE

- BONCHESTER CHEESE *(200 g)*
- 3 CROTTINS DE CHAVIGNOL *(240 g)*
- 1 HERVE *(200 g)*

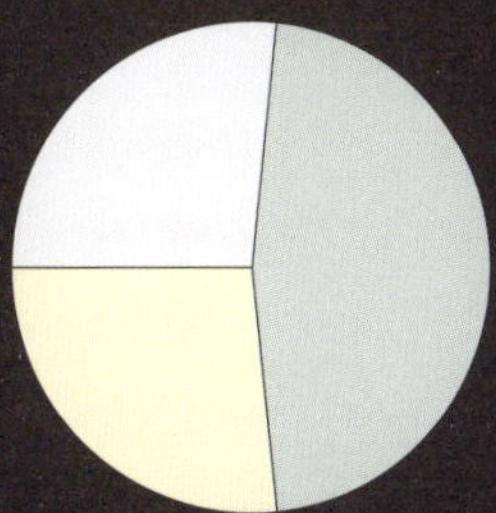

KÄSEPLATTE NEU-AQUITANIEN

- GREUILH *(200 g)*
- TRUFFE DE VENTADOUR *(350 g)*
- TOMME DE RILHAC *(200 g)*

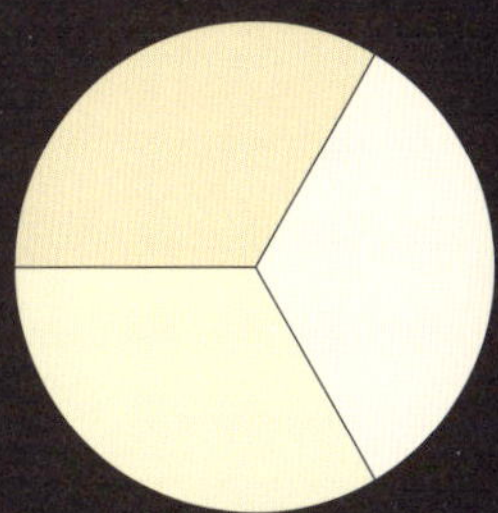

KÄSEPLATTE ZUM TEE

- ABONDANCE *(200 g)* *Oolong-Tee aus China*
- HORIZON *(200 g)* *Pu-Erh-Tee*
- PECORINO CROTONESE STAGIONATO *(200 g)* *Second-Flush-Darjeeling*

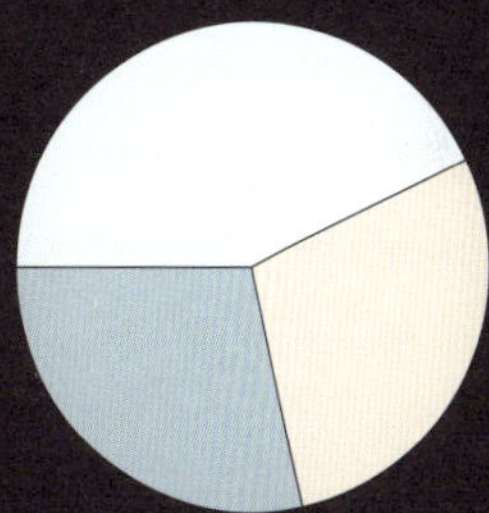

KÄSEPLATTE ZU FRUCHTSÄFTEN

- ½ SAVEURS DU MAQUIS *(300 g)* *Himbeernektar*
- MUNSTER *(200 g)* *Litschinektar*
- GAMONEDO *(200 g)* *Birnennektar*

KLASSISCHE KÄSEPLATTEN MIT JE 5 KÄSESORTEN

Jeder Vorschlag wurde nach folgenden Kriterien zusammengestellt: 6 Erwachsene, vollständige Mahlzeit, etwa 250 g Käse pro Person. Die Käsesorten sind in der Reihenfolge ihrer Verkostung aufgelistet, von der mildesten bis hin zur kräftigsten Sorte. Die Platten ergeben nicht immer genau 1500 g, u. a. weil einige Käse nur im Ganzen verkauft werden oder bestimmte Stücke zu klein oder zu groß sein könnten.

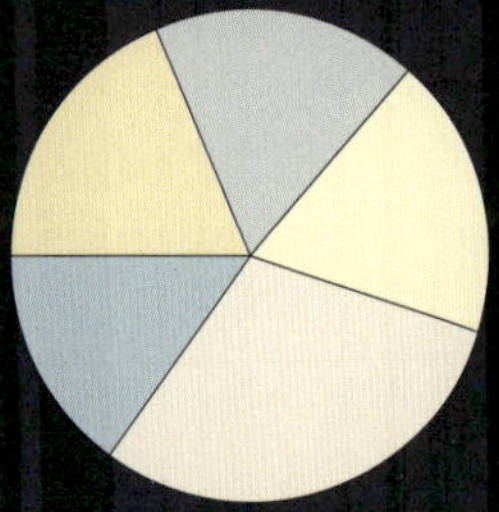

PLATTE MIT G. U.-KÄSEN

BEAUFORT	*(250 g)*
2 CHABICHOUS DU POITOU	*(240 g)*
OSSAU-IRATY	*(250 g)*
½ MAROILLES	*(400 g)*
BLEU DES CAUSSES	*(200 g)*

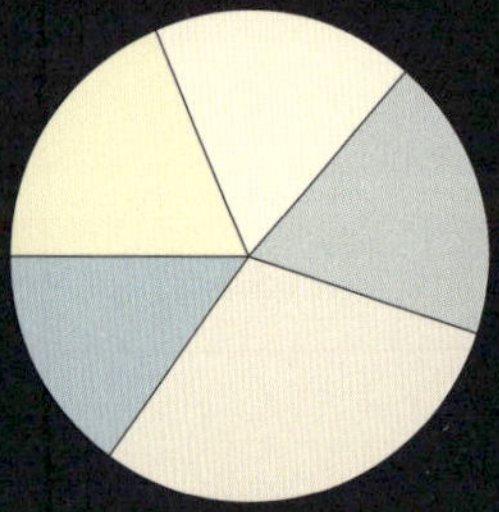

KÄSEHÄNDLER-PLATTE

MIMOLETTE	*(250 g)*
2 SAINT-FÉLICIENS	*(240 g)*
1 CLACBITOU	*(250 g)*
1 BEL FIURITU	*(400 g)*
BLEU DE BONNEVAL	*(200 g)*

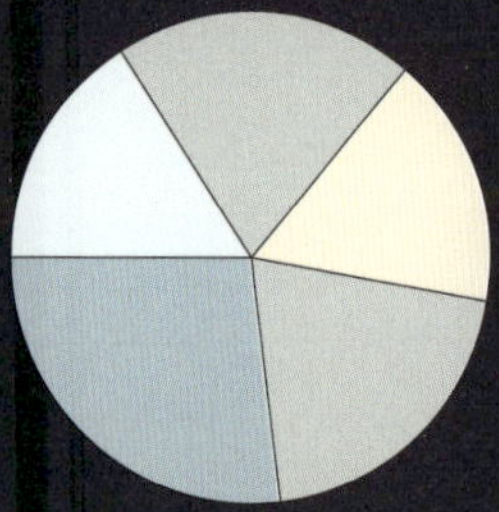

100 % ZIEGE

6 BROUSSES DU ROVE	*(240 g)*
2 SABOTS DE BLANCHETTE	*(300 g)*
GORTNAMONA	*(250 g)*
2 SELLES-SUR-CHER	*(300 g)*
½ PERSILLÉ DE TIGNES	*(400 g)*

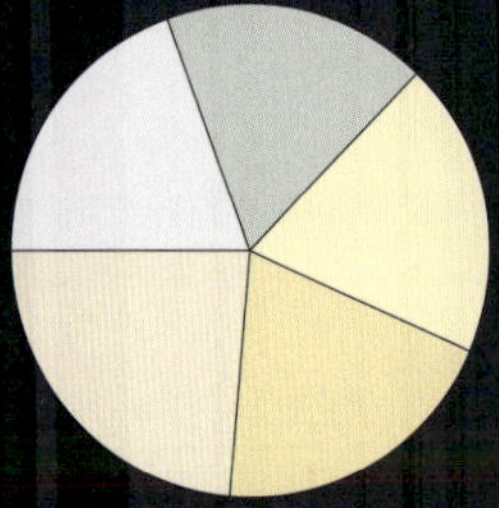

100 % SCHAF

RICOTTA ROMANA	*(250 g)*
1 SIMPLY SHEEP	*(225 g)*
LAVORT	*(250 g)*
GRAVIERA KRITIS	*(250 g)*
1 CRÉMEUX DE CARAYAC	*(300 g)*

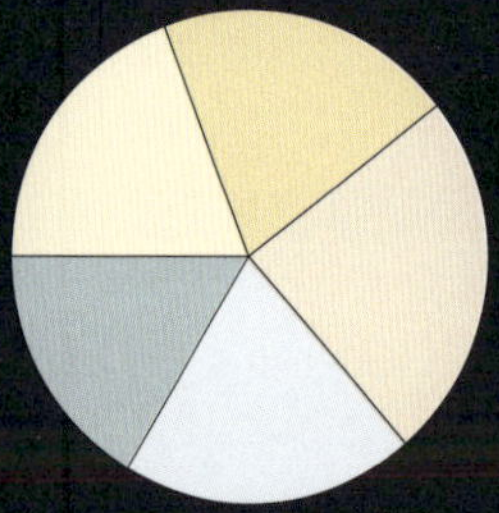

100 % KUH

1 BRESLOIS	*(240 g)*
BÉMONTOIS	*(250 g)*
1 TIMANOIX	*(300 g)*
CERVELLE DE CANUT	*(250 g)*
GREVENBROECKER	*(200 g)*

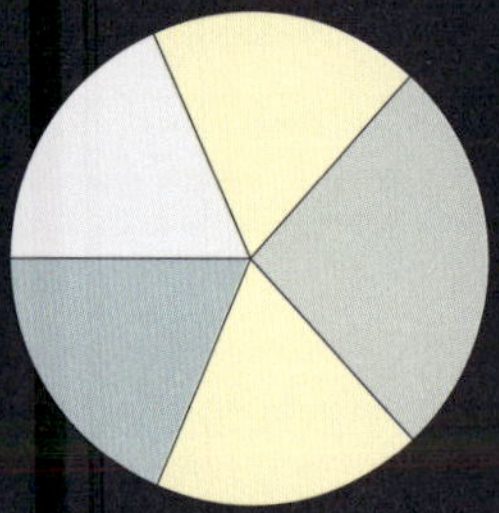

KÄSEPLATTE AUVERGNE-RHÔNE-ALPES

SÉRAC	*(250 g)*
SAINT-NECTAIRE	*(250 g)*
6 PICODONS	*(360 g)*
FUMAISON	*(250 g)*
BLEU DU VERCORS-SASSENAGE	*(250 g)*

ORIGINELLE KÄSEPLATTEN MIT JE 5 KÄSESORTEN

Wie bei den klassischen Käseplatten wurde jeder Vorschlag nach folgenden Kriterien zusammengestellt: 6 Erwachsene, vollständige Mahlzeit, etwa 250 g Käse pro Person. Die Käsesorten sind in der Reihenfolge ihrer Verkostung aufgelistet, von der mildesten bis hin zur kräftigsten Sorte. Die Platten ergeben nicht immer genau 1500 g, u. a. weil einige Käse nur im Ganzen verkauft werden oder bestimmte Stücke zu klein oder zu groß sein könnten.

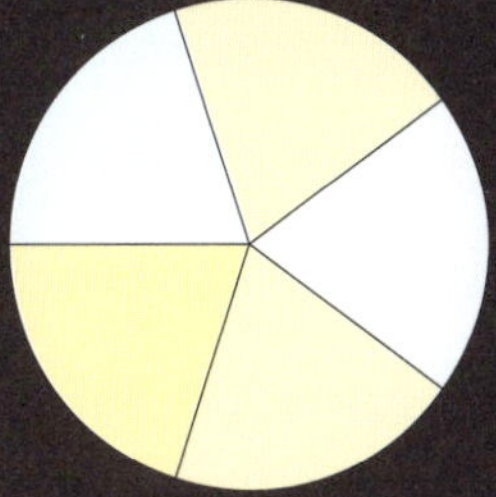

MEDITERRANE KÄSEPLATTE

FETA	*(250 g)*
MAHÓN-MENORCA	*(250 g)*
METSOVONE	*(250 g)*
PECORINO SARDO	*(250 g)*
PÔT CORSE	*(250 g)*

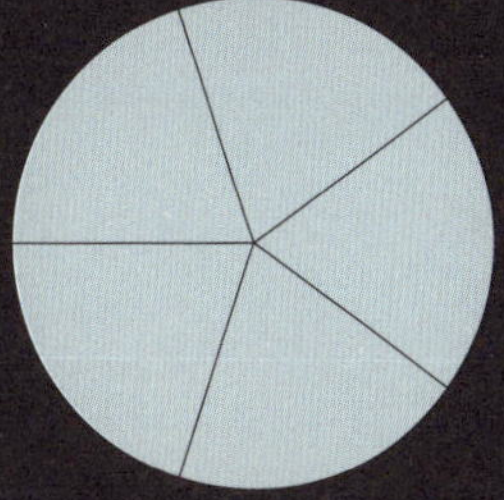

BLAUSCHIMMELKÄSE-PLATTE

FOURME D'AMBERT	*(250 g)*
WINDSOR BLUE	*(250 g)*
VERZIN®	*(250 g)*
SHROPSHIRE	*(250 g)*
BLACK & BLUE	*(250 g)*

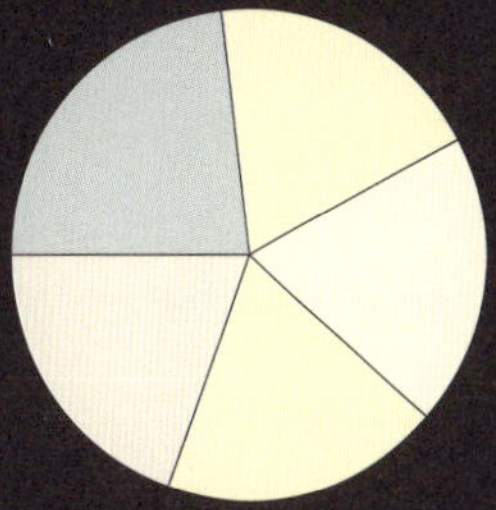

KÄSEPLATTE ZUM BIER

2 CORNEBIQUES *Weißbier*	*(300 g)*
PECORINO SICILIANO *Helles Bier*	*(250 g)*
BRIE DE MELUN *Bernsteinfarbenes Bier*	*(250 g)*
LAGUIOLE *Dunkelbier*	*(250 g)*
PIED-DE-VENT *Starkbier*	*(250 g)*

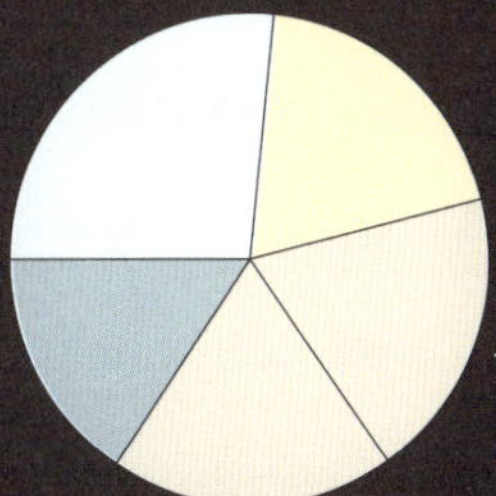

VEGETARISCHE KÄSEPLATTE

SAINT-JOHN	*(350 g)*
PECORINO DELLE BALZE VOLTERRANE	*(250 g)*
QUEIJO DE AZEITÃO	*(250 g)*
KING RIVER GOLD	*(250 g)*
CASHEL BLUE	*(200 g)*

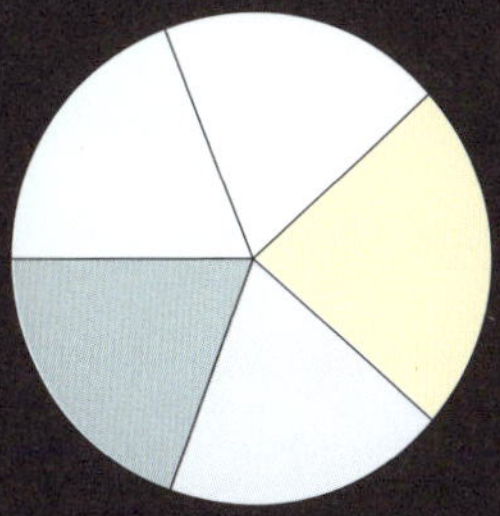

PLATTE DER SCHWER AUSSPRECHBAREN NAMEN

XYGALO SITEIAS	*(250 g)*
ZÁZRIVSKÝ KORBÁČIK	*(250 g)*
3 OVČÍ SALAŠNÍCKY ÚDENÝ SYR	*(300 g)*
WIELKOPOLSKI SER SMAŻONY	*(250 g)*
JIHOČESKÁ ZLATÁ NIVA	*(250 g)*

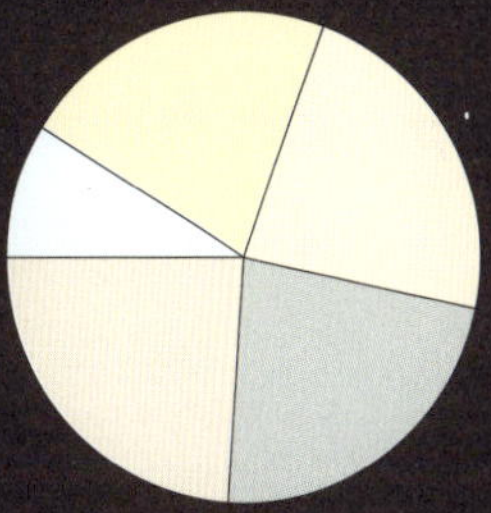

KÄSEPLATTE ZUM VALENTINSTAG

1 CŒUR DE FIGUE	*(80 g)*
½ PITCHOUNET	*(190 g)*
1 CŒUR DE NEUFCHÂTEL	*(200 g)*
1 BONNE BOUCHE	*(200 g)*
1 CUPIDON	*(210 g)*

KLASSISCHE KÄSEPLATTEN MIT JE 7 KÄSESORTEN

Jeder Vorschlag wurde nach folgenden Kriterien zusammengestellt: 6 Erwachsene, großzügig bemessene vollständige Mahlzeit, etwa 350 g Käse pro Portion. Die Käsesorten sind in der Reihenfolge ihrer Verkostung aufgelistet, von der mildesten bis hin zur kräftigsten Sorte. Die Platten ergeben nicht immer genau 2100 g, u. a. weil einige Käse nur im Ganzen verkauft werden oder bestimmte Stücke zu klein oder zu groß sein könnten.

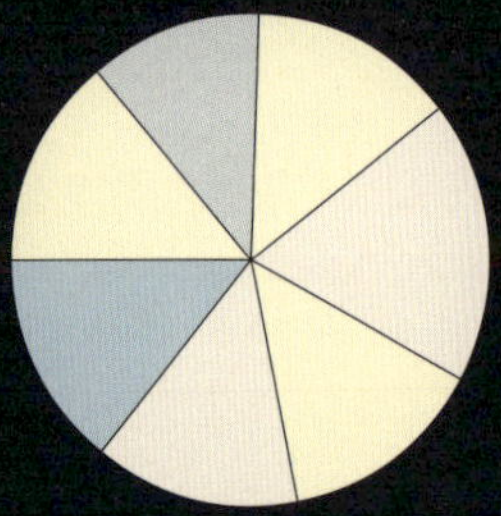

PLATTE MIT G. U.-KÄSEN

TALEGGIO	*(300 g)*
1 POULIGNY-SAINT-PIERRE	*(250 g)*
QUEIJO TERRINCHO	*(300 g)*
1 VACHERIN MONT-D'OR	*(400 g)*
SALERS	*(300 g)*
MUNSTER	*(300 g)*
BLEU D'AUVERGNE	*(300 g)*

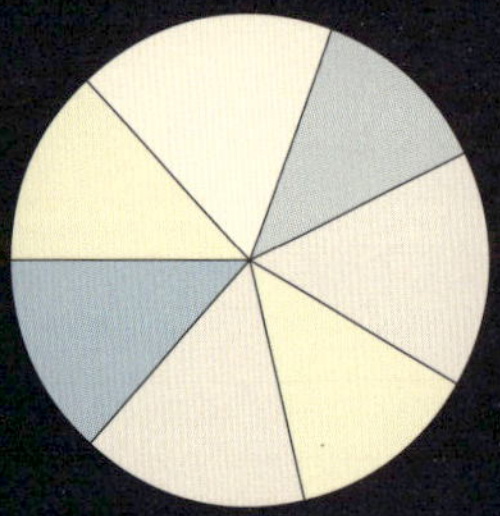

KÄSEHÄNDLER-PLATTE

TOMME MAROTTE	*(300 g)*
1 COULOMMIERS	*(400 g)*
2 BONDES DE GÂTINE	*(280 g)*
¼ VACHERIN DES BAUGES	*(350 g)*
WEST COUNTRY FARMHOUSE CHEDDAR CHEESE	*(300 g)*
1 VENACO	*(350 g)*
SMOKEY OREGON BLUE	*(300 g)*

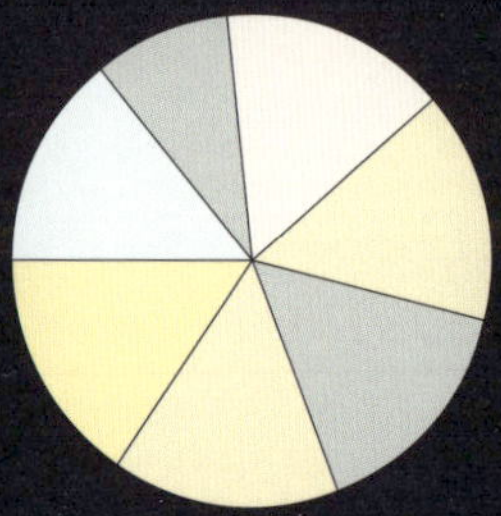

100 % ZIEGE

2 SILK	*(280 g)*
3 AGATES	*(180 g)*
HOLLANDSE GEITENKAAS	*(300 g)*
FORMAELLA ARACHOVAS PARNASSOU	*(300 g)*
3 BANONS	*(300 g)*
QUESO PALMERO	*(300 g)*
FOUDJOU	*(300 g)*

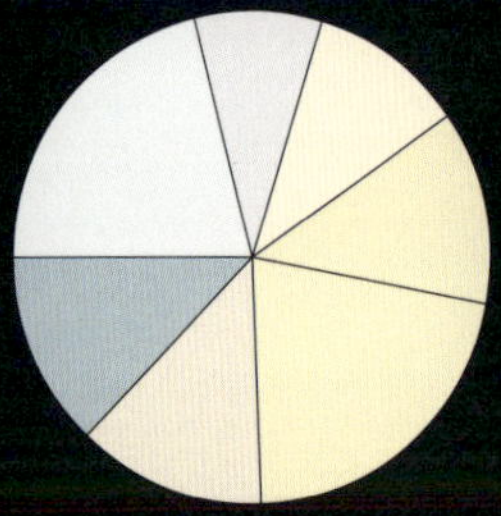

100 % SCHAF

1 VASTEDDA DELLA VALLE DEL BELICE	*(500 g)*
¼ MANOURI	*(200 g)*
WOOLAMAI MIST	*(250 g)*
QUESO DE MURCIA	*(300 g)*
1 TORTA DEL CASAR	*(500 g)*
2 BOSSA	*(300 g)*
ÉTOILE BLEUE DE SAINT-RÉMI	*(200 g)*

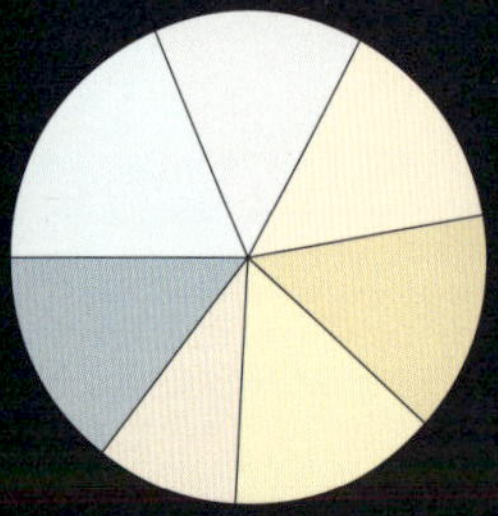

100 % KUH

3 JONCHÉES	*(390 g)*
1 BURRATA DI ANDRIA	*(300 g)*
1 PITHIVIERS	*(300 g)*
GRUYÈRE FRANÇAIS	*(300 g)*
RED LEICESTER	*(300 g)*
1 CURÉ NANTAIS	*(200 g)*
DANABLU	*(300 g)*

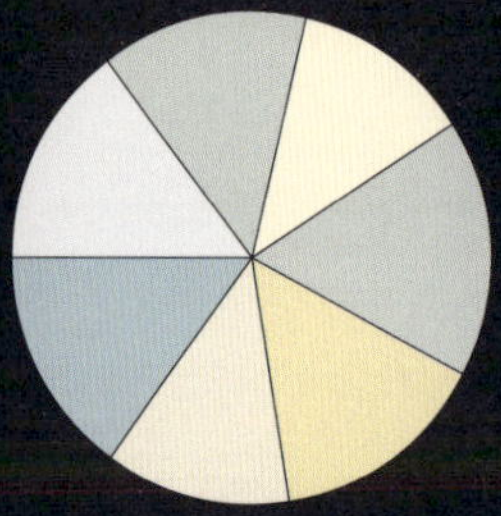

WEIHNACHTS-KÄSEPLATTE

BROUSSE DE LA VÉSUBIE	*(300 g)*
2 SAINT-NICOLAS DE LA DALMERIE	*(280 g)*
1 BRILLAT-SAVARIN	*(250 g)*
2 COURONNES LOCHOISES	*(340 g)*
ANNEN	*(300 g)*
1 ÉPOISSES	*(250 g)*
STILTON	*(300 g)*

ORIGINELLE KÄSEPLATTEN MIT JE 7 KÄSESORTEN

Wie bei den klassischen Käseplatten wurde jeder Vorschlag nach folgenden Kriterien zusammengestellt: 6 Erwachsene, großzügig bemessene vollständige Mahlzeit, etwa 350 g Käse pro Person. Die Käsesorten sind in der Reihenfolge ihrer Verkostung aufgelistet, von der mildesten bis hin zur kräftigsten Sorte. Die Platten ergeben nicht immer genau 2100 g, u.a. weil einige Käse nur im Ganzen verkauft werden oder bestimmte Stücke zu klein oder zu groß sein könnten.

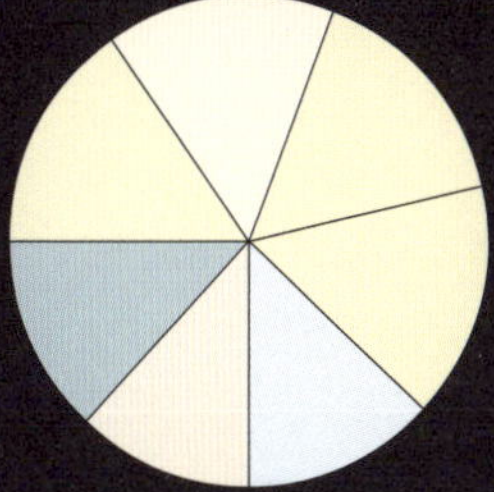

KÄSEPLATTE ZU ROTWEIN

QUEIJO DE CABRA TRANS-MONTANO	*(300g)*
BRIE DE MONTEREAU	*(300g)*
CANTAL	*(300g)*
TOME DES BAUGES	*(300g)*
1 GAPERON D'AUVERGNE	*(250g)*
1 WARATAH	*(230g)*
FOURME DE MONTBRISON	*(250g)*

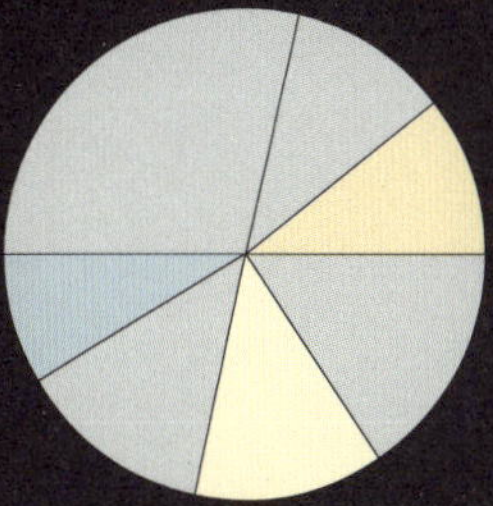

KÄSEPLATTE ZU WEISSWEIN

1 BRIGID'S WELL	*(670g)*
1 VALENÇAY	*(250g)*
EMMENTAL FRANÇAIS EST-CENTRAL	*(250g)*
6 PÉLARDONS	*(360g)*
CAUSSENARD	*(300g)*
6 MÂCONNAIS	*(300g)*
STRACHITUNT	*(200g)*

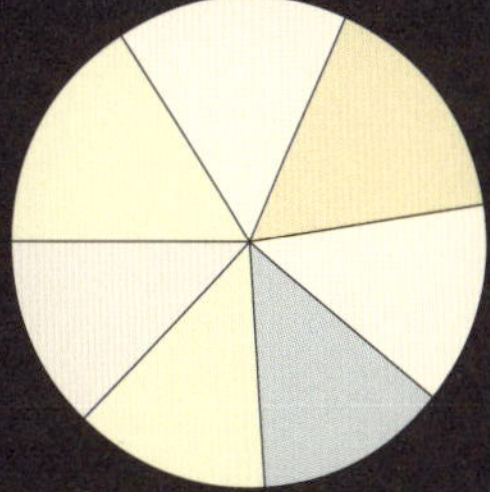

KÄSEPLATTE ZU SCHAUMWEIN

PECORINO ROMANO	*(300g)*
BRIE DE MEAUX	*(300g)*
BITTO	*(300g)*
1 CHAOURCE	*(250g)*
1 CHAROLAIS	*(250g)*
1 CHEVROTIN	*(250g)*
½ CRAYEUX DE RONCQ	*(240g)*

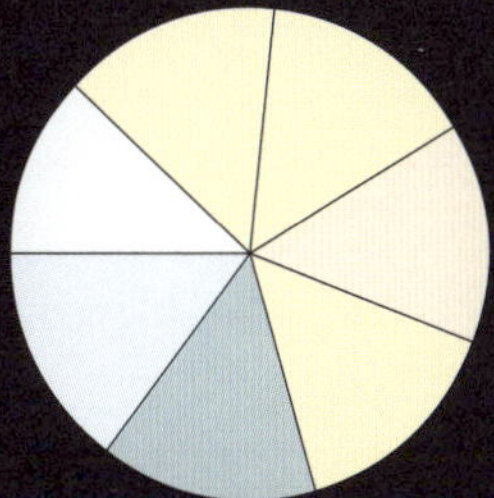

IBERISCHE KÄSEPLATTE

½ QUESO TETILLA	*(250g)*
1 CEBREIRO	*(300g)*
IDIAZABAL	*(300g)*
QUEIJO SERRA DA ESTRELA	*(300g)*
QUESO CASÍN	*(300g)*
QUESO DE VALDEÓN	*(300g)*
AFUEGA'L PITU	*(300g)*

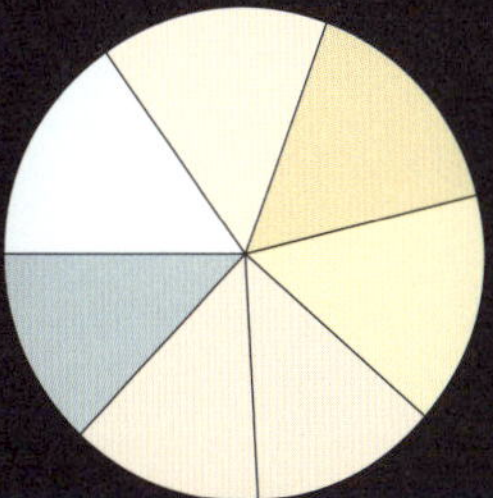

NICHTEUROPÄISCHE PLATTE

GOAT CURD	*(300g)*
BUFFALO BRIE	*(300g)*
PIONNIER	*(300g)*
BASLER	*(300g)*
GALACTIC GOLD	*(250g)*
SHEARER'S CHOICE	*(250g)*
MILAWA BLUE	*(250g)*

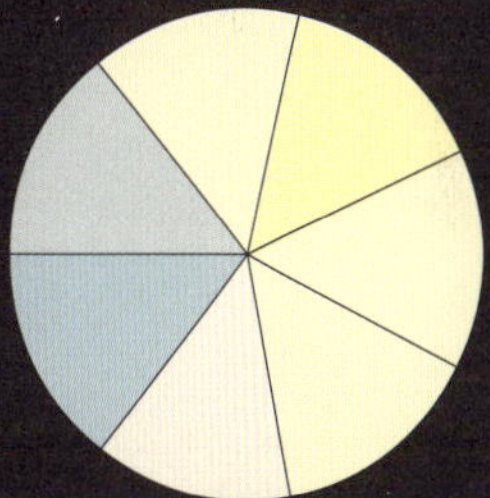

KÄSEPLATTE »DAS KLEINE EXTRA«

3 ROVETHYMS *Extrazutat: Thymianessenz*	*(300g)*
QUESO DE MURCIA AL VINO *Extrazutat: Wein*	*(300g)*
CANCOILLOTTE *Extrazutat: Weißwein*	*(300g)*
BARELY BUZZED *Extrazutaten: Kaffee, Lavendel*	*(300g)*
BOEREN-LEIDSE MET SLEUTELS *Extrazutat: Kreuzkümmel*	*(300g)*
1 SIRE DE CRÉQUY À LA BIÈRE *Extrazutat: Bier*	*(280g)*
ROGUE RIVER BLUE *Extrazutaten: Weinblätter*	*(300g)*

KÄSE VERPACKEN

Es gibt nicht nur eine Art, Käse zu verpacken – jeder Käsehändler hat seine eigene Methode und seinen eigenen Stil. Trotzdem finden Sie hier einige illustrierte Anleitungen, die zeigen, wie man Käse am besten aufbewahrt und schützt.

RUNDE KÄSE
(Z. B. CAMEMBERT DE NORMANDIE)

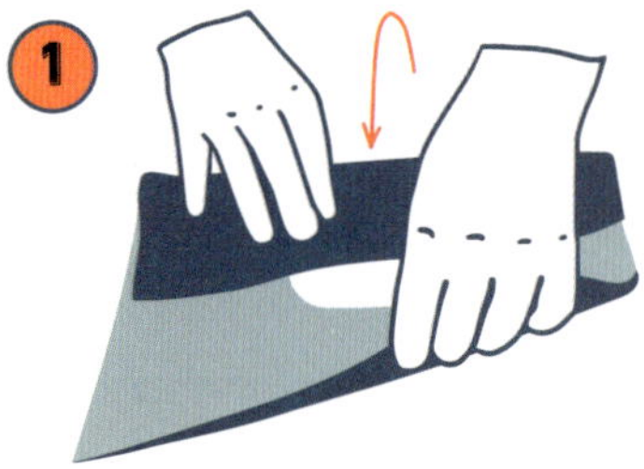

Den Käse mittig auf das Papier legen und eine Seite des Papiers über den Käse klappen.

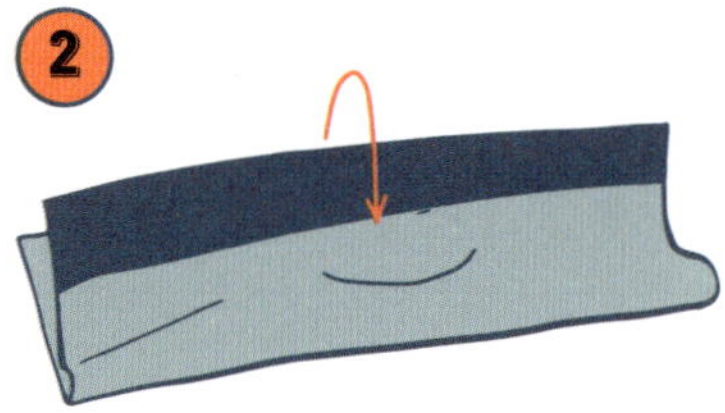

Die gegenüberliegende Papierseite über die erste schlagen.

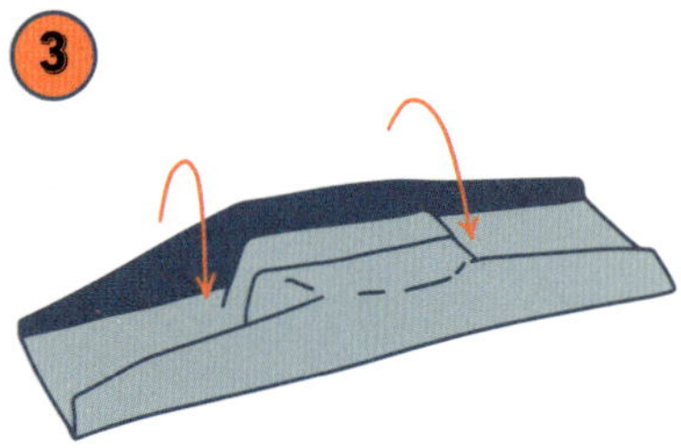

Die seitlich überstehenden langen Enden jeweils zu einer Spitze falten.

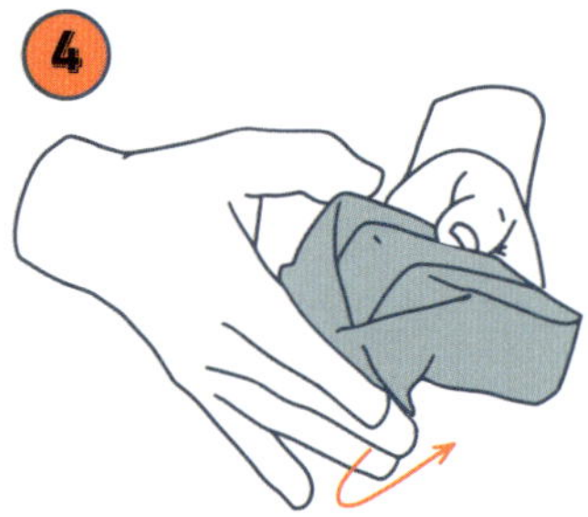

Die Spitzen unter das Päckchen klappen.

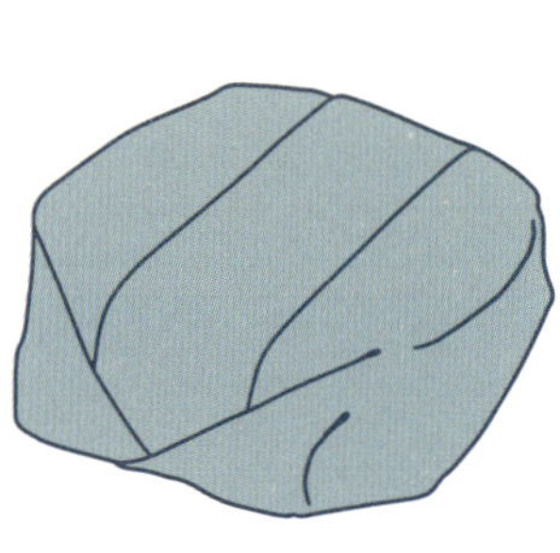

SPITZE KÄSESTÜCKE
(Z. B. BRIE DE MEAUX)

1

Den Käse mittig auf das Papier legen; eine Schnittfläche des Stücks parallel zu einer Papierkante ausrichten.

2

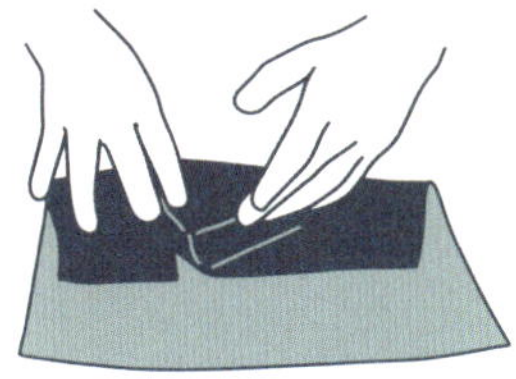

Diese Seite des Papiers über den Käse klappen und an der gegenüberliegenden Schnittfläche glatt streichen.

3

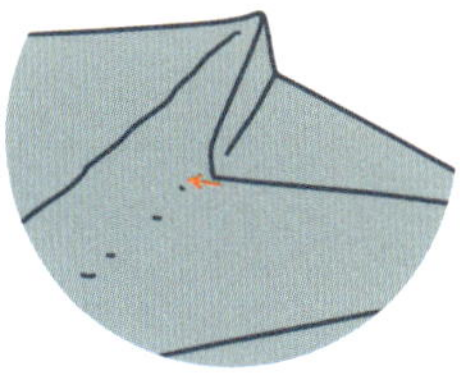

Das Papier über die Käsespitze führen und den anderen Teil des Papiers darüberklappen.

4

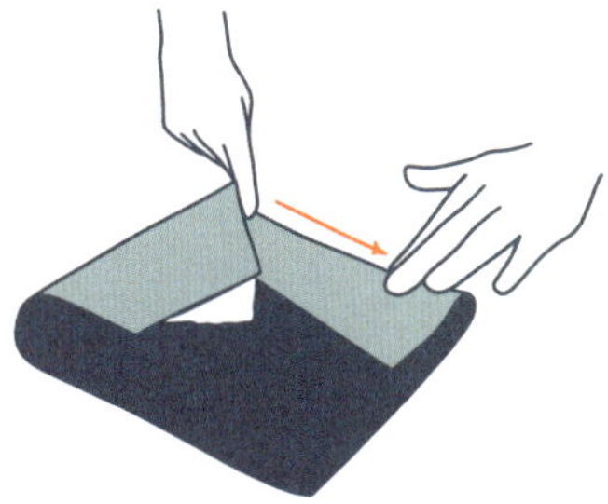

Die Falte glatt streichen, dann das Papier über den Käse klappen.

5

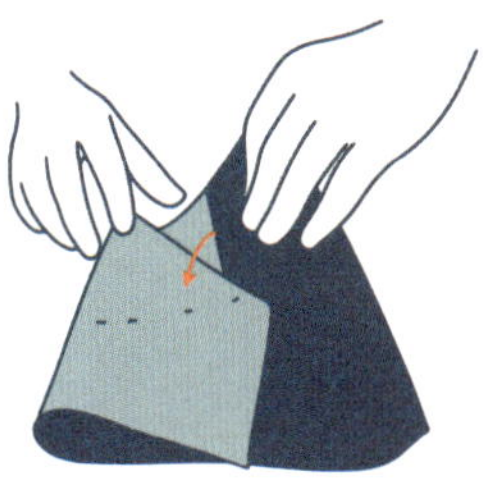

Das Papier am äußeren Rand mit dem Zeigefinger festhalten und die Falte längs des Rands glatt streichen.

6

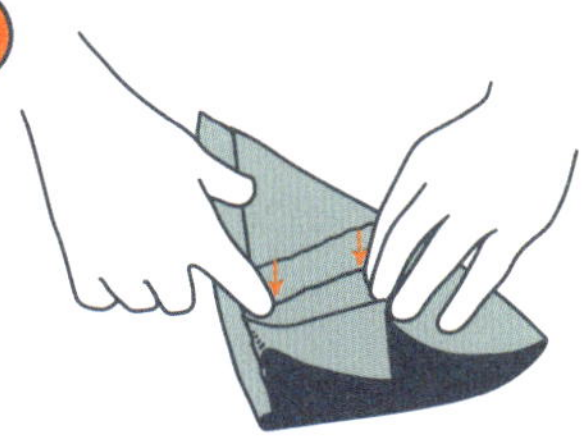

Das am Rand überstehende Papier zu einer Spitze falten und diese unter das Päckchen klappen.

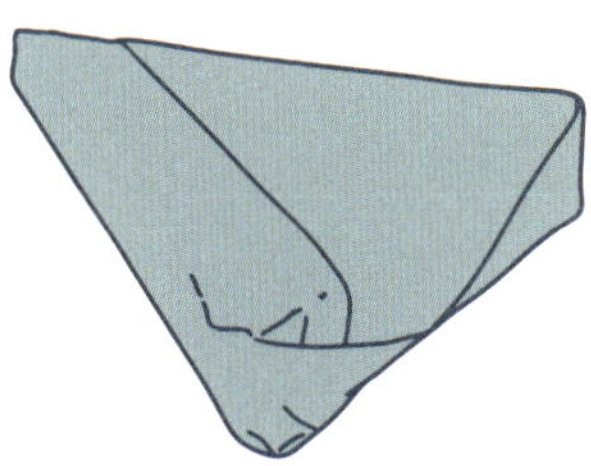

QUADRATISCHE ODER RECHTECKIGE KÄSE
(Z. B. PONT-L'ÉVÊQUE ODER COMTÉ-SCHEIBEN)

1

Den Käse mittig auf das Papier legen und eine Seite des Papiers darüberklappen.

2

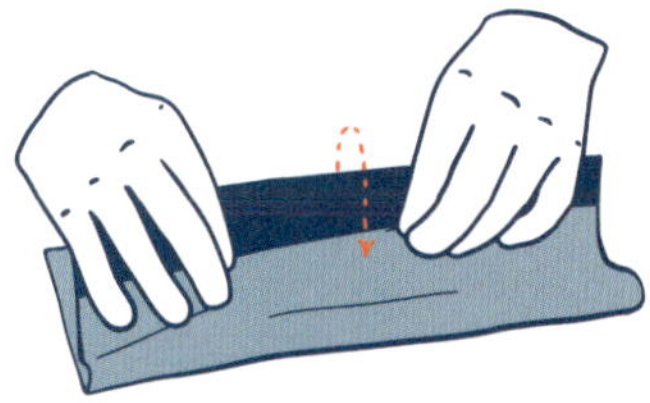

Die gegenüberliegende Seite des Papiers über die erste klappen.

3

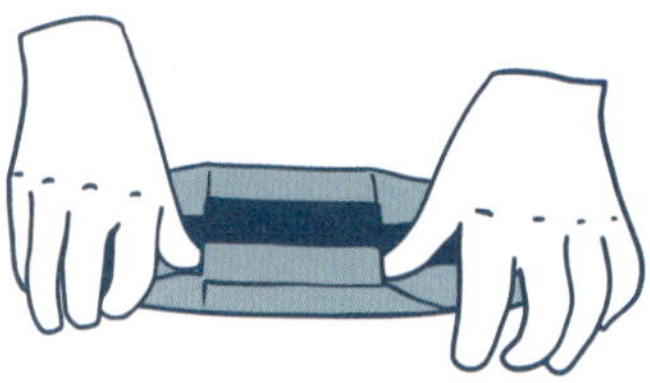

Die seitlich überstehenden langen Enden glatt streichen.

4

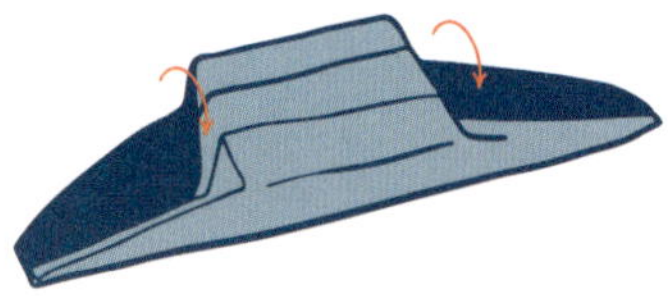

Die langen Enden jeweils zu einer Spitze falten.

5

Die Spitzen glatt streichen.

6

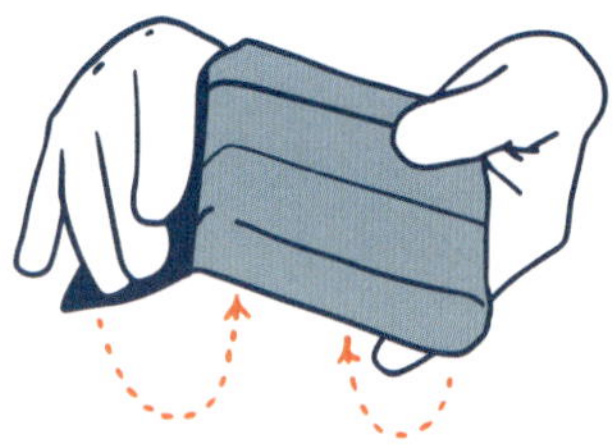

Die Spitzen unter das Päckchen klappen.

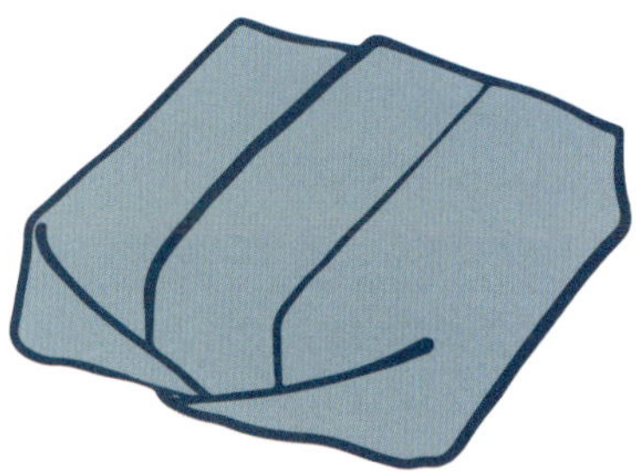

KÄSEROLLEN
(Z. B. SAINTE-MAURE DE TOURAINE)

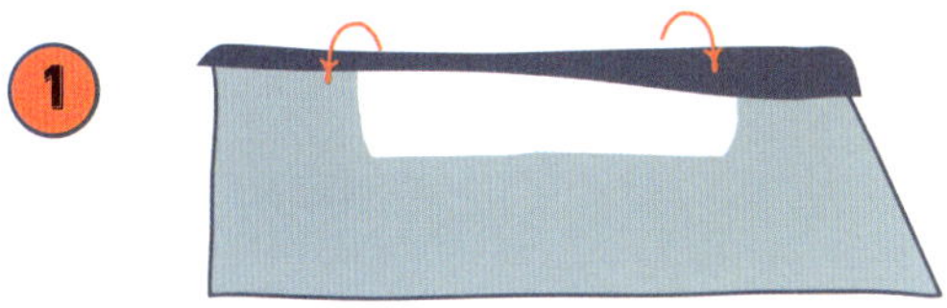

Den Käse mittig auf das Papier legen und eine Seite des Papiers darüberklappen.

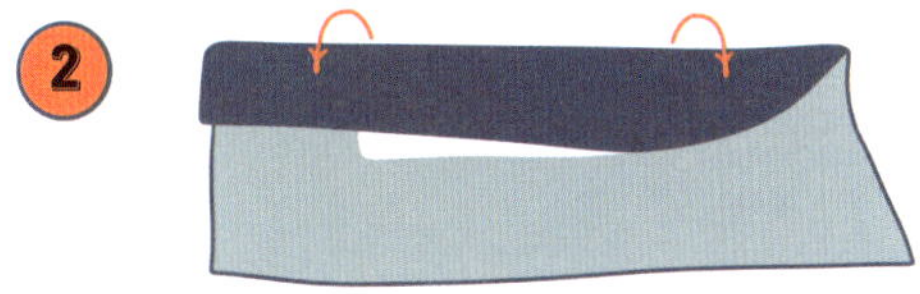

Die gegenüberliegende Seite des Papiers über die erste klappen.

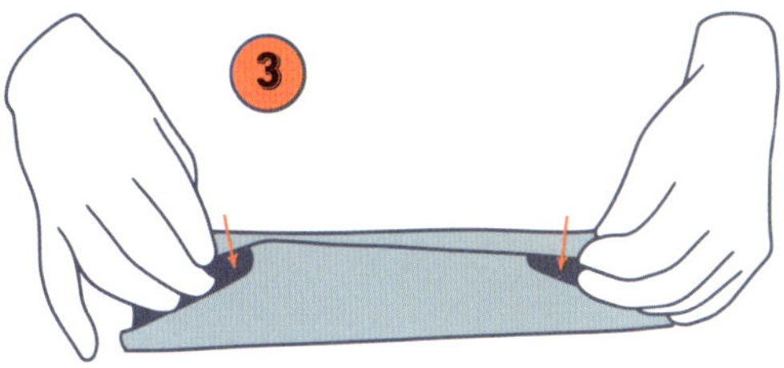

Die seitlich überstehenden langen Enden glatt streichen.

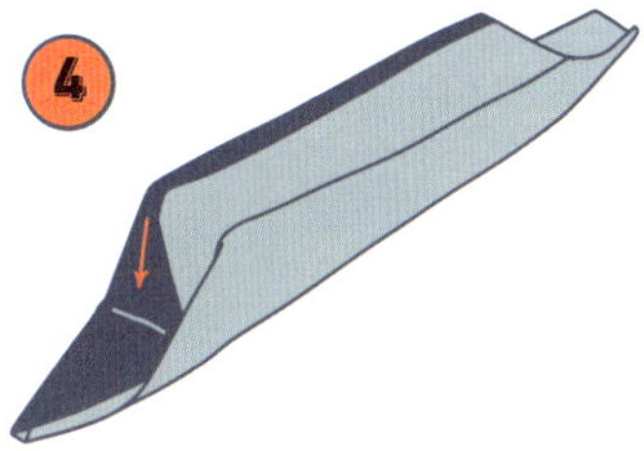

Die langen Enden jeweils zu einer Spitze falten und glatt streichen.

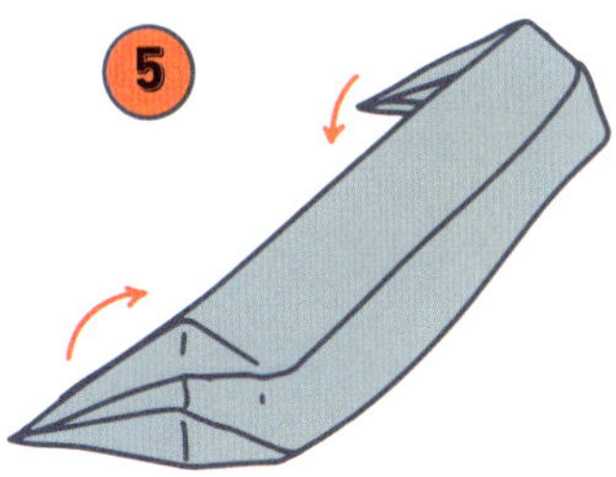

Die Spitzen unter das Päckchen klappen.

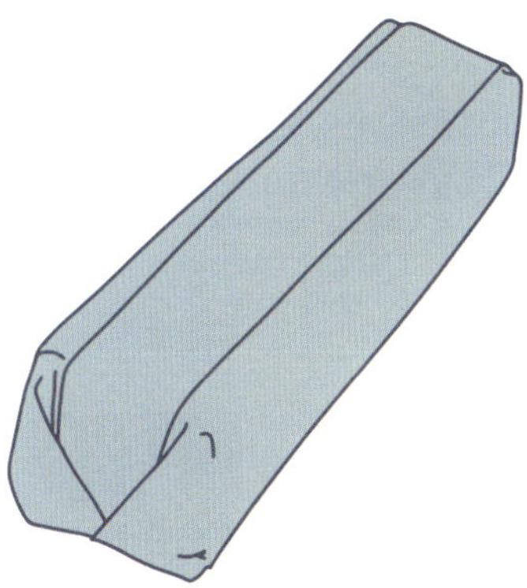

PYRAMIDENFÖRMIGE KÄSE
(Z. B. VALENÇAY, POULIGNY-SAINT-PIERRE ODER BOULETTE D'AVESNES)

1

Den Käse mittig auf das Papier setzen und eine Seite des Papiers auf die Mitte der Oberseite des Käses klappen.

2

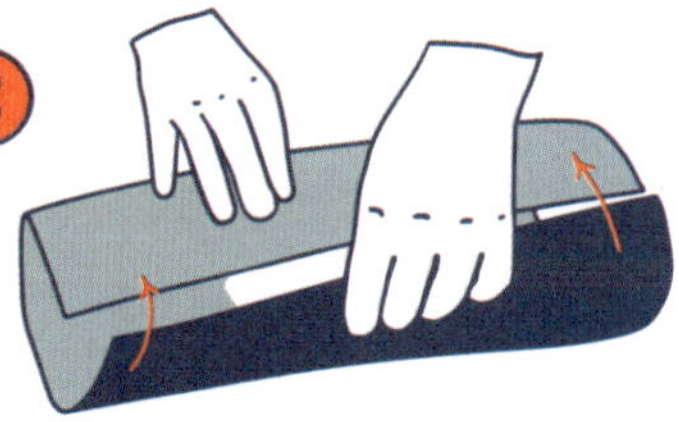

Die gegenüberliegende Seite des Papiers über die erste klappen.

3

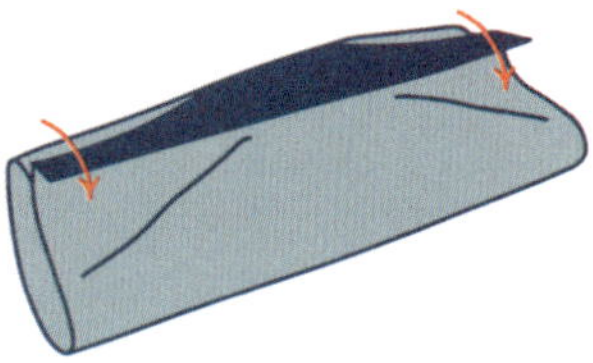

Die seitlich überstehenden langen Enden glatt streichen.

4

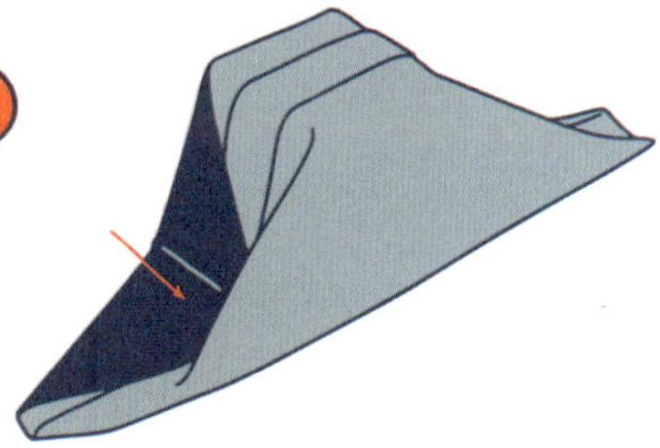

Die langen Enden jeweils zu einer Spitze falten, die Spitzen glatt streichen.

5

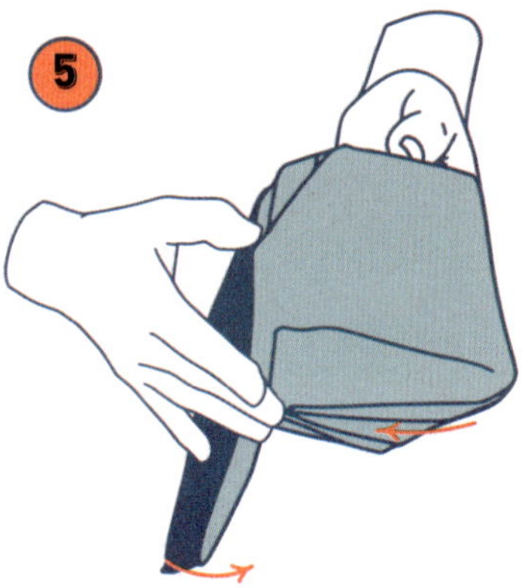

Die Spitzen unter das Päckchen klappen.

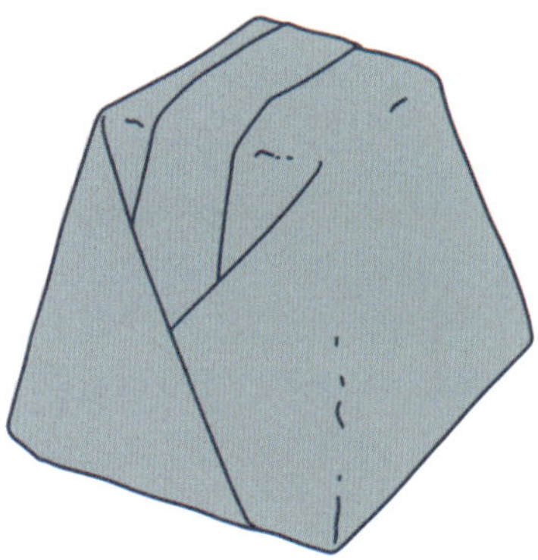

HERZFÖRMIGE KÄSE
(Z. B. NEUFCHÂTEL)

1

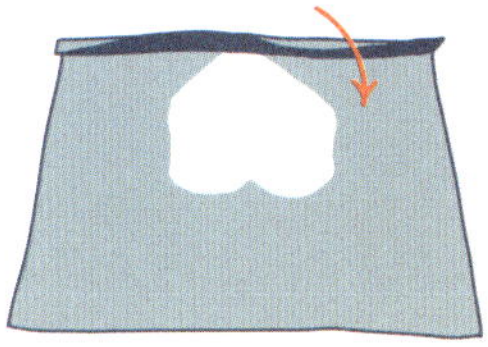

Den Käse mittig auf das Papier legen und eine Seite des Papiers über das erste Drittel des Käses klappen.

2

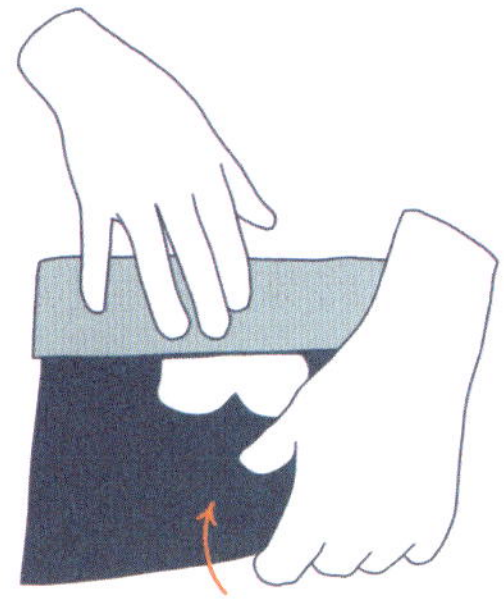

Die gegenüberliegende Seite des Papiers darüberklappen.

3

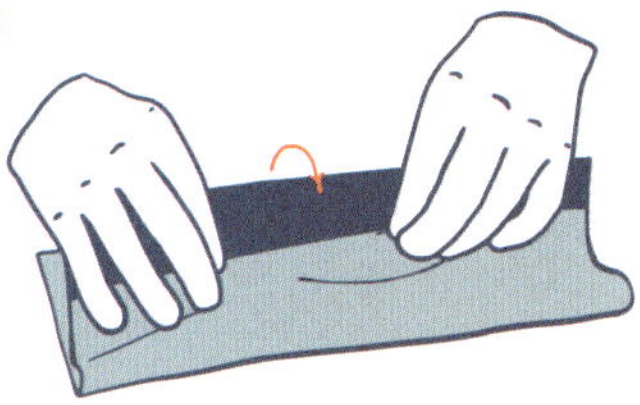

Das überhängende Papier nach hinten falten.

4

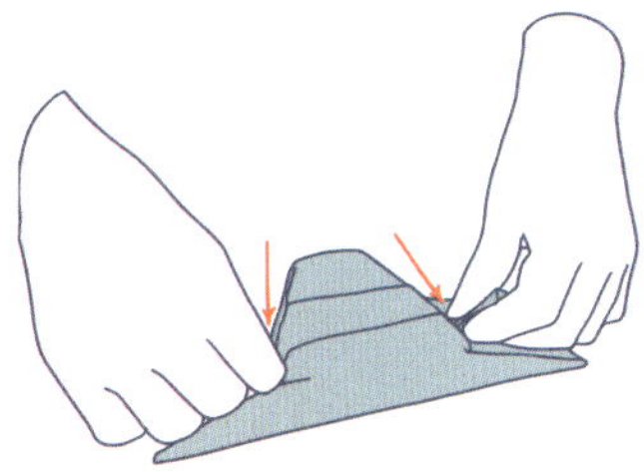

Die langen Enden des Papiers zu Spitzen falten.

5

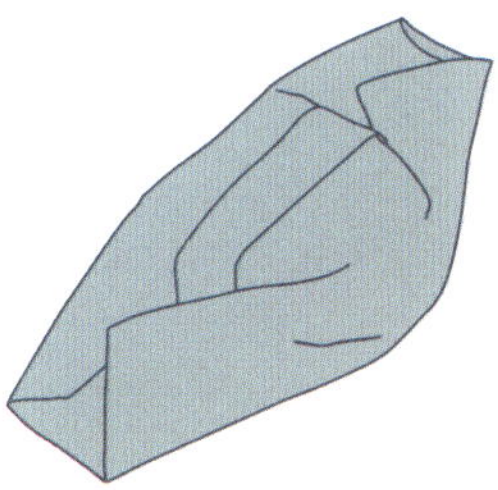

Die Spitzen auf beiden Seiten des Päckchens glatt streichen.

6

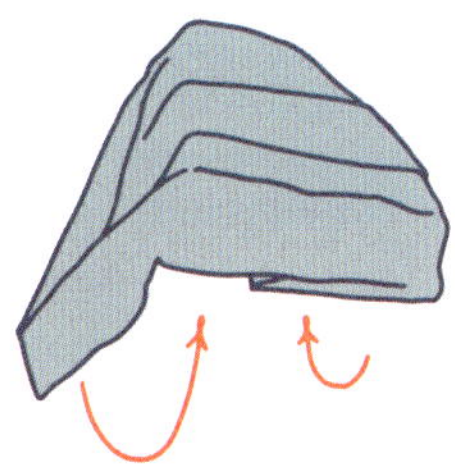

Die Spitzen unter das Päckchen klappen.

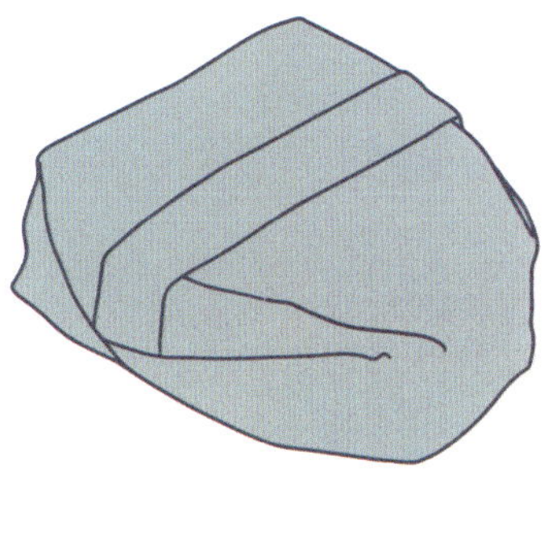

GLOSSAR

AFFINATION
Das Verfeinern und Veredeln von Käsen durch den Affineur, dazu werden verschiedene Maßnahmen und Methoden angewandt.

ALM
Weideflächen oder Anwesen im Gebirge, zu denen Milchvieh im Sommer gebracht und wo häufig auch Käse hergestellt wird. Almen gibt es u.a. in den Alpen, im Jura, in den Pyrenäen, in Skandinavien und auf dem Peloponnes in Griechenland.

BAKTERIUM
Ein Mikroorganismus, der zum Teil Geschmack, Konsistenz und Aromen von Käsen bestimmt

BIOFILM
Gemeinschaft von Mikroorganismen (Bakterien, Hefen, Schimmelpilze), die auf Holzbrettern, auf denen Käse zum Reifen lagert und auf dem Käse selbst lebt.

BRUCH
Die in mehr oder weniger große Stücke geschnittene Gallerte; erst der Bruch kann abtropfen.

BUTTERMILCH
Flüssigkeit, die anfällt bzw. übrig bleibt, wenn aus Milch bzw. Sahne Butter gemacht wird

DICKLEGEN
Umwandlung von Milch in eine feste Masse, die Gallerte, mithilfe von Labferment, Milchsäurebakterien oder pflanzlichen Gerinnungsenzymen

EIWEISSGEHALT
Der Eiweißgehalt der Milch gibt – wie ihr Fettgehalt – einen Hinweis darauf, ob oder in welchem Maß die Milch käsereifähig ist.

FERMENTATION
Abbau oder Umbau organischer Stoffe durch Mikroorganismen oder Enzyme (verändert Aussehen, Geschmack und Konsistenz)

FETTGEHALT
Der Fettgehalt von Milch ist ein Hinweis auf ihre Labfähigkeit. Der Fettgehalt von Käse wird im Handel als Fettgehalt in der Trockenmasse (Fett i. Tr.) ausgewiesen. Um daraus den absoluten Fettgehalt zu berechnen, muss man wissen, wie viel Trockenmasse der jeweilige Käse prozentual enthält. In diesem Buch wird für alle Käse der absolute Fettgehalt angegeben, was kompliziertes Umrechnen überflüssig macht.

GALLERTE
Die feste Masse, die entsteht, wenn Milch – z.B. mit Lab – dickgelegt wird. Das Eiweiß wird im sauren Milieu denaturiert und flockt aus.

HEFE
Einzelliger Pilz, der die Fermentation bzw. das Gären von Produkten wie Bier, Wein oder Käse ermöglicht

KÄSEFORMEN
Behälter, deren Boden und Seiten perforiert sind. Die ältesten Formen, die bei archäologischen Ausgrabungen gefunden wurden, sind über 12 000 Jahre alt und belegen, dass bereits vor so langer Zeit Käse hergestellt wurde. Im Lauf der Jahrhunderte wurden unterschiedliche Materialien verwendet (z.B. Keramik, Terrakotta, Holz, Metall, Weißblech, Plastik, Weidenruten), und auch die Gestalt (rund, zylindrisch, würfelförmig) variierte. Immer dienten sie aber dazu, den Bruch aufzunehmen, die Molke abtropfen zu lassen und dem Käse seine spätere Form zu geben.

LAB
Ein Ferment, das im Labmagen von noch nicht abgestillten Wiederkäuern gebildet wird. Es enthält Chymosin und Pepsin, Enzyme, die das Gerinnen der Milch verursachen und beim Käsen zum Dicklegen der Milch verwendet werden. Es gibt auch pflanzliche Gerinnungsenzyme sowie mikrobielle und synthetische Labaustauschstoffe.

LABFÄHIGKEIT
Gerinnungsfähigkeit der Milch für die Käseherstellung, abhängig von pH-Wert und Kaseingehalt der Milch sowie der genetischen Variante des Kaseins

MOLKE
Flüssigkeit, die frei wird, nachdem die Gallerte geschnitten wurde, und die sich später durch Abtropfen und/oder Pressen vom Käse trennt

MOLKEREI
Hier wird Milch aufbereitet und werden Milchprodukte hergestellt.

PENICILLIUM
Ein mikroskopisch kleiner Pilz, der einigen Käsen eine weiße Rinde (*Penicillium camemberti* oder *Geotrichum candidum*), anderen einen blau, grün, blaugrün oder grau geäderten Teig (*Penicillium roqueforti*) verleiht

REIFUNG
Prozess, währenddessen der Käse in speziellen Räumen seine Charakteristik entwickelt (Aromen, Geschmack, Konsistenz)

SCHIMMEL
Mikroskopisch kleine Pilze, die sich im Inneren oder auf der Oberfläche von Käsen entwickeln und zum Teil ihren Geschmack und ihre Aromen definieren

SENSORISCHE EIGENSCHAFTEN
Eigenschaften, die mit den Sinnen wahrgenommen werden können, z. B. Konsistenz, Aussehen, Geruch und Geschmack

SOLEBAD
Salzwasser, in dem Käse gesalzen wird; einige Käse (z. B. Feta) reifen auch im Solebad.

TERROIR
Ein französischer Begriff, für den es keine Übersetzung gibt. Er bezeichnet das Zusammenspiel von Faktoren wie Boden, Klima, Wetter, Lage, Landschaft, die den Geschmack eines Produkts – hier Milch und somit Käse – prägen.

TYPIZITÄT
Damit ist die Gesamtheit der für einen Käse (wie auch für Wein) charakteristischen und unverwechselbaren Eigenschaften gemeint.

TYROSIN
Diese Aminosäure entwickelt sich vor allem in Käsen mit gebranntem und gepresstem Teig. Sie zeigt sich im Teig als weiße Kristalle und wird gelegentlich für grobes Salz gehalten. Tyrosinkristalle im Käse sind kein Fehler, sondern ein Qualitätsmerkmal.

WASCH-/SCHMIERWASSER
Wasser, das mit Salz (evtl. auch mit Alkohol, Essig und Rotschmierkulturen) vermischt wird und mit dem bestimmte Käse während der Reifungszeit regelmäßig gewaschen bzw. geschmiert werden

KÄSE-REGISTER

Fett gedruckte Zahlen weisen auf die Beschreibung des jeweiligen Käses hin.

DIE KAPITEL IM ÜBERBLICK

1

GESCHICHTE UND HERSTELLUNG

2

DIE KÄSE DER WELT

3

TERROIRS UND REGIONEN

4

KÄSE GENIESSEN

BIBLIOGRAFIE

FRANZÖSISCHE FACHZEITSCHRIFTEN

Magazines Profession fromager, Éditions ADS, 2016–2018

Le Courrier du fromager, Les fromagers de France, 2015–2018

BÜCHER AUS FRANKREICH UND DEUTSCHLAND

Französische Titel:

Philippe Olivier, *Fromages des pays du Nord*, Tallandier, 1998

Monique Roque, Pierre Soissons, *Auvergne, terre de fromages*, Quelque part sur terre, 1998

Roland Barthélemy, Arnaud Sperat-Czar, *Fromages du monde*, Hachette, 2001

Jean Froc, *Balade au pays des fromages : les traditions fromagères en France*, éditions Quæ, 2006

Michel Bouvier, *Le fromage, c'est toute une histoire : petite encyclopédie du bon fromage*, Jean-Paul Rocher, Hrsg., 2008

Kazuko Masui, Tomoko Yamada, *Fromages de France*, Gründ, 2012

Kilien Stengel, *Traité du fromage : caséologie, authenticité et affinage*, Sang de la Terre, 2015

Philippe Olivier, *Les Fromages de Normandie hier et aujourd'hui*, Éditions des falaises, 2017

Deutsche Titel:

Engelmann, Brigitte, *Das Feinschmecker-Handbuch Käse, h.f.ullmann publishing*, 2008

Haller-Zingerling, Cornelia, *Die Welt von Milch und Käse, Neuer Umschau Buchverlag*, 2009

Harbutt, Juliett (Hrsg.), *Käse der Welt – über 750 Sorten*, Dorling Kindersley Verlag, 2011

Huber, Heidi, *Alles von der Milch. Köstlich & selbst gemacht. Joghurt, Butter, Topfen/Quark, Käse und mehr*, Dort-Hagenhausen Verlag, 2013

INTERNETSEITEN

www.ec.europa.eu/agriculture/quality/door/list.html
DOOR-Datenbank der Europäischen Kommission für die Siegel g.U., g.t.S. und g.g.A.

www.kaesewelten.info
Alles über Käsesorten von A bis Z

www.ble-medienservice.de/0346/Listeriose-und-Toxoplasmose-Sicher-essen-in-der-Schwangerschaft
Worauf Sie in der Schwangerschaft achten müssen in Sachen Lebensmitteln

www.racesdefrance.fr
Informationen über die wichtigsten Milchrassen Frankreichs

www.inao.gouv.fr
Portal des »Institut national de l'origine et de la qualité pour les AOP françaises«

DANKSAGUNG

Zuallererst möchte ich mich bei meiner Frau, Alicia Sauze, und unseren Kindern Elisa und Owen (die natürlich die großartigsten Kinder der Welt sind) bedanken – für ihre unerschütterliche Liebe und dafür, dass sie mich bei diesem fantastischen Projekt immer unterstützt haben.

Ein sehr großes Dankeschön geht an Yannis Varoutsikos (Lust, noch ein paar Käse zu zeichnen?) für sein Talent und an Emmanuel Le Vallois dafür, dass er als Redaktionsleiter immer an mich geglaubt hat.

Von ganzem Herzen bedanke ich mich bei Agathe Legué und Zarko Telebak für ihre konstruktiven Anregungen, dank derer dieses Buch so schön und so verständlich geworden ist.

Claire Jaubert danke ich für ihre Freundschaft und dafür, dass sie eine so gute Lektorin ist.

Sehr dankbar bin ich auch Laurent Mons in Roanne, der mir enthusiastisch und leidenschaftlich erklärt hat, was es mit Mikroorganismen beim Käse so auf sich hat.

Auch meinem Bruder Morgan und zwei fantastischen Mitarbeiterinnen der »Crémerie des frères Delassic« in Lille (Aurélie Minne und Cécile Touzé) danke ich – ohne sie hätte ich dieses Riesenprojekt niemals gestemmt.

Zu guter Letzt geht ein Dank an meine Freundinnen und Freunde in Québec, vor allem an Gaëlle Lussiaà-Berdou, Julie Cuisinier und ihren »Pied-de-Vent«, Jérôme Labbé, Thierry Watine und die unbeschreibliche Sidonie Watrigant.

Und natürlich danke ich Ihnen, meinen Leserinnen und Lesern, die dieses Buch in Händen halten.
Ich hoffe, dass es Ihnen Freude macht – denn genau dafür habe ich es geschrieben.

Tristan Sicard

Für die deutsche Ausgabe:
Projektbetreuung Carmen Brand
Herstellungskoordination Katharina Schäfer
Herstellung Stefanie Staat

Übersetzung Regine Brams
Lektorat Kathrin Gritschneder
Umschlaggestaltung Jürgen Katzenberger

Titel der französischen Originalausgabe:
L'Atlas pratique des Fromages

Der Originaltitel erschien 2018 in Frankreich bei
Hachette Livre (Marabout), Venves Cedex.

ISBN 978-3-8310-4976-9
5902-0M0209-23792-02

Druck und Bindung Toppan Leefung, China

MIX
Papier aus verantwortungsvollen Quellen
FSC® C104723

www.dk-verlag.de

Hinweis
Die Informationen und Ratschläge in diesem Buch sind vom Autor und vom Verlag sorgfältig erwogen und geprüft, dennoch kann eine Garantie nicht übernommen werden. Eine Haftung des Autors bzw. des Verlags und seiner Beauftragten für Personen-, Sach- und Vermögensschäden ist ausgeschlossen.